谨以此书致敬

将青少年法治作为终身事业的恩师徐建教授，

并祝贺恩师九十华诞！

华 东 政 法 大 学
少年法治研究文库

少年法治论

Juvenile Rule of Law

高维俭 著

法律出版社 LAW PRESS·CHINA
北京

图书在版编目（CIP）数据

少年法治论 / 高维俭著. -- 北京 : 法律出版社,
2024. -- ISBN 978 - 7 - 5197 - 9410 - 1

Ⅰ. D926.8

中国国家版本馆 CIP 数据核字第 2024RW9268 号

少年法治论
SHAONIAN FAZHILUN

高维俭 著

策划编辑 常 锋
责任编辑 常 锋
装帧设计 李 瞻

出版发行 法律出版社
编辑统筹 法治与经济出版分社
责任校对 王语童
责任印制 吕亚莉
经　　销 新华书店

开本 710 毫米 × 1000 毫米　1/16
印张 26.25　　**字数** 450 千
版本 2024 年 9 月第 1 版
印次 2024 年 9 月第 1 次印刷
印刷 北京虎彩文化传播有限公司

地址:北京市丰台区莲花池西里 7 号(100073)
网址:www.lawpress.com.cn
投稿邮箱:info@lawpress.com.cn
举报盗版邮箱:jbwq@lawpress.com.cn

销售电话:010 - 83938349
客服电话:010 - 83938350
咨询电话:010 - 63939796

书号:ISBN 978 - 7 - 5197 - 9410 - 1
定价:126.00 元

凡购买本社图书,如有印装错误,我社负责退换。电话:010 - 83938349

高维俭

1972年生，安徽凤阳人，法学博士。现为华东政法大学刑事法学院教授、博士生导师，青少年司法研究院院长，主要从事少年法学、刑事法学领域的研究与教学工作。

学术兼职：国务院儿童工作智库专家；中国法学会检察学研究会未成年人检察专业委员会副主任委员；中国刑事诉讼法学研究会少年司法专业委员会委员；中国审判理论研究会少年审判专业委员会委员等。

主要著作：《刑事三元结构论》《罪刑辩证及其知识拓展》《少年法学》等专著；《美国死刑悖论》《少年司法的一个世纪》《美国少年司法》《少年司法制度》等译著。

主要论文：《试论刑法中的被害者过错制度》《少年司法之社会人格调查报告制度论要》《犯罪构成理论结构比较论略》《未成年人刑事监护制度研究》《少年法治系统论纲》等。

主要课题：《未成年人刑事检察制度》（2012年最高人民检察院重点课题）、《刑法解释基本原理之系统归正》（2017年国家社科基金项目）、《少年法学理论及少年法律制度的系统建构》（2018年共青团中央重大课题）和《侵害未成年人强制报告制度研究》（2021年最高人民检察院重点课题）等，均已结项。

总　　序

我国少年法治研究的历史可以追溯到清末及民国初年。彼时，美国伊利诺伊州于1899年颁行的《少年法院法》以及芝加哥市库克郡的少年法院首开现代少年法治的先河。我国清末及民国初年的相关学者也逐步关注到其重要意义。然而，我国当时的社会动荡及战争局势令当局无暇顾及，从而一直未能造就专门的少年立法及司法制度，直至1949年中华人民共和国成立。

中华人民共和国成立后，少年法治研究大致起步于20世纪70年代末80年代初。1984年，上海市长宁区人民法院创设少年法庭；1987年，《上海市青少年保护条例》颁行；1991年，全国性的少年专门立法《中华人民共和国未成年人保护法》颁行。其后，我国少年法治经历了一个蓬勃发展的时期，包括专门少年法庭及专门未检机构的普遍设立、少年司法制度的体系化、《中华人民共和国预防未成年人犯罪法》的颁行、诸多部门法律中的少年特殊法律规范的不断增加及修订等。时至21世纪，我国少年法治的发展逐步放缓。其间，少年法院的创设未获成功，专门的少年法庭大量撤并，专门的未检机构也有不少撤并。

究其根本原因，笔者认为，在于少年法学理论不够系统严整、不够独立自主。其不够系统严整，即尚未形成一套如同其他部门法学理论那样具有广泛共识、较为系统成熟的理论话语体系；其不够独立自主，即基本附属于刑事、民事和行政三大部门法学理论，虽然自身有着一些特殊的制度理论，但尚未形成一整套符合其自主的价值诉求、策略逻辑及发展规律的理论系统。这些问题，势必导致我国少年法学相关专业学科建设及专业人才培养的缺乏，并进而导致相关立法的不足和依附于其他部门法，以及相关司法制度的依附性及不够健全，等等。

在笔者看来，我国少年法治发展瓶颈系统突破的根本策略在于：加强对少年法学理论的系统深入研究，以逐步形成具有广泛基本共识、系统严整、独立自主的理论体系，并以此指导少年立法体系的系统完善，以及少年司法制度及少年行政执法制度的系统完善，从而促进少年法学相关专业学科建设及专门人才培养，并最终形成系统完善的少年法治运行机制。

"华东政法大学少年法治研究文库"即试图着眼于这一根本策略。

高维俭

2024 年 8 月 16 日于松江

自序:我与少年法学的不解之缘

就世界范围而言,少年法的发展历史已逾120年。我国少年法的发展历史非常坎坷,几乎与我国近现代的曲折历史同步。100多年前的清末及民国初年,我国少年法虽有萌芽,但动荡的社会时局抑制了它的破土成长。直到1987年,《上海市青少年保护条例》颁行;1991年,《中华人民共和国未成年人保护法》颁行。其后,我国少年法不断发展壮大,少年司法实践不断改革推进,少年法学理论不断发展进步。

在此背景下,我于1994年开始从事少年法学研究,迄今已达30年。记得当年,在民主法治理想的感召下,我决心报考法学专业的硕士研究生,并选定了位居上海、有藏纳海风之气度、享"五院四系"之盛名的华东政法学院。为专心备考,我从工作单位停薪留职,来到华政借读,并最终选择了刑法学专业的青少年犯罪学研究方向。次年顺利考入华政,师从徐建先生。从此,我与少年法学结下不解之缘。1998年,我以《中美少年司法制度比较研究》一文通过硕士学位论文答辩,获刑法学硕士学位。

硕士毕业后的3年时间里,我在上海市普陀区人民法院研究室工作,兼任审委会秘书。这段工作经历于我有两大助益:其一,审委会秘书的工作让我有机会接触到大量的疑难复杂案例,丰富了我对司法实践问题的认知;其二,研究室的调研及文字工作令我有机会对面临的司法实践问题进行较为深入的思考,锻炼了我的实务调研能力和文字写作能力。上海市是我国少年法的策源地。上海市的少年司法机关一直是我国少年司法系统的"排头兵"。普陀区法院的少年法庭也是全市少年法庭中的佼佼者。我在普陀区法院的不少工作都与少年法庭密切相关。1999年至2000年,我被借调至上海市高级人民法院研究室工作1年,拓宽了视野。我在上海市法院系统工作的3年中,有幸参与了一些有着重大影响的少年司法改革探索及研究工作，如集中指定管辖、少年法院建构的研究和倡议、少年司法程序的特别化等，尤其是为适应 1996 年《中华人民共和国刑事诉讼法》和 1998 年《中华人民共和国刑法》的一系列研究探索。可以说，法院 3 年的工作加深了我与少年法学的缘分。

2001 年，我考取北京大学法学院刑法学博士研究生，师从储槐植先生。读博期间，我深受储槐植先生的刑事一体化思想的影响，较多关注刑事被害人问题、刑事政策基础理论以及死刑问题。2004 年，我以《刑事三元结构论》一文通过博士学位论文答辩，获刑法学博士学位。该文试图对刑事一体化思想予以进一步的系统结构化和哲学思维化研究，注重刑事政策学和系统论哲学方法的理念基础。回想起来，该文对我之后的学术生涯产生了深刻而久远的影响，可以说是奠定了我思考及研究刑法学、刑事政策学及少年法学等领域的理论及实践问题的基本方法论，即整体结构性、系统机制性的思维方法。我于 2006 年在《法学研究》上发表的《刑事学科系统论》一文和于 2022 年在《政治与法律》上发表的《少年法治系统论纲》一文都深受这种思维方法的影响。值得一提的是，储槐植先生在犯罪学和青少年犯罪学领域也有颇为深厚的研究。可以说，我在北大读博、师从储先生的经历对我之后的学术生涯产生了深远的影响，也为我后来进一步从事少年法学理论研究增添了相应的学术功底。

读博期间，我与少年法学的另一份特别的缘分不期而遇。大约是 2003 年，在北京大学法学院举办的一场题为“美国死刑悖论”的学术讲座中，担任现场翻译的师弟江溯（当时在读法硕）介绍我认识了主讲人，来自美国夏威夷大学法学院的戴维·约翰逊（David Johnson）博士。之后，我又通过约翰逊博士结缘了他的博士导师富兰克林·E. 齐姆林（Franklin E. Zimring），他是美国加利福尼亚大学伯克利分校法学院教授，一个在犯罪学、刑事政策学和少年法学领域久负盛名的学者。接下来的数年中，我陆续翻译了齐姆林教授的《美国死刑悖论》《少年司法的一个世纪》《美国少年司法》3 本书，以及另一位美国教授巴里·C. 菲尔德的《少年司法制度》一书。2009 年至 2010 年，我通过中美福布莱特高访学者项目在加利福尼亚大学伯克利分校法学院访学，并参与齐姆林教授主持的一个少年司法研究项目，成果为《少年司法的全球视野》（*A Global*

Perspective of Juvenile Justice），后在纽约大学出版社出版。我撰写了其中关于中国少年司法的产生、发展及未来的一章，首次将中国少年司法的发展状况较为系统地介绍给国外。

2004 年，我从北京大学法学院毕业后，到西南政法大学任教近 18 年。其间，除了刑法学的研究和教学之外，我将不少精力用于少年法学的研究和教学，并通过到检察机关挂职深度参与相关司法实践，并于 2012 年发起成立了重庆市法学会少年法学研究会，担任会长近 10 年，同时广泛地参与少年法治相关部门的培训主讲、学术交流、学术兼职等工作，包括任共青团中央维护青少年权益部副部长（兼职），以及兼任国务院儿童工作智库专家、中国法学会检察学研究会未成年人检察专业委员会副主任委员、中国刑事诉讼法学研究会少年司法专业委员会委员、中国审判理论研究会少年审判专业委员会委员等。回想起来，我在西政的十几年时间里，能够如此广泛而深入地参与少年法学研究和少年司法实务的相关工作，离不开诸多师友同仁的支持和鼓励。在此略表几人：其一，姚建龙教授，我的同门师弟，也是在硕士研究生阶段师从徐建先生。建龙天资聪颖，兼而勤奋，出道不久很快成长为我国少年法学界最具学术影响力的学者，堪称少年英才。但凡有相关的学术活动，建龙教授都会邀请我参与，让我获得了很多的学习交流机会。其二，宋英辉教授，我的前辈老师，我国刑事诉讼法学界泰斗之一，曾在司法体制改革猛烈冲击少年司法机构建制的背景下，主导上书最高司法机关，力挽狂澜，并力主在中国刑事诉讼法学研究会设立少年司法专业委员会，对我国少年法学理论研究、少年司法实务改革和少年立法革新在困境中的砥砺前行起到了无可替代的中流砥柱式的作用。宋老师对我多有支持和鼓励。宋老师为人谦和，风度儒雅，处事温和而坚定，令人敬爱。其三，王锋，我的北大校友，时任共青团中央维护青少年权益部部长，对我多有支持和鼓励。我于 2021 年在商务印书馆出版的《少年法学》一书即为共青团中央青少年发展规划重大项目的结项成果。其四，史卫忠，时任最高人民检察院第九检察厅（未成年人检察厅）厅长，对我也多有支持和鼓励。史厅长主持工作期间，全国的未检工作可谓柳暗花明，建树颇丰。还有很多师友同仁的关心、信任、支持和鼓励，在此难以一一言表。

至此,我与少年法学结下不解之缘,注定一生相伴了。时至2022年,应母校华政召唤,冀望少年法学学科的发展再兴,我回归母校任教。回首间,我忽然发现,经过了近30年,我又回到了当初结缘少年法学的起点处。重回的起点,并非旧时的起点,而是新的起点。昔日少年,今已到知命之年。未来的征程,往往是在实践过去的理想,因为过去的理想往往无法当时实现,而须冀望未来。回首30年的过去,我在少年法学研究领域中积累下来的些许文字和片段思想,似乎可以“积流成河”,是我个人伴随我国少年法治这30年发展节奏的一系列思考。或许就此编辑成册,可以对相关的理论研究者、实务工作者和后来的学习者提供参考价值。其中一些论篇虽历经多年,仍然有着一定的现实意义,故而在适当调整内容的情况下予以纳入。

本书分为4篇,即基本原理篇、立法评论篇、特殊制度篇和司法改革篇。编排按照从抽象的一般命题(抽象理论)到具体的特殊命题(具体实践)的逻辑次第展开,其编排大体契合了相关论文发表的由近及远的时间顺序。或许,作为我国少年法学发展进程中的一个长期参与者和深入研究者,我在不同阶段积累下来的研究论文,不经意间,反映出我国少年法学发展的演化进程,即由早期关注具体的司法实践改革,到特殊制度建构,再到立法革新,乃至后期对基本原理问题的注重及系统研究。

本书算是对我入行少年法学30年的纪念,也权当对恩师徐建先生九十大寿的祝贺。30年前,恩师风度儒雅,娓娓道来,导我入行;30年中,恩师时常关心,殷殷期盼,励我成长;30年后,恩师依然健朗,孜孜不倦,为我楷模!

是为序。

高维俭

2024年3月29日于松江

目　录

第一篇　基本原理篇

第二篇　立法评论篇

第三篇 特殊制度篇

第四篇 司法改革篇

第一篇 基本原理篇

- 少年法治系统论纲
- 论少年法律关系
- 论少年法的基本原理
- 论少年法学的学科性质与学科价值

少年法治系统论纲

摘要：我国少年法治事业40年的成就可圈可点，但屡屡遭遇系统发展的瓶颈。少年法治系统论是相关系统发展瓶颈的破解之道。就总体格局而言，少年法治系统包括基础系统、干预系统和环境系统三大部分。其基础系统由相应的理论体系、立法体系、教培体系和信息体系组成；其干预系统由相应的行政体系、司法体系和社工体系组成；其环境系统由相应的家庭体系、学校体系和社区体系组成。全面认知少年法治系统的总体谱系及其结构功能，方有可能系统科学地推进少年法治事业的高效发展。目前，我国少年法治系统结构尚存缺憾，有待各子系统的补足、协同、优化及完善。我国少年法治系统的整体运行机制尚未健全，亟待顶层设计及变革。少年法治事业的国家战略价值非凡，值得倾力而为。

关键词：少年法治；基础系统；干预系统；环境系统；顶层设计

A Systematic View on Juvenile Rule of Law

Abstract: The 40 - years' development of the juvenile rule of law career in our country has been productive, but encountering systematic development bottlenecks from time to time. The juvenile rule of law system theory is about the way to break through the bottlenecks. From the viewpoint of overall system, the juvenile rule of law shall include the supportive system, the interventional system and the environmental system. The supportive system shall consist of the corresponding theoretical system, legislative system, training system and information system; the interventional system shall consist of the corresponding administrative system, judicial system and social work system; the environmental system shall consist of the family system, the school system and the community system. It would not be possible to promote the juvenile rule of law career systematically and scientifically, until we had an all-round cognition about the spectra and the structural functions of the juvenile rule of law system. At present, the systems have a great deal of structural defects to some extent, that need cooperating and making up, while the overall system mechanism is far from perfect, that needs a national-wide top-level design to reform. The juvenile rule of law career, as a national development strategy, has its extraordinary value, which is worthy of full devotion.

Keywords: Juvenile Rule of Law; Supportive System; Interventional System; Environmental System; Top-level Design

一、绪言:亟待着力之顶层设计

少年法治,是依法治理少年权益问题的系统策略,是少年健康成长的法治保障。古希腊思想家柏拉图有言:法律是一切人类智识的结晶。如此,少年法治就是人们汇集关于少年的一切智识、运用法律的方法来保障和促进少年健康成长的系统策略。少年法治事业不仅关乎少年福祉,还是整个国家的重大战略,甚至关乎整个人类文明的永恒事业。少年法治是国家治理现代化的“晴雨表”、“试验田”和“助推器”,其战略意义重大。

就世界范围而言,随着刑事新派理论(或刑事实证学派理论)①的影响日盛,少年法治事业兴起于19世纪末20世纪初,迄今120年有余。历经早期的蓬勃发展、中期的逐步调适以及后期的基本定型,少年法治业已成为各国法治构架内的一个有机组成部分。然而,尽管各国少年法律规范的数量规模不小,但相对于发展历史久远的刑事法治、民事法治及行政法治而言,各国的少年法治尚显稚嫩、小众,不同程度地存在着理论基础浅薄、法律体系杂乱、

① 参见杨新慧:《刑事新派理论与少年法》,西南政法大学2016年博士学位论文。该文的核心观点即刑事新派理论(刑事实证学派理论)是少年法的理论根基。

专业培训不足、制度运行不畅之类的系统性问题。除了发展历史较短的原因,各国少年法治存在的不同程度的系统性问题可能还与作为其理论根基的刑事新派理论所依托的相关科学技术的现实局限性有关,即相关科学技术发展水平尚不能满足相应学派理论系统贯彻于实践的多方面、多层次的需要。例如,关于少年法治实践非常需要的心理干预、心理矫治,目前的心理学的科学成果及技术手段虽然能够有所作为,但还远远不能切实满足相应实践的需要。

从20世纪80年代初青少年犯罪学研究的兴起、1984年第一个少年法庭(上海市长宁区)的建立以及1987年第一部地方性少年法《上海市青少年保护条例》的颁行,到1991年第一部全国性少年法《中华人民共和国未成年人保护法》(以下简称《未成年人保护法》)的颁行、20世纪90年代少年法庭及未检机构等专门机构的普遍设立以及少年司法制度体系的建立,乃至1999年《中华人民共和国预防未成年人犯罪法》(以下简称《预防未成年人犯罪法》)的颁行以及相关法律法规的多次修订及充实……伴随着相关实务部门的不断探索和改革,以及少年法学理论的逐渐丰富和系统深入研究,我国少年法治事业经历了约40年的持续发展。

回顾这40年左右的发展历程,相关的司法探索及改革和立法革新可谓富有创造、卓有成效,却常常面临瓶颈颇多、力有不逮的境地,甚至一度造成我国少年法治事业徘徊不前的困顿局面。究其根本,观其大局,乃是因为我国少年法治事业发展一直缺乏全局性及系统性的顶层设计。经过约40年的发展,缺乏顶层设计的系统格局性的矛盾日益凸显。因而,以少年法治系统论的理念来对我国少年法治事业发展进行全局性及系统性的顶层设计,打通理论上的体系脉络,梳理立法上的多种头绪,协调实践中的各方合力,是一项亟待着力的意义重大的课题。

二、少年法治以及少年法治系统

(一)少年法治

所谓少年法治,简而言之,即少年权益事宜之法律治理。展而言之,其“少年权益事宜”包括少年福利、少年保护和少年越轨三大类权益或制度；[①]其“法律治理”即少年立法、少年行政和少年司法等制度的理念、规范及运行的统称。少年法治的基本宗旨，一言以蔽之，即保护和促进少年健康成长。除此之外，别无他求。[②]

少年福利制度、少年保护制度和少年越轨制度，这三者之间存在着政策逻辑上的递进关系和制度内容上的依存关系。少年福利制度，即国家及相关主体依法给予少年的生养、教育及健康发展等方面的一般性或普惠性的福祉保障制度。少年保护制度，即国家及相关主体依法给予少年的旨在避免其受到伤害或不利影响的特别保障制度。少年越轨制度，即国家及相关主体依法针对少年越轨事件而采取的责任追究、教育矫治及相关社会治理的制度统称。就少年法治的政策逻辑而言，少年福利制度为“未雨绸缪”式的全局战略之策，少年保护制度为“遮风挡雨”式的局部加强之策，少年越轨制度为“亡羊补牢”式的个案反思之策，且三者皆秉承保护和促进少年健康成长的基本宗旨。就制度内容及策略安排而言，三者之间虽有分别，但内在关联、层层递进、相互依存、相互补足，即少年福利制度是对少年健康成长的一般性或普惠性的保障，具有全局性和战略性的意义；少年保护制度是对少年健康成长的局部性或特别风险领域的保障，具有防御性和补强性的意义；而少年越轨制度是对少年健康成长的个案性或补救性的保障，且其中通常会运用诸多福利性和保护性的制度措施，具有具体性和回溯性的意义。[③]

少年立法制度、少年行政制度和少年司法制度，这三者之间存在着法治逻辑上的递进关系和制度内容上的依存关系。[④] 少年立法制度，即关于少年法律应当如何制定和修改的制度统称。少年行政制度，即少年行政执法制度，即少年行政机构应当如何贯彻落实相关少年法律的制度统称。少年司法制度，即

---

① 参见宋英辉、苑宁宁：《完善我国未成年人法律体系研究》，载《国家检察官学院学报》2017年第4期。

② 参见高维俭：《论少年法的基本原理》，载《预防青少年犯罪研究》2014年第2期。

③ 参见高维俭、梅文娟：《论少年法的立法体系》，载《预防青少年犯罪研究》2013年第5期。

④ 参见应松年：《加快法治建设促进国家治理体系和治理能力现代化》，载《中国法学》2014年第6期。

少年司法机构应当如何处理少年案件的制度统称。没有少年立法,就不会有少年行政执法以及少年司法,可见三者之间存在着法治逻辑上的递进关系。少年司法必然依据少年立法,也多会涉及少年行政执法的内容,且少年行政执法也必然依据少年立法,也多有与少年司法相互衔接的内容,可见三者之间存在着制度内容上的依存关系。

从上述“少年福利 + 少年保护 + 少年越轨”和“少年立法 + 少年行政 + 少年司法”的制度内容谱系可见,少年法治的概念本身就是少年法律制度体系及其理念和运行机制的整体观念。申言之,少年法治的基本理念,即少年法律制度体系及其理念和运行机制的全谱系观念,而这一全谱系观念必然需要以系统论的理念及方法来予以有序展开。

(二)少年法治系统

目前我国少年法治事业的基本问题在于:缺乏对少年法治的系统认知、系统设计和系统运行。少年法治系统论旨在弥合此基本缺陷。所谓少年法治系统,即少年法治相关内容的结构集成和有序运行的系统格局。其要旨即以系统论的理念及方法①来认识、设计和运行少年法治。

1. 少年法治系统的基本构造

基于对中外少年法治的历史、现状及未来的系统分析可见,就全局而言,少年法治系统包括三大部分,即基础系统、干预系统和环境系统。其基础系统由相应的理论体系、立法体系、教培体系和信息体系组成;其干预系统由相应的行政体系、司法体系和社会工作(以下简称社工)体系组成;其环境系统由相应的家庭体系、学校体系和社区体系组成。如图 1 所示。

---

①　系统论的核心思想是系统的整体观念。系统论的创始人冯·贝塔朗菲强调:任何系统都是一个有机的整体,它不是各个部分的机械组合或简单相加;系统的整体功能是各要素在孤立状态下所没有的性质。他用亚里士多德的“整体大于部分之和”的名言来说明系统的整体性,反对那种认为要素性能好,整体性能一定好,以局部说明整体的机械论的观点。参见[美]冯·贝塔朗菲:《一般系统论——基础、发展和应用》,林康义、魏宏森等译,清华大学出版社 1987 年版,第 30 ~ 35 页;魏宏森、曾国屏:《系统论——系统科学哲学》,世界图书出版公司 2009 年版,第 205 ~ 216 页。

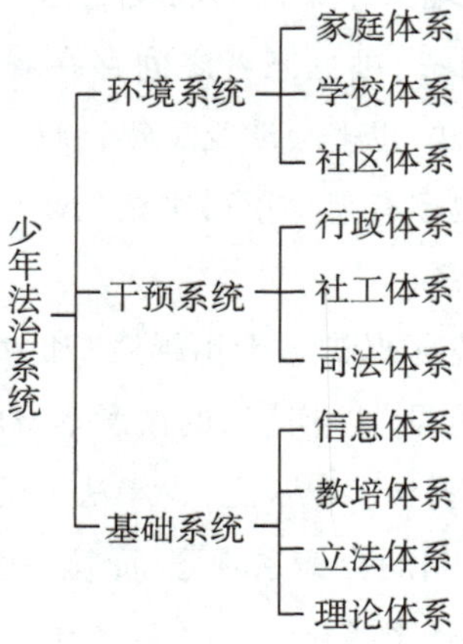

图 1　少年法治系统的基本构造

由图 1 可见,少年法治系统的基本构造可分两个层级:其一,一级子系统,由基础系统、干预系统和环境系统组成;其二,二级子系统,由理论体系、立法体系、教培体系和信息体系组成基础系统,由行政体系、社工体系和司法体系组成干预系统,由家庭体系、学校体系和社区体系组成环境系统。少年法治的"基础系统",是为少年法治的干预系统和环境系统提供理论、立法、教培和信息等方面基础资源的系统。少年法治的"干预系统",是用以对少年法治具体实践中可能遇到的少年健康成长问题提供必要的干预措施的系统。少年法治的"环境系统",是直接作为少年成长环境的各类资源及责任主体的系统。少年法治系统的两个层级的子系统之间存在着多方面、多层次的互动交流关联,并共同形成少年法治系统运行的综合机制。

2. 少年法治的基础系统

如前文所述,少年法治的基础系统包括理论体系、立法体系、教培体系和信息体系等四个子系统。其中,理论体系是智识根基,立法体系是法律依据,教培体系是人才保障,信息体系为信息保障。四者分立系统,且紧密关联,相辅相成,共同形成整个少年法治系统的基础资源系统。如果说理论体系是基础系统的根基,那么立法体系、教培体系和信息体系就是基础系统的支架。少年法治基础系统的四个子系统的核心要义如下。

其一,理论体系,即作为一个特殊部门法学的少年法学理论体系。少年法学理论体系必须达到足以支撑一个独立的特殊部门法学的程度,方能胜任其作为少年法治系统的智识根基的角色。少年法学理论体系大体可以包含少年法学概论,少年法的历史概况,少年法的基本原理,少年法的立法体系,少年法的实施体系,以及少年福利法、少年保护法和少年越轨法等制度理论的内容。①

其二,立法体系,即所有关于少年的法律法规形成的严整有序的规范体系。立法体系成熟的基本标志即法典化。经过一个多世纪的发展演化,基于各国的少年立法成果及经验,以及少年法律制度体系的自在规律,少年法典的制定已经呼之欲出。② 少年法治的理论体系决定着少年法治的立法体系,即有少年法治的理论体系,方才有少年法治的立法体系;有系统优良的少年法治的理论体系,方才有系统优良的少年法治的立法体系。

其三,教培体系,即旨在教育培训少年法治专业人员(包括相关的理论工作者和实务工作者)的机构及制度体系。少年法治的教培体系应当以少年法学的专业学科建设为中心,纳入相关的法学、教育学、心理学、医学、社会学、社工学、越轨学及犯罪学等课程,在相关高等院校中设置少年法学教育的专业体系。同时,在少年法治实务部门开展系统性、职业性的专业培训,也是少年法治教培体系的重要内容。

其四,信息体系,即对整个少年法治的相关信息予以有机关联的信息系统。这一信息体系并非少年法治相关子系统信息以及其他相关信息的简单相加或合并,而是对相关信息的系统关联,以实现有效沟通、有机整合、系统效用。就"三论"(系统论、信息论和控制论的统称)③的理念及方法而言,畅达的信息体系是相关系统得以有效控制及高效运行的基本的技术条件。在处于网络信息、大数据以及人工智能时代的今天,建立和完善这一信息体系的重大意义不言而喻,甚或超越我们的通常想象。

---

① 参见高维俭:《少年法学》,商务印书馆 2021 年版,第 17 ~ 21 页。

② 参见高维俭:《少年法学》,商务印书馆 2021 年版,第 389 ~ 444 页。

③ 松歌:《系统论、控制论、信息论,简称三论概念》,载知乎,https://zhuanlan.zhihu.com/p/158849571,最后访问日期:2021 年 11 月 1 日。

3. 少年法治的干预系统

少年法治的干预系统，即用以对少年法治具体实践中可能遇到的少年健康成长问题提供必要的干预措施的系统，属于实务的范畴。其中，行政体系是其基础环节，司法体系是其圭臬及保障，而社工体系是行政体系及司法体系的重要辅助，是少年法治的福利及保护目标系统落实的一种重要的专业保障。实际上，这三大子系统皆有其相应的强烈的专业化诉求，其核心要义如下：

其一，行政体系，即旨在贯彻落实少年福利行政工作、少年保护行政工作及少年越轨案件处理相关行政工作的相关行政机构及其职能的制度体系。[①] 其中，专门的少年福利与保护行政机构的建设及职能完善，有助于解决我国相关行政工作的“九龙治水”困境，是该制度体系改革提升的核心要务。

其二，司法体系，即旨在依法合理处置少年司法案件的相关制度体系。该制度体系应当以少年警务、少年检察、少年审判和少年矫正等专门机构体系为依托，四者相互协同、相互制约，共同对相关少年司法案件予以专业化、科学化的处理。

其三，社工体系，即以专业的少年社工组织为依托，给少年行政和少年司法中的相关少年福利及保护事宜以专业化辅助的制度体系。专业的少年社工组织及其相关专业服务标准体系的建设，以及相关社会公共资源的制度供给，是该制度体系建设的基本要务。

4. 少年法治的环境系统

如前文所述，少年法治的环境系统包括家庭体系、学校体系和社区体系。三者共同组成少年成长的基本社会环境，其优劣程度直接决定着少年能否健康成长及其程度，意义重大。

其一，家庭体系，其核心内容即监护，即家庭监护人对少年的监护制度体系。监护的基本内容包括抚养、教育、保护及管束。家庭中的成年人，包括父母、成年近亲属及其他成年亲属，都可能在一定情况下承担对少年的监护职

① 在我国，如共青团、妇联及关工委等相关群团组织，实际上担当着相应的一些行政职能，故而可以归属于行政体系的范畴。

责。家庭通常是少年社会化的最初场所，以及社会情感交流最为密切、社会认知及习惯养成的最为基础的场所。家庭体系的状况，对于少年法治以及少年健康成长而言，意义不言而喻。工业社会之前，家庭因素之于少年健康成长往往具有压倒性的地位；工业社会之后，家庭因素的意义仍然举足轻重。但凡少年健康成长遇到问题，鲜有其家庭体系不存在问题的。①

其二，学校体系，其核心内容即对少年的国民教育。随着国民教育的不断发展，学校体系对于少年健康成长的意义也不断提升。其中主要包括幼儿教育、小学教育、中学教育以及大学教育等阶段。其教育的主要内容不限于科学文化教育，还包括伦理道德教育、健康安全教育、政治法律教育等广泛的内容，涉及少年社会化的方方面面。不仅如此，当家庭监护人将少年送交学校之时，教师以及学校的相关管理人员实质上具有了对少年的监护职能（类似于委托监护）。学校体系是少年法治环境系统中的重要一环。②

其三，社区体系，在此即指与少年社会化成长直接相关的环境因素。③ 对于少年健康成长而言，社区体系具有广泛而重要的意义。④ 一方面，相对于家庭体系和学校体系而言，社区体系具有广泛性，即其涉及少年社会生活领域的方方面面：既涉及传统现实的社会领域，也涉及网络虚拟的社会领域；既涉及政治、经济领域，也涉及社会文化、医疗卫生、社会治安等诸多领域。另一方面，作为少年法治以及少年健康成长的环境系统之一，社区体系具有家庭体系和学校体系不能替代的重要意义。

---

① 参见赵军：《家庭因素与未成年人犯罪关系研究——对若干流行观念的定量检验》，载《法学评论》2012 年第 2 期；王贞会：《家庭监护功能缺位的实践表征及其治理路径——以 308 名涉罪未成年人为样本的分析》，载《政法论坛》2018 年第 6 期。

② 参见姚建龙：《论学校保护——以未成年人保护法学校保护章为重点》，载《东方法学》2020 年第 5 期。

③ “社区”是一个较为模糊的社会学概念，其狭义指如村镇、街道或居民小区等，其广义与“社会”的概念相当，而在社会学的研究中，“社区”的概念往往是指与研究主题之间具有相应的值得关注的因素范围。故此，本题中，“社区”即指与少年社会化成长直接相关的环境因素，而非局限于上述的狭义概念，亦非上述的宽泛的广义概念。

④ 参见陈嫡、罗玉明：《未成年人违法犯罪行为防范——构建学校与社区联动机制的研究》，载《江西社会科学》2011 年第 7 期；王均平：《我国社区犯罪防控模式的反思及重构》，载《法商研究》2002 年第 5 期。

总体而言，少年法治的基础系统、干预系统和环境系统之间存在着全方位、多维度、多层面、深入而系统的内在关联，共同组合成少年法治的系统格局。首先，没有完善的理论体系，就不可能有完善的立法体系；其次，没有完善的立法体系，干预系统和环境系统的建构及运行就会缺乏相应的法律依据；再次，没有完善的专业人才的教培体系，相关系统的专业化诉求便无以保障；最后，没有完善的信息体系，相关系统就会缺乏相应的信息技术支撑，从而难以形成高效运行的现代化的系统机制；等等。少年法治系统的结构如图2所示。

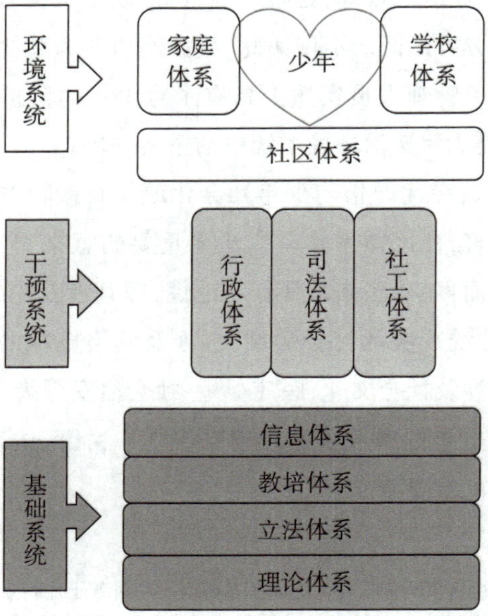

图2　少年法治系统的结构示意

三、我国少年法治基础系统的薄弱现状及补强策略

就现状而言，我国少年法治四大基础系统还相对薄弱，其中包括少年法学理论根基薄弱、少年法律规范零散依附、少年法学专业培训缺乏和少年法治信息体系不畅等四个基本方面。这些问题亟待系统分析，并据情采取相应的补强策略。

（一）理论体系方面：少年法学理论根基薄弱

我国相关理论研究的大体发展脉络为：早期阶段，从青少年犯罪学研究到具有特别性的少年刑事司法制度研究——以专门的少年法庭和未检机构的建立为标志；中期阶段，从少年越轨学和少年权益保护问题研究到具有综合性的少年司法制度研究——以《未成年人保护法》和《预防未成年人犯罪法》的颁行为标志；后期阶段，即当前阶段，从少年司法制度研究到少年法学基础理论的系统研究，以及少年法治系统观念的逐渐形成。

我国少年法学理论研究的现状可以大体概括为：一方面，旨在系统整合少年法律制度体系、作为一门独立的特殊部门法学的少年法学理论，其系统严整的理论体系刚刚诞生，[①]尚待研讨，尚待确立；另一方面，在我国法学界，与其他法学理论的现状相比，少年法学理论的认知度相对低，以“少年法学”为专题的基础理论研究鲜见，[②]相关的专门研究人员屈指可数，相关的专门理论著作为数甚少，[③]且鲜有系统严整的基础理论建构。

我国少年法学理论根基浅薄问题的补强策略大体不外乎以下几点：其一，相关理论研究组织机构正视少年法学理论的重要性，并加强相关研究工作的组织和引领，使更多的理论研究者致力于相关理论的系统研究及联合研究；其二，专门从事少年法学理论研究的学者和相关理论研究工作者凝心聚力于少年法学基础理论的系统研究，使少年法学理论成为一个系统严整的理论体系，并加强相应的宣传推广和教育培训，提高少年法学理论的学术认知度及学术影响力；其三，相关理论工作者会同相关的实务工作者，将少年法学理论运用

---

① 参见高维俭：《少年法学》，商务印书馆2021年版，第4页。

② 参见储春平：《少年法学概念初探》，载《青少年犯罪问题》1995年第3期。这是鲜见的以“少年法学”为专题的研究。

③ 相关的代表性著述包括：林纪东编著：《少年法概论》，台北，台湾编译馆1972年版；刘作揖：《少年事件处理法概论》，台北，三民书局1982年版；徐建等：《青少年犯罪学》，上海社会科学院出版社1986年版；肖建国：《中国少年法概论》，中国矿业大学出版社1993年版；康树华、向泽选：《青少年法学新论》，高等教育出版社1996年版；姚建龙：《长大成人：少年司法制度的建构》，中国人民公安大学出版社2003年版；姚建龙：《少年刑法与刑法变革》，中国人民公安大学出版社2005年版；佟丽华主编：《未成年人法学》，法律出版社2007年版；张鸿巍：《少年司法通论》（第2版），人民出版社2011年版；高维俭：《少年法学》，商务印书馆2021年版；等等。

于少年法治实践中，推进相关的探索改革，并检验相关的理论成果，促进少年法学理论的持续完善。

系统完整的少年法治理论体系应当包括少年法学理论和相关学科理论两大方面。其中，少年法学理论是其核心部分，大体可以包括概论（学科论—历史论—文献论）、总论（原理论—立法论—实施论）和分论（少年福利论—少年保护论—少年越轨论）等主要内容；①相关学科理论是其辅助部分，大体可以包括相关法学（如刑事法学、民事法学、行政法学、诉讼法学、社会法学及宪法学等相关理论）、儿童发展生理学及心理学、青少年犯罪学及越轨学、社会学及社会工作学、教育学等。

（二）立法体系方面：少年法律规范零散依附

由于缺乏系统严整的少年法学理论体系的指引，在立法体系方面，我国少年法律规范零散依附的总体现状在所难免。② 我国目前的少年法律规范主要有3类：其一，全国性的专门法律规范，主要包括《未成年人保护法》和《预防未成年人犯罪法》。这两部法律的主要问题在于：二者多有重叠交错，依附性较强，适用性较弱，③且少年福利制度系统缺失，虽多有修法补充，仍远远不能满足少年法治的系统需要。其二，全国性的附属法律规范，其中主要包括《中华人民共和国刑法》（以下简称《刑法》）、《中华人民共和国刑事诉讼法》（以下简称《刑事诉讼法》）、《中华人民共和国民法典》（以下简称《民法典》）、《中华人民共和国治安管理处罚法》（以下简称《治安管理处罚法》）等法律中涉及少年的法律规范。其主要问题在于：依附性极强，从而无法形成独立自主的适用机制，且在我国现实的法治观念水平及法律运行体制下，总体上难免与少年法学的基本原则及理念（如少年最佳利益原则、国家亲权理念等）抵牾。其三，其他少年法律规范，其中主要包括如《未成年人网络保护条例》和各省市的青少年保护条例等。其主要问题在于：大体上重复全国立法，适用性更弱，影响力更

① 参见高维俭：《少年法学》，商务印书馆2021年版，第17页。

② 参见姚建龙主编：《中国少年司法研究综述》，中国检察出版社2009年版，第56页。

③ 参见姚建龙：《论〈预防未成年人犯罪法〉的修订》，载《法学评论》2014年第5期；高维俭：《〈未成年人保护法（2020修正案）〉评述》，载《内蒙古社会科学》2021年第2期。

加有限。①

改变我国少年法律规范零散依附现状的最佳策略思路，即以系统严整的少年法学理论为指引，借鉴法治发达国家和地区的相关立法实践，结合我国国情，在系统整合、补缺我国现有少年法律规范体系的基础上，充分发挥后发优势，采取“少年福利＋少年保护＋少年越轨”的全谱系模式，制定系统严整的少年法典，②从而从根本上解决我国少年法律规范的零散性、依附性以及适用性差等一系列突出问题，并凸显引领时代潮流的中国话语能力以及集中力量办大事的中国特色的制度优势。

系统完整的少年立法体系大体可以包括少年法典、其他全国性规范（相关的具有全国效力的法律、法规、规章、解释及规定等）和地方性规范（相关的具有相应地方效力的法规、规章、规定、民族地方变通规定及特区规范等）。

（三）教培体系方面：少年法学专业培训缺乏

承继上述两方面的问题，我国少年法治的教培体系也显薄弱。其核心问题即少年法学的专业培训非常欠缺，导致少年法治专业人才十分匮乏。③ 一方面，在我国的高等院校和科研院所中，尚未见有专门的少年法学专业的系统设置，更无从谈起系统的少年法学的专业人才培养，仅在个别教学科研院所有零星的少年法学专业人才培养。另一方面，在我国的相关学术社团和实务部门中，虽然有一些专业组织，如中国预防青少年犯罪研究会、中国法学会检察学研究会未成年人检察专业委员会、中国法学会刑事诉讼法学研究会少年司法专业委员会、中国审判理论研究会少年审判专业委员会以及北京、上海和重庆等地方法学会的少年法方面的专门研究会等，但受制于少年法学专业人才教育培训体系的缺失，相关的职业培训也非常缺乏，无法满足相关事业发展的专业性和系统性的实际需要。

---

① 参见田相夏、王志民：《我国未成年人法律体系的现状、问题及完善构想》，载《南昌大学学报（人文社会科学版）》2019 年第 6 期。

② 参见高维俭：《少年法学》，商务印书馆 2021 年版，附件“《少年法典草案》”。

③ 参见尹泠然：《求索中曲折前行的中国少年司法》，载《检察日报》2019 年 8 月 24 日，第 3 版。

我国少年法治教培体系缺失问题的解决之道在于：首先，在系统严整的少年法学理论体系确立并逐步完善的同时，在教育部的法学学科门类中设置少年法学的专业学科，并在有条件的高等教育科研院所中先行建设发展，从而初步形成少年法学专业人才的培养体系。① 其次，鼓励开展少年法学专业人才培养的高等教育科研院所与少年法律实务部门合作，开展相关少年法律实务人员的岗前培训认证及职业轮训，结合其实务工作，系统提升其专业化水准。

系统完整的少年法治教培体系大体包括高等教育专业设置和职业教育专业培训两方面。其中，高等教育专业设置应当是旨在培养少年法学专业人才的“本科专业课程＋硕士专业方向＋博士专业方向”的制度体系；职业教育专业培训应当是从业资格培训和定期职业轮训相结合的制度体系。

（四）信息体系方面：少年法治信息体系不畅

我国少年法治信息体系远未建立。在信息时代，少年法治信息体系对于整个少年法治系统的意义及可能的提升尤其显著。② 少年法治信息体系的建立与完善主要受制于两方面因素：其一，整个少年法治系统的建立与完善。少年法治信息体系实际上即少年法治系统的信息化存在状态，因而没有少年法治系统的建立与完善，少年法治信息体系也就只能是无本之木。反过来，少年法治信息体系的发展及完善必将大大提高整个少年法治系统的效能，促进其优化和健全。其二，少年信息的敏感性问题。但凡涉及少年信息的收集整理、分析研究及传播运用等的活动，通常皆被视为敏感。其敏感的核心问题，即旨

---

① 值得特别关注的是，《未成年人保护法》（2020 年修订）第 12 条新增规定：“国家鼓励和支持未成年人保护方面的科学研究，建设相关学科、设置相关专业，加强人才培养。”《预防未成年人犯罪法》（2020 年修订）第 13 条新增规定：“国家鼓励和支持预防未成年人犯罪相关学科建设、专业设置、人才培养及科学研究，开展国际交流与合作。”很显然，上述规定表明：我国最高立法机关及中央决策层已经清楚地意识到了少年相关专业学科建设、专业人才培养以及少年法治理论体系建设的重要意义，并以明确立法的形式来予以倡导和推进。

② 参见宋志军、毛泽：《未成年人综合保护信息共享平台构建原理研究》，载《青少年犯罪问题》2020 年第 3 期。

在对少年予以特殊保护的少年特别隐私权问题。[1] 然而，仔细研究相关的法律规定和法学理论，我们不难发现，少年特别隐私权所保护或保密的只是少年的相关身份信息，包括少年及其父母或亲属的真实姓名、家庭住址、身份证号码、就读学校及班级等一切可以确定或推知相关少年具体身份的信息。申言之，只要依法有效地隐去相关身份信息，少年信息的收集整理、分析研究及传播运用等活动，以及少年法治信息体系的建立，都是合法的，没有实质的制度障碍，且对于少年权益的保护以及社会治理的促进都具有重要的积极意义。[2]

我国少年法治信息体系的建立及完善之道在于：一方面，少年法治的各条线部门及组织积极引入现代信息技术，依法建立其条线领域的少年法治信息体系，并不断优化完善。其关键问题在于信息分类及关联的科学化和信息收集及查询的合法化。另一方面，具有少年法治相关领导权责的国家机构（如少年福利与保护局[3]）积极主导采用现代信息技术，联合、组织、协调相关部门，整合各条线领域的少年法治信息体系，从而形成互通共享、系统完整的少年法治信息体系，[4]并逐步兼容优化、系统完善。其关键问题在于信息关联的系统整合度以及信息运用的便捷高效度。对此，相关的专业研究机构和相关的专业社团组织也可以成为组织协调者。

总之，系统完整的少年法治基础系统应当是由相应的系统完整的理论体系、立法体系、教培体系和信息体系等四大板块共同组成、联系互通的有机系统。如图 3 所示。

---

① 参见李延舜：《论未成年人隐私权》，载《法制与社会发展》2015 年第 6 期；高维俭、杨新慧：《论少年特别隐私权——一项源于刑事法领域的拓展研究》，载《贵州民族大学学报（哲学社会科学版）》2015 年第 3 期。

② 参见梅文娟：《论未成年人刑事判决之有限公开》，载《现代法学》2014 年第 5 期。

③ 参见高维俭：《少年法学》，商务印书馆 2021 年版，第 235 ~ 241 页。

④ 少年法治信息体系应当是由理论信息、立法信息、教培信息、行政信息、司法信息、社工信息以及少年成长环境等信息板块组合而成的互通共享、系统完整的有机体系。

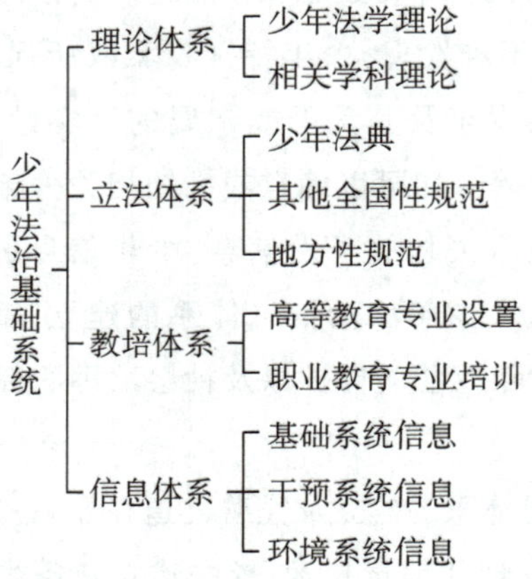

图3　少年法治基础系统的基本构造

四、我国少年法治干预系统的缺陷及补足策略

系统梳理我国少年法治干预系统40年的发展历程可见：其一，少年司法体系的发展是其主流，但时至今日仍未完整；其二，少年行政体系的建设虽然有某些进展，但体系流散，功效不济；其三，少年社工体系的建设从无到有，尚未步入正轨。

（一）司法体系方面：少年司法体系仍未完整

纵观我国少年法治运行体系乃至整个少年法治系统40年的发展，可以说，其主流即少年司法体系及其相关理论的发展。时至今日，在相关理论界和实务界，最具认知度的概念是“少年司法”，而非“少年法”，①更非“少年法治”。

① 我国台湾地区学者林纪东认为，少年法有最广义、广义、狭义之分。最广义的少年法指所有有关少年的法律，具体包括各种有关少年教育的法律、各种有关少年福祉的法律、各种有关少年保护的法律、各种有关少年劳动的法律、宪法上有关儿童福祉的法律；广义的少年法指各种有关少年不良行为保护法、少年刑法、少年刑事诉讼法、少年法院法、少年监狱法等；狭义的少年法是指各国制定的、题称为少年法的法律，通常包括少年刑法和少年刑事诉讼法两种。参见林纪东编著：《少年法概论》，台北，台湾编译馆1972年版，第19页。就我国情况而言，初期的少年司法概念与林纪东先生所谓的狭义少年法的概念大体相当，而当前的少年司法概念则与林纪东先生所谓的广义少年法的概念大体相当。

同时，学界还多有“少年司法法”的概念提法。① 依此概念逻辑推演，相关的理论学科就应当被称为“少年司法法学”或“少年司法学”，而非“少年法学”。而“少年司法法学”或“少年司法学”的概念提法，略显偏狭，而无法标定作为一个特殊部门法学的少年法学的应有涵盖范围。笔者认为，这一方面反映了相关概念逻辑尚未系统理顺的理论困惑问题，另一方面印证了我国少年法治领域实践发展以少年司法体系为主流的基本状况。

少年司法体系包括少年警务制度、少年检察制度、少年审判制度和少年矫正制度。我国少年司法体系发展的显著成就在于专门的少年审判制度和少年检察制度的改革探索及系统建设，其主要标志即从中央到地方的各级专门少年审判机构（少年法庭）和少年检察机构（未检部门）的系统设置。

就少年矫正制度而言，一方面，专门的少年监狱（未成年犯管教所）或普通监狱的少年监区在全国各地素有设立；另一方面，随着《中华人民共和国社区矫正法》（2020 年实施）的颁行——该法包含了“未成年人社区矫正特别规定”的专章（第七章）——少年社区矫正制度正在建设中。同时，原有的未成年人收容教养机构（未成年人收容教养所），随着劳动教养制度的废除而被废弃。对于剩余的被收容教养的未成年人，不少地方将其并入未成年犯管教所统一管理，其合法性颇容质疑。如今，随着《中华人民共和国刑法修正案（十一）》和《预防未成年人犯罪法》的最新修订，对有严重不良行为的未成年人的专门教育制度的设立及运行问题进入了少年法治的视野，并从而衍生出一系列亟待解决的问题。

专门教育制度的基本要点包括：其一，专门教育是国民教育体系的组成部分，从而教育行政部门被定位为其牵头主管部门；其二，专门教育指导委员会是由教育行政部门牵头的“行政部门 + 司法部门 + 社会力量”的多元性评估议事机构，在专门教育制度中承担重要的角色功能；其三，专门教育制度可以分

---

① 参见姚建龙：《〈未成年人保护法（修订草案）〉述评与完善》，载《预防青少年犯罪研究》2020 年第 2 期；孙谦：《关于建立中国少年司法制度的思考》，载《国家检察官学院学报》2017 年第 4 期。另据笔者于 2021 年 11 月 3 日在 CNKI（全部期刊）的检索，包含“少年司法法”的期刊文献共计 64 个，时间跨度从 2003 年 12 月 20 日至 2021 年 8 月 5 日。

为两个基本层次类别，即专门教育和专门矫治教育，大体对应之前的工读学校和收容教养，其中针对触刑未成年人的专门矫治教育强调“闭环管理”（类似监禁），即由公安机关、司法行政部门负责未成年人的矫治工作，教育行政部门承担未成年人的教育工作（《预防未成年人犯罪法》第45条）；其四，送专门学校接受专门教育的决定是一种行政决定，分为依申请决定（教育行政部门作出）和依职权决定（教育行政部门会同公安机关作出）两种基本类型，可依法提起行政复议或行政诉讼；等等。

专门教育制度衍生出来的亟待解决的问题包括：其一，专门教育制度本身的属性问题，即其应当归属于少年行政体系还是少年司法体系的问题，尚待研究。对此，笔者倾向于将其归入少年行政体系，因为其处遇措施（保护处分）的根本目的及性质应当为国家监护，以保障越轨少年未来健康成长，即具有少年行政的本质属性及实体法属性，而非责任追究或法律制裁的本质属性。其二，专门教育制度的决定程序的立法合理性问题，即我国《预防未成年人犯罪法》规定了其决定程序的行政化，即由相关行政机关来决定专门教育矫治措施的适用。对此，笔者认为，其决定程序的司法化是更为妥当的选择。其基本理由为：作为越轨少年矫正制度体系的主干性的制度，专门教育制度中的送专门学校接受专门教育（或专门矫治教育）的决定，是一项非常复杂、争议颇大、关涉重大自由的决定，且从中外少年司法制度的理论和实践来看，皆为少年司法活动的主干内容，从而其决定程序宜于司法化，而非行政化。[①] 其三，专门教育制度的进一步立法及实施问题，即依据《预防未成年人犯罪法》的规定，应当由国务院规定的专门学校建设和专门教育具体办法迟迟未能出台，专门教育制度一直处于不知道如何具体操作的立法“真空”状态，其中涉及诸如“专门教育指导委员会”的机构组成、角色功能、议事规则及法律地位问题，“保护处分”与国家监护之间的内在关联问题，决定程序是否需要听证的问题，专门教育与专门矫治教育的区别问题，“闭环管理”的专门矫治教育如何避免对少年的伤害及

① 当前立法之所以将其决定程序予以行政化，笔者揣度，很可能与我国行政机关的相对强势地位，以及我国少年法治理论及系统的薄弱现状、我国少年司法机构的相对弱势地位及专业化程度不够等因素有关。

人权隐患问题，以及如何保障专门教育和专门矫治教育的科学性、人道性和长效性……相关问题的复杂、敏感程度恐怕超出了当时立法者的想象，如果不能及时合理应对，则其后患不容小觑。

就少年警务制度而言，除了公安机关内设的“打拐办”（打击拐卖妇女儿童犯罪办公室）与此有所关联之外，我国公安机关一直未能系统设立专门的少年警务机构。个别地方的公安机关，如上海市长宁区、广西壮族自治区钦州市钦南区，曾进行了设立少年警务专门机构的改革尝试。我们知道，各级公安机关都普遍设立了诸如刑侦、经侦、禁毒、治安、网安，甚至环保、打假等专门机构，唯独没有少年警务方面的专门机构。① 相较而言，少年警务的特殊价值及其专门机构设立的必要性，都毫不逊色于上述的专门警务机构。笔者认为，专门的少年警务机构及其制度的设立势在必行。我国学界也越来越认识到少年警务专门机构的重要价值及设立必要。笔者通过“西南政法大学文献资源统一检索”，以“少年警务”为关键词进行检索，其检索结果显示（如图 4 所示）：近 20 年来，涉及少年警务问题研究的文献共计 732 项，年度均值 29 项，峰值在 2007 年（52 项），此后一直维持高位直至 2015 年。鉴于此，我国学界对少年警务制度构建的认可度可见一斑。

图 4 少年警务研究文献网络检索结果截图

总之，经过约 40 年的显著发展，我国少年司法体系尚待完善，仍存在较大缺失，其最为显著者，即专门的少年警务机构及其制度的缺失。如果专门的少

① 参见姚建龙：《中国少年司法的历史、现状与未来》，载《法律适用》2017 年第 19 期。

年警务机构及其制度得以系统设立，则我国少年司法体系的基本构架将得以完整。接下来的重点工作即如何将少年警务制度、少年检察制度、少年审判制度和少年矫正制度予以更为系统地整合，从而形成更为专业、更为完善的体系机制。

（二）行政体系方面：少年行政体系流散

少年法治干预系统之行政体系即少年行政执法体系。应该说，我国少年法治事业约 40 年的发展历程中，少年行政执法体系的建设有某些进展，尤其是《中华人民共和国义务教育法》（以下简称《义务教育法》）以及《未成年人保护法》和《预防未成年人犯罪法》等相关法律的颁行和修订，对此有所促进或激活，例如义务教育行政执法工作的开展，又如民政部门儿童福利专门机构的设立，再如专门教育矫治制度的行将设立，等等。然而，我国少年行政执法体系，严格说来，尚未形成真正的体系，而是处于“九龙治水”的流散状态，并因而功效不济，饱受诟病。[①]

解决少年行政执法体系流散问题的策略，即建立一个专门的少年行政执法机构体系，将相关的少年行政执法职能赋予该专门机构，由其依法统筹所有的少年行政执法工作，并主导少年行政体系与少年法治系统其他体系的衔接机制。[②] 专门的少年行政执法机构体系建立的主要障碍可能在于我国行政机构精简的政策导向，而逾越该障碍的核心因素在于：是否能够充分意识到少年法治之于我国强国战略以及整个民族未来文明的长远、可持续发展的重大战略意义。如是，则值得投入。况且，专门的少年行政执法机构体系的建立，并非全然的行政机构编制的增加，而是在合并现有行政机构的少年相关部门的基础上，予以职能的专门化、业务的专业化和组织的系统化。如是，则少年行政执法效能有望获得系统的提升。

① 参见姚建龙：《未成年人法的困境与出路——论〈未成年人保护法〉与〈预防未成年人犯罪法〉的修改》，载《青年研究》2019 年第 1 期。

② 参见姚建龙、滕洪昌：《未成年人保护综合反应平台的构建与设想》，载《青年探索》2017 年第 6 期。

（三）社工体系方面：少年社工体系有待步入正轨

在我国少年法治发展约40年的进程中，我国少年社工体系建设经历了一个从无到有的艰难过程。我国少年社工体系的现状大体为：其一，在社会经济较为发达的中心城市，少年社工组织多有建立（主要借助于相关的国家机关、官方社团或研究机构的资源），发展较快；其二，现有的少年社工组织普遍缺乏稳定的财政预算支持，而主要依靠时有时无的社工项目资金予以维持，多有朝不保夕的忧患；其三，在社会经济欠发达的三、四线城市及农村地区，少年社工组织少有建立，专业化程度更是难以企及；其四，就专业化角度而言，我国少年社工服务的行业标准尚未建立。[①]我国少年社工体系的建设尚未步入正轨。[②]

我国少年社工体系的建立及健全的基本策略可以包括：其一，制定合理的全国少年社工（不局限于"少年司法社工"）服务的行业标准，其中可以考虑根据社会经济发展水平的不同，制定具有相应等级差异的行业标准，从而规范、引导少年社工组织的全面发展；其二，在各级政府的财政预算中增加社工服务（包括少年社工服务）的细目，合理保障少年社工组织发展、服务社会的基本资源；其三，出台相应的法律及政策，如税收减免和财政补贴等，鼓励社会资金及资源向少年社工体系汇入；其四，运用现代信息网络技术，对社会经济欠发达地区的少年社工服务的资源配给尽量予以补缺。

总之，系统完整的少年法治干预系统应当是由系统完整的专业化的少年行政体系、少年司法体系和少年社工体系三大板块共同组成、联系互通的有机系统。如图5所示。

---

① 据悉，2019年，首都师范大学北京青少年社会工作研究院受最高人民检察院和共青团中央委托，经民政部批准，经过3年时间的研究、起草和探索工作，于2021年12月完成了国家标准《未成年人司法社会工作服务规范（征求意见稿）》，现正根据国家标准制定修订计划，面向社会公开征求意见。

② 参见宋志军：《论未成年人刑事司法的社会支持体系》，载《法律科学（西北政法大学学报）》2016年第5期；孙谦：《关于建立中国少年司法制度的思考》，载《国家检察官学院学报》2017年第4期；牛凯：《构建少年司法的社会支持体系》，载《人民法院报》2018年4月25日，第5版。

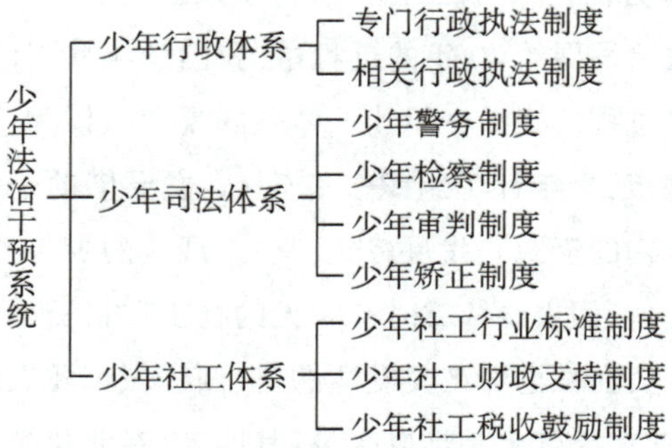

图5　少年法治干预系统的基本构造

五、我国少年法治环境系统的缺漏现状及弥合策略

少年法治环境系统，是影响少年健康成长的直接因素系统，意义显著。随着《中华人民共和国教育法》、《义务教育法》、《未成年人保护法》、《预防未成年人犯罪法》、《民法典》、《中华人民共和国家庭教育促进法》（以下简称《家庭教育促进法》）等法律及相关法规的颁行和修订，我国少年法治环境系统业已大体形成，积极意义重大。然而，相关系统仍然存在着诸多缺漏，易引发少年越轨、少年保护及少年福利等制度领域的诸多问题，值得重视，值得认真研究，以探寻相应的科学而系统的弥合策略。少年法治环境系统的基本构造如图6所示。

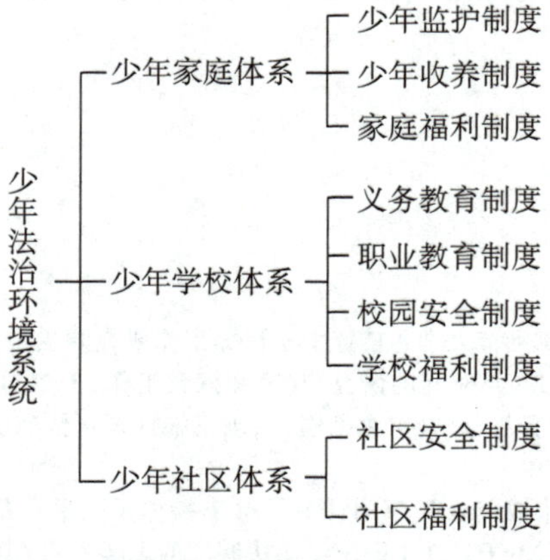

图6　少年法治环境系统的基本构造

(一)家庭体系方面:福利不济,监护缺乏

家庭是少年成长的摇篮,其重要意义不言而喻。作为直接影响少年成长的环境系统因素的一个基本方面,家庭体系的优劣在相当程度上直接影响着少年成长的优劣。[①] 影响家庭体系优劣的主要因素包括家庭成员(尤其是监护人)的相关素质及监护能力、家庭关系的和谐程度、家庭福利及家庭监护法律制度的完善程度等。前二者的基本状况是由相关历史文化形成的,是家庭体系的基础条件,很难在短时间内予以大幅度改善。就少年法治系统的角度而言,完善的家庭福利及家庭监护法律制度可望有效促进前两者的改善。然而,我国家庭福利及家庭监护法律制度尚未完善,现状堪忧。[②]

一方面,我国家庭福利法律制度基本缺失,教育、抚养和保护少年几乎是所有家庭的主要负担。社会经济条件不佳的大多数家庭往往无法为孩子提供良好的福利,而只能选择低水平的发展模式。不少经济落后地区的监护人不得不背井离乡,外出打工,使被监护少年沦为留守儿童。对此,国家虽有一定程度的经济投入及政策支撑,但仍然颇显不足。

另一方面,我国家庭监护法律制度尚未完善。监护,是少年法治家庭体系的一个核心问题。我国未成年人《未成年人保护法》《预防未成年人犯罪法》《民法典》有着诸多的相关规制,并在近些年的修法中,尤其是《家庭教育促进法》的新近颁行,力图进行一些缺漏弥补和机制完善。然而,我国少年家庭监护制度仍远未完善,而有待于结合相关的实践问题和立法现状,深入研究,系统完善。少年法治实践反复证明:但凡少年越轨、少年被害问题的出现,皆有监护不力的问题,或为原因,或为条件,几乎没有例外。监护不力的形成原因是多方面的,其主要原因有监护人监护能力或监护意识的缺乏、留守儿童问题、家庭监护法律制度不够系统严谨等。我国少年家庭监护制度的突出问题至少包括存在疏漏、监管不力和罚则不济等三点。

1. 存在疏漏。我国《未成年人保护法》虽在"家庭保护"一章中对家庭监护

---

① 参见何俊华、马东平主编:《家庭教育学》,清华大学出版社 2017 年版,第 2 页。

② 参见王雪梅:《儿童福利法论》,社会科学文献出版社 2014 年版,第 144 - 149 页;吴鹏飞:《中国儿童福利立法:时机、模式与难点》,载《政治与法律》2018 年第 12 期。

问题进行了较为详细的规定，却存在一些关键的疏漏。其显著者，如该法第21条规定："未成年人的父母或者其他监护人不得使未满八周岁或者由于身体、心理原因需要特别照顾的未成年人处于无人看护状态，或者将其交由无民事行为能力、限制民事行为能力、患有严重传染性疾病或者其他不适宜的人员临时照护。未成年人的父母或者其他监护人不得使未满十六周岁的未成年人脱离监护单独生活。"该条规定意味着：其一，未满8周岁（无民事行为能力的少年）任何时候、任何情况下都不得处于脱离监护或照护（无人看护）的状态；其二，已满8周岁未满16周岁的少年可以短暂处于脱离监护或照护（无人看护）的状态，但不得单独生活（长期脱离监护或照护）。如上述第一点的严格规范毫无疑问是正确的，但第二点的疏漏却是显著的，即无论是从少年身心发展的规律，还是从司法实践的经验来看，已满8周岁未满16周岁（尤其是已满8周岁未满14周岁）少年的认知能力、心理控制能力、自我保护能力及意识都普遍存在显著的不足，让其处于无人看护状态的风险非常显著。实践中，太多的这一年龄段的少年违法犯罪或被害事件都有一个共同点，即相关少年处于无人看护状态。这些沉重代价和血的教训，还不足以让我们警醒吗?！对此，笔者的基本观点是：其一，未满14周岁的少年，在任何时候、任何情况下，都不得处于无监护人或合适成年人看护的状态，即应当奉行"无缝监护"制度①；其二，已满14周岁未满18周岁的少年，在常态时间和地域内可以单独活动，但夜晚活动时必须遵守相关规定，且在风险地域活动，必须有监护人或合适成年人的陪伴及照护，等等。

2. 监管不力。在监护人依法履行监护职责的监管问题上，我国《未成年人保护法》规定村民委员会和居民委员会作为第一位的监管主体，其应依法接受委托照护的书面告知（第23条），依法劝诫、制止以及向公安机关报告（第118条）。村民委员会和居民委员会作为第一位的监管主体，其优势在于有利于及时发现问题，其劣势则非常明显，一方面，监管能力不足，即缺乏必要的威慑力和强制力，如少年对其劝诫或制止置之不理时，又当如何？另一方面，则是熟

① 关于"无缝监护"的制度理念，参见高维俭、谢扬强：《"无缝"监护体系的构建——从性侵未成年人犯罪预防谈起》，载《人民检察》2021年第15期。

人社会的利害关系及顾忌。对此，笔者认为，第一位的监管主体应当选择有相应行政执法职能和依法审查资质的机构，如公安机关的少年警务机构或（和）专门的少年福利与保护机构，而村民委员会和居民委员会只宜作为相应行政监管活动的重要信息来源和配合协同主体之一。

3. 罚则不济。关于解决家庭监护不力的问题，适当的罚则是不可或缺的一环。无适当罚则，即无适当规制。对此，我国《未成年人保护法》在“法律责任”一章中有所规定，但其规定局限于如“公安机关接到报告或者公安机关、人民检察院、人民法院在办理案件过程中发现未成年人的父母或者其他监护人存在上述情形的，应当予以训诫，并可以责令其接受家庭教育指导”（第118条第2款），即只规定了“训诫”和“责令接受家庭教育指导”两种罚则或措施——颇显软弱，且只有在“接到报告”和“在办理案件过程中发现”两种限制情形下方能适用——多有不济。对此，笔者认为，应当系统完善其法律责任的谱系以及相关的执法程序，如规定公安机关的少年警务机构或（和）专门的少年福利与保护机构日常、主动的巡查职责及程序，以及通过援引相关法律规定的方式进行规制：涉及民事责任的，依据《民法典》的相关规定予以追究和弥补；涉及行政责任的，依据或参照《治安管理处罚法》的相关规定予以追究，如警告、罚款、行政拘留，并责令其接受家庭教育指导等；涉及刑事责任的，依据《中华人民共和国刑法》和《中华人民共和国刑事诉讼法》的相关规定予以追究和救济。

（二）学校体系方面：存在积弊，影响面广

改革开放以来，我国学校教育事业取得了前所未有的显著发展。然而，应试教育及教育产业化伴随的唯分数论、学业负担过重、心理健康问题突出、校园安全及校园暴力事件频发，以及对学生家长造成的巨大经济负担和心理压力，等等，其积弊深重，饱受诟病。①

近些年的全国“两会”中，人大代表及政协委员多有这方面的改革提议，中央领导亦高度重视。学校教育制度的系统改革正当其时。笔者认为，我国学校教育制度的系统改革方略可以从如下四个维度进行考虑。

① 参见程平源：《中国教育问题调查》，清华大学出版社2013年版“前言”部分。

1. 教育管理的法治化，即教育管理应当去任意化，应当有法可依，且所依之法应当为体现广大民众意志的良法。教育管理的法治化包括教育经费的法定化，即国家投入教育事业的经费预算应当有明确、科学、合理的法律明文规定，而不能含混不清、分配失衡，应严格限制相关行政部门决定的任意性。

2. 教育理念的人本化，即教育理念应当去工具化，应当以培养健全的人格为基本目标，而不能树立某种工具性的目标，更不能以培养"考试工具"为目标。我国教育法律虽然规定了全面发展（德、智、体、美、劳）、因材施教之类的教育理念，但在应试教育的主导下，这些良好的教育理念在很大程度上流于纸面，而非行于现实。如何实现教育理念的人本化，仍是一个艰巨而重大的现实课题。

3. 教育资源的公平化，即教育资源应当去特权化，应当依法合理分配，而在原则上不应因人而异、因地而异、因校而异，除非确有正当的理由。就我国现状而言，这方面颇容质疑的问题不在少数。

4. 教育实施的福利化，即教育实施应当去市场化，尤其是义务教育阶段，应当坚决杜绝公立学校资源的民营化。教育是为国培养人才，是国家发展的一项根本战略，理当福利化，而绝对不能以经济利益驱动。经济利益驱动的教育必将成为家庭的沉重负担，必将令教育的公平化成为泡影，也必将导致国家教育事业的严重异化，损及国家和民族发展的长久大计。

笔者认为，若以上四点方略能够实现，则我国学校教育将焕发新时代的光辉，从而使少年法治环境系统的学校体系方面开启更为健康的发展模式。值得注意的是，当今发达国家的崛起战略无不包含着教育制度的完善战略，也无不得益于此。

（三）社区体系方面：系统缺失，改善机制

现代社会治理模式正在从单向管理转向双向互动，从线下转向线上线下融合，从单纯的政府监管向更加注重社会协同治理转变。① 作为少年法治环境系统的社区体系，其相关因素的优劣对少年健康成长具有重要的影响作用。

① 参见曹鹏程：《线上线下，打通社会治理"双向道"》，载《人民日报》2016年10月13日，第5版。

社区体系因素不外乎两个维度，即线下社区因素和线上社区因素。①我国相关法律，尤其是《未成年人保护法》，对此有着较为系统全面的规范，但存在一些重要的系统缺损或机制不力，从而在实践中多有失守。其突出问题至少包括以下两个方面。

1. 视听传媒分级制度的系统缺失

少年法治相对发达的西方国家早有视听传媒分级制度，其基本点在于：对于一些明显不利于少年健康成长的视听传媒，如暴力类、色情类的视听传媒，禁止少年接触；对于一些具有相应风险的视听传媒，则需要合适成年人的陪伴、引导，少年方能接触。对此，其相关法律规定了一系列的事前审查、事中监查及事后处罚制度。然而，由于重视不够，我国至今尚未系统建立相应的制度。

由于相应制度的系统缺失，就传统社区方面而言，少年可以接触到的报纸杂志、电视电影等视听传媒，多有不利于少年健康成长者，甚至有直接导致少年施害或被害者。②就网络社区方面而言，视听传媒分级制度的缺失直接导致了我国少年大范围地暴露于网络暴力、网络色情、网络欺诈以及网络游戏的巨大戕害中。③网络不良信息已经成为少年犯罪的重要诱因，相关恶性案件不胜枚举。④放任相关视听传媒分级制度的缺失，致使大量少年大面积暴露于相关

---

① “线下社区因素”大体对应我国《未成年人保护法》规定的“社会保护”；“线上社区因素”大体对应我国《未成年人保护法》规定的“网络保护”。基于少年法治环境系统的理念，二者在逻辑上属于同类项，故而归于“社区体系”。同时，“社会保护”的概念过于宽泛，理论上不够严谨。

② 典型者，如江苏连云港的“烤羊事件”。该事件中，一名9岁儿童模仿动画片《喜羊羊和灰太狼》的类似情节，将两名儿童（8岁和5岁）绑在树上，点火烧烤，导致两名儿童严重受伤。参见“连云港烤羊事件”，载360百科，https://baike.so.com/doc/25872866-27022117.html，最后访问日期：2021年8月1日。

③ 中国互联网络信息中心（CNNIC）数据显示，截至2016年12月，我国青少年网民（19岁以下）约占全体网民的23.4%，达1.7亿。而未成年人犯罪中高达80%是由于受互联网色情、暴力等不良信息内容影响诱发。根据共青团中央维护青少年权益部与中国互联网络信息中心2021年7月20日联合发布的《2020年全国未成年人互联网使用情况研究报告》统计，2020年我国未成年网民规模为1.83亿，未成年人互联网普及率达到94.9%。根据其调查显示，34.5%的未成年网民曾在上网过程中遭遇过淫秽色情、血腥暴力、消极思想等各类不良信息，较2019年（46.0%）下降明显，但占比仍较高。

④ 参见陈国猛：《未成年人网络犯罪的结构分析与预防策略》，载《中国刑事法杂志》2017年第2期。

的巨大危险中,而不予系统性的事前管制及预防,事后的"亡羊补牢"措施及责任追究颇显不力和迟滞。尽管《未成年人保护法》中的"网络保护"一章和《未成年人网络保护条例》对此有所规定,但仍然远未形成系统的视听传媒(包括网络信息)的分级制度。另外,值得一提的是,因为信息网络产业的丰厚经济利益而"投鼠忌器",放松或放缓相关制度的系统建构,是一种非理性的短期发展思维,与新时代的国家治理现代化的精神根本相悖,其结果也必将是得不偿失的。值得庆幸的是,我国相关立法者和行政部门已经密切注意到了问题的严重性,正在展开积极的行动。

2."九龙治水"的机制问题

就少年法治环境系统的社区体系因素的行政监管而言,如宾馆管理、网吧管理、烟酒及娱乐场所管理、网络及视听传媒管理、食品卫生管理以及其他与少年健康成长相关的行政管理事务,其涉及的相关行政管理及行政执法机构可谓五花八门,呈"九龙治水"的局面。"九龙治水"局面伴随的政出多头、责任分散、职能交错等问题,以及与少年权益相关的行政职能未受到应有重视等因素,共同造成少年法治环境系统的社区体系的机制困局,造成少年权益保护效益受到严重影响的现实状况。对此,笔者认为,建立专门的少年行政执法机构,专门负责、统一协调相关的行政执法活动,是系统打破相关机制困局的最优选项。

同时,作为少年法治环境系统的家庭体系、学校体系和社区体系三方面的系统衔接问题也颇为突出。就目前我国的相关实践而言,两个问题尤为突出:其一,少年监护(照护)在三者之间的有序转接或无缝衔接问题。实践中,监护缺漏已经成为少年遭受侵害或走向违法犯罪道路的重要原因。① 这是一个事

① 根据检察机关办理未成年人案件情况统计,2020年,流动未成年人犯罪在未成年人犯罪中所占比例超过一半。性侵害未成年人犯罪被害人中,单亲家庭、隔代监护、留守儿童占比超过20%。侵害未成年人犯罪案件中,"隐性"监护缺失问题突出。部分省市办理的涉未成年人案件中,近一半的涉案未成年人未与父母共同生活、脱离家庭监护,近80%的案件存在父母或其他监护人放任、打骂体罚等家庭教育方式不当问题。涉未成年人刑事案件中,监护缺失、监护不当、监护侵害等问题日益突出,成为未成年人保护工作不容忽视的重要问题。参见《不良家庭环境不当监护方式是诱发犯罪深层次原因》,载最高人民检察院官方网站,https://www.spp.gov.cn/spp/xwfbh/wsfbt/202107/t20210710_523411.shtml#3,最后访问日期:2021年8月5日。

前预防管控层面的问题,其对策的要领在于“无缝监护”制度体系的建立。其二,少年被害的强制报告制度问题。这是一个事后责任追究层面的问题,目前备受相关决策部门的重视。为切实加强对未成年人的全面综合司法保护,及时有效惩治侵害未成年人的违法犯罪,2020 年 5 月 29 日最高人民检察院等九部门联合印发了《关于建立侵害未成年人案件强制报告制度的意见(试行)》。2020 年 10 月 17 日,《未成年人保护法》修订,进一步扩大了强制报告制度的主体类型、适用范围和责任认定等,强制报告制度的基本架构初步建立。

六、我国少年法治整体机制的系统缺憾及完善策略

前文对少年法治系统的基本构造进行了展示和解说,并对我国少年法治四大基础系统的薄弱现状及补强策略、我国少年法治三大干预系统的缺陷现状及补足策略以及我国少年法治三大环境系统的缺漏现状及弥合策略分别进行描述、分析和探讨。为推进我国少年法治系统的完善,我们还有必要对我国少年法治整体机制的系统缺憾及完善策略问题进行探究。为此,笔者拟从观念、制度和运行三个维度对我国少年法治整体机制的变革问题进行全局性探讨。

(一)总体观念变革:从少年司法体系理念到少年法治系统理念

从观念上看,目前我国少年法治事业的推进主要处于少年司法体系理念的统领下:一方面,少年权益保护、少年犯罪预防理念虽然有了逐步深入人心的趋势,少年福利的理念也逐步开始萌芽,然而相关制度的实际运行效能还有非常巨大的系统性的提升空间;另一方面,少年司法体系理念业已深入人心,成为我国少年法治事业发展的主导理念,从而我国少年司法制度(少年案件司法处理制度)的发展成为我国相关事业发展的主流,如我国少年审判机构(少年法庭)、少年检察机构(未检部门)及其相关运行制度的蓬勃发展。然而,其他相关体系的发展却相对迟缓,短板效应频现,严重制约着我国少年法治的整体进展。

笔者认为,针对我国少年法治整体机制的上述系统缺憾,首先必须进行观念上的变革,即从少年司法体系理念到少年法治系统理念的观念变革。此观念变革,即一种从局部小系统(少年司法体系)到全局大系统(少年法治系统)

的整体格局提升。其全局战略意义不言而喻。

(二)制度设计变革:从少年司法为主流的分别设计到少年法治为全局的顶层设计

观念制约着相关制度的发展。① 以少年司法体系理念为主流的观念,势必造就以少年司法为主流的分别制度设计。其中,少年审判制度和少年检察制度的设计各成体系,有所协同,进步较大;少年矫正制度自成体系,协同不足,进步不大;少年警务制度处于萌芽状态,远未成型,几无进展;少年行政制度依附流散,"九龙治水",实效堪忧;少年社工制度从无到有,正在形成,前途未卜;等等。

为打破相关制度的条线区隔,沟通相关制度的有机联系,协调相关制度的相互促成,相关制度设计思路必须进行变革,即从以少年司法为主流的分别制度设计,变为以少年法治为全局的系统顶层设计。这有赖于全局性的少年法治系统的观念变革,有赖于系统严整的少年法学理论体系的确立及完善,有赖于系统严整的少年法律规范体系的建立及完善,等等。

(三)运行方式变革:从各自为政的个别系统运行到协力共进的全局系统运行

从少年法治系统论的视野来看,我国少年法治的运行现状及经验大体可以概括为:其一,个别系统独立运行是其主流,如少年检察制度和少年审判制度的独立运行状态相对突出。其二,在领先发展的个别系统的带动下,局部地区进行了一些卓有成效的协同运行的改革探索。其中,少年检察制度和少年审判制度的运行起到了较为突出的系统协同带动作用,如初期的少年司法"一条龙"体系,以及中期的少年司法办案和少年社会帮教的"两条龙"体系。其三,因为一些局部系统的发展滞后,相关协同运行的短板效应频现。这些短板包括少年司法体系的两个短板(少年警务制度和少年矫正制度)、少年法治干预系统的两个短板(少年行政体系和少年社工体系)以及少年法治基础系统的四个短板(理论体系、立法体系、教培体系和信息体系)等。其四,我国少年法

① 参见方钦:《观念与制度:探索社会制度运作的内在机制》,商务印书馆2019年版,第262页。

治运行的演进模式主要包括理论研发引领实践改革、实践改革推动立法变革、社会热点引发立法变革和局部改革助推系统变革四种模式。理论研发引领实践改革的范例有上海市长宁区人民法院的全国首个少年法庭的设立等,它是少年法庭域外经验的理论引介和我国少年犯罪严重态势的理论分析的引领结果。实践改革推动立法变革的范例有少年法庭的一系列实践改革(包括社会调查制度、"四缓"制度①、法庭教育制度、圆桌审判制度、社会帮教制度、身份信息保密制度、前科封存及消灭制度、合适成年人制度、亲职教育制度、强制报告制度等)逐步推动了包括《上海市青少年保护条例》、《未成年人保护法》、《预防未成年人犯罪法》以及《刑事诉讼法》(未成年人特别诉讼程序)等立法变革。社会热点引发立法变革的范例有留守儿童问题、互联网不良因素对少年的突出危害问题、低龄少年严重暴力问题、性侵未成年人案件、校园欺凌问题等引发相关立法变革。局部改革助推系统变革的范例有上述少年检察制度和少年审判制度的改革对相关系统的协同带动。少年法治这四种运行演进模式虽然效果不错,但其重大缺憾不可忽视,即增强整个国家层面的顶层设计予以全局构架和系统引领,从而整体处于消极回应、独自发展和局部拓展的局面。

针对少年法治运行的缺憾,对其运行方式进行变革,即使其从个别系统独自运行到协力共进的全局系统运行,势在必行。其一,协同运行,弥补短板。如前文所述的少年检察制度和少年审判制度的协同带动,正在促进临近短板,包括少年警务制度、少年矫正制度以及少年社工体系和少年行政体系的发展。其二,多方发力,增进协同。目前看来,相关系统协同的发力点主要限于少年检察和少年审判。然而实际上,少年法治系统的任何一个子系统都可以成为系统协同的发力点。如果能够形成多方、多点发力的局面,那么我国少年法治系统的协同运行将会得到更具效能的增进。然而,多方、多点发力的协同,尽

① 所谓"四缓"制度,即缓处、缓诉、缓判和缓刑的统称。"四缓"制度是20世纪90年代上海市少年司法系统的改革探索经验,是富有中国特色的、具有少年司法特殊性的刑事追诉犹豫制度。所谓"缓处",即侦查终结(移送审查起诉)阶段的追诉犹豫制度;所谓"缓诉",即审查起诉阶段的追诉犹豫制度,与我国现有的"附条件不起诉制度"类似;所谓"缓判",即法庭宣判阶段的追诉犹豫制度;所谓"缓刑",即刑罚执行的犹豫制度。"四缓"制度的共同特征是:其一,皆有犹豫期或考验期,以观后效;其二,如经受住考验,则不再继续予以刑事追诉。

管效能增进,但却很可能出现散乱的问题。其三,顶层设计,全局整合。我国少年法治事业经过约40年的披荆斩棘,相关的理论研究、立法发展及司法实务改革探索堪称成效显著,且相关的整体系统几近全盘激活。于此,相应的顶层设计正当其时,势在必行。如是,方能整合全局,令我国少年法治事业进入整体系统、有序深入的良性发展轨道。

七、结语:值得倾力之强国战略

"少年强,则国强。"通观近现代世界各国之发展历史可见,但凡强国者,莫不重视少年之于强国之重大战略意义。强少年,不单是强少年。其强者,国家之未来也。且此未来,不仅是遥远之未来,还是一二十年之不远未来。

在依法治国为基本国策之今日,非少年法治之系统战略无以强一国之少年。少年法治系统论者,即以系统严整之少年法学理论体系为思想指引,以系统完备之少年法律体系为规范依据,以专业精湛之少年法治人才培养体系为人力保障,以迅捷高效之现代信息体系为科学辅助,以专业化之少年行政体系、少年司法体系及少年社工体系为干预系统,并以直接培育少年健康成长之优良家庭体系、学校体系和社区体系为环境系统,十大子系统环环相扣,协力共进,系统铸就福利少年、保护少年及挽救越轨少年于倾覆危难之有序整体机制。少年法治系统论者,强一国少年之论,强一国未来之论,亦为福祉一国少年、文明一国及其未来之论也。如此战略,何得不倾力而为哉!?

(本文原载于《政治与法律》2022年第10期)

论少年法律关系

摘要:随着少年法的发展,其法律规范的数量不断增加,体系逐渐成型,少年法律关系理论亟待发掘和建构,以适应少年法治系统集约化转型的发展需要。少年法的特殊性决定了少年法律关系的特殊性。少年法律关系是少年法的规范基因。少年法律关系包括少年福利法律关系、少年保护法律关系和少年越轨法律关系等基本内容。少年法律关系具有主体结构的三元性、主体地位的非平等性、关系结构的层次性、权利义务的非对等性和基本宗旨的归一性。少年法律关系与刑事、民事、行政等部门法律关系之间具有属性上的本质区别,具有其独立属性。少年法律关系理论是少年法学的理论基石,其确立预示着少年法学理论部门化、少年法律体系法典化以及少年法治系统集约化的转型发展时代到来,意义重大。

关键词:少年法律关系;独立属性;理论基石;少年法治;系统发展

On the Theory of Juvenile Legal Relationship

Abstract: With its development, the quantity of juvenile law has been expanding greatly, while its system is forming. The theory of juvenile legal relationship is in need to be explored and constructed, in order to meet the systematical and intensified development need of the rule of juvenile law. The specific characteristics of the juvenile law determined the peculiarity of the juvenile legal relationship. The juvenile legal relationship is the norm gene of the juvenile law, which includes the juvenile welfare legal relationship, the juvenile protection legal relationship and the juvenile delinquency legal relationship, which has the characteristics of trinity subject structure, subjective inequality, structural hierarchy, right-duty inequality and purpose normalization. The juvenile legal relationship has its independent characteristics, and is fundamentally different from the departmental legal relationships of criminal law, civil law and administrative law. The theory of juvenile legal relationship is a cornerstone of juvenile jurisprudence, which is of great significance, the construction of which indicates the departmentalization of the juvenile jurisprudence, the codification of the juvenile law system, the systematical and intensified development of the rule of juvenile law.

Keywords: Juvenile Legal Relationship; Independent Attribute; Theoretical Cornerstone; Rule of Juvenile Law; Systematical Development

一、绪言:亟待发掘的核心基础理论问题

法律关系理论是一个源流久远、聚讼不断的基础理论问题。本文无意于其历史考证,也无意于其争议辨析,而只援引其基本共识:其一,法律关系理论非常重要,甚至可以视为法学的核心基础理论;其二,权利义务关系是其核心内容,即便不够完全。①

作为少年法学的核心基础理论,少年法律关系理论还是一个亟待认识及发掘的基础理论问题。就少年法治系统整体而言,正是因为该基础理论的缺失,在学科理论层面上,少年法学至今仍未获得其独立的学科地位;在相关立法层面上,少年法律规范不同程度地分散、依附于其他部门法律规范体系中;在相关法律实施层面上,少年法律实践一直面临一些重要的基础性的困惑,并

① 参见朱景文、韩旭:《关于法律关系属性的几个理论问题》,载《中国法学》1994 年第 4 期;王学辉:《行政法意思表示理论的建构》,载《当代法学》2018 年第 5 期;刘杨:《基本法律概念的构建与诠释——以权利与权力的关系为重心》,载《中国社会科学》2018 年第 9 期;唐晓晴:《法律关系理论的哲学基础与教义结构》,载《法治研究》2019 年第 3 期;陈锐:《法律关系理论溯源与内容重塑》,载《政法论丛》2020 年第 6 期;李旭东:《论规范逻辑进程中的法律概念》,载《哈尔滨工业大学学报(社会科学版)》2021 年第 4 期。

屡屡遭遇系统发展瓶颈。①

少年法律关系的理论意义重大。其重大理论意义不限于少年法学领域本身,还及于整个法学理论领域,即少年法律关系的理论确立不仅仅必将令少年法学获得其独立学科地位,令少年法律规范逐步演化出其自身的独立体系,令少年法律实践的系统发展获得破解瓶颈的机遇,还必将因此而令整个法学理论的基本结构模式得以进一步科学化、合理化,尤其是部门法学的基本内容、基本结构和基本属性等相关理论。

就世界范围而言,现代意义上的少年法产生于19世纪末的美国伊利诺伊州②,迄今已历120年有余。就我国而言,现代意义上的少年法产生于20世纪80年代的上海市(其标志为1987年颁行的《上海市青少年保护条例》),迄今已历30余年。随着发展演进,各国少年法律规范的数量不断扩增,其调整范围不断扩展,其规范体系逐渐成型。历史上的少年法的发展模式,总体而言,是一种基于少年法治实践需要及具体经验的探索性的发展模式。其优点是,快捷且契合实践的具体需要;其缺点是,片段化且往往缺乏全局系统的布局,尽管也会有不少局部的子系统的设计,如少年案件的审判制度。这种发展模式下的少年法表现出正反两个方面的基本态势,一方面,在局部实践中表现得立竿见影、行之有效;另一方面,却在系统整体上表现得格局不足、机制不畅。这种发展模式下的少年法不可避免地会遇到一些根本性、系统性的问题。例如,在美国一直悬而未决的一个令其进退维谷的问题,即少年越轨案件司法程序应当采用民事诉讼程序,还是采用刑事诉讼程序。③ 对此,笔者的答案是:既非民事诉讼程序,亦非刑事诉讼程序,而是独立的特殊的少年诉讼程序。这有赖于独立的特殊的少年法律关系理论、少年法律制度体系以及少年诉讼程序的

---

① 参见高维俭:《少年法治系统论纲》,载《政治与法律》2022年第10期。

② 其标志为美国伊利诺伊州1899年的《少年法院法》(Juvenile Court Law)。该法律的全称为《需要扶助、疏于照管及越轨儿童之矫治与管控法》(An Act for the Treatment and Control of Dependent, Neglected and Delinquent Children)。根据该法,世界上第一个少年法院于1899年7月3日在伊利诺伊州芝加哥市库克郡得以正式设立。

③ 参见[美]巴里·C.菲尔德:《少年司法制度》,高维俭等译,中国人民公安大学出版社2011年版,第7~10页、第196~215页。

建构。

少年法治发展的系统整体上的格局及机制问题的解决方案，必然需要秉承系统整体的设计思路，而其系统整体的设计思路大致存在两种思维进路：其一，框定其整体格局，并对其予以结构系统化；其二，发掘其规范基因，并对其予以理论明确化。① 参考民事法律关系和行政法律关系的理论对于民法和行政法的技术理念意义上的系统指引，从而对其相应法律规范系统建构及机制完善起到的积极促进作用，类比而言，少年法律关系的理论问题可以成为一种合理的理论假设，值得研究。如果可以从诸多少年法律规范中提炼出少年法律关系的理论，并以此指引少年法律规范的系统发展，则少年法的发展将进入一种新的境界，即从具体实践经验基础上的局部、自发的粗放发展模式，进入抽象理论指引下的系统、自觉的集约发展模式。这将成为少年法学理论发展的一个新纪元，意义重大。其重大意义不仅在于解决少年法律规范体系的整体谋篇问题，还在于解决少年法律规范体系对三大部门法律规范的依附性问题，从而令少年法以及少年法学的发展进入一种前所未有的独立发展模式中。这一独立发展模式的实质是少年法开始成为一个独立、特殊的部门法，而少年法学开始成为一个独立、特殊的部门法学。②

就基本概念而言，现代意义上的少年法律关系是以保障和促进少年健康成长为目的而依法设立的相关主体之间的权利义务关系。其中，相关主体之间的权利义务关系是以保障和促进少年健康成长为目的，以少年权利为核心而依法设立的，存在于少年、相关社会责任主体和国家三方主体之间的权利义务关系。③

本文中，笔者拟从其理论发掘、基本内容、基本特性、基本属性和基本价值

① 参见高维俭：《少年法治系统论纲》，载《政治与法律》2022 年第 10 期。该文的主旨即秉承第一种思维进路，全面框定少年法治的整体格局，并对其予以结构系统化，从而给予少年法以及少年法治一种“至大无外”的系统性的整体建构。比较而言，本文秉承第二种思维进路之发掘其规范基因，并对其予以系统理论化，则是一种“至小无内”的系统性的整体建构。

② 参见高维俭、彭宇轩：《论少年法学的学科性质与学科价值》，载《南昌大学学报（人文社会科学版）》2019 年第 6 期。

③ 参见高维俭：《少年法学》，商务印书馆 2021 年版，第 180 页。

等维度，系统探讨少年法律关系的基本理论问题，并冀望以此开启少年法、少年法学以及少年法治发展的新局面。

二、少年法律关系问题的历史叙事及理论发掘

从历史角度看，少年法律关系是随着少年法的产生及发展而逐渐被人们所认识的。从哲学角度看，少年法律关系的理论认知是一个认识论意义上的问题。理论认知不是自发产生的，而是理论研究者从纷繁的具体实践经验认知中发掘整理、抽象总结出来的规律性的系统认知。少年法律关系的理论认知，即少年法学理论研究者在长期的少年司法、少年立法以及其他相关少年法治的具体实践经验中发掘整理、抽象总结出来的关于少年法律权利义务关系共同属性的规律性的系统认知。这一认知过程可以分为以下三个阶段。

（一）古代：少年法律关系尚未成型

在古代农牧社会中，相关法律中有着零星的少年法律规范。如我国古代的“恤幼”理念指引下的少年法律规范，其中已经隐约包含了国家的法律关系角色。然而，基于古代农牧社会的有限生产力及相应生产关系基础上的社会关系结构，少年的生养、教育、监护等事宜基本属于家庭内部事务，少年法律关系基本归属于家庭法律关系或亲权法律关系的范畴。此时，整个少年法的问题并不受国家法律体系特别重视，少年法治处于未成型阶段，少年法律关系还不是一个明确的问题，其理论认知无从谈起。

（二）近代：少年法律关系问题浮现

随着近代工业社会的到来，家庭、社会及国家的发展模式发生了深层次的变化，少年法及少年法律关系也随之变化。一方面，国家亲权理念得以普遍确立，国家在少年法律关系中的角色日渐凸显；另一方面，随着少年法律规范的数量增长，少年法律规范的体系化逐渐增强。

总体而言，这一时期的少年法治尚处于一种粗放型的发展阶段。这种粗放型的发展具有四个基本特点：其一，具体经验性，即这一阶段少年法治发展的原动力主要源于相关的直接的社会需要及具体的实践经验；其二，迅速发展性，即这一阶段的少年法治发展迅速，相关立法和司法的变革非常切近相关的直接的社会需要及具体的实践经验，相关的互动反应较为快捷；其三，部门依

附性,即这一阶段的少年法治基本上依附于刑事、民事和行政三大部门法的逻辑构架,其基调表现为这三大部门法在少年这一特殊主体上的制度发展;其四,缺乏系统性,即这一阶段的少年法治直接源于社会需要及具体实践经验的局部变革,本身是符合社会发展一般规律的,且有其贴合实际、快捷发展的优势,但这种具体、局部认知基础上的变革不可避免地具有局限性,即缺乏系统性,而这有待于理性抽象、总体规律认知基础上的系统变革。

就少年法治的系统变革而言,少年法律关系的理论发掘及建构是非常关键的一环。然而,很长时间以来,学界并未清楚地意识到这一重大理论问题的意义。

(三)当代:少年法律关系理论发掘

少年法律关系的理论意义重大,其理论发掘大体具有两个层面的理据:一为实践需要,即少年法治系统变革的实践需要;二为理论需要,即就理论逻辑推导而言,少年法律关系是诸多少年法律规范或少年法律规范体系的规范基因,是众多少年法律规范之所以能成为一类的逻辑基点,其必然存在,且必然具有基础性的理论意义。

就实践需要而言,随着少年法治的不断发展演进,时至当代,其处处面临瓶颈,少年法律关系的理论问题已成为一个亟待发掘及建构的重大理论问题。少年法治的实践瓶颈大致体现在少年立法、少年司法和少年行政三个方面。

少年立法的瓶颈主要在于其部门依附性和系统缺乏性。世界各国的少年立法都不同程度地存在对相关部门法的依附问题。尽管各国的少年立法有类似于美国《少年法院法》、德国《少年法》、日本《少年法》和《儿童福利法》、中国《中华人民共和国未成年人保护法》(以下简称《未成年人保护法》)和《中华人民共和国预防未成年人犯罪法》(以下简称《预防未成年人犯罪法》)等专门立法,但涉及少年儿童权益的大量实体法和程序法仍然依附于相关部门法。少年立法的部门依附性,必然导致少年立法的系统缺乏性,即在依附于相关部门法的同时,少年立法不可能获得全局系统、规范体系的设计。这可以称为少年立法的系统瓶颈,与少年法律关系的理论问题关系重大。

少年司法的瓶颈主要在于其对于相关部门司法的依附性。例如,一直存在一个困扰美国少年司法的基本问题，即少年司法（少年越轨案件司法）属于刑事司法，还是属于民事司法？如果属于民事司法，则适用非正式的诉讼程序，并采取更多灵活性、个别化的处遇措施；而如果属于刑事司法，则应当适用正式的刑事诉讼程序，并注重对被告人的人权保障，①从而使少年司法的非正式程序、个别化处遇措施等特征势必基本消解。我国少年司法实践也从未真正摆脱过其对刑事司法、民事司法和行政司法的依附性问题。同时，世界各国少年司法制度都存在将所谓的少年刑事案件、少年民事案件和少年行政案件的审判工作“熔于一炉”的司法实践，然而缘何如此呢？一个通常的答案应当是，统一集中审判更有利于保护少年的权益。然而，其背后的理论逻辑是什么呢？笔者认为，首先，这些少年案件本属一类，即归根结底都是“少年权益案件”；其次，更深层次的理论逻辑是，这些少年案件具有共同的规范逻辑属性，即都符合少年法律关系的共同特征，即都具有为保障和促进少年健康成长而依法设立的权利义务关系的共同特征。

少年行政的一个基本瓶颈问题是少年行政事务涉及诸多行政部门，很容易陷于“九龙治水”的尴尬境地，是否应当设立一个专司其职的行政机构来统一协调管理？若认为涉及少年权益的各种行政事务具有重大价值性、独特属性和专门性，则应当设立少年专门行政机构，这也是诸多法治发达国家的一致选择。在此问题上，一方面，我国的相关立法及政策都没有否定专门少年行政机构的设立，且采取了设立诸如“未成年人保护委员会”“未成年人保护工作领导小组”之类的非实体型机构的方式来回应少年法治的相关需求；另一方面，在依法设立具有专门行政执法权的具有统一协调职能的少年行政机构的改革问题上，迟迟没有突破，少年行政事务仍然处于“九龙治水”的困局中。对此，笔者认为，少年法律关系的理论发掘将有助于此，例如独立的税收法律关系有助于专门的税收行政部门的设立，独立的环保法律关系有助于专门的环保行政部门的设立，独立的知识产权法律关系有助于专门的知识产权行政部门的设立，等等。

① 参见［美］巴里·C. 菲尔德：《少年司法制度》，高维俭等译，中国人民公安大学出版社 2011 年版，第 7～10 页、第 196～215 页。

实践瓶颈的实质是理论问题尚未得到系统解决之前的实践中的困扰。申言之,实践瓶颈只是问题的表面,其背后的理论问题才是问题的实质,才是破解相关问题的系统出路。

就理论需要而言,少年法律规范数量的大幅增长以及少年法律规范体系的逐步形成,必然带来一个基本的理论问题,即少年法律规范的共同特性是什么?诸多少年法律规范应当具有某种共同的规范基因,就如诸多民事法律规范具有其民事法律关系的规范基因,诸多刑事法律规范具有其刑事法律关系的规范基因,诸多行政法律规范具有其行政法律关系的规范基因。由此,相关数量众多的法律规范方能形成更为系统有条理的构造,构成相应的法律规范体系,相应的各类法律实践方能有条不紊地系统开展。

少年法律关系的理论发掘可以解决以下两个基本理论问题:一是所有少年法律规范的共同特性问题,这一问题的解决可以将所有少年法律规范归纳为一个有机整体,有利于其自身的规范逻辑体系建设;二是所有少年法律规范区别于其他部门法律规范的独特属性问题,这一问题的解决可以令所有少年法律规范及其体系获得独立的部门属性,从而有利于其未来的独立建构及系统发展,并有利于相关部门法律规范体系以及整个法律规范体系进一步逻辑严谨化及系统协调化发展。

总之,少年法律关系是少年法学理论的基础概念,意义重大。我们可以以少年法律关系为理论基石,系统建构少年法学的理论体系,并以少年法律关系为规范基因,系统建构少年法律的规范体系。少年法律关系理论是少年法及少年法学理论进一步系统发展的基础理论。

三、少年法律关系的基本内容

目前学界的通行观点认为法律关系的基本内容是权利义务关系。对此,有学者认为不够全面,尤其是在国家作为法律关系主体一方的公法领域,“法律关系的内容主要包括权利—义务关系与权力—责任关系”。① 笔者认为,该

① 参见陈锐:《法律关系理论溯源与内容重塑》,载《政法论丛》2020 年第 6 期;刘杨:《基本法律概念的构建与诠释——以权利与权力的关系为重心》,载《中国社会科学》2018 年第 9 期;陈锐:《法律关系内容的重构:从线性结构到立体模型》,载《法制与社会发展》2020 年第 2 期。

观点有助于丰富对法律关系内容的理论认知，但基于论说的简洁以及如下两方面理由，本文仍然采取权利义务关系说的通行观点：一方面，权力并无独立的正当价值属性。权力的底层逻辑是权利，即正当化的（公共）权力只是（个人）权利的集合形态。另一方面，义务与责任虽有不同意义，但在法律语境中，二者皆有依法当为的意思。故而以“义务”来涵盖“（国家）权力”之“责任”，言“国家之义务”也并无不可。而作为违反义务的不利法律后果意义上的“责任”，不妨作为“义务”之附随概念，与“利益”作为“权利”之附随概念相对应。

少年法律关系的基本内容是以保障和促进少年健康成长为目的的少年法律规范中包含的权利义务关系的基本内容及分类格局。从相关的政策逻辑来分析，①少年法律关系可以分为少年福利法律关系、少年保护法律关系和少年越轨法律关系等三大类。

（一）少年福利法律关系

少年福利法律关系是国家及相关社会福利组织为了保障和促进少年健康成长而为少年提供普惠福祉，并从而依法建立起来的权利义务关系。笔者认为，普惠性是福利法律关系的基本特性，而所谓“补缺性”的少年福利，如对孤儿、残障儿童等的收养和救济，其本质并非福利，而应当归属于社会救济或特殊儿童保护的范畴，与社会福利之间有着本质的区别。

在少年福利法律关系中，其主要义务主体为国家，其次为依法设立的有关社会福利组织。少年是少年福利法律关系中的权利主体。而少年的成长环境（家庭、学校和社区）的相关责任主体是少年福利法律关系中的衔接者，具有承接、传导、贯彻及代理的作用或义务。其中，国家的义务主体角色主要是通过相应的社会福利职能部门来代表。在我国，民政部门专门的儿童福利机构是相应的代表机构。相关社会福利组织是依法设立的对少年负有福利责任的组织，如中国宋庆龄基金会。我国相应的民间福利组织尚不发达。对此，为了满足相应的社会需要，可以考虑给予法律及政策上的鼓励和扶持。

① 参见高维俭：《少年法学》，商务印书馆 2021 年版，第 184 页。

少年福利可以从不同的角度分为两类：其一，从福利措施针对的问题角度来分类，少年福利可以分为生养福利、教育福利、医疗福利和其他福利；其二，从福利措施针对的社会区域角度来分类，少年福利可以分为家庭福利、学校福利和社区福利。国家及相关社会福利组织通常是通过对少年的成长环境（家庭、学校和社区）采取相关福利措施，令其改善，从而惠及少年的健康成长。

总之，少年福利法律关系，是作为义务主体的国家及相关社会福利组织、作为权利主体的少年和作为衔接者的少年成长环境责任主体等三者依法共同组合而成的权利义务关系。

（二）少年保护法律关系

少年保护法律关系是国家及相关社会责任主体为了尽量避免少年遭受各种不利环境因素的侵损，而为少年提供相应的特别保护措施，并从而依法建立起来的权利义务关系。

基于《未成年人保护法》的法定分类，少年保护包括家庭保护、学校保护、社会保护、网络保护、司法保护和政府保护，少年保护法律关系可以相应地细分为少年家庭保护法律关系、少年学校保护法律关系、少年社会保护法律关系、少年网络保护法律关系、少年司法保护法律关系和少年政府保护法律关系。然而，笔者认为，上述的法定分类在逻辑上尚不够严谨，而应在理论上予以更为逻辑严谨的分类，即分为家庭保护、学校保护、社区保护（线上＋线下）和国家保护（行政＋司法）。这些内容实际上确定了少年保护法律关系所涉及的社会领域，以及相应的特别保护措施所适用的领域。

可能侵损少年权利、危及少年健康成长的各种不利环境因素也可以进行相应的分类：其一，从不利因素的来源来分类，可以分为来自家庭、学校、社区（线上＋线下）、国家（行政＋司法）和少年自身的不利因素；其二，从少年权利的性质来分类，可以分为危及少年的生命权及身体健康权、人格尊严权及心理健康权、特别隐私权、人身自由权、受监护权、受教育权、财产权等一系列不利环境因素。这一系列特别的少年权利，即少年保护法律关系所保护的客体。其特别性可以从两个维度来理解：其一，如特别隐私权、受监护权、受义务教育权等，是成年人不能享有、只有少年（未成年人）方能依法享有的特别权利；其二,虽然上述权利中部分是成年人和少年(未成年人)都享有的权利类型,但少年法律关系中的权利义务内容强调少年权利的特别保护措施,而这些特别保护措施是不适用于成年人的。从适用时机来看,少年特别保护措施可以分为事前保护措施、事中保护措施和事后保护措施。从手段性质来看,少年特别保护措施可以分为禁止性的保护措施、授权性的保护措施、重惩性的保护措施和辅助性的保护措施。

通过上述对于少年权利及其保护领域和特别保护措施的描述可见,国家和相关社会责任主体(家庭、学校和社区)具有相应的义务及责任,其中主要包括:对少年权利实现的特别的保障和促进,对侵害少年权利行为的特别的防范、阻止和对抗,以及借助国家权力对之予以特别的惩处,等等。

(三)少年越轨法律关系

少年越轨法律关系,是国家、相关社会责任主体和少年之间在处理少年越轨事件的活动中依法建立起来的权利义务关系。其中,国家的主体角色主要是由相应的行政机构和司法机关来代表。相关社会责任主体主要包括家庭、学校和社区的相关人员或组织机构。作为少年越轨法律关系调整对象的少年越轨事件可以分为少年一般不良行为事件和少年严重不良行为事件。其中,有两个问题值得特别注意:

其一,少年一般不良行为包括两类:少年身份越轨行为和少年轻微违法行为。前者是成年人为之合法而少年为之不合法的行为,属于对少年自身有害而无害于他人的行为。少年法律关系对于少年身份越轨行为的调整是非同寻常的,这也是其区别于其他部门法律关系的一个重要特征,是基本理念的分野点。似乎除少年法律关系外,没有哪个部门法律关系会以公共权力介入的方式去调整一种对他人无害的行为。何以如此?答案是:这符合少年法的独特宗旨,即保障和促进少年的健康成长。由此可窥见少年法律关系的独特性。

其二,少年严重不良行为事件,包括少年刑事犯罪案件。对此,美国少年司法制度有放弃管辖(waiver of jurisdiction)的特别制度,即其少年法院对于主观恶性严重、年龄较大的少年犯罪案件放弃管辖,转而交由刑事法院审判。这似乎可以视为:美国少年司法制度将被放弃管辖的恶性少年犯罪案件排除在其少年法律关系的调整范围之外。我国的现状与美国不同,我国没有类似于放弃管辖的制度,而是基于“教育为主,惩罚为辅”的原则,所有的少年刑事犯罪案件皆应属于少年法律关系的调整范畴。

少年越轨法律关系中的权利义务的主要内容包括:国家依法对相关社会责任主体及越轨少年的责任追究,相关社会责任主体依法对越轨少年的保护、管束、改善、强制报告等义务,越轨少年的服从、改善等义务,越轨少年、被害及涉案少年的受特别保护的权利,等等。

总之,少年法律关系的基本内容具有逻辑上区别于其他部门法律关系的特殊性和独立性,且其三分格局令其具有了独立的系统性。然而,应当看到,在整个法律关系理论体系以及整个法律制度体系中,没有任何一个法律关系或法律制度是可以绝对独立而不存在与其他法律关系或法律制度之间的交叉关联的,尽管这种交叉关联并不能否定其各自的独立性。少年法律关系当然也不能例外,其存在与民事、行政、刑事、诉讼、教育等法律关系之间的交叉关联,且在相应的交叉关联中居于特别、优先的地位。

四、少年法律关系的基本特性

少年法律关系具有如下五个基本特性,即主体结构的三元性、主体地位的非平等性、关系结构的层次性、权利义务的非对等性和基本宗旨的归一性。

(一)主体结构的三元性

不同于一般法律关系的二元性(如民事法律关系是平等主体之间的人身关系和财产关系,行政法律关系是国家行政主体与行政相对方之间的管理与被管理的权利义务关系,刑事法律关系是国家与犯罪者之间的惩罚与被惩罚的权利义务关系),少年法律关系的主体结构是三元性的,即国家、相关社会责任主体和少年三者之间为保障和促进少年健康成长而依法形成的权利义务关系。

(二)主体地位的非平等性

少年法律关系主体结构的三元性意味着其包含了国家与相关社会责任主体、国家与少年、相关社会责任主体与少年三对法律关系。这三对法律关系的主体地位皆具有非平等性。首先，就国家与相关社会责任主体之间的法律关系而言，国家依法有权在必要的时候强制干预相关社会责任主体的行为，故二者的主体地位是非平等的。其次，同理，国家与少年之间的主体地位也是非平等的。最后，就相关社会责任主体与少年之间的法律关系而言，相关社会责任主体如家庭的监护人、学校的教师及管理人、社区的管理责任人，依法有权在必要的时候（为了少年的健康成长、避免其自害或伤害他人）对少年施以教育、管束等带有强制意味的干预措施，亦说明二者之间的主体地位是非平等的。

（三）关系结构的层次性

少年法律关系的关系结构具有层次性，是“国家—社会责任主体”、“社会责任主体—少年”与“国家—少年”的不同层次的权利义务关系组合而成的结构关系。

少年法律关系的层次性结构关系是一种层层环绕式的结构关系，如图1所示。其一，“少年”居于结构关系的中心位置，意味着整个少年法律关系的建构是以保障和促进少年健康成长为基本宗旨的，是以少年权利为核心的。其二，家庭、学校和社区等相关“社会责任主体”环绕着“少年”，意味着相关社会责任主体依法对少年负有相关法律义务，其作为少年成长的直接环境因素，对少年健康成长应当起到保护和促进作用，且其关系及作用的紧要程度也具有层次性，即按照家庭—学校—社区的顺位来排列。其三，“国家”环绕在相关“社会责任主体”和“少年”之外，意味着国家依法负有对少年健康成长的总体保障义务，以及为实现此总体保障义务而对相关社会责任主体（家庭—学校—社区）的监管、协调及辅助等义务。为此，国家相关行政机构和司法机关依法采取相应干预措施，必要时援引社工组织的专业力量，分别具体实施。

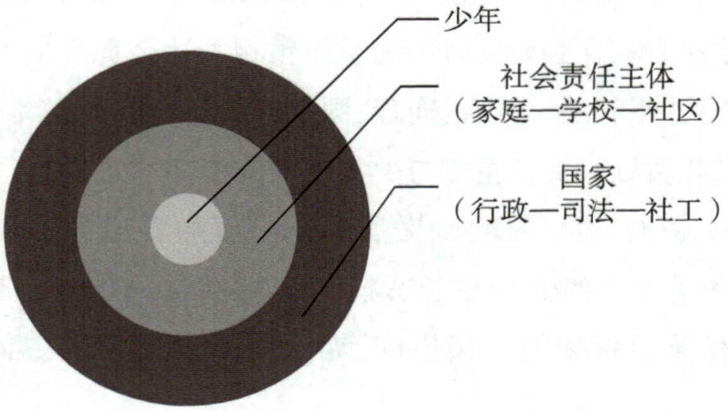

图1　少年法律关系的层次性结构关系

（四）权利义务的非对等性

少年法律关系的另一突出特性即其权利义务的非对等性。其一，作为少年法律关系主体之一的国家，其权利义务的基本性状为：其基本义务是依法采取各种特别措施，维护少年的各方面权利，保障和促进少年健康成长；其基本权利的内容与其基本义务相对应，即获取少年健康成长的公共利益。其二，作为少年法律关系主体之一的相关社会责任主体的权利义务的基本性状为：其基本义务是通过监护、照管或管理等方式，依法保障和促进少年健康成长；而其基本权利为获取少年健康成长的亲权利益或公共利益，即与其基本义务的内容相对应。其三，作为少年法律关系主体之一的少年，其权利义务基本性状为：其依法享有有利于其健康成长的各种特别权利；而其基本义务很少，限于依法服从、依法善行等。申言之，相对于少年权利而言，国家和相关社会责任主体在少年法律关系中的角色基本上都是承担相应的义务，而其权利的实现即获取少年健康成长的公共利益，亦即少年权利的实现。

少年法律关系的权利义务的非对等性的根源在于少年与国家及相关社会责任主体之间利益的内在一致性，即少年的健康成长为国家及相关社会责任主体的核心利益诉求。在此意义上，表面上看似国家及相关社会责任主体基本上承担的都是义务，具有非对等性，但其实质上都是在维护自身的核心利益，即保护和促进少年的健康成长。申言之，少年法律关系的权利义务的非对等性只是表面现象，其内在实质为：少年法律关系的权利义务仍然具有其内在的一致性、均衡性及合理性。

(五)基本宗旨的归一性

如前所述,少年法律关系的基本宗旨即保障和促进少年健康成长。除此之外,别无他图。正所谓:一切为了孩子,为了孩子的一切,为了一切孩子。除了少年法律关系之外,没有哪种法律关系将其基本宗旨归于其法律关系的某一方主体的权益,而非强调其法律关系双方主体的利益博弈及利益平衡。故而,基本宗旨的归一性体现了少年法律关系的独特性。也正因如此,少年最佳利益原则和少年特别保护原则成为少年法的独特的基本原则。①

少年法律关系的基本宗旨的归一性,实际上与少年法律关系的客体内容密切相关。少年法律关系的客体,即为保障和促进少年健康成长而依法赋予少年的各项特别权利,其中包括特别福利权利、特别保护权利和在越轨事件中享有的教育矫治、处罚宽宥等特别权利,与上述少年福利法律关系、少年保护法律关系和少年越轨法律制度等基本内容相对应。

总之,少年法律关系的上述五个基本特性使其区别于其他部门法律关系。

五、少年法律关系的独立属性

理论界和实务界多有"少年民事案件""少年行政案件""少年刑事案件""少年民事法""少年行政法""少年刑事法"之类的概念。这些概念正是少年法之于其他部门法的附属地位的真实写照。在相应程度或范围内,这些概念的理论实质即对少年法律关系的独立属性的理论不解,进而使少年法律规范体系脉络被相关部门法所肢解并沦为附庸,并进而令少年法律实践沦为相关部门法律实践的附庸,并进而令少年法学丧失其独立的学科地位。深入分析少年法律关系在本质上区别于相关部门法律关系的独立属性,意义重大。

(一)少年法律关系与刑事法律关系的本质区别

就历史维度而言,独立意义上的少年法脱胎于刑事法。以前,少年与成年人在刑事法适用上,基本上不加以区别。其结果并非正义的实现,而是对少年权益的不充分保障。人们对此早有不满,因而终于以独立的少年法来予以改

① 参见高维俭:《少年法学》,商务印书馆 2021 年版,第 197 页。

变。脱胎于刑事法的少年法，在独立产生之初即标志了其与刑事法的本质区别。否则，少年法以及少年司法制度的独立创设就没有必要，甚至就是一个错误。少年法区别于刑事法的根本点在于少年法律关系与刑事法律关系的本质区别，而非“小儿酌减”那么简单。

就基本概念而言，少年法律关系与刑事法律关系之间存在本质区别。关于刑事法律关系的概念，学界争议不少，但大体认为，刑事法律关系是由于犯罪而产生的、存在于国家与犯罪人之间的一种特殊的权利义务关系。[①] 少年法律关系，即为保障和促进少年健康成长，而在国家、少年及相关社会责任主体之间依法设立的权利义务关系。

就理论源流而言，刑事法律关系主要源于刑事古典学派（刑事旧派）的自由意志论、责任主义及惩罚报应理论，而少年法律关系源于刑事实证学派（刑事新派）的决定论、预防主义及教育矫治主义理论。二者的理论及哲学基础不同。

就基本宗旨而言，少年法律关系与刑事法律关系之间存在本质区别。少年法律关系设立的基本宗旨在于：通过维护少年权益的方式来保障和促进少年健康成长。刑事法律关系设立的基本宗旨在于：通过定罪、量刑、行刑等追究刑事责任及惩罚犯罪的方式来维护底线性的社会基本秩序。

就基本内容而言，少年法律关系与刑事法律关系之间存在本质区别。少年法律关系的基本内容可作不同分类：就政策逻辑角度而言，少年法律关系可以分为少年福利法律关系、少年保护法律关系和少年越轨法律关系；就主体关系角度而言，少年法律关系可以分为“国家—少年”权利义务关系、“社会责任主体—少年”权利义务关系和“国家—社会责任主体”权利义务关系；就实体与

---

① 参见刘生荣：《论刑事法律关系》，载《中外法学》1993 年第 2 期；张小虎：《刑事法律关系主体论》，载《法学研究》1999 年第 3 期。对此，有学者认为，刑事法律关系的概念应当涵括刑事实体法律关系、刑事程序法律关系和罪犯改造（刑事执行）法律关系，参见谢望原：《论刑事法律关系》，载《山东法学》1992 年第 1 期。就形式逻辑上而言，刑事法律关系包含刑事实体法律关系和刑事程序法律关系的观点，毫无疑问是合理的。上述二元主体结构的刑事法律关系，为近代国家主义兴起以来的通说观点。学界另有三元主体结构的刑事法律关系的观点，即刑事法律关系是国家、犯罪人和被害人之间的权利义务关系。参见高维俭：《刑事三元结构论：刑事哲学方法论初探》，北京大学出版社 2006 年版，第 41 ~60 页。

程序的法律属性角度而言,少年法律关系可以分为少年实体法律关系和少年程序法律关系。刑事法律关系的基本分类为刑事实体法律关系和刑事程序法律关系。而从刑事三元结构论①的角度来看,刑事法律关系又可以分为“国家—犯罪者”权利义务关系、“国家—被害者”权利义务关系和“犯罪者—被害者”权利义务关系。

就基本策略而言,少年法律关系与刑事法律关系之间存在本质区别。少年法律关系蕴含的基本策略为:以福利、保护及越轨防治的策略来对少年健康成长予以保障和促进,尤其强调福利及保护的社会政策的战略价值。刑事法律关系蕴涵的基本策略为:以恶害报应性的刑罚来威慑犯罪,辅以罪犯教育矫治,从而起到保障社会基本秩序的功效,并同时注重对国家刑罚权的限制、刑罚的人道主义以及公民自由人权的保障。

就交叉关系而言,少年法律关系与刑事法律关系之间存在某种意义上的交叉关联,但在此交叉领域上亦存在本质的区别。此交叉领域是对少年实施的刑事犯罪行为予以依法处理而形成的权利义务关系。对此,少年法律关系秉承的基本策略为:教育矫治为主,惩罚威慑为辅。对此,我国相关法律规定了“教育为主,惩罚为辅”的基本原则和“教育、感化、挽救”的基本方针。其内在精神即不论少年所犯的错误有多大,其仍然是孩子,国家及社会应有更大的责任担当,应仍然秉承保障和促进少年健康成长的基本宗旨,尤其是对于较为年幼的少年。其秉承的哲学理念主要为决定论,即少年犯错主要是由客观的社会环境因素决定的,因此国家及社会应当担负主要责任。与此相对,刑事法律关系秉承的基本策略为:惩罚威慑为主,教育矫治为辅。其秉承的哲学理念主要为自由意志论,即成年人具有相对的意志自由及归责理由,其犯罪行为应当主要以刑罚的恶害报应予以威慑、规训和诫勉。

(二)少年法律关系与民事法律关系的本质区别

少年法律关系是国家、相关社会责任主体和少年三者非平等主体之间的非对等性的权利义务关系,而民事法律关系是平等主体之间的对等的人身关

① 参见高维俭:《刑事三元结构论:刑事哲学方法论初探》,北京大学出版社2006年版,第80页。

系和财产关系。前者的主体地位之间具有非平等性，权利义务关系之间具有非对等性，如前所述；而后者的主体地位之间具有平等性，权利义务关系之间具有对等性，是为学界通识。

少年法律关系与民事法律关系最为显著的交叉领域在于少年监护法律关系。毫无疑问，少年监护法律关系可以归属于少年法律关系的范畴，是一种最为基本的少年法律关系，其本位属于少年保护法律关系。然而，少年监护法律关系是否可以归属于民事法律关系的范畴，则是一个非常值得推敲和质疑的基础理论问题。其显著问题至少包括如下几点：

其一，少年监护法律关系中的人身关系具有显著的非平等性，即监护人与被监护少年之间的人身关系包含了教育与被教育、管束与被管束的基本内容，显然具有非平等性。对于被监护少年的不良行为，监护人依法有责任予以合理规范甚至必要的强制，对其进行教导、劝诫、约束及矫治。可见，双方之间的人身关系的非平等性是显而易见的。这是值得相关理论研究者特别注意的。

其二，少年监护法律关系中的财产权利义务关系具有显著的非对等性，即如监护人对被监护少年的财产进行监护，并不遵循公平等价有偿的民法原则，并不能因此而享有获得相关劳务报酬或经营管理收益等权利，而是纯粹的义务或责任。又如，对于被监护少年的侵权行为造成他人财产损失、监护人予以承担的，监护人依法无权向被监护少年追偿，即便该少年成年后拥有足够的财产。然而，就一般原理而言，民事主体之间的财产权利义务关系是对等的，即基于一定的民事法律关系或民事法律事实，一方代为承担民事责任后，依法享有对另一方的追偿权。这是民法之公平等价有偿原则的基本要求。

其三，少年监护法律关系中还包含了国家监护以及国家监护监督的重要内容，其主体地位之间也具有显著的非平等性，其权利义务关系之间也具有显著的非对等性。所谓国家监护，指国家对于少年的总体保障性、补足兜底性的监护职责；所谓国家监护监督，指国家对于少年监护人履行监护职责依法妥善予以监督。二者都具有自上而下的国家职能性，其中主体地位之间为非平等关系。同时，其权利义务关系之间具有非对等性，如前所述，其在本质属性上区别于民事法律关系的权利义务关系之间的对等性。

总之，上述内容，尤其是关于少年监护法律关系的论说，实际上深刻阐明了一个重要的法学基础理论问题，即少年监护法律关系并非平等主体之间的对等的人身关系和财产关系，其中涉及的人身关系、财产关系和管理关系皆具有非平等性或非对等性。申言之，除非改变民事法律关系之平等主体之间人身关系和财产关系的基本定义，就概念逻辑而言，少年监护法律关系不能归入民事法律关系的逻辑范畴。然而，改变民事法律关系的基本概念似乎不太可能。因而，笔者的基本结论是：少年监护法律关系不属于民事法律关系，而应当归属于少年法律关系的范畴；少年法律关系与民事法律关系之间具有本质区别，应当在基本概念上对二者进行泾渭分明的界别，尽管二者在监护之外的诸多领域中具有交叉关系。

（三）少年法律关系与行政法律关系的本质区别

关于行政法律关系的概念问题，行政法学界多有主张其概念不应局限于“行政管理的法律关系”“如可分为行政权分配法律关系、行政管理法律关系、行政服务法律关系、行政合作法律关系、监督行政法律关系等”①。然而，依据宪法的相关规定，行政管理职能是行政部门的本位职能。申言之，行政管理法律关系是行政法律关系的本位内容。其他所谓的下一阶位的行政法律关系更宜被定义为行政法律关系的相关法律关系，而非本位性的行政法律关系。其中，所谓的行政权分配法律关系涉及国家权力分配的问题，更应当归属于宪法、行政法律关系的范畴；将所谓的行政服务法律关系中的“服务”归于“管理”的概念中，似乎并无不可；将所谓的行政合作法律关系，即如行政主体与法人签订的合同法律关系，或归于行政授权，或归于平等主体之间的民事法律关系，似乎更为妥当；而所谓的监督行政法律关系，似乎更宜归入其内部的管理关系或国家监察法律关系的范畴。鉴于此，笔者在此使用的行政法律关系的概念，即行政管理法律关系的概念，即行政主体与行政相对方之间依法形成的管理与被管理的权利义务关系。

关于行政法律关系的属性问题，行政法学界的通说仍然为公法说，即行政

① 袁曙宏等：《行政法律关系研究》，中国法制出版社 1999 年版，第 6 页。

法律关系是一种依法形成的行政主体与行政相对方之间的管理与被管理的权利义务关系，其中的管理与被管理关系意味着一种自上而下的非平等的公法意义上的权利义务关系。尽管这种非平等的公法关系说业已受到某种挑战①，但难以否认的是，作为管理者的行政主体确实具有先发决定的优势地位，尽管作为被管理者的行政相对方具有对其予以挑战的后发性的法定权利，如申请复议、提起诉讼、申请立法审查以及诉诸国家监察等。所谓的行政法律关系之平等性，并非一种现实的存在。

上文论及少年法律关系的权利义务关系的非平等性。行政法律关系，也通常被定义为一种非平等关系，即依法设立的行政主体与行政相对方之间的管理与被管理的非平等的权利义务关系。然而，同样具有非平等性，二者之间却具有本质的区别。具体分析如下：

其一，二者的主体结构模式不同。少年法律关系的主体结构模式是三元性的，即国家、相关社会责任主体和少年是相关权利义务关系的主体；而行政法律关系的主体结构模式是二元性的，即行政主体与行政相对方是相关权利义务关系的主体。②

其二，二者的权利义务关系的特性不同。一方面，少年法律关系的权利义务关系之间具有非对等性意义上的倾斜性和归一性。其倾斜性，即相关权利向少年倾斜，而相关义务向国家和相关社会责任主体倾斜，即少年基本上只享有权利，而国家和相关责任主体基本上只承担义务。其归一性，即国家和相关责任主体的义务皆一致指向少年的权利，即皆为维护少年之合法权益，即皆应遵循少年最佳利益的基本原则，皆应秉承保障和促进少年健康成长的基本宗

---

① 参见华燕：《隶属到平权：现代行政法律关系的转型》，载《江西社会科学》2012 年第 11 期；彭箫剑：《平台型政府及行政法律关系初论》，载《兰州学刊》2020 年第 7 期。

② 参见申素平、段斌斌：《在家上学的法律关系分析——以霍菲尔德的法律关系理论为分析视角》，载《教育发展研究》2017 年第 12 期。该文认为，在义务教育法律关系中，“由在家上学引发的讨论，其表是规范与事实的背离，其里则是国家与父母的博弈……国家实施义务教育的权力不应否定父母对义务教育方式的选择，而父母实施在家上学的权利也不能排斥国家对在家上学的监管”。同时，应当“尊重适龄儿童的主体地位”。笔者认为，这一研究结论，可以说是对少年法律关系的三元性、层次性的一个例证及注解，并同时说明了作为少年法律关系一个部分的义务教育法律关系，在基本属性上区别于行政法律关系。

旨。另一方面,行政法律关系的权利义务关系之间具有对等性意义上的平衡性和对抗性。行政主体与行政相对方之间的管理者和被管理者的权利义务关系中,前者基于公共利益的立场,后者基于个体利益的立场,各有权利,互有义务,其权利义务关系的内容具有平衡性和对抗性,是一种在平衡中对抗、在对抗中平衡的相互关系。

其三,所谓的"少年行政法律关系"不应归属于行政法律关系。所谓的"少年行政法律关系",即行政法律法规中规定的关于少年福利(包括少年教育)、少年保护和少年越轨等问题的权利义务关系,其中的国家(行政机构)、相关社会责任主体和少年之间的权利义务内容,从其性质来看,并不宜归入行政法律关系的范畴,而在实质上应当归属于少年监护法律关系的范畴。一方面,国家(行政机构)介入相关权利义务关系的基本理由,即国家亲权或政府监护(parens patriae),即一种总体保障性、补足兜底性的监护理念,以维护少年的最佳利益并保障和促进少年的健康成长。同时,将少年定义为行政法律关系中的行政相对方,恐怕难以获得其理论逻辑上的自洽性。另一方面,涉及家庭、学校和社区的相关社会责任主体的权利义务关系的基本内容实质上不外乎监护的基本内容,即抚养、教育和保护。其中,家庭相关责任主体正当其职,起着核心作用;学校相关责任主体的角色类似前者,似有家庭委托和政府委托的意味,起着重要作用;社区相关责任主体的角色相对比较泛化,有着邻里相互守望的意味,起着配合作用。

总之,少年法律关系具有其独特属性,理论逻辑上不能归属于传统部门法律关系的任何一类,尽管少年法律关系与传统部门法律关系之间不可避免地存在诸多的交叉关系领域。

六、少年法律关系的基本价值

作为少年法学领域的核心基础理论,少年法律关系理论具有多维度、深层次的价值。概括而言,其基本价值包括两个基本维度,即理论价值和实践价值。

(一)少年法律关系的理论价值

1.少年法学作为一个特殊部门法学的理论奠基作用

由于历史积淀不深、基础理论薄弱,少年法学长期以来并未获得应有的独立学科地位,更无法企及一个特殊部门法学的学科地位。笔者认为,其中的一个重要原因是:少年法律关系的问题尚未获得相应的理论自觉认知。

少年法律关系理论是关于所有少年法律规范的共通的权利义务关系模式的理论。申言之,少年法律关系是所有少年法律共通的规范基因。其理论确立必将有助于整个少年法律规范体系以及相关理论内容的内在逻辑的系统有机整合。进而,少年法律关系理论的确立,即意味着少年法有了自身的独立调整对象,少年法学具备了自身学科的系统的独立研究对象。由此,少年法(学)具备了可与其他部门法(学)系统区分的独立属性,从而开启了少年法学作为一个特殊的独立的部门法学的理论可能。

总之,具有理论奠基作用的少年法律关系理论的确立,即意味着少年法学的理论基因的确立,即意味着少年法学独立学科研究对象的确立,即意味着少年法学作为一个特殊部门法学的时代的开启。

2. 促进整个部门法律体系的理论进化及结构优化

就目前我国的通行理论而言,部门法律体系的主流为刑事法律、民事法律和行政法律等三大部门法律。少年法律关系理论的确立,尤其是明确少年法律关系与刑事法律关系、民事法律关系及行政法律关系之间存在本质属性的区分,原本归属于这三大部门法律的各种少年法律规范被予以理论上的剥离,进而归属于作为一个特殊部门的少年法律的体系范畴。这势必促进整个部门法律体系的理论进化。这种理论进化,不仅更符合少年法学理论的现实情状及其未来发展需要,还可以令整个部门法律的理论体系更趋合理,获得相关理论逻辑结构的优化,并避免了涵盖相关少年法律规范所不可避免的理论逻辑矛盾,譬如,将少年(未成年人)监护法律关系归属于“平等主体之间的人身关系和财产关系”之民事法律关系范畴的理论逻辑矛盾问题,等等。

(二)少年法律关系的实践价值

1. 立法实践价值

少年法律关系的理论确立,即意味着少年法律体系的规范基因及逻辑基础的确立,意味着少年法作为一个特殊部门法的时代到来,意味着少年立法模式行将进入一个崭新的时代,即从基于实践需要的零散自发的立法演进模式进入基于理论认知的系统自觉的立法演进模式。而这种立法模式的演进随即带来的很可能就是少年法法典化的时代。

在基本内容、基本特性及基本属性等问题得到明确的基础上,少年法律关系理论实际上业已明确了整个少年法律规范的基本调整对象,及其与其他部门法律规范之间的本质区别。从而,少年法律关系各个主体的权利义务内容及特性等问题得以明确。进而,基于现有的少年法律规范体系,结合少年法治实践的各方面需要,凭借少年法律关系理论予以合理推导和投射,整个少年法律规范体系的涵盖范围、主要内容及分类谱系等可得到系统确定。

首先,基于少年法律关系的基本概念,可以推导出整个少年法律规范体系的涵盖范围,即所有以保障和促进少年健康成长为目的的调整少年、相关社会责任主体和国家之间权利义务关系的法律规范的总和。就我国现有的少年法律规范体系而言,其涵盖范围包括《未成年人保护法》《预防未成年人犯罪法》《中华人民共和国家庭教育促进法》等专门立法,分布在《中华人民共和国宪法》、《中华人民共和国刑法》(以下简称《刑法》)、《中华人民共和国刑事诉讼法》(以下简称《刑事诉讼法》)、《中华人民共和国民法典》(以下简称《民法典》)、《中华人民共和国治安管理处罚法》(以下简称《治安管理处罚法》)、《中华人民共和国教育法》(以下简称《教育法》)、《中华人民共和国义务教育法》(以下简称《义务教育法》)等法律中涉及少年权益的法律规范,以及各种涉及少年权益的司法解释及地方性立法。对于这些数以千计的少年法律规范条文,少年法律关系理论可以起到统辖的作用,并有可能在未来予以整合立法,成就少年法律规范的法典化。

其次,基于少年法律关系的三元构架,可以推导出少年法律规范体系(少年法典)总则的主要内容包括:少年权利的基本规定、相关社会责任主体及其权利义务的基本规定、国家相关责任及其实施机构的基本规定等。这些内容目前散见于各种少年法律规范中,如前所述。少年法律关系的三元构架理念可以系统全面地梳理、整合相关少年法律规范,令其更为完备有序、条理清晰。

最后,基于少年法律关系的保障和促进少年健康成长的基本宗旨,可以推导出少年法律政策逻辑的三个层次,藉以保障和促进少年健康成长的法律贯略不外乎三个层面，即少年福利策略、少年保护策略和少年越轨事件处理策略。[①] 从而，少年法典分则的主要内容可得系统全面、逻辑严整地予以明确。同时，结合我国少年法律规范的现状以及我国少年法治实践的需要，可以看出我国少年立法的缺憾及未来完善路径：其一，就少年福利策略方面而言，我国少年福利法律的系统缺失问题亟待解决，即我国少年福利法律制度只在《教育法》《义务教育法》《中华人民共和国母婴保健法》《未成年人保护法》等法律规范中有着零星的体现，远未形成系统的法律规范。其二，就少年保护策略方面而言，我国《未成年人保护法》经过多次的修改完善，业已形成较为完备的法律规范体系，但其存在着少年福利策略、少年保护策略和少年越轨处理策略混杂不清的逻辑问题，有待于合理区分，并进而对相关主体的权利、义务及法律责任规则予以更为系统的完善。其三，就少年越轨事件处理策略方面而言，我国《预防未成年人犯罪法》可以被视为一部相关的专门法律，但我国诸多少年越轨法律规范却还散见于《未成年人保护法》《刑法》《刑事诉讼法》《治安管理处罚法》等多部法律及相关规范性文件中，缺乏系统合理性，实践适用性亦不足。对此，少年法律关系理论有望资以相应的全面整合、系统完善。

2. 司法实践价值

少年法律关系的理论确立有助于少年法律解释适用的思路厘清以及少年法治实践的有序推进。法律规范文本永远存在有待解释适用的空间，少年法律适用不可能例外。对此，少年法律关系理论可以提供一种基础性的规范理念及根本性的指导思想，以资相关法律规范的解释适用。[②] 在此略举几例。

(1)例一：我国《刑法》第 17 条第 5 款之“在必要的时候”的解释适用问题

我国《刑法》第 17 条第 5 款规定：“因不满十六周岁不予刑事处罚的，责令其父母或者其他监护人加以管教；在必要的时候，依法进行专门矫治教育。”那么，在此法条适用时，难免会遇到一个关键性的问题，即“在必要的时候”如何理解和把握？对此，相关法律和司法解释并无明确规定。一方面，过宽的把握

① 参见高维俭：《少年法学》，商务印书馆 2021 年版，第 192 页。

② 实际上，在民法学界，多有运用法律关系的方法来解决法律解释及法律适用的理论，参见崔建远：《论法律关系的方法及其意义》，载《甘肃政法学院学报》2019 年第 3 期。

会造成专门矫治教育的滥用;另一方面,过严的把握会造成对触刑少年的教育矫治不力。二者都不利于对少年健康成长的保障和促进。如此,何以奉为“在必要的时候”解释适用的圭臬呢?

笔者认为,少年法律关系的基本理论可当此任。如前所述,少年法律关系是一种层层环绕式的结构关系,该法条前半段规定了“父母或者其他监护人”(属于家庭方面的相关社会责任主体)的相关法律义务(监护和管教),而后半段规定了国家(政府)的相关法律义务,即对相关少年“依法进行专门矫治教育”。该规定属于未成年人监护法律关系的范畴。由此可见,关于“在必要的时候”的立法原意应为:其一,对于触刑少年,首先考虑令其不脱离家庭监护,即“责令其父母或者其他监护人加以管教”,即督促和补足其家庭监护的效能发挥,并可适用《预防未成年人犯罪法》第 41 条和第 42 条规定的非专门机构的多元性的辅助性的矫治教育措施,以实现保障和促进少年健康成长的目的,并尽量避免禁闭性的专门矫治教育措施所可能带来的伤害风险。其二,对于某些触刑少年,倘若其有效的家庭监护职能无法落实,且其人身危险性显著,那么依法对少年健康成长负有总体保障义务的国家(政府)就应当负起责任来,即对其“依法进行专门矫治教育”,以防范其显著的人身危险性,以专门矫治教育的系统、正规的干预措施,促使其回归健康成长的轨道,并保护其合法权益。由此,亦可见国家在少年法律关系中的总体保障性和补足兜底性的角色地位。其三,相关触刑少年的家庭监护能力、人身危险性、矫治可能性及相关有利或不利因素的判断,需要通过社会人格调查程序来予以评估和确定,因而社会人格调查程序及社会人格调查报告制度对于“在必要的时候”的判定具有关键意义,是其科学性的基本保障。从前述少年法律关系层层环绕式的结构关系模式来看,社会人格调查实际上即作为总体兜底保障角色的国家试图对于少年及其相关社会责任主体(作为少年成长的基本环境因素)的有利或不利因素进行全面、系统、科学的实证把握,以为其公权干预提供充分、合法的理由,并借此采取科学的个别化措施,最终服务于保障和促进少年健康成长的少年法宗旨。

(2)例二:法定代理人、合适成年人到场制度的解释适用问题

根据我国《刑事诉讼法》第281条规定,对于未成年人刑事案件,在讯问、询问和审判时,应当通知相关未成年人的法定代理人或者其他合适成年人到场,以保障相关未成年人的合法权益以及诉讼的顺利进行。“相关未成年人”包括未成年的犯罪嫌疑人、被告人、被害人和证人。“其他人员”包括相关未成年人的成年亲属,所在学校、单位、居住地基层组织或未成年人保护组织的代表。同时,该条还规定:到场的法定代理人可以代为行使相关未成年人的诉讼权利。

我国《刑事诉讼法》第281条关于法定代理人、合适成年人到场制度的上述规定并未明确相关到场人员的顺位问题,然而我国相关学界和实务界皆认为其中应该存在比较严格的顺位。即“法定代理人到场具有优先性,通知其他合适成年人到场具有递补性,是对法定代理人不能到场的替代措施”①。“合适成年人的选择上有明确的先后顺序,即父母等不能到场的情况下,第二顺位的合适成年人是未成年人其他的成年近亲属,第三顺位才是机构性的组织,如学校、单位、居住地基层组织或未成年人保护组织。第三顺位组织,显然也有其内在的排列逻辑,即该组织与未成年人的熟悉度也是一个由高到低的顺序。这一排列的逻辑顺序是依照个人、组织与未成年人生活的重合度由高到低进行的排序,符合生活经验法则。”②

那么,问题是,我们何以推导出相关到场人员的顺位呢?对此,笔者认为:一方面,我国《民法典》关于监护人顺位的规定是借以推导的相关法律依据;另一方面,少年法律关系的基本理念可以成为借以推导的根本的理论依据,且《民法典》关于监护人顺位的规定也可溯源于此。少年法律关系的层层环绕式的结构关系意味着:少年保护(监护)的责任主体应当呈由近及远的顺位排列,通常包括四个基本顺位层次,即家庭、学校、社区和国家。其中,“家庭”包括父

---

① 史卫忠、张寒玉:《关于〈人民检察院办理未成年人刑事案件的规定〉修改内容的解读》,载彭东主编:《刑事司法指南》第57集,法律出版社2014年版。

② 高维俭、杨新慧:《论合适成年人制度的理论属性、规范诠释及实践运行》,载《中国应用法学》2019年第2期。

母(通常为法定监护人及法定代理人)、其他近亲属和其他亲属;“学校”即未成年人所在学校的相关责任人员;“社区”通常包括未成年人的监护人所在单位和未成年人居住地的基层组织(村委会或居委会);“国家”通常由未成年人保护组织(如共青团、妇联、关工委等)或相关政府组织机构(如民政机构)来代表承担相关职责,处于兜底保障性的顺位。鉴于此,我国少年司法实务界通行的“合适成年人库”即属于第四顺位,体现国家亲权(政府监护)的兜底保障性的职责理念。由此可以说,无论是我国《民法典》关于监护人顺位制度的理论逻辑,还是我国《刑事诉讼法》关于法定代理人及合适成年人到场制度的理论逻辑,皆可溯源于少年法律关系的层层环绕式的结构关系理念,以及未成年人监护法律关系问题。

另外,如前所述,我国《刑事诉讼法》第281条仅仅规定了到场的法定代理人可以代为行使相关未成年人的诉讼权利,那么是不是其他到场的合适成年人就无权代为行使相关未成年人的诉讼权利呢?基于少年法律关系理念的上述推导,笔者认为:其一,所谓的法定代理人和其他合适成年人,其实质即法定监护人和其他监护人(包括其他所有依法指定或委托的临时监护人);其二,这些监护人或承担监护职责的组织机构之间虽有程序法律意义上的顺位差异,但无实体法律意义上的职责功能分别,即都是为依法保护相关未成年人的合法权益而参与诉讼的,皆理所应当具有同等的诉讼权利,即皆有权代为行使相关未成年人的诉讼权利。否则,即不公正,即有违少年法的保障和促进少年健康成长的基本宗旨,即有违少年(未成年人)最佳利益原则,即有违少年法律关系理论的基本理念。

七、结语:少年法治系统集约发展时代的到来

随着少年法治的百年发展历史进程,少年法律关系等问题逐渐浮出水面。时至今日,我们渐渐意识到,少年法律关系理论的发掘及系统建构,即少年法治面临的诸多系统瓶颈问题的破解之道,亟待进行,意义重大。

少年法律关系的理论确立之后,我们可以少年法律关系为理论基石,系统建构少年法学的理论体系,促进少年法学部门法学地位的确立;我们可以少年法律关系为规范基因,系统建构少年法律的规范体系,促进少年法律规范的法典化；[①]我们可以少年法律关系理论为少年法律规范适用解释的基本理念，提高少年法律适用的规范性及合理性；等等。总之，少年法律关系理论的确立，可以为少年法治系统全局的有序发展奠定一块核心的理论基石。从而，少年法治的系统发展、集约化发展的时代可以开启。

（本文原载于《东方法学》2024 年第 1 期）

① 参见高维俭：《少年法学》，商务印书馆 2021 年版，第 225 页。

论少年法的基本原理

摘要:欲确立少年法的法律体系地位,需要解决的首要、核心问题是系统探究并明确少年法的基本原理。少年法的基本原理主要包括少年法的基本属性、调整对象、根本宗旨和基本原则。少年法基本属性应当界定为独立的特殊部门法。少年法的调整对象为三元的少年法律关系,由国家、少年及其社会成长环境构成。少年法的根本宗旨在于保护和促进少年健康成长。少年法的基本原则包括少年最佳利益原则和少年特别保护原则。

关键词:少年法;基本原理;基本属性;少年法律关系;根本宗旨;基本原则

On the Rationales of Juvenile Law

Abstract: In order to confirm the status of juvenile law within the law system, the first key issue is to systematically investigate and make clear the rationales of juvenile law. The rationales mainly include the basic attributes, the regulational object, the fundamental aim and the basic principles of juvenile law. The basic attributes should be defined as an independent special departmental law. The regulational object of juvenile law is the juvenile legal relationship, which is a trinity structure formed by the state, the juveniles and its growing-up social environments. The fundamental aim of juvenile law is to protect and improve the healthy growing-up of juveniles. The basic principles of juvenile law are the best interests and the special protections.

Keywords: Juvenile Law; Rationales; Basic Attributes; Juvenile Legal Relationship; Foundamental Aim; Basic Principles

在我国法学界,少年法尚未获得足够的重视,甚至在一些法学研究者眼里,所谓的少年法似乎并无独立存在的必要。欲确立少年法的法律体系地位,开展少年法学的理论研究,其所需要解决的首要、核心问题即系统探究并明确少年法的基本原理。少年法的基本原理大体包括少年法的基本属性、少年法的调整对象、少年法的根本宗旨以及少年法的基本原则四个基本问题。

一、少年法的基本属性

少年法的基本属性问题即少年法在整个法律体系中的定位与性质问题。对此,学界大体有三种观点:其一,少年法属于(或主要属于)刑事法;其二,少年法属于刑事法、民事法、行政法及社会法等部门法的综合交叉领域;其三,少年法是一个独立的特殊部门法。少年法的基本属性与少年法的发展历程密切相关,即如果说少年法经历了一个从无到有、从狭义到广义的演化过程,那么少年法的基本属性也相应地经历了一个从没有独立性到有独立性、从刑事法到综合法(交叉领域)的发展过程。申言之,少年法的基本属性问题是一个具有动态变化性的问题,不能简单一概而论,而宜因时因地而论。

(一)工业社会之前:少年法尚未成型

少年法的产生发展与儿童观及少年观的产生发展密切相关。在16~17世纪的社会里,人们将人生主要分为两个阶段:儿童期和成年期。年幼的儿童需要完全依赖于其他家庭成员才能得以生存。父母是权威,儿童应当服从父母和长辈。对做错事的儿童,父母有惩罚的权利和管教的义务。刑事责任年龄常以7岁为“分水岭”,如根据《不列颠普通法》的规定:不满7岁的儿童即使实施了越轨行为,但因缺乏“犯罪意图”而免于刑事责任;7岁以上的儿童具有是非辨别能力并能够理解行为的后果,因此应当对违法行为承担责任。虽然如此,“7岁以上的儿童并不被认为是一个成年人。一般来说,只有青春期开始后,可以工作、结婚或进行其他成年人活动的时候才达到成年期。成年人是在生理上已经长大并且拥有成熟的尺寸和力量的男人或女人”①。介于儿童期和

① Jack E. Bynum, William E. Thompson, *Juvenile Delinquency: A Sociological Approach* (7th ed.), Person Allynand Bacon, 2006, p.5.

成年期之间的少年期并没有作为一个人生阶段被认识,这可能与当时的经济形态相关。在传统的农业社会里,生产劳动对劳动者的技能要求较低,今天意义上的少年被视为“小大人”,可跟着大人一起干活,发挥着相当的生产劳动功能。在刑事责任方面,这个时期的少年基本被视同于成年人,如果他们犯罪,则适用与成年人同样的刑法规定,由同样的审判机构遵循同样的程序进行审判,被判处监禁的少年被与成年人关押在同一场所。

对犯罪的正式控制采取不分少年和成人的刑事司法一元机制,除了因为“少年期”未被认识外,可能还因为在工业社会之前的农业社会中,社会分工、社会结构和社会交往模式相对比较简单,少年的社会化大体上沿袭着一种“子承父业”的简单模式,且少年问题基本上是家庭或家族内部事务问题,少年违法犯罪以及少年保护问题也尚未成为一个显著的社会问题和法律问题。当时虽然也有一些关于少年的法律规范,但只是散见于个别法律中,少年法尚未成型,尚无独立地位,故而谈不上独立的基本属性。

(二)工业社会初期:少年法脱胎于刑事法

随着人类文明的演进,特别是生物学、心理学和教育学等领域的科学发展,青春期概念被创造出来,用以描述介于儿童期和成年期之间的人生发展阶段。可以说,青春期的问题凸显了关于少年的特殊的社会问题和法律问题。在法律上,少年逐步被定义为涵盖了青春期和儿童期的尚未成年的人,即通常指未满 18 周岁者。

随着“少年”概念的诞生,少年被社会赋予了特殊的角色期盼。“在 19 世纪的美国,少年社会角色期盼主要包含以下五个方面:1. 监督,强调少年应当受到严格监督的重要性,特别是父母应当担负起监督少年的职责……2. 规训,即强调少年受到规训的重要性,而不应该被纵容或溺爱,少年应当学会自我控制和举止得体……3. 庄重,即强调少年应当庄重……4. 勤奋,即强调少年应当勤奋……5. 服从,少年应当尊重和服从权威……”[①]如若违反了这些角色期盼,则少年被认为是越轨者。从某种意义上看,少年越轨是文化规

① 姚建龙:《超越刑事司法:美国少年司法史纲》,法律出版社 2009 年版,第 40 ~41 页。

则的产物。

在18世纪之前,控制少年越轨的责任主要在于少年的父母,少年实施的不严重的越轨行为被认为是家庭事务。然而到18世纪,传统的家庭式控制机制因为各种原因开始瓦解。在工业化以前,犯罪率总体上而言是较低的,但随着工业社会的展开,社会分工、社会结构和社会交往模式日趋复杂,再加上工业化的发展带来的城市化浪潮,大量的农村人口涌向城市,在农村生活向城市生活转型过程中,各种矛盾和冲突激增,犯罪也日益增多。而少年这个特殊的群体,在国家教育的逐步普及、少年社会化模式的多元化和复杂化等因素的影响下,犯罪形势日益严峻。此时的少年问题显然已不再是家庭内部的事务,而是超越了家庭或家族的范畴,成为一种显著的社会问题和法律问题。

同时,随着国家权力的扩张,家庭和宗教机构的权力缩小,在对待少年犯罪方面,与之前相比,国家在此间的角色日益凸显。少年犯罪态势严峻、传统刑事司法失利、对少年的戕害现象令人触目惊心,于是,本着"挽救孩子"的初衷,有识之士倡导了针对传统刑事司法中相关弊病的少年司法改革。借用英国普通法的国家亲权(parens patriae,或政府监护)理念,国家开始扩大对越轨少年的干预和保护,各种少年避难所(houses of refuge)、少年教养所(reformatory)等机构相继产生。1899年,美国伊利诺伊州颁布了世界上第一部专门的少年法——《少年法院法》,并建立了世界上第一个少年法院。《少年法院法》的全称为《需要扶助、疏于照管及越轨儿童之矫治与管控法》(An Act for the Treatment and Control of Dependent, Neglected and Delinquent Children)。早期的少年法脱胎于刑事法,无论从《少年法院法》的内容还是从少年法院的管辖范围来看,其主要针对的问题是对少年越轨行为的处理,其基本属性大体为特别刑事法或少年刑事法,尽管其管辖范围还包括了困境儿童保护,即需要扶助、疏于照管的儿童的司法保护。

我国早期少年法也具有脱胎于刑事法、涉及儿童保护的特点。我国1984年创建的第一个少年法庭,即上海市长宁区人民法院未成年人刑事案件合议庭,其适用的相关规则就是典型的少年特别刑事法。我国第一部专门的少年法律规范,即《上海市青少年保护条例》,是一部颁行于1987年的地方性法规,其中包含了诸多关于少年保护的规定。我国第一部全国性的专门少年法即《未成年人保护法》与《上海市青少年保护条例》的内容基本一致。其中的少年保护方面的规定,并没有改变我国早期少年法实践以刑事法为主的基本情状。

（三）工业社会中期:少年法的属性演化

诞生之初的少年法脱胎于刑事法,是为削减相关传统刑事司法弊端的改革产物,其特别刑事法的属性非常显著。然而,随着少年法的进一步发展,其与刑事法的分野更加明显,二者在根本宗旨、基本理念、基本制度以及基本术语等层面上的区别日益显著,各成体系。

德国刑法学大家李斯特云:最好的社会政策就是最好的刑事政策。"防止少年之犯罪,除事后之处理及矫治工作之外,事前之防制工作亦属至要,以言少年犯罪之防制,少年儿童之福利问题,首应加以注意。"①基于此类理念,相关的法律政策逐渐向前延伸,少年权益保护、少年福利政策等被大量纳入少年法的范畴,且渐成体系。于是,少年法的内容大大地超越了刑事法的范畴,大量的相关部门法（民事法、行政法和社会法）的内容逐渐丰富,如婚姻家庭法、义务教育法、儿童保护法、童工法等法律的相继出现或其中相关内容的丰富,大大地冲击了少年法的特别刑事法的基本属性。

甚至在北欧地区,出现了一种所谓"福利型的少年法",即在少年犯罪、少年越轨、少年保护及少年福利问题的社会反应中,社会福利部门扮演了相当重要的角色。如在瑞典,"对年轻人犯罪作出反应的责任由社会福利部门和司法系统共同承担。司法当局和社会福利部门对年轻人犯罪作出反应的共同承担责任的程度主要依赖于犯罪者的年龄。对于15岁以下的人犯罪反应的主要责任在于社会福利部门。对于年龄为15～17岁的人（在一些案件中最高可至20岁）犯罪,犯罪反应责任在社会福利部门和司法当局之间分享。18～20岁的人犯罪反应主要责任在于司法当局"。② 瑞典法之所以将应对15岁以下人犯罪的责任全部交付给社会福利部门,乃是因为这个群体的犯罪被认为是社会福

① 张廼良:《美国少年法制之研究》,台北,台湾文物供应社1983年版,第11页。

② Eric L. Jensen & Jørgen Jepsen, *Juvenile Law Violators, Human Rights, and the Development of New Juvenile Justice Systems*, Hart Publishing, 2006, p. 193.

利及儿童保护问题。

另外，在美国一些州（如纽约州、夏威夷州、密西西比州、加利福尼亚州、特拉华州、罗得岛州等）和日本等地出现的少年司法机构被称为家事法院（日本的家事法院通常被译为家庭裁判所）。日本的家事法院除了受理“少年非行”案件外，还受理涉及婚姻、亲子鉴别和收养等“人事诉讼”，因其不仅关涉大人之间的权益，还影响未成年子女的健康成长。

由此观之，工业社会中期的少年法已脱离一般刑事法的范畴而自成体系，其内容包括但不限于少年犯罪，还涉及婚姻家庭、教育和劳动等领域，其已具备了刑事法、社会法、民事法和行政法等多重内容，其基本属性已不再是特别刑事法或“小刑事法”所能涵盖，其基本属性似乎可以被定性为：相关部门法的一个特别的交叉领域。

（四）少年法基本属性的归宿：独立的特殊部门法

关于少年法的基本属性问题，中外学界尚未予以正视。笔者认为，从上述演化历程及趋势来看，少年法基本属性的归宿应当为：独立的特殊部门法。其应然的基本属性体现在以下几个方面。

1. 超越刑事性

虽然诞生之初的少年法主要为刑事法，但经过逐步演化的少年法已经超越了刑事法的范畴，其基本属性已非“刑事”所能定义。同时，基于其保护和促进少年健康成长的根本宗旨，少年法的基本属性也不可能止步于刑事性。

2. 跨越部门性

一国宪法之下的部门法主要包括刑事法、民事法、行政法和社会法等几类。基于少年法的根本宗旨及其特殊的价值诉求，鉴于少年法的演化历程和趋势，少年法的内容业已综合相关的部门法内容，如涉及婚姻家庭方面的少年民事权益、少年治安违法案件所涉及的行政法意义上的权益、涉及少年社会福利和义务教育方面的社会法意义上的权益、涉及刑事案件的相关少年权益等。由此，一方面，少年法的基本属性业已具有部门综合性；另一方面，理论逻辑上，少年法的基本属性已不能被任何一个部门法的基本属性所统摄。

3. 特殊性及独立性

如前所述，少年法不可能被逻辑完整地归入通常的某个部门法的范畴。同时，因其调整对象、根本宗旨、基本原则以及具体制度的特殊性，少年法的基本属性具有显著的特殊性及独立性。因此，逐渐迈向成熟的少年法只能且必将“自立门户”，即单独成立一个特殊的部门法。可以说，因其内在系统的特殊性，少年法具有独立性。

一方面，从形式逻辑上看，基本属性是指某一事物区别于其他事物的共同特性，而所谓的少年民事法、少年刑事法、少年行政法和少年社会法等，其区别于其他部门法的共同特性只能是“少年”之特殊性。同时，所谓“相关部门法的交叉领域”的逻辑前提是少年法的独立性，从而才有少年法与相关部门法的交叉。

另一方面，从实质逻辑上看，部门法的划分标准即其所调整的社会关系的属性类别，即各部门法的调整对象（法律关系）应当具有独立的特殊的类别属性；而作为特殊部门法的少年法对其所调整的社会关系（少年法律关系）具有独立的特殊的类别属性，实质上不能被归入民事法、刑事法、行政法或社会法的理论范畴。关于少年法的特殊性及独立性，从其根本宗旨、基本原则以及具体制度等方面的特殊性及独立性，可见一斑；且从下文关于少年法律关系的系统论述中，可得证成。

二、少年法的调整对象：少年法律关系

（一）少年法律关系的基本内容与基本属性

任何一门法律皆有其调整对象，如刑法的调整对象为国家与犯罪者之间的惩罚与被惩罚的法律关系，民法的调整对象为平等民事主体之间的人身及财产法律关系。少年法律关系是一种三元性（三角形）的法律关系，由国家、少年及其社会成长环境构成（见图1）。

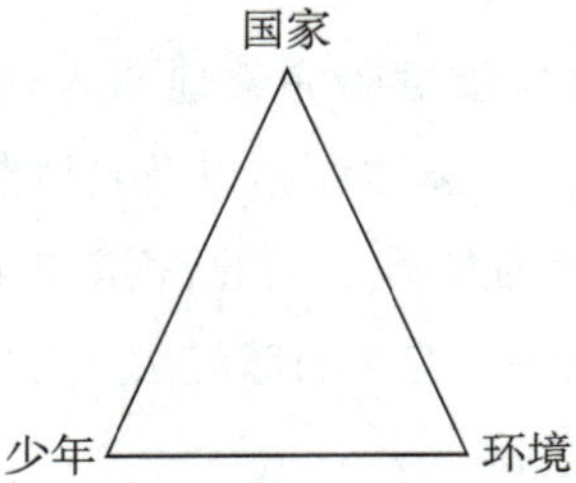

图1 少年法律关系结构示意

在少年法律关系中,首先,国家是作为监护人的角色出现的,其理论即"国家亲权"或"政府监护"。基于天然的血缘关系,父母是少年的第一监护人,负有对少年进行抚养、保护、教育及监管的权利和义务。但如果父母缺位、没有能力或不适合做监护人,且没有其他合适的亲友或组织予以监护,则国家可以作为替补,充当少年的监护人,保障少年的福利,对少年予以保护,并对越轨少年予以必要的干预。相对于少年的家庭监护人(父母或其他监护人)而言,国家(或政府)的监护地位是补充性、替代性或第二位的,即在前者监护不力时,后者方可依法予以适度介入。其次,环境(少年成长的社会环境)的相关责任人有着对相关少年的监管、保护权利和义务。环境对一个人的性格和习惯的养成起着至关重要的作用。对少年的成长起主要作用的有家庭、学校、社区等环境,这些环境的相关人员,特别是与少年关系亲密的人员对少年人格养成所起的作用不可小觑。再次,国家有着对少年成长社会环境的监管职责,以保障少年健康成长所需要的良好社会环境。最后,少年对"国家"和"环境"也具有相应的权利,并负有相应的义务,如依法遵从、善行的义务。这三个维度皆为纵向的非平等主体之间的权利义务关系。

把法律分为公法和私法是西方学者对法律的分类之一。古罗马法学家乌尔比安提出:"公法是有关罗马国家稳定的法,私法是涉及个人利益的法。事实上,它们有的造福于公共利益,有的则造福于私人。"①若按照此种标准进行

---

① [意]桑德罗·斯奇巴尼选编:《正义与法》,黄风译,中国政法大学出版社 1992 年版,第 33 页。

分类，那么少年法是公法，少年法虽然也涉及少年的私人利益，但其将公共利益放在更高位置，甚至可以说，少年健康成长本身就是重大的、战略性的公共利益。

另外，根据法律规定内容的不同来进行划分，可以将法律分为实体法和程序法。就目前而言，各国少年法多为集实体与程序为一体的法律体系。

（二）少年法律关系的基本分类与体系展开

1. 少年法律关系的基本分类

少年法律关系中的“环境”（少年成长的社会环境）可以大体分为家庭环境、学校环境和社区环境三个方面。于是，三元性的少年法律关系可以分解为如图 2 所示的三组。

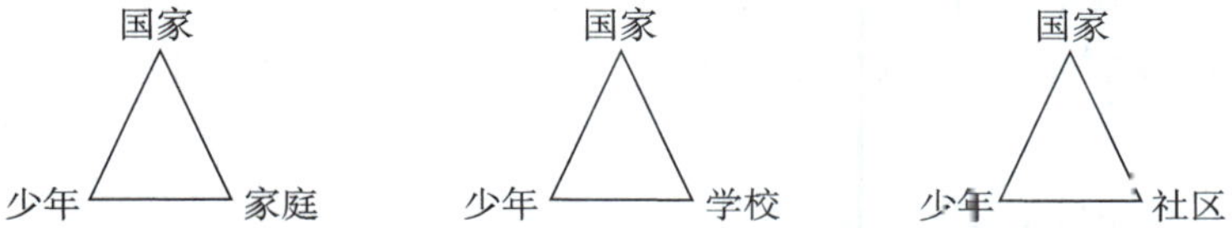

图 2　少年法律关系模型

家庭是社会的重要基本单位，是个体成长和社会化的主要场所之一。有学者指出：“儿童成长早期在家庭所接受之教养与关爱品质之良莠对未来少年犯罪行为具有相当高之预测力。”①社会化不足的有不良行为的个体在青春期开始前就开始犯罪活动，究其原因就在于这些个体生命早期在恶劣的家庭环境下生长，缺乏父母适当的监护。在“国家—少年—家庭”的三元法律关系中，家庭与少年的法律关系是根本。少年是需要保护和扶助的群体，这个保护和扶助义务首先或主要由家庭来履行。当家庭缺位或无法履行监护职责时，国家可以通过福利、协助等方式帮助家庭妥善履行监护职责，确有必要时可以代替家庭履行监护职责。

对于就学的少年而言，学校是仅次于家庭的主要活动场所。学校是教书育人的地方，其宗旨在于教人学习知识和学会做人。但若学校在行政、制度设

① 蔡德辉、杨士隆：《少年犯罪——理论与实务》，台北，五南图书出版股份有限公司 2008 年版，第 159 页。

计和教学取向上有所偏差，则可能使教育目标难以达成，甚至造成、诱发少年越轨或犯罪行为的产生。在“国家—少年—学校”的三元法律关系中，学校为少年提供知识、道德和体育等诸多方面的教育，同时对学生进行照管，而国家为学校提供各方面的办学支持，并监管学校的运行。

随着社会文明的发展，影响少年社会化的因素也越来越多。在少年的成长过程中，社区环境对少年的影响也是相当重要的。这里的“社区环境”是指除了家庭和学校以外的对少年社会成长具有切实影响的社会因素，通常包括相关的社会文化传媒、公共福利资源、居住小区环境、社区治安状况以及其他对少年成长具有切实影响的社会存在。与家庭和学校相比，虽然社区环境对少年的影响较间接和松散，但是这丝毫不能否定其重要的影响作用。社区环境中不健康的因素对于心智尚不成熟的少年难免产生一些负面影响，为了少年的健康成长，国家有责任对少年成长的社区环境予以监管，并予以改善。

2. 少年法律关系的体系展开

少年法律关系之模型即为少年法律体系之“经纬”。以此为起点，可以有条理地展开少年法律体系的大体蓝图。

(1)少年法律体系的大体范围

从少年法律关系的上述三个基本方面来看，少年法律体系的大体范围包括：其一，就“国家—少年—家庭”的法律关系而言，其所展开的法律体系即涉及少年利益的婚姻家庭法律体系，其中包括如婚姻法、收养法、继承法等涉及少年利益的诸多法律规范。其二，就“国家—少年—学校”的法律关系而言，其所展开的法律体系即学校教育法律体系，其中包括如《教育法》《义务教育法》等诸多法律规范。其三，就“国家—少年—社区”的法律关系而言，其所展开的法律体系即涉及少年利益的相关社会法律体系，其中包括如《中华人民共和国妇幼保健法》、《中华人民共和国劳动法》、《治安管理处罚法》、互联网监管相关法律法规等涉及少年利益的诸多法律规范。而《未成年人保护法》和《预防未成年人犯罪法》为综合性的专门少年法律规范，涉及上述三个方面。

（2）少年法律体系的责任层次

按照传统部门法律责任的分类逻辑，少年法律体系可以大体划分为如下几个层次：其一，少年民事法律责任。“国家—少年—家庭”维度的少年法律体系所涉及的基本上为民事法律责任。其二，少年行政法律责任。“国家—少年—学校”和“国家—少年—社区”维度的少年法律体系所涉及的主要为行政法律责任，也同时会涉及一些民事法律责任问题，如校园伤害以及其他的少年民事侵权。其三，少年刑事法律责任。当少年作为刑事被告人时，便产生了所谓的“少年刑事法律责任”。同时，上述三个维度的少年法律关系及其法律体系皆可能涉及具有“最后性”和“保障性”的刑事法律责任问题，因为相关的民事、行政违法到了严重的程度皆可能涉及刑事犯罪，如家庭内部的严重虐待行为，如教育行政中的严重渎职行为，如治安违法中的严重侵害行为，等等。

（3）少年法律体系的少年最佳利益原则

从少年法律关系的模型图中，我们不难看出“少年”的轴心地位，即少年法律关系皆是以“少年”为中心来构架的，少年法律制度体系皆是以“少年最佳利益”①为价值追求来展开的。1989年11月20日第44届联合国大会第25号决议通过并于1990年9月2日生效的《儿童权利公约》（Convention on the Rights of the Child）第3条第1款规定：关于儿童的一切行动，无论是由公私社会福利机构、法院、行政当局或立法机构执行，均应以儿童的最大利益为一种首要考虑。当国家或相关机构在处理涉及少年利益的案件或追究少年违法甚至犯罪责任时，均需从少年的需要和利益出发，采取合适的措施，最大限度地保护少年的权益，维护其生存权和发展权，并为少年尽可能提供良好的环境，使其完成正常的社会化并成为健全人格之人。

三、少年法的根本宗旨

少年法的根本宗旨，即少年法的核心价值诉求，即少年法律制度体系建构与系统运行的出发点和归宿。而少年法的基本任务，即围绕少年法的根本宗

① “少年最佳利益”（juvenile's best interest），或称“儿童最佳利益”（children's best interest），是少年法的核心价值原则，在下文之少年法的基本原则中将有详细的阐述。

旨，以此为出发点和归宿的实现该根本宗旨的基本过程，是少年法律制度体系建构与系统运行的基本线索。少年法的根本宗旨，即依法保障和促进少年的健康成长。这一宗旨在少年法律体系中应当有全方位、全程性的体现。

一方面，就横向（少年法所涉及的社会领域）角度而言，如前文关于少年法律关系的图示和阐述，涉及家庭、学校和社区等三个基本社会领域的少年法皆应当以保障和促进少年健康成长为根本宗旨，即该根本宗旨应当在少年法的所有领域中有全方位的体现。

另一方面，就纵向（少年成长过程所涉及的问题层级）角度而言，保障和促进少年健康成长的根本宗旨应当有一个全程性的体现。少年成长过程所涉及的问题层级主要包括三个，即少年福利政策问题、少年保护政策问题和少年越轨政策问题。这里所说的“少年越轨政策”即指处理少年越轨案件（包括少年犯罪案件）的公共策略，也可以大体称为“少年刑事政策”，可谓“亡羊补牢”之策。“少年保护政策”则主要着眼于少年被害问题、少年堕落问题的防范性的公共策略，可谓“遮风挡雨”或“未雨绸缪”之策。而“少年福利政策”则主要着眼于少年健康成长的资源需求问题，是普惠性的资源供给策略，可谓“普降甘霖”之策。

如果就“最好的社会政策就是最好的刑事政策”的意义上而言，这里所说的“少年保护政策”和“少年福利政策”也可被视为广义的少年刑事政策，即适当地运用少年保护政策和少年福利政策，理性地处理好少年保护案件和少年社会福利问题，对预防少年越轨及犯罪问题具有重要的、基础性的战略意义。

总而言之，无论是少年福利政策、少年保护政策，还是少年越轨政策或少年刑事政策，其所秉承的根本宗旨都是内在一致的，即保障和促进少年健康成长。申言之，无论是“普降甘霖”的少年福利政策，还是“遮风挡雨、未雨绸缪”的少年保护政策，抑或“亡羊补牢”的少年越轨政策，甚至针对少年犯罪案件处理的少年刑事政策，哪怕是严重的少年犯罪行为，鉴于少年身心发展规律及其社会行为的被决定性，其个人责任居于相对次要的地位，社会（国家）对其的保护和改善责任为主要，故曰“教育为主，惩罚为辅”，即以预防性的教育矫治为主，报应性的惩罚戒除为其辅助。于是，对少年犯罪案件的处理应当以查找其

"病因和病根"为要务,本着"教育、感化、挽救"和"最小伤害"的原则精神来"保全其健康成长的机会"。其所秉承的根本宗旨仍然应当是保障和促进少年的健康成长。可以说,无论是顺境还是困境,三个层级政策内在的价值精神线索完全一致,即保障和促进少年的健康成长。

四、少年法的基本原则

少年法的基本原则,即在整个少年法体系中应当得到普遍遵从的基本准则。笔者认为,少年法的基本原则主要有两个,即少年最佳利益原则和少年特别保护原则。

(一)少年最佳利益原则——价值性原则

少年最佳利益原则,或称儿童最佳利益原则(the principle of children's best interest),即指一切少年法律规范的制定、适用以及执行,皆应有利于相关少年的最佳利益的获得。

少年法何以应当如此呢?笔者认为,其基本原因有二:其一,作为一个社会群体,少年具有根本战略性的社会价值。少年常被喻为"民族的希望""祖国的未来""人类的明天",国家法律没有理由不重点保护其利益。其二,子女是父母生命、家庭血脉的延续和发展,故而亘古人伦皆视其为重要的价值存在。"一切为了孩子"常被视为父母及家庭的共同心声。而作为少年法的基本主体、对少年享有代位亲权、对少年负有兜底监护职责、作为"代父母"的国家,其理应具有对少年的父母般的慈爱和关怀,理应奉行少年最佳利益原则。

如果说少年最佳利益原则是国家的父母般的慈爱和关怀的体现,那么,这种体现往往有两种基本的情态:其一,慈母般的爱,如国家对少年的福利、救济、扶助、保护和温柔的劝导;其二,严父般的爱,如国家对少年的行为规范、监督、约束、训导、惩戒甚至监禁。申言之,无论其具体表现情态如何,少年法皆出于对少年的父母般的慈爱和关怀,皆以保护少年最佳利益为其根本的价值性的原则。

(二)少年特别保护原则——方法性原则

所谓少年特别保护原则,是指鉴于少年的身心特殊性、少年的突出社会价值,国家法律应当给予少年超乎一般社会群体的特别保护策略与举措,以符合其身心的特殊性,以适应其健康成长的特殊需要,以保护其突出的社会价值。少年特别保护原则可以被视为少年法的一项基本的方法性的原则。申言之,对少年予以特别保护,是少年法的制定、适用以及执行过程中必须遵循的基本原则,是少年法的根本宗旨(保障和促进少年健康成长)以及少年法的根本价值原则(少年最佳利益原则)实现的基本方法、基本手段、基本途径。

国家法律对所有的法益都会予以相应的保护,然而对于少年的相关法益而言,国家法律所给予的是特别保护,超乎一般法益的特别保护。在少年法中,少年特别保护原则应当有系统、全面的体现。其体现大致可从横向和纵向两个维度来予以观察:

就"家庭—学校—社区"的横向维度而言,在少年家庭法律关系、少年学校法律关系和少年社区法律关系中,少年特别保护原则都应当有诸多体现:如在少年家庭法律关系中,当父母离婚时,子女的抚养、继承、探视等方面的权益都是应当受到特别保护的,对此,各国的法律皆有所规定;又如,在少年学校法律关系中,《义务教育法》《教育法》等给予了少年诸多特别保护与福利;再如,在少年社区法律关系中,烟酒禁令、网吧禁令、娱乐场所禁令等法律给予了少年特殊的保护措施。

就"福利—保护—越轨"政策逻辑的纵向维度而言,在少年福利法律关系、少年保护法律关系和少年越轨法律关系中,少年特别保护原则都应当有诸多体现:例如在少年福利法律关系中,诸多国家的少年法规定了对少年及其家庭的特别福利待遇;又如,在少年保护法律关系中,诸多国家的少年法设置了对少年予以特别保护的特别行政机构(如英国的儿童局);再如,在少年越轨法律关系中,诸多国家的少年法规定了诸多特别保护措施,如分级干预、诉讼援助、分管分押、法定代理人到场、不公开审理以及不良信息保密、社会调查、责任减轻、刑罚宽缓、教育矫治等。

(本文原载于《预防青少年犯罪研究》2014 年第 2 期。
鉴于作者近年来的相关理念认知变化,内容略作调整)

论少年法学的学科性质与学科价值

摘要：少年法的发展具有独立性与综合性，其趋势为独立的部门法，逐步摆脱其附属地位。部门法化是少年法改革的顶层构想，是促进少年法自我改善、自我进化的符合其内在发展规律的必然选择。在法学学科体系中，少年法学应当被定位为一个独立的部门法学。少年法学的学科价值不仅在于其自身价值，即对自身理论系统的完善以及对少年法实践的促进，还同时在于其衍生价值，即对相关部门法学理论的完善以及相关法律实践的深刻影响。

关键词：少年法学；学科性质；部门法学；学科价值

The Position and Value of Juvenile Jurisprudence

Abstract: Juvenile laws have been developing with the characteristics of independence and comprehensiveness, with tendency to an independent special departmental law, getting rid of its subsidiary status. To departmentalize is a top strategy of juvenile law reform, an inevitable choice to evolve itself and conform to its inherence. Within the system of jurisprudence disciplines, juvenile jurisprudence should be positioned as an independent departmental jurisprudence, whose values not only embodied in improving its theory logic framework and promoting juvenile law practices, but also in having deep impacts in the related departmental law theories and the related law practices.

Keywords: Juvenile Jurisprudence; Discipline Nature; Departmental Jurisprudence; Discipline Values

综观世界各国少年司法改革及少年法治发展的历史及现状,尽管其历史上曾经获得了很大的发展,但在总体现状上已陷入瓶颈,我国亦如此。其基本原因在于少年法学基础理论不够发达,不够系统严整。对少年法学的学科定位和学科价值问题的认识不到位,是其中的一个重要原因。而对少年法学的学科定位问题的合理判断,有赖于对少年法基本属性的历史演化的分析考察,对此前文已有论述。在学科定位问题明确之后,系统深入分析可见,部门化的少年法学具有其突出的学科价值。

一、少年法学的学科性质

少年法学的学科性质问题,涉及少年法在法律体系中的地位问题,即少年法学在整个法学理论体系(尤其是部门法学理论体系)中的地位问题。对此,学界的主要观点包括附属学科论、分支学科论和独立学科论。

(一)观点概述

1.附属学科论(交叉学科论)

附属学科论主张将少年法学作为其他部门法学的附属学科。从历史的角度分析,附属学科论实际是对少年法学科早期发展状况的总结,无论是我国传统的中华法系还是国外的传统法律体系,初始阶段对少年的特殊保护规则都依附于其他法律规范,少年法相关理论的研究也附属于其他法学学科展开。我国现有的少年法体系对应的即附属学科论,虽然我国另行制定了《中华人民共和国未成年人保护法》(以下简称《未成年人保护法》)、《中华人民共和国预防未成年人犯罪法》(以下简称《预防未成年人犯罪法》),但这两部法律存在宣示性条款居多、法律责任体系不独立、与相关部门法律规定重叠多、实践可操作性不足等问题,仍在很大程度上依附于相关实体法或程序法。

以未成年人刑事法规范为例,一方面,我国刑法分散式规定了一些对未成年人进行特殊保护的实体规则:未成年人承担刑事责任的范围;刑事责任的从宽处理规则;对不负刑事责任的未成年人由家长严加管教、或由专门学校予以教育矫治的保护性措施;对未成年人禁止适用死刑;等等。《中华人民共和国刑法》(以下简称《刑法》)将少年法规范分散于各个章节,与各章节相匹配,更大程度上保持刑法典自身逻辑体系的完整,可称为分散式附属模式。另一方面,在《中华人民共和国刑事诉讼法》(以下简称《刑事诉讼法》)中,将未成年人刑事案件排除在适用简易程序的范围外,以体现对未成年人刑事案件的特别重视;还以独立章节规定了未成年人刑事案件诉讼程序,包括审理未成年人刑事案件的原则及方针、附条件不起诉制度、前科封存制度、不公开审理制度等。我国《刑事诉讼法》将未成年人刑事案件诉讼程序独立成章,对未成年人刑事诉讼规范进行集中,而不再是零散规定于各个章节之中,此种模式为章节式附属模式。两种模式在世界范围内有多国采用,如《马耳他刑事法典》《蒙古刑法典》《菲律宾刑法典》采用的便是分散式附属模式;而2000年《越南刑法典》、《荷兰刑法典》和1996年《俄罗斯联邦刑法典》则属于章节式附属模式。①

2. 分支学科论

分支学科论是在附属学科论的基础之上发展而来,可以说,是在章节式附属模式的基础之上而形成的。分支学科论认为,少年法学科属于其他部门法学的分支学科,多主张将少年法作为刑法或刑事法的分支,以制定特别刑法或专门刑事法,将少年法从刑法典、刑事诉讼法典中独立出来,不再以条文或章节的形式存在于相应的法典之中。② 特别刑事法的构想在部分国家已得到实践,韩国、德国、日本都采用此种模式,以教育矫正少年犯罪行为为核心,制定特别法规定少年司法机构的组织构成、程序规则以及实体规则。

值得注意的是,少年法学之分支学科论仍然至少存在两个方面的基本问题:其一,理论逻辑上的重大缺陷,即其无法将其中涉及的诸多非刑事的内容予以合理的逻辑纳入,因而无法实现理论逻辑的自洽,从而无法合理建构其系统完整的理论体系;其二,实践指引上的重大不足,即其无法令少年法的立法在结构上摆脱对其他部门法的依赖,从而不能形成系统完整的少年法立法体系,当然也无法形成对少年法司法实践的系统科学的指引基础。

① 参见赵俊:《少年刑法比较总论》,武汉大学2010年博士学位论文,第36~37页。

② 参见徐建主编:《青少年法学新视野:近20年华政青少年犯罪研究成果》(上),中国人民公安大学出版社2005年版,第261页。

3. 独立学科论

独立学科论是在分支学科论的基础之上，进一步认识到少年法学的独特性，即少年法学不应当依附于其他学科，也不应作为其他学科的分支学科而存在，其有特殊的理念、独特的原则、特定的调整对象以及相应的特殊规则体系等。将少年法学附属于其他部门法学，或作为其他部门法学的分支，都无法使少年法学与其他部门法学得以合理区隔及协调，无论从理念、基本原则角度，还是从法律适用角度来分析，皆是如此。将少年法学作为独立的特殊部门法学，不仅能使少年法学的理论体系完整、统一、协调，更能提升社会对少年法的重视程度，更有利于系统实现少年法学的价值目标，系统推动少年司法改革、少年立法完善以及少年法治事业的进步。

（二）少年法学的学科性质：特殊部门法学

1. 少年法学理念的特殊性

少年法学理念具有显著的特殊性，其中包括但不限于：(1)少年法的根本宗旨为保障和促进少年的健康成长；(2)少年法的基本原则为少年利益最佳价值原则和少年特别保护的方法原则；(3)少年法的一系列特殊制度及规则，如社会调查、不公开审理、前科封存及消灭、合适成年人到场、国家监护等所体现出来的特殊理念。所有这些特殊性，都是与刑法、民法、行政法的基本原则及基本精神迥然相异而无法为之所涵盖的，且其具有从头到尾的系统性，而非只鳞片爪的某些特殊之点。

以少年法与刑法为切入点，少年法学理论的特殊性来源于少年犯罪的特殊性。少年犯罪具备以下特征：第一，少年犯罪具有显著的“自愈性”，即绝大多数少年犯罪属于青春期的“成长烦恼”，一种在概率上难免的儿童发展心理学意义上的现象，且随着少年在成长过程中的持续的社会化，进入成年期（尤其是25岁左右）后即“自愈”，成为守法公民；第二，少年犯罪具有显著的结伙性，显示出少年易受他人影响的特征，其在群体影响之下，容易突破法律底线；第三，少年犯罪具有显著的被决定性，即在少年犯罪产生过程中，社会因素的推动作用较大，少年犯罪发生的概率与家庭环境、学校环境以及少年所接触的社会文化(如网络文化等)之间的关联性较成人犯罪更为显著。[①]

少年犯罪的自愈性指向少年犯罪矫正率较成人犯罪难度更低,而少年犯罪的结伙性及被决定性指向的是社会环境等客观因素对少年犯罪的显著原因力,这也是少年法理论提出少年犯罪社会责任论的事实基础。少年犯罪具有自我矫正性以及社会影响性特征,而与之相对应,少年法学理论之中就产生了少年特殊保护理念、少年利益最佳原则、非监禁性原则等理念与原则。这与刑法的基本理念大相径庭。首先,成年人司法中我们假设行为人为"理性人",而在少年司法中少年由于社会化不足,只能被假设为"非理性人",将以"理性人"为样本的报应论施加于少年,明显有违报应论的威吓理论假设前提,且有违刑法的罪责刑相适应原则和刑罚个别化的原则。[②] 其次,少年犯罪的自愈性特征,使得以严厉的刑罚对其进行矫正的必要性降低,很多情况下,采用非刑罚方式进行教育矫正足以消除少年犯罪人的人身危险性,而刑法基于报应观念以及成年犯罪人在理性思维下实施犯罪行为,其人身危险性较大等因素,对其犯罪行为以刑罚处罚为原则,非刑罚方式进行处罚为例外。最后,虽说社会因素是所有犯罪现象产生的影响因素之一,但在少年犯罪中,社会因素的推动作用远大于成人犯罪,少年成长过程中的可塑性要求家庭、学校与社会应当为其构建一道隔离墙,隔绝不良因素对其的影响,若未对少年进行有效保护,致使其走向犯罪道路,社会应当承担相应程度的责任,且社会责任往往是主要责任,因而在原理上,刑法难以将少年犯罪合理纳入,且非"小儿酌减"即可与罪责刑相适应原则相协调。

民法中,涉及少年法制度的主要为《中华人民共和国民法典》(以下简称《民法典》)规定的监护制度,而其中也存在与民法基本原则相冲突的问题。《民法典》的相关规定列举了权益保护、平等、私人自治、公平、诚实信用、合法、公序良俗、环保等八项基本原则,其中平等原则包含形式上主体地位的平等与实质平等;而私人自治原则强调公民个人拥有免受他人干涉,自主决定其行为

① 参见梅文娟:《少年刑事政策研究》,西南政法大学2015年博士学位论文,第112~126页。

② 参见皮艺军:《中国少年司法理念与实践的对接》,载《青少年犯罪问题》2010年第6期。

的权利。[1] 监护制度是在无民事行为能力人或限制民事行为能力人与监护人之间设立的一种特殊的法律制度，旨在监管和保护被监护人的合法权益，并同时确立监护人的监护权益。监护制度可分为成年人监护与未成年人监护两部分，未成年人监护制度是少年法的重要内容。然而，未成年人监护制度存在与一般监护制度的平等原则、意思自治原则相冲突的问题，该问题也是少年法特殊性的体现。在未成年人监护制度中，监护人被法律赋予了对未成年被监护人的民事行为进行监管的权利，未成年被监护人超出一定范围的民事行为需要得到监护人的认可或追认，否则不发生法律效力。一方对另一方的行为保有否决权，无论从形式平等还是实质平等角度，都已难以再认为二者处于平等地位。同时，监护人可以依法强制未成年被监护人进行或禁止被监护人进行某项行为，而未成年被监护人难以否决监护人的要求，即未成年人在监护制度中并不具备民法意义上的私人自治的自由。申言之，作为监护法律关系一方主体的未成年人，与监护人相对，根本不是民法意义上的平等的一方主体。这一事实在根本上否定了未成年人监护法律关系为平等的民事法律关系。其理论推演的结果，不仅是民事法律关系理论内在逻辑的自洽性问题，还包括了少年法律关系的特殊性及少年法的本质的特殊性问题。

行政法中的行政法律关系指行政机关依法行使行政职权，在此过程中产生的行政主体与行政相对方之间的权利义务关系。行政法律关系的特点是“不平等性”，法律关系中主体双方存在一种权力与服从关系。[2] 行政法律关系的服从理论并不能完整适用于国家对未成年人的教育及监护关系。对未成年人的教育及监护关系是少年法的重要内容，而国家对未成年人进行教育及监护时双方是否都是权力与服从关系？教育及监护关系同样分为强制性与非强制性两类，在强制教育及监护关系中，如教育矫治（收容教养），或许可以认为属于一种权力与服从关系。但是，在非强制性的教育及监护关系中，如针对轻微心理问题的未成年人开展心理辅导活动，则不能说双方属于强制性的服从

① 参见易军：《民法基本原则的意义脉络》，载《法学研究》2018 年第 6 期。

② 参见何勤华主编、［日］美浓部达吉著：《公法与私法》，黄冯明译，中国政法大学出版社 2003 年版，第 26 页。

关系。这种教育活动应当以平等的地位开展,即使心理辅导活动组织者为行政机关,也不能认为组织心理辅导的行政机关具备强制有关未成年参加心理辅导的权力。再如,将强制性服从关系适用于对被遗弃未成年人进行救助的情形,并不符合救助这一行为的平善本质,救助行为中产生的权利义务关系并不能说是一种权力与服从关系。应当看到,在涉及未成年人的相关问题上,国家多为承担义务的角色,而较少是行使权力的角色,其义务的内容主要包括福利、义务教育、救助和监护等。其中的国家监护(政府监护)主要是指,当其监护人监护不力时,由国家对其予以辅助,甚至是替代,其往往是临时性的、兜底性的。从而可见,这些内容与行政法律关系的内容都存在显著的性质上的差别。

2. 当今少年法的实践困境

我国于1991年与1999年,分别颁布了《未成年人保护法》与《预防未成年人犯罪法》,加上1991年颁布的《中华人民共和国收养法》以及分布于刑法、刑事诉讼法、民法、行政法中的少年法规范,形成了我国现有的少年法体系,但实践中仍然存在不少问题。

首先,《未成年人保护法》《预防未成年人犯罪法》等专门性的少年法规中多是原则性或倡导性的规范内容,其中的禁止性规范仅明确义务,但在不违反刑法、行政法和民法等部门法规范时,并不会产生相应的法律后果。没有规定制裁措施的禁止性规范形同虚设。

其次,没有明确少年司法机关的法律地位。一直没有相关法律规范确定少年法庭的地位与具体职责,仅仅是允许人民法院自行设立,但少年法庭通常不被认为是常设机构或法院中的必备审判庭,民庭、刑庭、行政庭甚至速裁庭才属于通常意义上的常设审判庭。从而在实践中,少年法庭的设立与裁撤完全依据当地法院对少年法的认识程度。在意识到未成年人犯罪特殊性、重视对未成年人保护的地区,少年法院得以设立并保留,而对少年司法特殊性认识不够的地区的少年法庭则多被撤并,从而产生少年司法的地区差异。被裁撤的少年法庭,其职能多与刑事审判庭合并。而将少年法庭合并于刑事审判庭,少年审判部门的地位将明显低于刑事审判部门,少年司法较强的矫正性、恢复性、非刑罚化特征都将被较为强势的刑事审判部门的意志所掩盖,取而代之的是成年人司法的理念。少年司法中,考虑到未成年人承受能力较弱的问题,需要在整个刑事诉讼过程中对未成年人进行特殊保护,尽最大可能保护未成年人的身心健康,为未成年犯罪人今后回归社会提供一个良好的基础。这些都要求司法工作人员具备丰富的经验,秉承教育与保护大于惩戒的理念。而审判庭的合一,将导致常年从事成年人刑事司法的司法人员办理未成年刑事案件的情形出现,由于其长年办理惩戒为主的成年人刑事案件,思想观念以及工作习惯一时难以完全扭转,难免采取与少年司法要求不一致的工作方式,这些都将对少年司法的良性发展产生阻碍。与少年法庭相比较而言,由于检察机关的特别重视,我国未成年人检察机构的设立、地位和运行比较到位,从而起到了稳定及引领我国少年司法工作的作用。

最后,附属型的少年法律体系使得相关的法律规定冲突问题屡见不鲜。以对未成年人从宽处理的规定为例,我国《未成年人保护法》规定,对违法犯罪的未成年人应当依法从轻、减轻或免除处罚。而我国《刑法》规定,对于已满14周岁未满18周岁的未成年人应当从轻或减轻处罚。此时,对于适用何者不免产生疑问,从法律效力位阶来看,刑法在我国的法律体系中处于基本法地位,其效力位阶似乎高于《未成年人保护法》,这也是我国司法实践所采用的观点。[①] 但《未成年人保护法》属于特别法,其依据未成年人的特殊性进行有针对性的规定,若因为效力位阶问题否定其规定的优先适用,不得不说这是少年法在我国法律体系以及少年法学科在我国法学理论构架中弱势地位的真实写照。再如,关于未成年人犯罪前科封存制度的法律冲突问题。我国《刑事诉讼法》第286条规定:“犯罪的时候不满十八周岁,被判处五年有期徒刑以下刑罚的,应当对相关犯罪记录予以封存。”但我国《未成年人保护法》第103条规定:“公安机关、人民检察院、人民法院、司法行政部门以及其他组织和个人不得披露有关案件中未成年人的姓名、影像、住所、就读学校以及其他可能识别出其身份的信息,但查找失踪、被拐卖未成年人等情形除外。”无论从形式角度还是实质角度对该条文进行解读,得出的结论都是全面禁止披露(包括封存)未成

① 参见庄乾龙:《刑事一体化视野下未成年人犯罪治理错位与归位》,载《刑法论丛》2015年第1期。

年犯罪人的有关信息，而不是仅限于被判处5年有期徒刑以下刑罚的情形。《联合国少年司法最低限度标准规则》（北京规则）是我国明令签署并承诺遵照执行的少年法国际规范，其中也有相应的明确规定，即第8条“保护隐私”之“应在各个阶段尊重少年犯享有隐私的权利，以避免由于不适当的宣传或加以点名而对其造成伤害”规定，以及第21条“档案”之“对少年罪犯的档案应严格保密，不得让第三方利用”规定。然而，我国《刑事诉讼法》基于公众知情权的考虑，其关于前科封存制度的限制性规定却似乎并不禁止被判处超过5年有期徒刑刑罚的未成年人的犯罪记录被公开。① 同样，由于《未成年人保护法》在我国法律体系中处于较低的地位，未成年犯罪人前科封存范围在实践中常常被依照《刑事诉讼法》的规定予以确定。申言之，缺乏系统化的少年法学主干理论，将难以形成有聚合力且逻辑严密的理论构架，一盘散沙，受人轻视，强势学科理论会不时侵蚀少年法学理论，并在立法上制定出与少年法规范相矛盾的规范，从而破坏或干扰少年法规范目的的系统实现。

3. 少年法律关系的概念确立

少年法学科的特殊性以及现今少年法实践所遭受的困境，从正反两面证实了少年法的独立学科性质。而少年法学科要成为一门独立的部门法学，绕不开的一个问题就是少年法的调整对象是否具有独特性。少年法律关系问题是研究少年法学科性质之关键。

笔者认为，少年法律关系是一种三方法律关系，少年、监护人与国家三方相互连接，权利义务关系在三者之间运行。其概念可以被定义为：为促进和保护少年健康成长，依法形成的国家、监护人和少年之间的权利义务关系。少年法律关系中，国家以“国家亲权”或“政府监护”理论为基础，依法承担少年福利、少年保护及规制少年越轨等方面的职责；监护人依法承担对少年进行监管和保护的权利和义务（这里的“监护人”是广义的概念，即居于家庭、学校和社区等直接关乎少年成长的环境中、依法具有对少年予以监管和保护职责的主体，如亲属、学校及其他对少年负有照管义务的组织机构等）；少年对国家和监

① 参见高维俭、杨新慧：《论少年特别隐私权——一项源于刑事法领域的拓展研究》，载《贵州民族大学学报（哲学社会科学版）》2015年第3期。

护人(包括相应主体)也具有相应的权利和义务。少年法律关系作为一种三方法律关系,其具有的显著特殊性,无法为刑事、民事及行政等法律关系的概念所合理涵盖。

少年法律关系具有以下特征:其一,主体的特殊性。在少年法律关系中,国家、少年和监护人都属于少年法律关系的主体。其二,结构的特殊性。少年法律关系的结构为三元结构,三方法律关系是其常态。在少年与家庭、学校、社区等社会主体的法律关系中,国家始终作为监督者、监护者在法律关系中扮演着举足轻重的角色。当少年寻求帮助或利益受到侵害时,国家将以监护人、监督者的角色依法进行干预。而在少年与国家的法律关系中,对越轨少年的教育矫正等问题,社区、学校、家庭同样也承担着帮助矫正的职责,有时甚至是主要职责。其三,内容的多样性。少年法律关系的核心是对少年最佳利益的保护,并主要以监护的形式出现。此处的监护应从广义上理解,包含各种教育、保护、帮助等内容,关涉民事法、刑事法、行政法以及社会法等领域。

少年法律关系还可以分为以下几类:其一,“国家—少年—家庭”的法律关系,即涉及少年利益的婚姻家庭法律关系,涉及民法(监护制度)、婚姻法、收养法、继承法等诸多法律规范;其二,“国家—少年—学校”法律关系,主要涉及教育法、义务教育法等有关学校教育体系的法律规范;其三,就“国家—少年—社区”的法律关系而言,其所展开的法律关系体系涉及妇幼保健法、劳动法、治安管理处罚法等有关少年利益的诸多法律规范。而未成年人“两法”(《未成年人保护法》和《预防未成年人犯罪法》)则为综合性的少年专门法律,涉及上述三个方面。在责任层次上,可以分为涉及“国家—少年—家庭”法律关系的民事法律责任;涉及“国家—少年—学校”“国家—少年—社区”法律关系的行政法律责任和刑事法律责任。需要注意的是,这些所谓民事、行政和刑事法律责任的定义,乃是根据我国现有法律及相应法学理念而来的,是少年法之于相关部门法的附属地位决定的。而根据笔者的上述有关论说,这些法律责任的性质皆应为“少年法律责任”,与所谓的民事、行政及刑事法律责任有着本质的区别。

从少年法律关系的体系范围以及责任构成来看,“少年”都处于核心地位,体现于法律关系之中，则是“少年最佳利益”的核心地位。少年法律关系是以少年最佳利益保护为核心的，具有综合性、特殊性的一种法律关系。少年法律关系的特殊性、综合性，是少年法学学科性质的缩影。具有显著的特殊性与综合性的少年法学理应取得独立部门法学的地位。

二、少年法学的学科价值

少年法学作为独立的部门法学，方能更好地发挥其学科价值。少年法学的学科价值，可分为自身价值与衍生价值两部分。两者之间联系紧密，相辅相成，自身价值的良好实现是衍生价值实现的前提，衍生价值的实现从侧面反映自身价值实现的成果。

（一）自身价值

1. 少年法学理论的系统化

在理论研究过程中，多种观点的碰撞是理论相互融合发展的基础。我国少年法学理论虽呈现出多样化的特点，却鲜见以根本理念系统探究为基础的整体理论构建。多数情形下，少年法学理论依附于刑事法、民事法、行政法等学科领域，尤其是刑事法学科领域。这也是少年法学理论的依附性所带来的根本而系统的不利局面。在进行少年法学理论研究时，依附于其他部门法学理论，仅仅能实现少年法学理论对该部门法学理论目前现状的适应，而忽视了少年法理论自身的独立性及体系化，即在其根本理论逻辑自洽基础上的体系化。不同部门法学的划分源自各部门法学的特性以及相应的理论历史传统，少年法学理论依托各个法学学科，从各个学科中所带来的特征也将难以形成相互协调的理论体系。以独立部门法学出现的少年法学，以自身价值理念为导向，凸显自身的系统特性，方能理顺理论逻辑，完成自身理论的系统化。

2. 少年法律制度的系统完善

少年法学作为独立的部门法学，其建立势必要解决现今理论中的各种问题。部门法学是相关法学理论高度体系化之后的结果，对理论空白进行填补、将零散的理论进行有机统合是少年法学建立过程中的必修课。少年法学理论的系统化，终将推动少年法律体系的系统化。我国少年法规范不仅存在着零散纷乱的问题，即缺乏体系性，还存在着系统性缺失的问题，其中最为突出的是,少年福利法律制度的系统缺失。究其问题根源,即缺乏系统完整的少年法学理论的指导。系统完整、逻辑自洽的少年法学理论,理当对少年福利法律制度、少年保护法律制度和少年越轨法律制度予以系统的设计;系统完整、逻辑自洽的少年法学理论,必然将少年法律关系(其基本调整对象)置于其理论建构的核心地位,从而必然地逻辑推演出一系列的权利义务关系,并在此基础上有条不紊地实现一系列具体制度的系统建构。于是,整个少年法律制度体系即有可能得以系统性完善。

3. 少年司法改革的纵深推进

学界有比喻称:"少年法属于藤本植物,而非木本植物。"这清晰道明了少年法的尴尬境地,即少年法缺乏内在的系统理论予以强有力的支撑,因而只能如藤本植物一样依附于其他部门法。在少年司法中,机构设置、程序设置、人员配备等各方面都透露着少年司法的依附性。少年司法改革中,系统完整、逻辑自洽的少年法学理论是破除少年司法改革阻力的根本的理念基础。20 世纪 90 年代,少年庭作为审判庭因无明确的法律地位而出现被大面积裁撤的现象,也是少年司法机构无有力理论支撑的表现之一。这一裁撤现象并非仅仅是历史现象,近年来,在我国司法改革的过程中,全国范围内,独立建制的少年法庭被裁撤者估计十有八九。重要的专门机构本身不保,少年司法改革的纵深发展何以保障?可以说,没有系统完整、逻辑自洽的少年法学理论,就不可能有少年司法改革的纵深发展。

我国目前的少年司法改革面临一个重大的方向性问题,即所谓的"家事审判改革",将少年案件与婚姻家庭案件统一归入"家事审判庭"的管辖范围。对此,笔者持明确的反对态度,理由包括:其一,理论逻辑不通,即大部分少年案件并非"家事",而是"国事"和"政事";其二,实践运作不利,即所谓"家事审判"的法官绝大多数精力都在处理婚姻家庭纠纷案件(尤其是离婚案件),与少年审判工作对比而言,其审判程序、规律及对审判人员的知识结构要求等方面差异较大,不利于少年审判的专业化;其三,少年审判的专业化,是少年司法改革纵深发展的必然要求,我国目前"家事审判"改革的现实几乎必然难以避免少年审判工作的边缘化,并淡化其专业性。试想,成天忙于婚姻家庭纠纷案件处理的法官,绝大部分本身就不具有少年审判的专业化素养,何以提升少年审判的专业性并实现其专业化?笔者认为,这一改革方向缺乏科学性,究其根本原因,还是缺乏系统完整、逻辑自洽的少年法学理论的指引,即缺乏对包括少年法律关系、少年法根本宗旨及价值、少年法基本原则及精神、少年法特殊制度等一系列的关涉少年法学特殊性、独立性及部门法属性问题的少年法学基本理念的深刻认识。

少年法学发展为独立部门法学科,必将引起少年司法机构的变革,推动与少年程序法相匹配的专门司法机构(如专门少年法院)的出现。专门司法机构的设立势必成为少年司法发展的一大里程碑,也是增加专业少年司法人员数量,提升少年司法人员专业化程度的契机。任何机构都是由人员组成的,专门性的少年司法机构的设立将吸纳更多的人员参与少年司法活动。即使并不是所有人在刚接触少年司法时都对少年司法具备科学完整的认识,但在经过相关培训之后,少年司法理念必将为相应的专业人员所接受,并实际运用于少年司法之中,以更好地实现少年司法的目标。

同时,契合少年法学价值目标的少年司法活动,将是向社会公众传播少年法学价值理念的重要方式,推动社会公众改变在少年司法领域过强的报应观念以及对少年犯罪人的不正确看法。社会公众观念的扭转对少年法的正确实施至关重要。在少年法律关系中,社会环境是必不可少的一环,无论在矫正过程中还是之后的回归社会过程中,都离不开社会因素的参与。少年在成长过程中所接受的外部评价、外部观念都将对少年尚未定型的人格产生影响,从而直接影响对越轨少年矫正的效果以及其回归社会的成功与否。社会观念的扭转同样也会使少年司法人员所面临的社会舆论压力减轻。不可否认,法官同样生活于社会之中,舆论压力迫使法官作出顺应舆论的裁判的情形时有发生,舆论的不当干涉导致不恰当裁判的危害后果在少年司法中更为严重,其影响的将是原本可塑的少年的一生。

(二)衍生价值

1. 相邻部门法学理论的逻辑自洽

少年法学的学科价值,不仅体现在实现自身理论完善,同时,也体现在促进其他部门法理论的完善。刑事法、民事法和行政法等部门法学科都具备自身独特的精神与原则,都无法完全与少年法学的少年最佳利益原则精神相契合。将少年法学划归于其他部门法学中,不仅影响少年法学理论逻辑的自洽,而且也破坏相邻部门法学的理论逻辑。刑法所蕴含的威慑性的报应理念与少年法的宽宥性的教育矫治思想,民法的平等关系理念与少年监护制度中的不平等关系地位,以及行政法权力服从关系与少年福利、保护及监护的制度精神都存在相抵触之处。少年法学作为独立的部门法学,在建立系统化的少年法体系,将少年法规范从各部门法中剥离,完善自身建设的同时,化解了少年法与其他部门法的理论逻辑、价值目标的矛盾,使相邻部门法的理念能完整地适用于整个部门法,实现相邻部门法学理论的逻辑自洽。

2. 少年法学理论对其他法学理论的启示作用

"少年之理论,与传统之刑事法理论(包括刑法、刑事诉讼法及监狱法理论),虽有多距离,然对旧日之刑事法,正有推陈出新之作用,刑事法之改正,将于少年法始肇其端。"①在当今刑事法理论中,恢复性司法、社会人格调查制度及品格证据制度、附条件不起诉制度(暂缓起诉制度)等理念及制度的实施都以少年法为"试验田",由少年法理论所采纳并运用于少年司法中,之后再为普通刑事法理论所采纳。从更宏观的角度来看,少年法理论是刑事实证学派理论推广的先行者,少年司法是刑事实证学派理论的试验田。这些成功典范的示范作用不容忽视。将相关的革命性的理念纳入少年法学理论体系之中进行研究,并付诸相应的法律实践,阻力较少,更容易形成相关理论发展的突破口。少年法学理论的独立发展给民法、刑法和行政法中被囊括但与相关理论体系相抵触的理论,提供了一种道路选择,即从有关部门法理论中脱离出来,进行更为合理的定位。

3. 促进我国法律体系完整化

我国法律体系的建立以宪法为核心,所有法律以宪法为总的纲领,依照宪法产生,不得与宪法相抵触。例如,《中华人民共和国宪法》第 19 条第 2 款规

① 林纪东:《少年法概论》,台北,台湾编译馆 1972 年版,第 15 页。

定了义务教育制度;第46条规定了公民受教育的权利与义务,国家培养少年、儿童在品德、智力、体质等方面全面发展;第49条第1款规定婚姻、家庭、母亲和儿童受国家保护,该条第3款规定了父母对未成年子女的抚养教育义务;等等。宪法对未成年人的保护涉及社会生活的各个方面,而缺乏体系化的少年部门法,使宪法与各少年法律规范之间出现逻辑断层,在部门法这一阶段出现空缺。在这条逻辑线上仅有《未成年人保护法》与《预防未成年人犯罪法》,而仅这两部法律并不足以承载由宪法引申而来的逻辑关系,还需要绕道其他部门法领域搜寻能承载宪法关于少年保护精神的规范。由此产生的是纷繁复杂的逻辑线,也是我国法律体系系统化建设的阻碍。依照独立部门法学科论的主张,将少年法系统化、集成化形成一门特殊部门法,赋予其在我国法律体系中较高的地位,使其能完整地承载宪法的少年保护精神,而无须再于其他部门法规范中寻求关于少年福利、少年保护及少年越轨方面的法律规范,是健全我国法律体系的一个重要维度。

4. 整体司法观念的扭转

少年法理论所带来的理念冲击,不仅停留于少年司法之中,更会扩展至整个司法领域。社会连带责任理论在融入少年司法活动后,司法整体观念对社会连带责任的认同也逐步扩展至普通刑事司法中。少年保护理论在少年司法中的运用,冲击了社会保护理论在刑事司法中的主导地位,对行为人的教育矫正开始受到重视,特殊预防相对于一般预防不再处于弱势地位。整体司法观念从报应论独大到报应与矫正相结合,社会关系修复以及犯罪人回归社会问题逐渐成为司法关注的重点问题。

三、结语

以少年最佳利益为核心,是少年法学理论区别于其他法学理论的关键。少年法的调整对象(少年法律关系)的特殊性及独立性是少年法学独立性的根本。系统完整、逻辑自洽的少年法学理念将作用于少年法律体系的系统建构,并将最终传导于少年司法改革的纵深发展之中。各部门法学理论以及法律体系的联系性,使少年法学理论发展的影响力外溢于其他部门法学理论、整体法律体系以及司法实践之中。少年法学的学科价值的系统全面实现有赖于其取得独立的部门法学的学科地位。同时,其独立学科的地位依赖于少年法学理论自身的系统完备及逻辑自洽程度。其中,少年法律关系是理论基点,少年法学的学科性质是理论关键,联结着少年法的理论与实践、学科内与学科外的方方面面。独立的特殊的部门法学,是少年法学以及整个少年法治事业发展的内在根本需要。

[本文原载于《南昌大学学报(人文社会科学版)》
2019 年第 6 期,系与彭宇轩博士合作。本文有删节]

第二篇 立法评论篇

- 《未成年人保护法（2020修正案）》评论
- 论专门教育制度之立法谱系、基本原理及后续完善
- 论少年法的立法体系
- 拟降刑事责任年龄底线立法意图之理性考问
- 《刑法修正案（十一）》刑事责任年龄条款的立法解读、问题评论及应对策略

《未成年人保护法(2020修正案)》评论

摘要:为弥补不足、回应时势及完善机制,《未成年人保护法(2020修正案)》应运而生。该立法修正案具有相当程度的进步意义,但其仍然未能实质弥补不足,其对实践的回应也多流于表面,亦未能成就其关键机制的系统完善,更未能达致其立法理念的境界提升。放弃边缘修补的保守思路,对少年法律规范予以系统整合,构建具有独立部门法地位的少年法,乃至制定少年法典,为大势所趋,亦为现实的最优方略,从而有望为未成年人法治事业提供现实迫切需要的系统解决方案。

关键词:未成年人保护法;边缘修补;系统整合;少年法典;独立部门法

On the 2020 Amendment to Juvenile Protection Law

Abstract: In order to fix the defects, respond to the current situation and improve the mechanism, the Standing Committee of National People's Congress started the work of amending the Juvenile Protection Law. The 2020 Amendment to the Law has its progressive significance, but still fails to fix its defects in essence. Its response to the current situation is mostly superficial, fails to achieve the systematic improvement of its key mechanism, and stays far from improving the legislative ideal. Giving up the conservative way of marginal amending, to construct the juvenile laws systematically, departmentally, even to codify the juvenile law, is the trend and the best strategy to improve a systematical solution needed for the juvenile rule of law career.

Keywords: the Juvenile Protection Law; Marginal Amending; System

Integration; Juvenile Code; Independent Departmental Law

未成年人是家庭、国家及社会的未来。未成年人法治事业具有国家及社会发展层面上的重大战略意义。我国一直重视未成年人法治工作。包括2020年10月17日颁布的《未成年人保护法(2020修正案)》(以下简称《2020修正案》)在内,自1991年颁行以来,为适应社会发展与变迁,《中华人民共和国未成年人保护法》(以下简称《未成年人保护法》)一共经历了3次修改。《2020修正案》于篇章结构、具体条文及制度设置等方面皆进行了修订,具有重要的进步意义。梳理《未成年人保护法》的演进脉络,可见包括《2020修正案》在内的3次修改并未突破既有《未成年人保护法》的基本框架,仍在相当程度上继承了《未成年人保护法》的不足。相关问题亟待系统深入研究。本文拟在梳理相关立法演进脉络的基础上,着力分析相关立法的遗憾问题,从而探寻系统建构少年法律制度体系的问题解决方案。

一、《未成年人保护法》的立法演进

(一)1991年颁行的《未成年人保护法》

1991年颁行的《未成年人保护法》是我国关于未成年人的第一部全国性的专门法律,具有划时代的标志性意义。其与我国签署的《儿童权利公约》、《联合国少年司法最低限度标准规则》(北京规则)初步构成了我国未成年人法律规范的内外搭配体系,为未成年人保护法律实践提供了诸多具有重要意义的法律依据,并为未来的少年法治建设提供了一个具有一定系统性的基础蓝本。

1991年《未成年人保护法》共56条,分为"总则""家庭保护""学校保护""社会保护""司法保护""法律责任""附则"7章。其56个条文分散到7章之中,平均每章8个条文,显然无法满足相关制度的系统完备建构的需要。也正因如此,1991年《未成年人保护法》的多数条文仅进行概括性、宣示性规定,意图以较少的条文覆盖更多的内容。这也势必导致实践适用性的不足,从而无法充分满足处理未成年人保护问题的具体实践需要。同时,其立法缺漏之处不在少数,这在后来的几次修法内容中可见一斑。

（二）2006 年及 2012 年的局部修改

1991 年《未成年人保护法》颁布后，经历了 2006 年及 2012 年的两次局部修改。2006 年修订的主要内容包括：(1) 对一些重要的法律规范进行了补足或细化，一方面，以较为系统的法律规范的形式明确规定了未成年人的合法权益，弥补了原有法律规范的相应缺失；另一方面，对负有未成年人保护职责的主体进行了调整与细化，在减少概括性、增加明确性方面有所进步。(2) 对一些相关的社会突出热点问题进行了立法回应，一方面，针对留守儿童热点问题，规定了委托监护制度；另一方面，针对未成年人网络沉迷问题，增加了预防未成年人沉迷网络的有关规定。

2012 年修正的主要内容为，就讯问未成年犯罪嫌疑人及被告人、询问未成年被害人及证人的合适成年人在场制度问题进行了修改，使其与《中华人民共和国刑事诉讼法》（以下简称《刑事诉讼法》）的相应修改相一致。可以说，2012 年《未成年人保护法》的修改仅仅是一种对《刑事诉讼法》相应修改的适应性调整，内容非常有限，意义甚微。

《未成年人保护法》于 2006 年及 2012 年的修改，都只是在原有制度框架下的小幅修补，原有的制度谱系基本原封不动，承继着 1991 年《未成年人保护法》概括性、宣示性的弊病，未能解决其可操作性缺乏的问题。《未成年人保护法》在我国法律体系中的地位仍然边缘化，处境依旧尴尬。

（三）《2020 修正案》的大幅修改

近年来，随着社会发展形势的演进，尤其是一些未成年人恶性案件的发生，未成年人健康成长以及相关法律制度的应对乏力问题日益凸显，未成年人法治问题的社会关注度进一步提升，历届全国人大及全国政协会议中有关未成年人的法律提案的出现频率不断提高。①　在这种形势下，全国人大常委会着手展开对《未成年人保护法》的修订工作，并形成了《2020 修正案》。较前两次

---

①　参见祁春风：《全国人大代表畅谈中国之治丨祁春风：为未成年人提供全面司法保护》，载中华人民共和国最高人民检察院网，https://www.spp.gov.cn/spp/zdgz/202005/t20200617_465548.shtml；牛朝诗：《全国人大代表牛朝诗：关于完善〈未成年人保护法〉中控烟相关规定的建议》，载安徽新闻联播网，http://ah.anhuinews.com/szxw/202005/t20200524_4739692.html。

修改来说,此次修订是修订幅度最大、修改内容最多的一次,于部分领域取得了显著的进步。

1. 根本原则的明文确立

《2020 修正案》明文规定了未成年人最佳利益原则,且于条款的编排体系中位于处理涉及未成年人事项具体原则之前。此编排方式实际上隐含了立法者将未成年人最佳利益原则作为《未成年人保护法》基本原则或根本原则的立法意图。未成年人最佳利益原则实际上也是《2020 修正案》的基本精神线索,即整体规范结构、新增法律制度及现有制度更新皆以实现未成年人最佳利益为最高意旨。正是得益于以未成年人最佳利益原则为核心的价值导向,《2020 修正案》得以进行规模空前的修订。

2. 篇章体系的适时扩展

在篇章体系方面,《2020 修正案》于"社会保护"一章后"司法保护"一章之前增加了"网络保护""政府保护"两个专章。一方面,网络空间发展逐步成熟,社会对其认知不断加深,网络活动于未成年人生活中所占比重不断上升,未成年人首次使用互联网的年龄不断提前①,在此背景下,《2020 修正案》为推动未成年人网络保护的系统化,将原零散规定于"社会保护"章节中的内容单薄的网络保护规范独立设立篇章,集抽象保护理念与具体保护制度为一体,并在一定程度上细化了相关责任主体的具体职责。另一方面,鉴于政府在未成年人保护方面的应然重要角色,为提升国家亲权②理念于《未成年人保护法》中的贯彻层级,突出国家、政府于未成年人保护中的责任主体地位,《2020 修正案》设立"政府保护"专章。总之,"网络保护""政府保护"两个专章的设立无疑是此次修法的重要进步。

3. 规范条文的大量增加

此次修法对《未成年人保护法》的条文进行了充实,条文总量由 72 条增至

---

① 参见佟丽华:《加快构建新时代的未成年人网络保护体系》,载《中国青年报》2020 年 5 月 15 日,第 3 版。

② 参见张鸿巍:《少年司法语境下的"国家亲权"法则浅析》,载《青少年犯罪问题》2014 年第 2 期。

132 条，几近增加 1 倍。这一方面与篇章体系的扩充不无关系，另一方面也源于未成年人保护法修法不断细化规范的一贯思路。法律规范条文的激增，伴随未成年人保护工作参与主体范围的扩大，相应权利义务种类、总量随之大量增加。新的权利义务与新的参与主体相结合，新的法律制度得以生成，未成年人法律保护的范围边界得以扩展，未成年人法律保护的具体内容得以细化，从而在相当程度上弥补了原有《未成年人保护法》的缺漏。当然，规范容量扩张所吸纳的多元责任主体对未成年人权益保护的积极影响究竟有多大仍值得研究，但立法者对《未成年人保护法》完善所做的努力无疑是值得肯定的。

4. 热点问题的积极回应

针对近年来的一些社会热点问题，《2020 修正案》进行了积极回应。其中包括：(1)确立监护人亲职教育制度，以回应诸多未成年人案件中表现出来的监护人监护能力缺失的问题；(2)进一步完善留守儿童权益保护与委托监护制度及相关配套制度，以回应留守儿童保护的相关突出社会问题；(3)对学校安全制度予以规范化及细化，并着力建构学校欺凌防范制度，以回应校园安全及校园欺凌的社会热点问题；(4)对未成年人参与网络直播的年龄予以保护性的限制，并对未成年人参与的网络游戏予以分级规制，以回应未成年人网络安全保护的热点问题；等等。

这些社会热点问题都是源于鲜活的未成年人法律实践。其中，我们不难发现这样一个发展脉络，即在未成年人法律实践中显现出一些相关的具有普遍影响的实践症结问题，继而实践部门对之做出相应的经验探索，继而理论部门会同实践部门对之予以相应的理论研讨，厘清其中的章法，完善相关的理性认知，并最终形成对相关立法的推进，从而酝酿出《2020 修正案》的相关修法。针对热点问题的修法思路，具有显著的现实意义。

《2020 修正案》是《未成年人保护法》适应社会发展需要的一次重要革新。其以未成年人最佳利益原则为核心价值导向，对相关社会热点问题予以了积极的回应，并对诸多规范条文进行了充实、更新和增补，从而在诸多方面取得了前所未有的进步。

二、《2020 修正案》的立法遗憾

《2020 修正案》在总体上仍然遵循传统的修补思路，意图于既有的整体规范框架内解决问题。这在笔者看来,不无遗憾。基于未成年人保护及未成年人法治的系统宏观分析,笔者认为,《2020 修正案》的发展进步仍然无法解决《未成年人保护法》素有的问题。其中至少包括实践适用性缺乏、规范协调性不足、未成年人主体地位缺失以及规范地位的边缘化等。

(一)实践适用性不足

法律规范的实践适用性程度是贯彻其理念原则、发挥其应有机能的前提。《未成年人保护法》的实践适用性缺乏问题一直饱受诟病。《2020 修正案》在篇章体系、条文内容等方面多有修改及进步,但在《未成年人保护法》实践适用性缺乏的问题上,无所作为。

法律规范实践适用性的具体影响因素包括责任主体、行为方式和法律后果。责任主体规定是基础性条件,是行为方式及法律后果规定的根基所在。没有明确的责任主体规定,行为模式与法律后果规定即无法付诸实施。行为方式规定是桥梁性、纽带性规定,责任主体承担法律后果以其行为违背行为方式规定为前提。法律后果规定是影响法律规范实践适用性的决定性因素,没有法律后果的法律规范无异于“竹篮打水一场空”。此次《2020 修正案》除了对行为方式进行了一定技术性调整外,在责任主体与法律后果方面皆无明显建树。

1. 责任主体规定的模糊性及分散性

责任主体部分并非本次修法的重点所在,其对责任主体的完善可分为对责任主体的适应性调整、缺漏弥补与明确化等技术性调整。

首先,于责任主体的归类整合方面的修订多为被动性调整,或为弥补原有立法缺漏,或有关责任主体于现实生活中已发生了一定程度的改变,《2020 修正案》即对其滞后性进行调整。如为适应 0 ~ 3 周岁看护机构在名称、举办方式等方面的变化,《2020 修正案》于“学校保护”一章中将托儿所从未成年人安全保障的责任主体中删除,并于章节末尾增加了婴幼儿照护服务机构,参照该章的规定,进行未成年人保护工作。将托儿所替换为婴幼儿照护服务机构仅是对法律规范的语词进行修改,以便缓解《未成年人保护法》适用过程中因语词落后所可能产生的解释问题。[①] 而“家庭保护”一章中责任主体由父母增加为父母或其他监护人则是弥补原有规范语词的逻辑缺漏问题。适应性调整或缺漏弥补调整对改善责任主体模糊性及分散性问题并无实质的改进，仅属于修法的常规性调整或技术性调整。

其次，《2020 修正案》对责任主体的明确化进行了尝试性修订。通常所说的责任主体模糊性多针对监护人、学校以外承担未成年人保护职责的主体，尤其是国家机构中承担未成年人保护职责的主体。《2020 修正案》虽然新设立了“政府保护”一章，从形式上强化了政府作为未成年人保护的主体地位，但该章中多以“各级人民政府”“地方人民政府”“县级以上地方人民政府”等宏观性表述规定未成年人保护的责任主体，仍具有相当程度的模糊性。而其他章节中对未成年人保护国家机构主体的规定则采用宏观性规定与多元列举式规定（如“新闻出版、教育、卫生健康、文化和旅游、网信等部门应当……”）相结合的模式。其中部分规范对责任主体规定采用了“国家”一词作为未成年人保护的责任主体。“国家”属于政治地理名词，指一个国家的整个区域，[②]而于政治意义上，国家由特定地域的国民与公权力机构组成。[③] 其较之于“各级人民政府”的表述而言，更具模糊性。

《2020 修正案》虽对责任主体的明确化进行了尝试性修订，且创举性地将未成年人保护协调机构的试点权赋予了省级人民政府，并为其留出了改革探索的选择空间，即可以选择由民政部门以外的行政职能主体承担未成年人保护工作的协调职责。对此，积极地看，这有利于为相应的改革探索留出灵活空间；消极地看，这并不能解决主体责任不清、多头管理的“九龙治水”困境，甚或存在加剧这种困境及乱象的风险。从而亦可见，立法者对相关问题的确切解决方案的不确定或模糊认知状态。

---

① 在卫生部于 1980 年颁发的《城市托儿所工作条例（试行草案）》明确规定：“托儿所是三岁前儿童集体保教机构。”而教育部 2016 年颁布的《幼儿园工作规程》却将幼儿园的招生对象限定为 3 周岁以上的学龄前儿童。因此无法将两者解释于同一语词之中。

② 参见中国社会科学院语言研究所词典编辑室编：《现代汉语词典》（第 7 版），商务印书馆 2016 年版，第 497 页。

③ 参见邹瑜、顾明主编：《法学大辞典》，中国政法大学出版社 1991 年版，第 930 页。

2. 法律责任规定的虚置问题

法律责任是法律规范对其本身适用的决定性因素。2006 年、2012 年《未成年人保护法》设有单独的“法律责任”一章,共计 12 条。《2020 修正案》仍保有“法律责任”一章,并在具体内容上进行了更新与调整,包括对保护义务及其主体变动进行匹配性调整。

最受瞩目的变动在于 2019 年《未成年人保护法(修订草案)》第 114 条第 2 款规定:“违反本法规定,侵害未成年人的合法权益,本法已规定行政处罚的,依照本法进行处罚;本法没有规定的,依据其他法律、法规进行行政处罚。”这一条文属于原则性条文,明确了违反《未成年人保护法》的法律责任与其他行政法律责任之间的位阶关系,更是赋予了《未成年人保护法》于未成年人保护领域相较于其他行政法规范的优先地位,在相当程度上强化了《未成年人保护法》的实践适用性,同时提升了《未成年人保护法》于我国法律体系中之地位。2019 年《未成年人保护法(修订草案)》对违反未成年人保护法的法律责任条款优先性的规定,若能得到肯定,无疑有助于《未成年人保护法》适用性的提升。然而,《2020 修正案》却对上述规定进行了删改,仅规定:违反《未成年人保护法》规定同时构成违反治安管理行为的,依法予以治安管理处罚。其实质是对《未成年人保护法》较低适用位阶的默认。

有学者通过大量分析裁判文书,发现在其调研的司法裁判中法院无单独适用《未成年人保护法》进行断案的先例。① 也有学者通过数据分析发现,《未成年人保护法》作为裁判依据多局限于民事审判中。② 上述实证研究虽无法囊括所有司法裁判,但也足以体现《未成年人保护法》的法律责任规定于司法实践中的适用性不足问题。

综上所述,《2020 修正案》于责任主体、法律责任方面皆进行了尝试性调整,但收效甚微,对相关问题并无实质性改进,《未成年人保护法》实践适用性

① 参见张健、盛凯丽:《司法场域中〈未成年人保护法〉的表达与实践——对 3323 起案件的实证考察(1992—2019)》,载《预防青少年犯罪研究》2020 年第 2 期。

② 参见王仰光:《我国未成年人保护法的不足与完善——基于实证数据的研究》,载《中国青年社会科学》2016 年第 1 期。

仍然堪忧。难以付诸实践的《未成年人保护法》何以保障其维护未成年人最佳利益的最大可能呢？

（二）规范协调性不足

法律规范的协调性，包括法律规范内部各要素、不同规范及不同章节之间的逻辑协调，以及与外在不同法律规范之间的协调①。法律规范的内在协调性是衡量其自身逻辑是否圆满的重要标准，是合格法律规范理应具备的属性。法律规范的外在协调性则不仅仅是该法律规范自身正当性的问题，更事关整个法律体系的构建与运转。然而，无论是在内在协调性问题上，还是在外在协调性问题上，《2020修正案》皆未能取得改善，甚至由于章节体系的调整，其内在协调性问题进一步凸显。

1. 内在协调性问题

《2020修正案》于内在协调性方面最大的变动在于“网络保护”“政府保护”两个专章的增设。此调整虽不乏积极意义，但却进一步扰乱了《未成年人保护法》的内在逻辑结构。② 从原有《未成年人保护法》来看，其是以责任主体为标准划分不同章节。而《2020修正案》增加的“网络保护”一章却突破了以责任主体为标准的篇章排列体系，形成了“空间＋责任主体”的混合排列体系。然而，网络空间作为一种供各种主体活动的场域，其本身并不具有任何价值倾向，要实现对未成年人的保护仍需要各类社会主体参与，包括家庭、学校、社区和政府。从而，《2020修正案》采取的混合排列体系必然会带来相应的逻辑重叠问题。该修正案后的《未成年人保护法》“网络保护”一章中不仅规定有网络服务提供者应履行的保护义务，还不可避免地需要规定国家及具体的国家机关、社会、学校、家庭、智能终端产品制造者和销售者等保护主体的在网络空间领域的未成年人保护义务，而上述主体的保护义务本身都已在相应的责任主体章节予以了整体规定，从而产生法律规定的重复。因此，将“网络保护”单独

① 参见周少华：《刑法规范的语言表达及其法治意义》，载《法律科学（西北政法大学学报）》2016年第4期。

② 参见邓丽、刘仁文：《〈未成年人保护法〉修订应充分体现儿童法和社会法定位》，载《预防青少年犯罪研究》2020年第2期。

成章,形式上强调了对未成年人的网络保护,但实质上却令《未成年人保护法》的内在逻辑体系复杂化、混乱化。

2. 外在协调性问题

《未成年人保护法》的外在协调主要包括与上位法(《宪法》)之间的协调、与其他部门法之间的协调和与其他少年法之间的协调。后两者的问题较为突出。

《未成年人保护法》与其他部门法之间的协调问题主要包括:(1)与刑事法[主要是《中华人民共和国刑法》(以下简称《刑法》)和《刑事诉讼法》]之间的协调问题的核心在于二者根本理念上的分别,即刑事法是以依法追究和惩罚犯罪为目的,以罪刑法定、罪刑相适应为原则的,而未成年人保护法是以保护和促进未成年人健康成长为目的,以未成年人最佳利益保护为原则的。二者之间在根本理念上的分别,势必带来二者在相关具体制度上的矛盾冲突,如长期监禁刑的适用、前科封存及消灭制度的适用、财产刑的适用等。(2)与行政法(主要是治安管理处罚法)之间协调的突出问题在于法律责任条款的问题,一方面,如前所论,是何者优先的问题;另一方面,一些重要的法律责任条款的缺失,如监护人违背监护职责的,依法应援引《中华人民共和国治安管理处罚法》(以下简称《治安管理处罚法》)的规定予以行政处罚,然而,《治安管理处罚法》中却没有监护人违背监护职责的应受行政处罚的具体违法类型规定,从而导致了相应行政法律责任的重大缺失。(3)与民事法之间协调的突出问题在于监护制度问题,即《未成年人保护法》以及相关刑事法律中存在诸多与监护制度密切相关的制度,如合适成年人到场制度、附条件不起诉制度、未成年人社区矫正制度和未成年人帮教制度、工读学校制度、收容教养制度等(笔者称为"未成年人刑事监护制度"①),其中存在如何与民事监护制度进行合理衔接的问题。

《未成年人保护法》与其他少年法之间的协调问题,主要在于其与《中华人民共和国预防未成年人犯罪法》(以下简称《预防未成年人犯罪法》)之间的规

---

① 高维俭:《未成年人刑事监护制度研究》,载《人民检察》2019年第15期。

范重叠。[①]《未成年人保护法》与《预防未成年人犯罪法》是我国两部关于未成年人的专门法律，二者属于平行关系。然而，两者在规范主旨和规范内容上皆存在显著的重叠。就规范主旨而言，“预防未成年人犯罪”本身即“未成年人保护”的一个重要方面，二者之间存在着显著的理论逻辑重叠。就规范内容而言，二者多有重复的规定或不协调的规定。例如，针对学校教职工侵犯未成年人权益的问题，《2020 修正案》表述为“不得对未成年人实施体罚、变相体罚或者其他侮辱人格尊严的行为”，而《预防未成年人犯罪法（修订草案二次审议稿）》则表述为“虐待、歧视相关未成年人”。

（三）未成年人主体地位问题

对《未成年人保护法》未能体现未成年人主体地位的指责由来已久。[②] 然而，作为自《未成年人保护法》颁布以来幅度最大的一次修订，《2020 修正案》的大幅修改仍未能充分体现未成年人的主体地位。

一方面，在篇章体系的扩展中，并未对未成年人于法律规范中的主体地位予以确立——如设立“自我保护”专章（我国第一部专门的少年法《上海市青少年保护条例》即有）——而仍然将未成年人定位于客体的地位。《2020 修正案》仍然停留于强调国家、社会之中的各类主体对未成年人的保护义务，即未成年人的基本地位只是对象或客体。应当注意的是，未成年人是国家、社会的重要主体，更应是《未成年人保护法》的重要主体。自由意志是未成年人健康成长的关键问题。尊重未成年人的自由意志，保障并培养其意志的合理表达，不仅是《未成年人保护法》理应包含的重要内容，也是《未成年人保护法》的重要价值目标。

另一方面，《2020 修正案》虽有增强未成年人自我防卫意识的规定，但相关规范仍依附于其他责任主体的职责规范。同时，具体规范中仅在少数涉及未成年人密切、重大利益事项时规定了听取未成年人意见的条款。未成年人保

---

① 参见田相夏、王志民：《我国未成年人法律体系的现状、问题及完善构想》，载《南昌大学学报（人文社会科学版）》2019 年第 6 期。

② 参见徐建：《中国未成年人法律保护的新发展——解读修改后的〈未成年人保护法〉》，载《青少年犯罪问题》2007 年第 5 期。

护的所有事项都在不同程度上关系到未成年人健康成长,尽管未成年人自身拘于认知水平,无法完全主导未成年人保护规范的实施,但在相关配套保护制度的基础上,听取并尊重未成年人的意见,不仅有助于促进相关保护制度的正确实施,且未成年人的意见得以听取和尊重本身还是未成年人应当享有的重要权利,一项有助于其未来健康成长的权利。

(四)规范地位的边缘化

前述问题大体属于《2020 修正案》的表层具象范畴。其深层根源问题在于《未成年人保护法》的规范地位问题。追根溯源,我们不难发觉,无论是在社会整体认知上、在法学理论上,还是在立法上、在司法实践中,整个少年法律体系都处于边缘地带。《2020 修正案》在明确其修法方略时称:“凡是其他法律有明确规定的,本法只作原则性、衔接性的规定;其他法律没有规定或者规定不够完善的,尽可能在本法中作出明确具体的规定。”由此可见,此修法方略在于:修补其他法律的相关缺失之处,是一种边缘性的修补,而非系统独立的建构。从而,继承了先前《未成年人保护法》的软弱性。① 作为我国仅有的两部以未成年人为核心的法律规范之一,且为对未成年人保护范围最广的基本法律规范,摆出的态势却是不以自身为主,进行独立系统的制度建构,而是辅从于其他法律,进行边缘化的修补。这其实令《未成年人保护法》丢失了对未成年人保护的主导话语权,主动将自身边缘化。以写文章来比喻,这好比将《未成年人保护法》作为其他法律的“注释”或“附录”,而非“正文”。正是缘于《2020 修正案》仍然继承原有《未成年人保护法》的边缘化地位,其依旧无法对涉及未成年人保护的法律规范进行全局性构建,更无法实现在此基础之上的系统化和机制化。

这一深层根源问题对《未成年人保护法》现有修订及未来发展的方方面面都会存在深层次的不利影响。例如:

其一,就责任主体方面而言,未成年人保护必然牵涉现有体制下的诸多责任主体,延续边缘修补思路的《2020 修正案》必然无法树立未成年人保护的核

① 参见姚建龙:《〈未成年人保护法(修订草案)〉述评与完善》,载《预防青少年犯罪研究》2020 年第 2 期。

心责任主体，如专门的少年福利与保护行政机构，而仅能继续维持对责任主体的原则性规定及多元性规定，由此导致未成年人保护责任主体散乱的“九龙治水”困境一直持续。

其二，就法律责任具体内容方面而言，未成年人保护领域的法律责任具有其自身的系统规律及特性，并非其他法律可以涵括或替代。然而，边缘修补思路主导下的《2020 修正案》在此无所建树，之前的不足依旧保持，并不意外。

其三，边缘修补思路主导下的《2020 修正案》无法对未成年人保护的所有事项进行法律规范的全局统筹与系统构建，进而导致其自身逻辑体系存在缺陷，且其与其他法律规范（尤其是《刑事诉讼法》《预防未成年人犯罪法》）的大量重复依旧保持。

其四，《2020 修正案》未能充分体现未成年人主体地位的问题，也与其边缘化定位不无关联。边缘化，即意味着辅从或附属；而在其辅从或附属的其他法律中，未成年人并无主体地位，于是，所谓的未成年人主体地位问题也就不甚重要。

其五，回应社会热点问题一直为《未成年人保护法》修订的重要方向，此次《2020 修正案》对社会所关注的留守儿童保护、委托监护制度、校园欺凌、未成年人防沉迷等热点问题进行了回应性修改。社会热点问题反映出的往往是现有法律规范的缺漏或不合时宜之处，且不少问题是积淀已久的弊病。针对社会热点问题进行修法，当属正确方向，但修法的实际成效不仅取决于此，而还取决于相应法律规范的系统整体的合理性。承继了边缘化修法思路的《2020 修正案》注定无法对《未成年人保护法》诸多积弊予以系统整体的革除。从而，即使迅速地回应社会关切，对热点问题进行法律规制，仍终将难以系统实施，转化为真切的实践效益。

综上所述，《2020 修正案》对《未成年人保护法》的修订，秉承的仍然是边缘化、修补性的思路，尽管其修订篇幅巨大，且成就了诸多具体层面上的补缺或进步，但注定无法获得系统整体性的革新。

三、少年法律制度的系统建构以及少年法典

边缘化、修补性的修法思路注定无法令《未成年人保护法》摆脱窘境。基于少年法学的系统理念,采取主导性、系统性的修法思路,对未成年人法律规范进行整体谋篇及系统构建,方才有可能对《未成年人保护法》及相关少年法的积弊予以系统性的革除。关于少年法律制度的系统建构方案,借鉴法治发达国家的现有经验,结合我国少年法律制度的现实情状,笔者的基本结论是:我国应当着手制定少年法典。①

(一)少年法典的总体构架

少年法典的总体构架包括总则、少年福利法、少年保护法、少年越轨法和附则等五大部分。其大体的内容要点如下。

1. 总则

少年法典总则部分包括基本规定、少年权益、责任主体和组织机构等总体性、一般性规定。(1)"基本规定"应当包括立法理据、基本宗旨(保护、促进少年健康成长)、基本原则(少年最佳利益原则和少年特别保障原则)、适用对象(未满18周岁的自然人;已满18周岁但未满25周岁者可以酌情适用)以及少年法优先适用等规则。(2)"少年权益"应当系统规定少年依法应当享有的权益,即与其他社会主体同享的一般权益和只有少年可以享有的特别权益。(3)"责任主体"应当系统规定国家层面上的立法、行政及司法方面的职责主体,并系统规定社会层面上的家庭、学校及社区的责任主体。(4)"组织机构"应当对包括少年专门行政机构、少年相关行政机构及社会团体、少年专门警务机构、少年专门检察机构、少年专门审判机构、少年专门矫正机构、少年专门教养学校、民间的少年专门社工机构及福利机构以及这些机构之间的协调合作机制进行系统完整的规制。

2. 少年福利法

少年福利法为"未雨绸缪"之策,具有普惠性、事前性和主动性的特点。少年福利法的普惠性是指对于所有少年皆具有适用性;所谓事前性则是指在少年成长发展未出现问题之前,即对其施以少年福利措施,以防患于未然;所谓主动性,即少年福利措施的适用并不以相关权利主体的申请为前提,由少年福

---

① 进一步的详尽论说,参见高维俭:《少年法学》,商务印书馆2021年版。

利部门依法主动采取措施。少年福利法于少年法律体系中居于首要地位，其是实现促进少年健康成长、解决少年健康成长问题、预防少年越轨的根本性策略。少年福利法的基本内容包括政府主导责任、家庭福利、学校福利、社区福利以及责任追究等。

3. 少年保护法

少年保护法即保护少年权益的特别法律制度的统称，其中并不包含其他法律中适用于一般人（包括成年人和少年）的法律制度，其是鉴于少年易受伤害、认知能力弱、缺乏自我保护意识及能力等身心特点，着眼于某些特定场景、某些关键环节的防控，从而设立的一系列旨在对少年予以特别保护的法律制度的总称。少年保护法的基本内容应当包括少年监护、受教育权的特别保护、生命权及身体健康权的特别保护、人格尊严权及心理健康权及隐私权的特别保护、财产权的特别保护、危困救助及被害预防以及责任追究等。

4. 少年越轨法

少年越轨法是少年法分论的重要组成部分，相对于少年福利法和少年保护法而言，少年越轨法的理论及制度最为丰富，最具复杂性。一方面，少年越轨法的理论涉及诸多艰深的理论领域，如儿童发展心理学、犯罪学、刑事政策学、刑事法学、行为及心理矫治等。另一方面，少年越轨法的制度涉及多种主体（几乎囊括了所有的少年法实施主体）、多种对象（包括少年身份违法、少年一般违法者、少年虞犯和少年刑事犯），且具有相应的极为复杂、精细的处遇制度体系。

（二）少年法典的基本属性及法律地位

从法律规范属性角度进行分析，少年法属于一门特殊的独立的部门法，既有实体法规范，又有程序性规范，且与其他部门法之间存在多方位的交错关系。少年法典是基于独立系统建构思路拟定的全谱系性的法律规范。在坚持独立系统建构的原则下，少年法典兼而适度考虑与其他部门法之间的交错关系，即在优先适用本法的前提下，对其他部门法的不与少年特殊性相抵触的相关法律规范予以援引性的适用。

在我国法学理论中，法律规范可分为宪法、基本法律和普通法律三类。基本法律是于我国法律体系中由全国人民代表大会依据宪法制定的，调整某一领域的基本社会关系，对相关领域的法律规范具有统领作用的法律规范。[①] 据此，少年法典在我国法律体系中的地位理应为基本法律，即与《刑法》、《刑事诉讼法》、《中华人民共和国民法典》（以下简称《民法典》）等基本法律居于同一位阶。这种法律地位不仅仅是其调整对象（少年法律关系为基本社会关系）及其利益的重大性（少年利益事关国家和社会的未来）决定的，还是其规范的系统性和规模性决定的。

（三）我国制定少年法典的必要性和可行性

1. 必要性

基于我国少年法治事业发展的态势，制定少年法典具有显著的必要性。理由如下：

其一，制定少年法典，对少年相关法律规范予以系统整合，有助于解决我国少年法律规范散乱、机制不畅的系统困境。我国目前的全国性的专门的少年法有两部，即《未成年人保护法》和《预防未成年人犯罪法》。同时，含有少年权益法律规范的其他法律的数目众多，如《中华人民共和国母婴保健法》《中华人民共和国残疾人保障法》《中华人民共和国妇女权益保障法》《中华人民共和国义务教育法》《中华人民共和国教育法》《中华人民共和国传染病防治法》《民法典》《中华人民共和国民事诉讼法》《刑法》和《刑事诉讼法》等。另外，在国际法律规范方面，我国还签署了多项相关的国际法律规范性文件，如《联合国少年司法最低限度标准规则》（北京规则）、《联合国预防少年犯罪准则》（利雅得准则）和《儿童权利公约》等。我国虽然已经有了专门法律法规、相关法律规范和国际法律规范等三个层面的少年法律规范，其数量颇大，且其具体内容也涉及各种法律性质的少年权益问题，其范围颇大，但是其内容存在系统缺失，其形式相当散乱，其精神涣散，且诸多制度缺乏可操作性，诸多少年法律规范往往流于宣言性的形式，而尚未形成比较完整的少年立法体系及其法律体系功能。

---

① 参见李克杰：《中国"基本法律"概念的流变及其规范化》，载《甘肃政法学院学报》2014 年第 3 期。

其二,制定少年法典有助于我国少年法治事业迈入高级发展阶段。法典化,是对相关领域法律规范的全谱系性的整体谋篇及系统建构,是相关领域立法发展的高级阶段,是相关领域法治发展成熟化的重要标志。随着我国少年法治事业的发展,其面临的深层次、系统性的问题或困境日益凸显,无论是国家决策者,还是社会公众,都对少年法治事业的系统提升及困境解决寄望颇深。申言之,系统提升我国少年法治事业的发展境界,并令其摆脱目前的困境,是国家和民众的共同期许和迫切需要。而制定少年法典,是达成相关期许和需要的上上之策。

2. 可行性

少年法律制度的系统建构应当是我国少年法治当前的基本要务。如何系统谋篇,是应当首先考虑的问题。申言之,我们首先需要考虑如何抉择少年立法体系模式的问题。对此,借鉴相关法治发达国家的经验,笔者认为,大体不外乎 3 种选择,即单层模式、双层模式或法典模式。

北欧国家少年立法的福利主导性的单层模式有其特殊的物质基础、精神基础和制度基础。就物质基础而言,北欧国家的人均国内生产总值位列世界前茅,是高福利国家;就精神基础而言,北欧国家富裕的物质条件培育了其国民更为优雅、宽容的文化精神状态,其社会福利文化意识非常浓厚,其刑罚相当宽仁,如其刑罚体系没有死刑和终身监禁,对成年人的最高刑仅为 21 年监禁,对少年的最高刑仅为 10 年或 16 年监禁;就制度基础而言,北欧国家社会福利制度历史悠久,制度体系完善。故而,北欧国家福利主导性的少年立法单层模式的形成乃是水到渠成之事。就我国而言,物质基础方面,我国近几十年来的经济发展虽然迅猛,但总体还处于建设小康社会的阶段,难以企及高福利。精神基础方面,我国国民对于违法犯罪行为的报应诉求还非常强烈,总体谈不上宽仁心理。在制度基础方面,我国的福利制度体系远未建立,就连少年福利制度都基本处于系统缺失状态,更谈不上完善的社会福利制度体系。故而,从我国国情来看,选择福利主导性的单层少年立法体系模式恐怕会存在严重的“水土不服”问题。

笔者认为,我国少年立法体系建设采取诸多国家或地区采用的双层模式具有较强的可行性。一方面，我国现有少年法律制度及理念与这些国家或地区的相关制度及理念有着近似的渊源，便于借鉴和对接；另一方面，我国现有少年法律制度及理念的内容已经隐约显露出其双层构架的模样，如《未成年人保护法》之于"少年福利及保护法"，如《预防未成年人犯罪法》、《刑法》、《刑事诉讼法》和《治安管理处罚法》中关于少年违法犯罪的处理制度之于"少年越轨法"。我国少年立法体系双层模式的建构方式可以为：一方面，将《未成年人保护法》改造为"少年福利及保护法"，令少年福利制度与少年保护制度区分并立，并辅以相应的单行法规和附属法律；另一方面，将《预防未成年人犯罪法》改造为"少年越轨法"，系统整合、补充完善我国关于少年违法犯罪的处理制度，并辅以相应的单行法规和附属法律。如此建构，无论在理念基础上，还是在实际操作上，基本上都能顺理成章。

如果说，早期的少年刑事特别法为少年立法的1.0模式，中期的"少年福利法+少年越轨法"为少年立法的2.0模式，那么，集少年福利法、少年保护法、少年越轨法为系统整体的三元模式的少年法典，即少年立法的3.0模式。我国是选择紧随其他国家之后的2.0模式，还是选择迎头超越的3.0模式呢？笔者认为，无论是从功效性角度考虑，还是从经济性角度考虑，抑或从发展战略的角度考虑，我国都应当选择3.0模式。这就好比，面临网络4G时代，我国应当选择紧随其他国家做好4G网络建设，还是率先突破5G网络建设，以引领时代？我国少年立法目前尽管多有落后，但后发优势的战略机遇是不容错过的。这是主观冒进思想吗？笔者认为，当然不是，因为各国的少年立法经验有充足的借鉴基础。

四、结语

《2020修正案》虽具有一定进步意义，但其边缘化、修补性的修法思路注定无法令我国《未成年人保护法》摆脱窘境，更无法实现我国少年法律制度的系统提升。我国少年法律制度仍然处于主导话语权缺失、地位边缘化、自身体系散乱、实践适用性缺乏等诸多困境的樊笼中，举步维艰。理论研发，整体谋篇，借鉴域外，对我国目前为数众多的少年法律规范予以系统整合，致力于制定少年法典，是打破樊笼、摆脱困境、促进我国少年法治事业境界提升的上上之策。

或许,不少人会质疑:我国少年法律制度发展的现实情状仍落后于西方法治发达国家,而这些法治发达国家尚未制定少年法典,我国何以超前?然笔者认为,后来居上的例证从来都不鲜见。后来居上者,往往具备这么几个条件,即相当的自身基础、良好的借鉴对象、充分的规律研究和强大的主观动机。就我国拟后来居上、制定少年法典而言,前两个条件已具备,毋庸置疑。而"充分的规律研究"是关键,其有赖于少年法学理论的深入研究及相关理论的系统建构。至于"强大的主观动机"问题,只在一念之间。无论如何,无可否认的是,综观各国少年法的发展进程及内在规律,少年法律制度的专门化、系统化、部门法化业已成为现实,而少年法典是其必然方向,是其最终归宿。

(本文原载于《内蒙古社会科学》2021 年第 2 期)

论专门教育制度之立法谱系、基本原理及后续完善

摘要：专门教育制度的现有立法谱系涵盖了对象及措施、机构及组织、程序及管理等方面的内容。作为工读教育制度和收容教养制度的换代制度，分析其制度逻辑，可见专门教育制度是民事监护及行政辅助监护不济之后的不得已之策，是刑事处罚及行政处罚不适用之后的必要制度安排。《中华人民共和国预防未成年人犯罪法》（以下简称《预防未成年人犯罪法》）对专门教育制度的保护处分法律属性的界定，存在概念逻辑矛盾、理念定位游离及制度价值冲突等问题。专门教育制度的法律属性应明确为针对严重不良行为未成年人的一种特殊的国家监护制度。专门教育制度的后续完善，可从宏观层面的调适基本理念及明确制度属性、中观层面的补足制度缺陷及优化制度安排和微观层面的完善制度细节与增益实践操作等方面展开。

关键词：专门教育制度；未成年人严重不良行为；立法谱系；基本原理；后续完善

On the Special Education System: Legislation Spectrum, Basic Theories and Follow-up Improvements

Abstract: The current legislation spectrum of Special Education System has included objects and measures, institutes and organizations, procedures and managements. As the regeneration of Work-study Education System and Internment Upbringing System, the Special Education System is a have-to policy logically after the failure of civil guardianship and its administrative assistance, a necessary system arrangement logically after the inapplicability of criminal and administrative punishment. The Juvenile Crime Prevention Law defines the legal attribute of Special Education System as protection sanction, while the problems of logic contradiction, conception dissociation and value confliction arise. The legal attribute of Special Education System should be defined as a special state guardianship system to juveniles with serious misconducts. The follow-up improvements regarding the Special Education System could be carried on macroscopically in order to grasp the right concept and the right legal attribute, mesoscopically in order to make up for the deficiencies and to optimize the system arrangements, and microscopically in order to fulfill the details and to facilitate the practical operation.

Keywords: Special Education System; Juveniles with Serious Misconducts; Legislation Spectrum; Basic Theories; Follow-up Improvements

近年来,未成年人实施严重不良行为事件,尤其是其中的严重暴力事件,频频见诸媒体,引发了社会各界关于社会安全和未成年人保护问题的强烈关注。在相关案件的处理过程中,法律制度供给不足的问题凸显。于是,如何依法妥善治理未成年人严重不良行为的问题迅速成为国家政策及法律层面的一个热点。2019 年,中共中央办公厅、国务院办公厅印发《关于加强专门学校建设和专门教育工作的意见》,为专门教育制度立法提供了明确的政策导向。2020 年 12 月 26 日,《中华人民共和国刑法修正案(十一)》(以下简称《刑修十一》)和修订的《预防未成年人犯罪法》以立法形式正式确立了专门教育制度,以此对工读教育制度和收容教养制度予以升级换代。

从历史大背景来看,相对于刑事、民事和行政等传统法治领域的上千年历史而言,少年法治的历史仅仅 100 余年,其理论、立法、司法及执法等方面远未成熟,新确立的专门教育制度也不可能臻于完善。实际上,无论在理念层面上,还是在实务操作层面上,该制度都存在诸多疑问和缺漏,亟待进一步完善。

本文拟首先对专门教育制度的立法内容予以系统梳理，以把握其现有的制度谱系；其次，深入探析该制度的基本原理，以明晰、夯实其理论基础；最后，系统探究该制度的后续完善策略，以开辟其未来的发展路径。

一、专门教育制度的立法谱系

就现有的相关立法规定而言，我国专门教育制度的内容谱系大致涵盖三大方面，即对象及措施、机构及组织、程序及管理。

（一）对象及措施

对象及措施方面的立法规定旨在明确专门教育制度的适用对象及措施方略问题。

1. 适用对象：有严重不良行为的未成年人

《预防未成年人犯罪法》第 6 条第 1 款第 1 句规定，“国家加强专门学校建设，对有严重不良行为的未成年人进行专门教育”，可见，专门教育制度的适用对象即有严重不良行为的未成年人。根据该法第 38 条规定，未成年人的严重不良行为大致包括两类：其一，触刑行为，即“未成年人实施的有刑法规定、因不满法定刑事责任年龄不予刑事处罚的行为”；其二，其他严重危害社会的行为，即未成年人实施的该法第 38 条所列举的九项行为，其行为类型主要为严重违反《中华人民共和国治安管理处罚法》相关规定的行为。

2. 措施分类：专门教育和专门矫治教育

根据《预防未成年人犯罪法》的相关规定，专门教育制度的基本措施包括两类，即专门教育和专门矫治教育。二者之间有着程度上的区分，后者可视为前者的升级版。关于专门教育措施，《预防未成年人犯罪法》第 43 条和第 44 条规定了其适用对象及决定程序：其一，对“无力管教或者管教无效的”有严重不良行为的未成年人的“申请制”（自送生）的专门教育；其二，对具备法定情形的有严重不良行为的未成年人的“职权制”（警送生）的专门教育。关于专门矫治教育措施，《中华人民共和国刑法》（以下简称《刑法》）第 17 条第 5 款和《预防未成年人犯罪法》第 45 条规定了其适用对象及决定程序，即对于触刑行为的未成年人的“职权制”（警送生）的专门矫治教育。

3. 措施性质：保护处分

根据《预防未成年人犯罪法》第6条第1款第2句的规定，专门教育制度的措施性质即保护处分，"是对有严重不良行为的未成年人进行教育和矫治的重要保护处分措施"。理论上而言，保护处分是一种专门适用于有严重不良行为的未成年人的法律措施，其性质区别于保安处分、行政处分、行政处罚和刑事处罚。①

（二）机构及组织

机构及组织方面的立法规定旨在明确专门教育制度适用主体的构成、权责及分工问题。

1. 专门教育指导委员会：研究、评估和指导机构

根据《预防未成年人犯罪法》第6条、第43条、第44条、第45条和第46条规定，可见专门教育指导委员会的法律地位、人员组成和角色功能。

根据《预防未成年人犯罪法》第6条第2款"县级以上地方人民政府成立专门教育指导委员会"的规定，可见专门教育指导委员会的法律地位为县级以上人民政府的法定常设机构。

《预防未成年人犯罪法》第6条第3款规定，"专门教育指导委员会由教育、民政、财政、人力资源社会保障、公安、司法行政、人民检察院、人民法院、共产主义青年团、妇女联合会、关心下一代工作委员会、专门学校等单位，以及律师、社会工作者等人员组成……"。可见，专门教育指导委员会的组成人员来源非常广泛，包括相关的行政部门、司法部门、群团组织和专业人员。

根据《预防未成年人犯罪法》的相关规定，专门教育指导委员会的角色功能主要包括：研究、评估和指导。其研究，即"研究确定专门学校教学、管理等相关工作"（第6条第3款）；其评估，即对有严重不良行为的未成年人予以依法评估，作出是否同意将其送入专门学校接受专门教育或专门矫治教育以及是否适合转回普通学校就读的评估意见（第43、44、45、46条）；其指导，即代表人民政府对专门学校的相关工作进行指导，包括"根据需要合理设置专门学

① 参见姚建龙：《犯罪后的第三种法律后果：保护处分》，载《法学论坛》2006年第1期。

校”(第6条第2款)。

2. 专门学校:尚待建设的专门教育机构

根据《预防未成年人犯罪法》的相关规定可见:其一,专门学校是旨在对有严重不良行为的未成年人予以专门教育和专门矫治教育的公立机构;其二,专门学校是一种特殊的学校,具有相当程度的封闭管理性,是国民教育体系的一个组成部分;其三,专门学校在我国尚待建设,属于一个新兴事物,其“具体办法,由国务院规定”(第6条第4款);其四,国家加强专门学校建设,省级人民政府应将其纳入经济社会发展规划;其五,县级以上人民政府应当根据实际需要,合理设置专门学校。

3. 教育行政部门:牵头主管部门及行政决定机构

教育行政部门是专门教育制度中的牵头主管部门和相关行政决定机构。一方面,鉴于专门教育被依法规定为国民教育体系的组成部分,而教育行政部门即国民教育的行政主管部门,故其理应为专门教育制度的牵头主管部门,并应依法负责管理专门学校,负责其中的未成年人的教育工作。另一方面,根据《预防未成年人犯罪法》的相关规定,教育行政部门为是否将有严重不良行为的未成年人送入专门学校接受专门教育和专门矫治教育等问题的行政决定机构,从而也依法为相关行政复议和行政诉讼的主体。

4. 公安机关:行政决定及闭环管理矫治工作的负责机构

依据《预防未成年人犯罪法》的相关规定,公安机关的权责分工主要有两方面:一方面,“警送生”(职权制)的行政决定,即依法会同教育行政部门负责决定专门教育和专门矫治教育措施的采取,从而也依法为相关行政复议和行政诉讼的主体;另一方面,与司法行政部门同为专门矫治教育的闭环管理矫治工作的负责机构。

5. 司法行政部门:闭环管理矫治工作的负责机构

根据《预防未成年人犯罪法》第45条第3款规定,司法行政部门是专门矫治教育的闭环管理矫治工作的负责机构。值得特别注意的是,其中的“闭环管理”绝不应当被理解为监禁或惩戒的代名词,而应当被理解为:基于未成年人最佳利益原则①的立场，对接受专门矫治教育的人身危险性较大的严重不良行为未成年人予以相应程度的特别安全保障，以拘束其行为，规范其日常生活起居，防止其危害他人或危害自身，并促使其养成良好的行为习惯，改过自新。

（三）程序及管理

程序及管理方面的立法规定旨在明确专门教育制度的运行程序以及法律监督等问题。

1. 决定程序

依据《预防未成年人犯罪法》的相关规定，送专门学校的决定程序分为三种情形：

其一，申请制的专门教育的决定程序：根据《预防未成年人犯罪法》第 43 条的规定，其基本模式为"申请启动 + 评估 + 决定"，即其申请主体为未成年人的父母或其他监护人、所在学校，其申请对象为无力管教或管教无效的有严重不良行为的未成年人，其评估主体为专门教育指导委员会，其决定主体为教育行政部门。

其二，职权制的专门教育的决定程序：根据《预防未成年人犯罪法》第 44 条规定，其基本模式为"职权启动 + 评估 + 会同决定"，即对符合该条规定的 4 项情形的、更为严重的、矫治难度更大的有严重不良行为的未成年人，公安机关及相关部门依据职权启动程序，经由专门教育指导委员会评估同意，由教育行政部门和公安机关共同决定送专门学校接受专门教育。

其三，职权制的专门矫治教育的决定程序：根据《预防未成年人犯罪法》第 45 条规定，其基本模式为"职权启动 + 评估 + 会同决定"，即公安机关及相关部门依据职权启动程序，对"未成年人实施刑法规定的行为、因不满法定刑事责任年龄不予刑事处罚的，经专门教育指导委员会评估同意，教育行政部门会同公安机关可以决定对其进行专门矫治教育"。

① 未成年人利益最佳原则，又称儿童利益最大化原则或最有利于未成年人的原则，指关于未成年人的一切行动，无论是由公私社会福利机构、法院、行政当局还是由立法机构执行，均应以未成年人的最大利益为首要考虑。参见宋英辉、李娜：《儿童利益最大化原则在刑事诉讼中的贯彻》，载《中国青年社会科学》2022 年第 1 期。

2. 管理程序

依据《预防未成年人犯罪法》的相关规定，专门学校管理程序大体可从横向和纵向两个维度来归纳。

其横向管理程序大体包括四个方面，即分级、分类、分区、分工。其分级，即根据相关未成年人的人身危险性程度及教育矫治难度的大小，予以分级管理。其分类，即根据相关未成年人的性别、年龄、严重不良行为类别等，予以分类管理。其分区，即指应当根据相关未成年人的上述及其他特点，予以区隔化的管理。其分工，即指针对相关未成年人的不同教育矫治问题，交由不同主体予以负责，如教育行政部门负责教育工作，公安机关和司法行政部门负责矫治工作，专业社工负责相应的专业辅助工作。此“四分管理”模式及其目的，大体可一言以蔽之，即个别化、科学化的教育矫治。

其纵向管理程序大体也包括四个方面，即入、评、转、隐。其“入”，即如何将相关未成年人纳入合适的校区、班级、小组或区域的问题。其“评”，即如何“每个学期适时提请专门教育指导委员会对接受专门教育的未成年学生的情况进行评估”的问题。其“转”，即如何处理“对经评估适合转回普通学校就读的”问题。其“隐”，即如何依法对“未成年人接受专门矫治教育、专门教育的记录”予以封存及保密的问题（《预防未成年人犯罪法》第 59 条第 2 款）。

3. 监护角色

《预防未成年人犯罪法》规定了监护人在专门学校运行管理过程中的两个任务，即亲情加持和救济维权。这两者为监护人的当然任务。

《预防未成年人犯罪法》第 48 条规定：“专门学校应当与接受专门教育的未成年人的父母或者其他监护人加强联系，定期向其反馈未成年人的矫治和教育情况，为父母或者其他监护人、亲属等看望未成年人提供便利。”该规定可以概括为三点，即加强联系、定期反馈和看望便利。这是对监护权的尊重，更是对教育矫治工作的亲情加持。

《预防未成年人犯罪法》第 49 条规定：“未成年人及其父母或者其他监护人对本章规定的行政决定不服的，可以依法提起行政复议或者行政诉讼。”将未成年人送入专门学校接受专门教育或专门矫治教育的行政决定，并非一个温和的决定，对未成年人的权益保护具有非常重大的影响，尤其是其中带有强制性的职权制的决定。客观而言，相关行政决定难免偏误，主观而言，未成年人及其监护人应当有权利提出异议，故而设置行政复议和行政诉讼的权利条款当然必要。

4. 检察监督

《预防未成年人犯罪法》第 60 条对相关的检察监督职能进行了概括性的规定，即“人民检察院通过依法行使检察权，对未成年人重新犯罪预防工作等进行监督”。该规定当然涵括了人民检察院对专门教育制度运行全过程的法律监督职能。依据我国《中华人民共和国宪法》的相关规定，人民检察院属于国家司法机关和专门的法律监督机关，对整个国家的法律实施具有全局性、全过程性的法律监督职能。

二、专门教育制度的原理探析

制度原理，顾名思义，即制度的原本的道理，是制度产生和发展的根基，是制度的整体协调性、科学合理性的经纬。作为在工读教育制度和收容教养制度基础上演化而来的一项并未成熟的新制度，系统探析其基本原理显得非常重要。如果其原理得以清晰发现及合理建构，则其制度的实践操作可得指引。

（一）历史沿革分析：工读教育制度和收容教养制度的换代制度

专门教育制度并非横空出世的，而是由工读教育制度和收容教养制度演化而来。1955 年创办的北京温泉工读学校是我国首所工读学校，①此后工读学校建设逐步于全国范围内铺开。在制度规范方面，国务院于 1981 年批准的《关于办好工读学校的试行方案》对其性质与任务、教育教学工作、招生、管理、师资队伍建设、经费保障等进行了较为系统的规定。收容教养制度的主要法律依据为《刑修十一》之前的刑法规定，即未成年人因未达刑事责任年龄而不予刑事处罚的，责令其监护人严加管教，必要时，由政府收容教养。实践中，收容教养制度大体遵循劳动教养制度的模式。

21 世纪以来，工读教育制度和收容教养制度相继遭遇重大的运行困境。

---

①　参见陈晨：《从工读学校名称变化透视工读教育的定位与价值》，载《中国青年研究》2015 年第 2 期。

首先是工读学校，1999年颁布的《预防未成年人犯罪法》中只规定了申请制，即“由其父母或者其他监护人，或者原所在学校提出申请，经教育行政部门批准”，而令当时职权制“警送生”于法无据，从而工读学校的生源持续大幅下降，大部分的工读学校关闭。[①] 继而，随着2013年12月28日全国人大常委会通过了《关于废止有关劳动教养法律规定的决定》，劳动教养制度被废除，收容教养制度运行也基本停滞。然而，未成年人的严重不良行为，包括因未达刑事责任年龄而不予刑事处罚的行为，仍然大面积存在，相关法律制度供给“真空”带来的法治问题此起彼伏，尤其是一些未成年人恶性暴力事件的媒体发酵带来的法治尴尬局面，备受社会各界和国家决策层的关注和重视。

2020年是未成年人法治建设的重要节点，国家、社会以及理论研究界对涉未成年人法规的关注度达到了新高度。在此背景下，全国人大常委会对涉未成年人法规进行了大幅调整，其中2020年修订的《预防未成年人犯罪法》以立法形式确立了专门教育制度，并明确规定其属于国民教育体系的一部分，是针对有严重不良行为的未成年人的保护处分制度。专门教育制度实为工读教育制度和收容教养制度的升级换代，即基于相关的理论逻辑和实践需要，对相关制度予以系统整合和优化提升。可见，新生的专门教育制度并非一项全新的制度，而是一项“老酒兑新酒”的制度。“老酒”即传统的工读教育制度和收容教养制度，“新酒”即旨在系统整合和优化提升的新规定。

（二）制度逻辑推演：民事监护及行政辅助监护不济、刑事及行政处罚不适用之后

依据现有法律规定，予以相关理论逻辑的推演，可见专门教育制度乃是民事监护及行政辅助监护不济之后的不得已之策，以及刑事处罚及行政处罚不适用之后的必要制度安排。

1. 专门教育制度是民事监护及行政辅助监护不济之后的不得已之策

从《刑法》第17条第5款、《预防未成年人犯罪法》第38条至第45条的规定来看，其间存在着一种内在的递进式的制度逻辑，即对于有严重不良行为的

---

① 参见刘燕：《从工读学校教育历史发展探究其时代价值》，载《预防青少年犯罪研究》2018年第3期。

未成年人(包括“触刑”未成年人),相关的法律制度安排分为3个层次:

第一层次,民事监护,即由监护人“加以管教”或“严加管教”,即主要依据《中华人民共和国民法典》(以下简称《民法典》)规定的民事监护制度及《预防未成年人犯罪法》的相关规定,监护人应当对有严重不良行为的未成年人予以尽职尽责的妥善监护。

第二层次,行政辅助监护,即主要依据《预防未成年人犯罪法》第41、42条的规定,在不脱离家庭监护的情况下,由公安机关负责对有严重不良行为的未成年人采取多样化的矫治教育措施,并根据需要邀请相关社会组织参与,且监护人应当予以积极配合。其实质,是由公安机关负责主导的对监护人管教的行政辅助监护,即对监护人管教能力和管教效益的行政加持,其目的不外乎促进妥善监护,以保障未成年人的改过自新,重回健康成长的正途。

第三层次,专门教育或专门矫治教育,即在“无力管教或者管教无效”(《预防未成年人犯罪法》第43条)后,或存在触刑、“情节恶劣或考造成严重后果”、“多次实施严重危害社会的行为”、“拒不接受或者配合本法四十一条规定的矫治教育措施”等行政辅助监护措施不济的情形(《预防未成年人犯罪法》第44条)时,再考虑将有严重不良行为的未成年人送入专门学校接受专门教育或专门矫治教育。

同时,值得注意的是,专门教育和专门矫治教育措施的采取实属不得已之策,即基于未成年人最佳利益原则的立场,应当首先考虑民事监护措施,令未成年人于家庭亲情及正常的社会环境中成长;其次考虑行政辅助监护措施,令其在不脱离正常社会环境的情况下,接受社区性的教育矫治;最后再考虑采取专门教育或专门矫治教育措施,即其为在穷尽了前两项措施的情况下,确有必要时采取的不得已之策。

2. 专门教育制度是刑事处罚及行政处罚不适用之后的必要制度安排

法律责任的非难,尤其是刑事处罚和行政处罚等严厉的法律制裁措施,都带有显著的道德价值谴责的意味,①因而对其适用的正当性要求相当严格。相

① 参见李拥军:《法律责任概念的反思与重构》,载《中国法学》2022年第3期。

对于成年人而言,对未成年人予以法律责任的非难或制裁,其正当性的要求更为严格。一般认为,成年人犯错,虽有社会原因,但其责任主要归于其人,故而代表社会的国家有较为充分的理由对其人予以法律责任的非难;而未成年人犯错,其责任主要在于社会,对其予以法律责任非难的理由相对不充分,反而是代表社会的国家应当负担对其予以改善的责任,如通过教育、辅助监护、帮扶、矫治等手段,保护其重回健康成长的道路。

根据我国《刑法》第13条、第17条但书和第37条等的规定,对触刑或涉罪的未成年人不适用刑事处罚或免予刑事处罚的,以及根据《中华人民共和国治安管理处罚法》(以下简称《治安管理处罚法》)第12条和第21条等规定,对违反《治安管理处罚法》的未成年人不予处罚或不予执行行政拘留处罚的,就整个制度体系的安排而言,当然不能"一放了之",而必须有相应的制度安排来应对。这种制度安排一方面,必须适应未成年人的身心特点;另一方面,还必须有助于帮助有严重不良行为的未成年人重回健康成长的道路,同时其措施还必须是非处罚性、非法律责任非难性的。专门教育制度,就是这样一项制度安排,即刑事处罚及行政处罚不适用之后的必要制度安排。

(三)监护制度比较:专门教育制度与未成年人监护制度的异同

比较专门教育制度与未成年人监护制度,可见二者的基本内容及基本目的并无二致,二者具有实质内容上的一致性;二者的适用对象、针对问题、运行环境和措施方法有所不同,二者具有外在形式上的差异性。

1. 基本内容和基本目的一致

根据《民法典》第26条等相关规定,可见未成年人监护制度的基本内容大体不外乎抚养、教育和保护等3个方面。其中,"抚养"主要在于满足未成年人吃、穿、住、行等方面的物质需要和爱与被爱的情感需要;"教育"主要在于满足未成年人德、智、体、美、劳等方面发展的社会文化需要;"保护"主要在于满足未成年人人身、心理及财产等方面的安全需要,其中当然包含了为避免伤害所进行的管束。

综观《预防未成年人犯罪法》关于专门教育制度的规定,其基本内容也不外乎抚养、教育和保护。送入专门学校后,专门学校当然有义务对有严重不良行为的未成年人进行抚养,也当然要对其予以各方面的教育及全面的保护,只是会更注重管束性的保护措施,甚至是闭环管理式的保护措施。

实际上,监护制度即整个少年法律制度的核心制度。国家亲权或政府监护(parens patriae)理念是整个少年法律制度建构的一个基础性的理念。可以说,所有的少年法律制度,包括少年福利法律制度、少年保护法律制度和少年越轨法律制度,①基本上都是围绕监护的主题来展开的,即基本上不外乎抚养、教育和保护这三大主题。作为少年越轨法律制度的一个组成部分,专门教育制度当然也不可能例外。

2. 适用对象、针对问题、运行环境和措施方法的差异

专门教育制度与未成年人监护制度之间的差异主要包括:其一,适用对象的差异,即前者的适用对象为严重不良行为未成年人,而后者的适用对象为所有未成年人。其二,针对问题的差异,即前者针对的问题为未成年人严重不良行为的形成原因及教育矫治对策,而后者针对的问题为未成年人的一般性成长问题。其三,运行环境的差异,前者的运行环境为以专门学校为基础的封闭机构环境,而后者的运行环境为以家庭为基础的开放社会环境。其四,措施方法的差异,即前者通常主张严格专门的措施方法,更注重管束及矫治,而后者通常主张宽松自然的措施方法,更强调启发及引导。

理论逻辑推导之下,可见专门教育制度与未成年人监护制度之间是一种特殊与一般的关系,即前者是一种特殊的未成年人监护制度,其针对特殊的未成年人,针对其特殊问题,置于特殊环境(专门学校)中运行,采取特殊的更为严格的措施方法,抚养、教育和保护未成年人,保障和促进其健康成长。

(四)法律属性探究:相关学说之评析及引申

关于专门教育制度的法律属性,结合工读教育制度和收容教养制度的历史沿革,目前学界主要有3种观点,即替代监护说、保安处分说和保护处分说。

1. 替代监护说

如果说1899年美国伊利诺伊州议会通过的《少年法院法》是世界少年法

① 参见高维俭:《〈未成年人保护法(2020修正案)〉评述》,载《内蒙古社会科学》2021年第2期。

的肇始，那么早在少年法诞生之前，美国各地就有了对孤儿及问题儿童予以收容、照管和教养的专门机构，即儿童庇护所及少年感化院。其实质即专门的监护机构或替代监护机构。

我国也有类似的制度发展情形。在清末社会"西学东渐"的背景下，少年感化教育制度被写入《大清新刑律》，[①]于1911年1月25日公布。但因不久后清王朝即告覆灭，其制度并未于全国范围内推广。民国时期，具有替代监护属性倾向的感化教育制度得到了接续与发展。民国初期，罪错未成年人感化教育制度的合理性、必要性虽为立法机构与理论研究者广泛接纳，但困于当时国内外形势，其制度未能付诸实践。[②] 直到1922年，熊希龄于北京创办香山慈幼院，在救济孤贫儿童的同时，开办了香山感化院作为香山慈幼院的附属机构，负责对慈幼院中的顽劣学生进行隔离教育。[③] 香山感化院为我国少年感化院实践的开端。此后，各省开始大力推行针对罪错未成年人的感化教育。至1935年，全国共有感化院44所，其中公立25所，私立19所。[④]

总之，少年法诞生前夕的因社会需要应运而生的儿童感化院的实践，其功能目的与专门教育制度基本一致，其"初心"（属性）即替代监护。

2. 保安处分说

感化教育制度的监护替代属性倾向状况一直延续到了1935年，直至"中华民国刑法"将感化教育制度归于保安处分之中。此后，保安处分属性便以规范明示或实质实行的方式成为我国罪错未成年人矫正制度的法律属性。

中华人民共和国成立后，逐步构建了由工读教育制度和收容教养制度组成的罪错未成年人矫正制度体系。虽然1981年国务院批准的《关于办好工读学校的试行方案》明确规定"工读学校是对有违法轻微犯罪行为的中学生进行特殊教育的半工半读学校"，此后1987年国务院办公厅转发的《关于办好工读学校几点意见》进一步明确"工读学校是对有违法和轻微犯罪行为的中学生进

① 参见高汉成编著：《"大清新刑律"立法资料补编汇要》，中国社会科学出版社2016年版，第272页。

② 参见张东平：《近代中国少年感化院的创设》，载《青少年犯罪问题》2012年第2期。

③ 参见龚湉晰：《熊希龄与近代中国少年感化教育》，载《青少年犯罪问题》2019年第1期。

④ 参见李相森：《论民国时期的少年司法制度建设》，载《青少年犯罪问题》2015年第4期。

行特殊教育的半工半读学校，是普通教育中的一种特殊形式”，但在实践中，工读教育采用的封闭管控主导模式表明了其实质性的社会防卫导向[①]，是为了实现维护社会安全与秩序的需要，对罪错未成年人采用的自由限制措施。收容教养制度的法律属性问题并没有获得相关法律的明确定义，其理论争议较大。其争议观点主要包括刑事强制说[②]、刑事处罚说[③]和行政处罚说[④]。直至晚近，理论研究逐步将收容教养制度和工读教育制度归于保安处分的范畴。[⑤] 从实践活动来看，工读教育制度与收容教养制度也实质成为维护社会安全与稳定而限制、剥夺罪错未成年人人身自由的保安处分措施。

作为整合工读教育制度和收容教养制度的一项新制度，将专门教育制度定性为一种保安处分制度，想必在学界仍然是有一定市场的。

3. 保护处分说

2020 年修订的《预防未成年人犯罪法》将工读教育制度和收容教养制度整合为专门教育制度，并明文规定“……专门教育是国民教育体系的组成部分，是对有严重不良行为的未成年人进行教育和矫治的重要保护处分措施”（第 6 条第 1 款）。类似的保护处分制度盛行于法国、日本等国家。相较于保安处分，保护处分的理念重心由社会安全倾斜到了未成年人保护，可谓一大进步。然而，专门教育制度法律属性的保安处分说存在着概念逻辑的矛盾，体现了其理念定位的游离，造成了其制度定位的尴尬，并势必导致其制度运行中的价值冲突。

其概念逻辑的矛盾，即“保护”与“处分”之间的概念逻辑矛盾。法律概念必须符合其通常含义。“保护”即意味着保全利益、维护权益，没有法律责难的

---

① 参见尤丽娜：《从日本的保护处分制度看我国的少年教养制度》，载《青少年犯罪问题》2006 年第 2 期。

② 参见王顺安：《少年收容教养的性质之我见》，载《政法论坛》1992 年第 3 期。

③ 参见胡学相：《论收容教养制度》，载《中南政法学院学报》1992 年第 4 期。

④ 参见薛晓蔚：《论收容教养的立法完善》，载《山西大学学报（哲学社会科学版）》1998 年第 4 期。

⑤ 参见郑慧：《保安处分是治理未成年人涉罪的良“法”》，载《青少年犯罪问题》2019 年第 5 期。

意味;[1]而"处分"即意味着法律责难、法律制裁及权益剥夺。[2] 二者之间存在不可调和的矛盾冲突。试问,保护处分之"处分"有无法律责难、法律制裁及权益剥夺的负面价值意味?如果说有,那么何以与"保护"的正面价值不相冲突,尤其是何以与《中华人民共和国未成年人保护法》(以下简称《未成年人保护法》)明文规定的未成年人最佳利益原则(最有利于未成年人的原则)不相冲突?总不能说,剥夺其权益也是最有利于未成年人的吧?如果说没有,那么但凡法律法规所规定的"处分"措施(民法或私法意义上的财产"处分"另当别论),如行政处分、纪律处分,都是法律责难、法律制裁及权益剥夺的措施,何以实现约定俗成的法律概念逻辑的自圆其说呢?!

其理念定位的游离,即保护处分说的理念定位游离于保安处分理念和未成年人保护理念之间,试图两厢适从,但却无所适从。这其中反映了保安处分理念的历史惯性的影响。申言之,保护处分说实际上包含了显著的保安处分理念的历史残留。

其制度定位的尴尬,即被定性为保护处分的专门教育制度,不宜归属于法律制裁制度体系,既非刑事处罚,也非行政处罚,也非行政处分,也非保安处分,但却要借助于公安机关和司法行政机关的暴力或强制力来保障实施,甚至要予以"闭环管理",对相关未成年人的人身自由的限制或剥夺措施不可避免。使用国家公权力的人身自由的限制或剥夺,何以不是惩罚?在基本的法治理念的拷问下,保护处分的人身自由限制或剥夺措施何以获得正当性?具有保护处分法律属性的专门教育制度境遇尴尬。

其制度运行中的价值冲突,体现为保护处分具有两方面的价值目标,即社会安全保障和未成年人权益保护,[3]二者之间的价值冲突势在难免,且在实践中,前者更容易占上风。一方面,保护处分之"处分"中带有明显的保安处分理念的历史残留,其势必要求以社会安全保障为价值目标,而实现这一目标的最

---

① 参见江勇、于荣胜:《未成年人监护研究的现状、内容与进路——基于2016—2020年CSSCI期刊论文的分析》,载《中国青年社会科学》2022年第2期。

② 参见王牧:《论刑罚概念:从"本质"到"意义"》,载《当代法学》2018年第2期。

③ 参见张鸿巍:《归责与惩教:未成年人司法二元化建构的逻辑展开》,载《中国青年社会科学》2020年第5期。

为直接、最为经济的方式就是关押有严重不良行为的未成年人。对此，本着这一理念的国家机关势必具有相应的强劲动机，加之“处分”所当然包含的法律非难及法律制裁的意味，这种强劲动机在相当程度上得以正当化。另一方面，保护处分之“保护”依法应当秉承未成年人最佳利益的原则立场，强调未成年人权益的全面保护，而实现这一目标需要进行系统全面的社会人格调查，制定科学化、个别化的教育矫治方案，并有效集合诸多资源逐步落实，是一项任务繁重、耗费颇大、成效隐性的工作。相关工作理念、工作制度、工作条件和人员素质等因素很容易出现问题，而一旦出现问题，其相关工作效能就会有相应程度的减损，相关未成年人的权益保护就会相应程度地流于形式。

我们有理由相信，在上述的矛盾、游离、尴尬及冲突背景下，法律属性被确定为保护处分的专门教育制度，在其具体的实践中，难以调和的价值目标冲突的结果，更大的可能是“处分”所主导的社会安全保障目标占据上风，而非“保护”所主导的未成年人最佳利益目标占据上风。

4. 专门教育制度的应然属性：一种特殊的未成年人监护制度

基于对上述相关学说的评析，笔者认为，唯有将专门教育制度的法律属性定义为一种特殊的未成年人监护制度①，方才符合其制度“初心”，方能避开法律非难、法律制裁以及惩罚理念的窠臼，方能避免上述难以调和的价值目标冲突，获得基本法治理念意义上的正当性，并实现相关制度体系的逻辑自洽。

首先，如前所述，与专门教育制度内在一致的早期的儿童感化院实践，其“初心”即替代监护，具有监护制度的本原属性。将专门教育制度的法律属性定义为未成年人监护制度，恰合其义。

其次，未成年人监护制度的基本点在于抚养、教育和保护，理所应当可以避开法律非难、法律制裁及惩罚理念的窠臼，并由此避免上述难以调和的价值目标冲突，与保安处分的理念分道扬镳。

再次，未成年人监护制度的内涵当然包括监护人对被监护的未成年人施以保护性的管束，甚至禁闭，从而令专门教育制度中不可避免的封闭管理或闭

① 参见高维俭：《未成年人刑事监护制度研究》，载《人民检察》2019 年第 15 期。

环管理在基本法治理念意义上得以正当化,即监护意义上的闭环管理并非制裁性、非难性的“处分”,而是监护范畴内的“保护”措施。

最后,将专门教育制度的法律属性定义为一种特殊的未成年人监护制度,专门教育制度就算是找到了其在整个法律制度体系中的强大“靠山”,从而“神清气爽”地回归少年法律制度体系的本位中,实现相关法律制度体系的逻辑自洽,而不至于随着尴尬的保护处分游离于相关法律制度体系之间。

总之,专门教育制度的法律属性应为一种特殊的未成年人监护制度。其特殊性有三:其一,其为国家监护或政府监护,即以国家(政府)设立的专门机构来承担相关未成年人监护的职责;其二,其为替代监护,即只有在民法意义上的监护人不能有效履行监护职责时,并在行政辅助监护仍然不济的情况下,为更好地保护未成年人权益,不得已方才适用;其三,其为特殊监护,即其适用对象特殊,仅限于有严重不良行为的未成年人,且在确有必要的情况下才能适用。

三、专门教育制度的后续完善

基于教育矫治、临界预防等理念,结合相关实践困境,专门教育制度通过整合、革新工读教育制度和收容教养制度,形成了一套更为系统的制度体系,成为教育矫治有严重不良行为的未成年人的主要法律依据,具有重要的现实意义。然而,该制度还远未成熟,有待于通过后续建构予以进一步的系统完善。基于相关立法,针对其中的缺憾问题,结合其基本原理,其后续完善,可以从宏观、中观和微观 3 个层面予以展开。

(一)宏观层面:调适基本理念,明确制度属性

基本理念及制度属性的问题,是制度的根本问题,也是宏观问题,意义重大。目前的专门教育制度,其基本理念有所偏差,应当科学调适,其制度属性较为模糊,有待合理明确。

1. 摆脱传统刑事法理念束缚,明确其少年法理念基础

少年法发端于传统的刑事法,因而传统刑事法的理念一直对少年法具有深刻而久远的影响。专门教育制度的现行立法偏重于规制行为的社会危害性因素,而鲜有关于行为人的人身危险性因素的规定,反映了其立法的传统刑事

法理念,偏离了少年法应有的基本理念。传统刑事法理念,即刑事古典学派或刑事旧派的理念,注重行为的社会危害性,主张报应责任及惩罚的正当性。少年法的基本理念源于刑事实证学派或刑事新派的理念,[①]注重行为人的人身危险性及矫治可能性,主张教育矫治及保护的正当性。

倚重报应及惩戒的传统刑事法理念还直接导致了保护处分之“处分”概念的生成,并令其不言而喻地带上了法律非难、法律制裁的意味,从而无法彻底摆脱保安处分的窠臼。尽管保安处分本身属于刑事新派理论下的一种制裁措施,但其本身不是刑罚而胜似刑罚的实际情状,与少年法的基本理念格格不入。

上述立法的理念偏差直接导致了其对象范围的划定偏差,即对《刑法》第17条第5款规定的“在必要的时候”所理应包含的人身危险性及矫治可能性因素的忽略,而基本上通篇都在强调其行为的社会危害性程度对于保护处分措施采取的决定意义。其中的一个重要的不利逻辑后果即旨在探究未成年人实行严重不良行为原因、对其人身危险性及矫治可能性予以人格调查评估,并借以作为教育矫治方案科学保障的社会调查报告制度在上述整个专门教育制度体系中没能获得应有的清晰定位及合理进路。毕竟,不是所有的社会危害性大的有严重不良行为的未成年人,都适于纳入专门教育或专门矫治教育的对象范围、都适合保护处分措施。少年法的实践经验反复告诉我们,大部分的有严重不良行为的未成年人,尽管其行为的社会危害性较大,但因其人身危险性较小、矫治难度较小,尤其是偶犯和初犯,本着保护目的、最佳利益原则及最小伤害原则,其更适合于在正常的家庭、学校及社区环境中接受教育矫治,而非将其置于专门机构中,与正常社会环境隔离。

总之,摆脱传统刑事法理念的束缚,明确其少年法理念基础,是完善专门教育制度的宏观的首要任务。非此,专门教育制度的未来革新无以获得正确的理论根基。

---

① 参见杨新慧:《论少年法的理论源流》,载《南昌大学学报(人文社会科学版)》2019年第6期。

2. 强调未成年人最佳利益原则以及相关制度措施的非责难性、非制裁性和非剥夺性

未成年人最佳利益原则，作为《未成年人保护法》确立的少年法的首要原则或核心原则，理应适用于《预防未成年人犯罪法》所规定的专门教育制度。就法律的明确性价值而言，《预防未成年人犯罪法》有必要对此原则予以强调，将其明确为包括专门教育制度在内的所有相关制度的指导性原则。

未成年人最佳利益原则必然要求依法对所有未成年人的所有权益予以全面、切实的保护，而责难性、制裁性及剥夺性的制度措施势必减损未成年人的相关权益，故而除了依法构成犯罪或应受治安行政处罚的行为外，《预防未成年人犯罪法》的相关规定（包括专门教育制度及保护处分）有必要明确强调其非责难性、非制裁性和非剥夺性。否则，以保护处分之"处分"之名而行处罚之实的观念及行动，将在所难免。

对于行为依法构成犯罪且应受刑罚处罚的未成年人，刑事法规定的基本原则为"教育为主，惩罚为辅"。就逻辑推演而言，作为专门教育对象的未成年人的行为并不构成犯罪，当然就不应受刑罚处罚，因而就谈不上"惩罚为辅"，而唯有教育及矫治的问题。同时，专门教育制度及保护处分也并非行政处罚制度，因而对相关未成年人予以惩罚、处罚或类似的法律非难、制裁或权益剥夺则于法无据，且于理不合，即除了依法应受刑事处罚及行政处罚之外的有严重不良行为的未成年人，国家不应对其予以法律的非难、制裁及权益剥夺，而应当承担起对其予以教育矫治、令其回归正途的责任，此为专门教育制度的初心。

3. 明确其国家监护属性，彻底地去污名化

如前所述，保护处分之"处分"难免其法律非难、制裁及剥夺的意味，类似于行政处分、纪律处分，从而与未成年人最佳利益原则相冲突。因而，从宏观理念的层面上来看，确有必要对其予以正名。名正则言顺。短期的方案可以是，在专门教育制度的相关实施细则中明确：保护处分的性质并非制裁性、剥夺性的措施，而是一种特殊的国家监护制度。此举可以在相关的法律适用实践中尽量避免其上述弊害。更为彻底的方案是，在未来《预防未成年人犯罪

法》的修订中，将“保护处分”之名改为“国家监护”之名，从而更为彻底地去其污名化，并有利于其与整个未成年人监护制度的衔接。

（二）中观层面：补足制度不足，优化制度安排

1. 植入社会人格调查报告制度，奠定其制度运行的实证科学基础

根据目前我国相关法律规定，社会人格调查报告制度仅仅适用于未成年人刑事诉讼，旨在对未成年犯罪嫌疑人或被告人的社会人格状况予以全面系统的查清，包括其生理、心理和社会成长经历及其违法犯罪原因等，并对其人身危险性及矫治因素进行评估，为其刑罚裁量及案件处理提供人格事实方面的依据，并主要为其教育矫治方案提供实证科学化的依据，[①]以贯彻“教育为主”的原则精神。从犯罪学、被害学及越轨学的基本原理来看，社会人格调查报告制度对成年人、被害人和越轨者，尤其是其中的未成年者，具有同样的意义。

就专门教育制度而言，其适用对象为有严重不良行为的未成年人，若不以社会人格调查报告制度来查清其严重不良行为的原因，掌握其生理、心理及社会成长经历等人格事实情状，何以保障其教育矫治方案的个别化及科学性？笔者认为，作为专门教育制度的教育矫治方案的个别化、科学化及规范化的制度保障，社会人格调查报告制度不可或缺，因而有必要在专门教育制度中植入社会人格调查报告制度，奠定其制度运行的实证科学基础。这是少年法的应有之义。少年法具有刑事实证学派的理念根基，且其基于教育矫治、治病救人的主导目标，必然注重科学实证的人格调查方法。

2. 进一步明确相关实施主体之间的权责关系

如前文所述，专门教育制度的实施主体是多元的，包括教育行政部门、专门学校、专门教育指导委员会、公安机关及司法行政部门。相关法律对这些实施主体的角色及功能予以了大体的规定，但其角色关系尚待进一步明确，否则相关工作的推进将面临一些重大阻碍。

首先，需要进一步明确教育行政部门的牵头主管地位。尽管教育行政部

① 参见付凤、李世英：《我国涉罪未成年人人身危险性评估要素相关性分析》，载《中国刑警学院学报》2020 年第 6 期。

门理应作为相关工作的牵头主管部门，但在没有明文规定的情况下，必将面临阻碍。事实上，目前相关工作的推进已经因为规定模糊而普遍面临相互推诿的不利情形。

其次，上述实施主体之间的配合及制约关系需要进一步明确。例如，既然教育行政部门是相关的牵头主管部门，而专门教育指导委员会是同级人民政府的常设机构，那么教育行政部门和专门教育指导委员会之间的关系如何？对此，笔者倾向于认为，应当由作为牵头主管部门的教育行政部门通过专门教育指导委员会来开展对相关工作的指导、协调及决策。又如，作为相关行政决定机构的公安机关和教育行政部门，其行政决定当然依法可以成为可以申请行政复议和可以提起行政诉讼的对象，那么专门教育指导委员会的评估同意是否也可以呢？如果认为于法无据而不可，那么其评估同意或不同意的意见的法律性质为何呢？类似于鉴定意见吗？可以申请再评议吗？再如，依据《预防未成年人犯罪法》第46条的规定，专门教育指导委员会提出书面建议，原决定机关不同意决定的，该当如何？是否需要书面回复，并说明理由？专门教育指导委员会是否有权否决？

3. 改决定程序的行政化为司法化，或增设决定程序中的听证程序

专门教育制度的决定程序的立法合理性问题值得商榷。我国《预防未成年人犯罪法》规定了其决定程序的行政化，即由相关行政机关来决定专门教育矫治措施的适用。对此，笔者认为，其决定程序的司法化是更为妥当的选择。其基本理由为：作为越轨少年矫正制度体系的主干性的制度，专门教育制度中的送专门学校接受专门教育或专门矫治教育的决定，是一项非常复杂、争议颇大、关涉重大自由的决定，且从中外少年司法制度的理论和实践来看，其皆为少年司法活动的主干内容，从而其决定程序宜于司法化，而非行政化。[①] 对此，退而求其次的方案为，增设决定程序中的听证程序，以实现与程序司法化近似的功效。

---

① 当前立法之所以对其决定程序予以行政化，笔者揣度，这很可能与我国行政机关的相对强势地位，以及我国少年法治理论及系统的薄弱现状、我国少年司法机构的相对弱势地位及专业化程度不足等因素有关。

4. 加强专门学校的专业化建设

专门学校的特殊性质，包括其教育矫治对象的特殊性、其工作环境及工作方式的特殊性等，决定了其必然具有专业化要求。专门学校专业化建设的核心在于其师资的专业化，其教学及管理团队应当由熟悉有严重不良行为的未成年人身心特点、具备中学教师资格、品行端正、具备良好的法律知识及素养（尤其是青少年犯罪学及少年法学方面的）的教学及管理人员组成。对此，入职前的资质遴选和任职后的专业培训都是不可或缺的。

5. 加强专门教育制度与未成年人监护制度之间的衔接机制

如前所述，既然专门教育制度为一种特殊的未成年人监护制度，属于国家替代监护、专门机构监护的性质，那么完善专门教育制度与未成年人监护制度之间的系统衔接机制就显得非常必要。这种系统衔接机制可以从四个时间节点来实现：其一，入学之前的衔接，即在决定是否将有严重不良行为的未成年人送入专门学校之前，对其家庭监护的状况予以调查，评估监护人的监护能力，予以必要的告诫、辅助等；其二，入学之后的衔接，即依法做好亲情联系，争取监护人的配合助力；其三，转出之际的衔接，即在决定将有严重不良行为的未成年人转回普通学校就读之际，做好相关的监护交接工作，并依法予以必要的家庭教育辅导；其四，转出之后的衔接，即在将专门学校学员转出后，对其监护状况予以回访，必要时予以帮扶。

6. 科学合理的考核目标的设定

考核是一种常用的管理措施，其对相关工作的作用往往非常重要。在专门教育制度的未来实践中，如果将有严重不良行为的未成年人送入专门学校的数量成为相关工作的考核目标，那么其不利后果将可能非常严重，即势必强化相关部门工作人员将更多的有严重不良行为的未成年人送入专门学校的目标考核动机。而这将在相应程度上严重背离少年法的宗旨以及未成年人最佳利益原则的精神。笔者认为，如果要设立相关工作的考核目标，那这个目标只能是：教育矫治的实际效果，如恢复转出率、升学就业率、再违法犯罪率、投诉率及满意度、决定被纠错率，以及其他与教育矫治目标及未成年人最佳利益原则相一致的问题。

（三）微观层面：完善制度细节，增益实践操作

1. 明确专门学校建设的基本流程

从《预防未成年人犯罪法》的相关规定来看，专门学校建设的基本流程尚待进一步明确。综合推敲而言，其基本流程大体应该分为如下几个步骤：

其一，由教育行政部门牵头，先依法设立专门教育指导委员会，并由该委员会根据实际需要研究确定是否以及如何设立专门学校的具体方案。

其二，由教育行政部门负责，将方案上报其同级的县级以上人民政府决定实施，并正式行文，交由教育行政部门负责牵头实施，同时将该文件下发至相关部门，要求其配合实施。

其三，教育行政部门依据人民政府的决定及相关具体方案负责牵头实施，包括选址、设施配置、人员配备、经费预算及申请……直至专门学校建成及具体运行。

2. 明确专门教育指导委员会的议事规程和评估依据等

依据《预防未成年人犯罪法》的相关规定，专门教育指导委员会是专门教育制度中的一个非常重要的角色。相关规定对其法律地位、人员组成和角色功能等问题进行了较为具体的规定，但却缺失了其议事规程和评估依据等方面的具体操作性的规定。例如，送专门学校的行政决定都有一个前置程序，即“经专门教育指导委员会评估同意后”，然而这一“评估同意”是需要一致同意，还是3/4多数同意，还是2/3多数同意，抑或过半数同意？相关规定语焉不详，而这将必然导致相关实践操作无法可依，从而导致实践受阻。同时，评估依据问题是其评估的科学性和规范性的基本保障，其规定缺失的直接后果可能就是“拍脑袋”评估。结合前文的论述，社会人格调查活动所获取的相关材料以及在此基础上的个别化、实证化及科学化的评估报告，无疑应当成为其主要的评估依据。

3. 明确相关部门及人员的具体工作机制

《预防未成年人犯罪法》的相关规定还只能算是一系列大体性的规定，若要付诸具体的实践操作，相关部门及人员的具体工作规程及机制的细节规定不可或缺，其中包括文书、立案、移送、期限、议事及争议解决等。

4. 明确"警送生"决定程序的启动义务主体

从《预防未成年人犯罪法》第 44 条和第 45 条的规定来看，其"警送生"决定程序的启动义务主体尚未明确，这会对相关程序的启动带来争议及障碍。对此，应当明确相应机关的程序启动义务，以明确其权责，即规定：公安机关以及其他负责未成年人案件或事件处理的国家机关，在发现符合《预防未成年人犯罪法》第 44 条和第 45 条规定情形的有严重不良行为的未成年人之后，应当及时移交专门教育指导委员会予以依法评估，并随案移送相关严重不良行为的证实材料、社会人格调查资料及报告以及书面意见等。

5. 着重明确"闭环管理"的目的、限度及具体措施

若论人权保障问题，毫无疑问，"闭环管理"必将成为专门教育制度中的最为敏感而重大的问题，如稍有不慎，其后患不小。对此，笔者认为，需要慎之又慎，并采取切实有效的防范策略，严防其沦为监禁、惩罚的代名词，甚至导致严重侵害未成年人人权的事件发生。其一，重申未成年人最佳利益原则的立场。其二，着重明确"闭环管理"的性质为：保护未成年人的最佳利益、矫治有严重不良行为的未成年人的不得已之策，而非惩罚威慑；其限度为：不得有害其身心健康或其他合法权益，且适可而止。其三，对"闭环管理"的具体措施及操作规程予以明确细致的规范，不得采取规定之外的任何措施。

6. 进一步明确专门教育及专门矫治教育的区别及其措施的具体内容。

如前文所述，相关立法将有严重不良行为的未成年人的保护处分措施分为专门教育和专门矫治教育。然而，对于这些措施的具体内容却一笔带过，即只在《预防未成年人犯罪法》第 47 条中对"分级分类""针对性教育""义务教育"进行了提示性的规定。至于如何进行分级分类，如何展开针对性教育等重要问题，却语焉不详，从而很可能导致相应具体实践工作的迷茫。因而，有必要进一步明确专门教育及专门矫治教育的区别及其措施的具体内容及操作规程，以利于相关具体实践工作的开展。

四、结语

专门教育制度的出台，其整合工读教育制度和收容教养制度的立法意义，其规范及提升有严重不良行为的未成年人教育矫治工作的执法实践意义，毋

庸置疑。新生事物,难免不成熟,恰如身心稚嫩的未成年人,其存在的问题也毋庸避讳,也毋庸惊异。只要我们秉承少年法的保护及促进少年健康成长的基本宗旨,遵循最佳利益原则的精神,来理解和适用相关的法律规定,并由国务院依法尽快出台“专门学校建设和专门教育具体办法”,在业界人士的共同努力下,专门教育制度的未来发展、有严重不良行为的未成年人的教育矫治及依法保护工作必将取得丰硕的成果,不负相关少年立法之“初心”。同时,从远景来看,专门教育制度的不断发展完善,也必将为我国少年法律制度体系的不断发展完善以及少年法典和整个少年法治的完善添砖加瓦。

(本文主要内容以《专门教育制度的基本原理及完善策略》为题发表于《人民检察》2023年第22期)

论少年法的立法体系

摘要：少年法的立法体系是指由一国有关少年的法律规范所构成的有机整体，其应当具备系统性、全面性和实用性。世界各国少年法的立法体系结构模式存在差异，但基于少年法的共同目标需要和内在规律，其基本内容构成大体相当。我国少年法的立法体系尚未真正形成，具有结构性的缺失，需要基于本国的法律体系，借鉴相关经验，体系性地建构"少年福利与保护法＋少年案件处理法＋其他相关法律规范"的基本模式。

关键词：少年法；立法体系；结构模式；我国抉择

On the Juvenile Law System

Abstract: Juvenile law system refers to the integrity of the juvenile statutes within a state, which should be systematic, all-round and practical. Juvenile law systems in the world defer from each other in their structural modes, while based on the sharing aims and inner laws, their basic contents are generally similar. The juvenile law system of China has not been set up yet, but with structural defects, in need of systematic construction with the basic mode of three aspects, that is the juvenile welfare and protection law, the juvenile justice law and the related juvenile laws, basing on the law system of the country, using the experience of other countries for reference.

Keywords: Juvenile Law; Law System; Structural Mode; Choice of China

从世界各国的经验来看，少年立法体系有着几种不同的模式，然而其大体内容基本一致,故而少年立法体系的模式抉择就成为我国少年立法工作的一个重要课题。对此,笔者认为,应当注意考虑与我国现有司法制度的体系衔接问题,以少年法的内在规律为核心线索,注重其体系逻辑的严整性,从而形成我国少年立法体系的基本模式及建构思路。

一、少年立法体系的基本预设

某一领域的完善的立法体系应当具有系统性、全面性和实用性,少年立法体系的完善也不例外,即完善的少年立法体系应当是所有涉及少年权益的法律规范的有机整合,令其体系具备系统性、全面性和实用性。

(一)系统性

少年立法体系在形式上应当是系统的,系统性是少年立法体系的题中之义。少年立法体系是由各种各样的少年法律规范所构成的复杂系统,在形式逻辑上应当周延,在内容结构上应当协调,满足少年立法的系统需要。若少年立法体系的构成要素之间存在大规模的冲突或不协调之处,则不仅无法适用,亦不能实现少年立法体系所希望达到的预期目标。更为关键的是,各种少年法律规范都源于或应当源于国家亲权的基本理念,都遵循或应当遵循少年最佳利益原则和特别保护原则,都秉承或应当秉承其共同的基本宗旨,即保障和促进少年的健康成长。

(二)全面性

从应然的角度看,由各种少年法律规范所构成的少年立法体系,对少年相关权益的法律保障制度的设计应当是全面的。少年权益保障的法律网络可以分为横向和纵向两个维度:在横向维度上,少年立法体系应当考虑各种可能性,详尽而周全地规定家庭、社区、学校和国家对少年的保护、帮助和监管职责,使无论是在家里还是在学校抑或在社会,儿童(少年)都能得到适当的保护、帮助和监管而不留空隙。

在纵向维度上,法律所规定的对少年的保护、帮助和监管应当是全程性的,即少年立法体系应当一方面根据少年成长过程的不同年龄阶段,另一方面根据少年成长过程中可能面临的不同状况,即正常状况的福利权益、面临困境或风险状况下的受保护权益以及出现越轨行为状况下的权益,并根据不同少年的不同生理、心理、认知和需求特点等，规定不同形式的保护、帮助和监管措施，并使这些保护、帮助和监管措施相互配合、相互支持，发挥良好功能，从而构建出保障和促进少年健康成长的完整全面的法律制度体系。

（三）实用性

“法律体系必须是在社会生活中实际运行的法律整体，而不是只存在于理想、观念状态中的法律整体。如果法律体系只是一种单纯规范状态，或者观念层次上的法律体系，只是一种在法律规范的矛盾与冲突中存在的思想体系，它并不能对社会发生实际的效用，从根本上讲它也就不是一种真正的能够协调统一的法律体系。”①为了充分发挥少年立法体系对少年法律关系主体的指引、规范和教育功能，除了遵从社会现实外，各种少年法律规范之间不能存在重大冲突，而应当非常强调其相互之间的协调配合，以及相应的实际效用。

二、少年立法体系的内部结构

按照林纪东先生的观点，少年法有狭义、广义和最广义之分，即“少年法一语，有种种意义，最广义之少年法，指所有有关少年之法制而言，故如：(1)各种有关少年教育之法律……(2)各种有关少年福祉之法律……(3)各种有关少年保护之法律……(4)各种有关少年劳动之法律……(5)宪法上有关儿童福利之规定……亦莫不属于最广义少年法之范围。广义之少年法，则指各种有关少年不良行为之保护法制而言，包括少年保护法，少年刑法，少年法院法，少年刑事诉讼法，少年监狱法，少年救护院法各种。……而狭义之少年法，专指少年刑法及少年刑事诉讼法而言。”②为了保障和促进少年的健康成长，所需要为少年提供的法律保护是多方面的，如衣食住行的基本生存保障、接受教育和创造良好社会环境的发展保护以及对不良少年进行的教育改善等。故为了实现全体少年人格健全发展的意旨，少年立法体系的建构应当采用最广义的概念。

如前所述，少年法的外延极为宽广，为了更好地理解少年立法体系，有必要对其体系构成予以分析。对此，笔者在此拟从法律政策逻辑的纵向维度和

① 钱大军、马新福：《法律体系的重释——兼对我国既有法律体系理论的初步反思》，载《吉林大学社会科学学报》2007 年第 2 期。

② 林纪东：《少年法概论》，台北，台湾编译馆 1972 年版，第 11 页。

法律规范属性的横向维度等两个基本维度来展开。

(一)法律政策逻辑的纵向维度

为了应对少年的相关社会问题,从法律政策逻辑的纵向维度展开,少年法可以分为少年福利法、少年保护法和少年越轨法三个基本的逻辑层次。

首先,少年福利法,或称儿童福利法,着眼于少年的特别福利保障问题,如子女生育方面的特殊福利、义务教育方面的特殊福利等。在整个少年法中,少年福利法具有基础性、战略性的地位。为了促使少年成长为对社会有用之人才,防止少年脱离社会正常之轨道,从政策的视角分析,最经济、最有效的莫过于为少年提供相当的福利,以为其成长提供必要的物质基础和良好的社会环境。为了实现这一目标,需要制定少年福利法。少年福利法致力于基础性社会关系的普惠性的合理协调,既具有促进少年健康发展的显在意义,又有从宏观上起到预防违法犯罪行为的潜在意义和战略意义。

其次,从法律政策的逻辑层次来推演,少年保护法应当主要着眼于少年的某些特定问题领域的缺漏修复与关系协调,如劳动保护、监护缺失、监护不当、家庭贫困救济、辍学、留守、流浪等。当普惠性的少年福利法律政策推行之后,仍然不可避免地会存在某些缺漏,而可能危及某些特定少年的健康成长时,则由少年保护法来规定相应的措施和制度来予以应对。如果说少年福利法具有促进少年健康成长、预防少年违法犯罪的整体上的战略意义,那么,少年保护法就具有促进少年健康成长、预防少年违法犯罪的局部上的战术意义。

最后,无论是少年福利之战略,还是少年保护之战术,都不同程度地会存在疏漏与不当,尤其是在社会资源相当有限、社会文明远未完善的当今社会,存在诸多错综复杂的少年社会问题,总有一些少年误入歧途,甚至实施违法犯罪行为。作为“代父母”或“替补”保护人的国家有义务帮助、拯救这些少年,帮助其脱离困境。而这就有必要制定少年越轨法,为迷途少年构筑系统的法治保障。

总之,从应对少年社会问题的法律政策逻辑来推演,从少年福利法到少年保护法,再到少年越轨法,其对策方略层层递进,即少年福利法着眼于普惠性的“未雨绸缪”式的积极治理策略,少年保护法着眼于局部性的“遮风挡雨”式的消极防范策略，而少年越轨法则着眼于个案性的“亡羊补牢”式的司法保障策略。①

（二）法律规范属性的横向维度

少年立法体系作为一个包含多种多样法律规范的整体，亦可以参照不同的标准进行分类。

1. 根据权利义务性质的分类：少年实体法和少年程序法

法可以分为实体法和程序法。前者规范主体的实体性的权利义务，体现着法律正义的出发点和归宿；后者规范主体的程序性的权利义务，体现着法律正义的实现过程与实现方法。常见的实体法包括民法、行政法和刑法；常见的程序法包括民事诉讼法、行政诉讼法和刑事诉讼法。

少年实体法乃是关于少年实体法律权利与义务的理念、原则和制度的统称。若进一步细分，少年实体法又可以分为少年福利实体法、少年保护实体法和少年越轨实体法。少年程序法乃是关于少年案件诉讼法律权利与义务的理念、原则和制度的统称。若进一步进行细分，少年程序法又可以分为少年福利程序法、少年保护程序法和少年越轨程序法。少年程序法涉及对少年司法专门机构和相关工作人员的规定，即少年司法组织法，即关于负责少年案件处理的司法组织机构设置的理念、原则和制度的统称。

2. 根据制定主体和适用范围的分类：国内少年法和国际少年法

在少年立法体系中，亦存在国内少年法和国际少年法之划分。国内少年法，即由某国制定或认可，并适用于其本国主权管辖范围内的有关少年的法律规范。各国的国内少年法子系统下一般包含了有关少年教育、福利、劳动、刑事和民事等法律法规。而国际少年法即指由国际组织制定并经相关国家认可，或由相关国家协商制定的有关儿童（少年）的权利义务的国际性法律规范。

① 少年越轨法，即对少年越轨案件予以处理的法律规范及其制度理念的统称。在英美法系国家中，“少年越轨法”是少年法领域的一个重要概念。其建构乃是基于少年越轨（juvenile delinquency）的基本概念及其特殊理念。少年越轨案件的概念大体涵盖了我国的少年治安案件和少年刑事案件。少年越轨的概念试图标示其与犯罪概念的根本差异，尽力消减“犯罪”所蕴含的道德谴责所可能带给少年的耻辱标签。甚至与我国少年法中的“不良行为”相比较，“越轨”一词也更为中性化，是一种事实描述，而非道德评价，更具理性色彩。

国际少年法并不当然是某一特定国家的少年立法体系的组成部分。鉴于国际条约仅对缔约国生效的国际法基本准则，若要使有关少年的国际条约或规则成为该国少年立法体系的组成部分，其前提是该国签署、批准了该条约或规则。

当今比较重要的有关少年的国际性文件主要有《世界人权宣言》、《经济、社会及文化权利国际公约》、《公民权利及政治权利国际公约》、《儿童权利宣言》、《儿童权利公约》、《联合国少年司法最低限度标准规则》（北京规则）和《联合国预防少年犯罪准则》（利雅得准则）。其中，后四项是专门的国际性少年法律文件。

三、少年立法体系的域外模式

一方面，作为一个新兴的部门法，少年立法体系的模式在一开始就会面临一个问题，即诸多法律问题业已在相关部门法律中有所规范，有的还较为详尽；另一方面，作为一个特殊的部门法，如前文所述，少年法所调整的诸多法律关系或具有民事性，或具有行政性，或具有刑事性，因而其模式的抉择不可避免地需要考虑其与民事、行政和刑事等法律部门的区分与协调问题。

鉴于以上两方面的问题，少年立法体系的模式从一开始就具有补足性、归纳性和特别性的特点。其补足性，即指基于少年法的基本原理，针对业已存在的相关法律规范的缺陷进行补足；其归纳性，即指基于少年法的基本原理，对散见于相关法律中的制度规范进行归纳、提炼，从而生成新的少年法律规范；其特别性，即指基于少年法的基本原理，通过补足和归纳的方法，以特别法的形式制定少年法律规范性文件。

鉴于上述三个特点，域外少年立法体系大多采取了“二元＋”的模式，即“少年福利法＋少年越轨法＋其他相关少年法律规范”的少年立法体系模式。但与一般国家不同的是，以挪威为代表的北欧地区没有专门的少年越轨法，而是采取了“一元＋”的模式，即“少年福利法＋其他相关少年法律规范”的少年立法体系模式。

（一）“二元＋”的少年立法体系模式——以日本为例

“二元＋”的少年立法体系由少年福利法、少年越轨法和其他相关少年法律规范三大块内容构成。一方面，少年福利法为儿童的健康成长提供各种社会福利政策方面的帮助和保障,而少年越轨法则着眼于对少年越轨案件的处理制度,并着重于对有不良行为的少年以及违法犯罪少年的保护、调查、审判、处遇和矫治。从法律政策逻辑上分析,少年福利法和少年越轨法构成了少年立法体系的二元结构。另一方面,其他相关的少年法律规范附属于非专门的少年法律条文中,从调整的内容看,其大体或可归属于少年福利法的范畴,或可归属于少年越轨法的范畴。如下,笔者拟以日本为例进一步阐述"二元+"的少年立法体系模式。

1. 少年福利法

从1959年《儿童权利宣言》可以看出,儿童福利的内容很广,不仅涉及身体健康,还包括心理卫生和社会交往等方面的需要。

在日本,属于少年福利法的法律规范主要有《儿童福利法》《儿童津贴法》《儿童抚养津贴法》《儿童虐待防止法》《教育基本法》《学校教育法》等。在为数众多的关涉儿童(少年)福利的法律中,《儿童福利法》占据着非常重要的地位。在此,笔者拟简述该法的内容及变迁如下:

第二次世界大战后的日本,不少儿童流落街头,游荡乞讨,甚至靠偷窃生活,这严重影响了社会治安,显然单靠收容已难以实质性地解决问题。为了改善儿童的生活状况,遵从宪法的精神,日本政府于1947年12月颁布了《儿童福利法》。① 这是日本历史上第一部有关儿童福利的基本法,也标志着其真正意义上的儿童福利政策的开始。该法共72条,分为总则、福利保障、福利事业、寄养和设施、费用、杂则和附则等6个部分。该法第1条规定了儿童福利的基本观念,即一切国民应培养儿童,并致力于儿童身心的健康成长。一切儿童平等,其生活必须得到保障与爱护。该法第2条规定了国家和地方的培养儿童的责任,即国家与地方公共团体是儿童的保护者,负有培养儿童及其身心健康成长的责任。日本《儿童福利法》将儿童界定为未满18岁者。从而可见,不仅孤儿、流浪儿和不良行为儿童,而且普通的儿童亦是日本《儿童福利法》的保护对象,即儿童福利法不仅以慈善或救助为目的,而是以保障每一个儿童的身心健

① 参见沈重:《日本儿童福利法》,载《国外法学》1980年第4期。

康成长和自我实现为目标的儿童福利。但事实上,基于战后财政条件的限制,儿童福利始终只是围绕着“需要保护的儿童”。

经过半个多世纪的变迁,儿童的成长环境较之前有了很大的改变,但儿童虐待问题依然严重,保护人的养育能力也需要支援,鉴此,日本政府于1997年对《儿童福利法》作了大幅度的修改,这是日本儿童福利制度变革的重要标志。此次修改的主要内容包括:①(1)对象的转变,即从“需要帮助的儿童”转向“所有儿童及其家庭”。为此,1997年修改的日本《儿童福利法》对保育所制度进行了彻底的改革,从原先应对特殊需要的暂时性保育场所,转变为供父母及监护人自由选择的一般性保育场所,这也意味着保育所完成了面向所有家庭、所有儿童开放的质的转变。(2)范畴的转变,即从“儿童福利”转向“儿童、家庭福利”。为了构筑社会育儿支援体制,1997年修改的日本《儿童福利法》提出在各儿童福利设施并设“儿童家庭支援中心”,负责为育儿家庭提供育儿指导和支援,并根据需要提供短期保育。(3)内容的转变,即从“保护”转向“自立支援”服务。如此,“自立支援”的理念在1997年日本《儿童福利法》的修改中得到了全面的体现。原先的“教护院”在更名为“儿童自立支援设施”的同时,其性质也从之前的“对有不良行为或有不良行为倾向儿童的保护设施”转变为“对由于家庭环境或是其他原因需要生活指导的儿童的自立支援设施”。与此同时,针对各类残障儿童的“养护设施”在更名为“儿童养护设施”的同时,其性质也从“保护”转变为“自立支援、自立促进”。

可见,随着经济的发展、社会的变迁,日本的儿童福利政策经历了从“补缺救助型”到“惠普型”的转变。日益完善的儿童福利法可以为少年儿童获得良好福利提供制度上的保证,这有利于少年儿童的健康成长,并对预防少年儿童的不良行为以及违法犯罪行为具有重要意义。

2. 少年越轨法

所谓少年越轨法,指规定少年不良行为或一般违法案件以及少年刑事违法案件处理的法律规范的总和。少年越轨法主要以少年越轨案件的处理为主

① 参见裘晓兰:《日本儿童福利政策的发展变迁》,载《当代青年研究》2011年第7期。

要内容。少年越轨法是一个庞大而复杂的系统：首先，其调整对象不仅限于刑事法律关系，也涉及行政法律关系以及民事法律关系；其次，其调整方法不仅包括特殊保护措施、预防措施，也包括保护处分，还包括刑事处罚；最后，其法律属性不仅涉及程序法、组织法，也涉及实体法。

在日本，少年越轨法的渊源主要有《少年法》《少年院法》《少年院处遇规则》《少年鉴别所处遇规则》《少年警察活动规则》。其中《少年法》是矫治“非行少年”的基本法，是少年越轨法的核心。现行日本《少年法》共61条，分为总则、少年保护案件、成人的刑事案件、少年的刑事案件和杂则5章。该法第1条规定了少年法的立法宗旨，即对非行少年进行有关性格矫正以及环境调整的保护处分的同时，对危害少年以及少年福利的成年人刑事案件，采取特别的措施，以期保护少年健康成长。日本《少年法》所称的“少年”是指未满20周岁者，具体包括三种少年，即犯罪少年、未满14周岁但触犯刑罚法令的少年以及将来有犯罪可能的虞犯少年。根据案件事实和需保护性，其少年案件又分为少年保护案件和少年刑事案件。日本《少年法》详细规定了少年保护案件的调查、审判和上诉等方面的内容，而对少年刑事案件，除规定按照一般法例处理外，还进行了一些补充的规定。比较有特色的是，日本《少年法》将危害少年福利的成年人犯罪行为单独列为一章，规定这些成年人的刑事案件必须向家庭法院提起公诉。最后一章“杂则”只有1条，内容关涉非行少年不良信息的保密制度。

少年院是收容被家庭法院予以保护处分的少年并对其实施矫正教育的机构。日本《少年院法》和《少年院处遇规则》对少年院的种类、人员配置及其职责、入院、矫正教育、处遇、给养、卫生与诊疗、会面与通信、奖惩、扣留和出院等进行了具体的规定。日本《少年鉴别所处遇规则》对依据日本《少年法》被移送到少年鉴别所的少年的入所、观护、鉴别、给养、医疗与卫生、会面与通信、扣留、退所等事宜进行了详细的规定。为了防止少年非行并对少年进行保护，日本《少年警察活动规则》对少年警察活动相关事宜进行了必要的规定。从少年非行的预防到处遇，再到矫正，少年越轨法都进行了谨慎而详备的规定，其共同目的只有一个，即指引已经或将来可能走上迷途的少年回归正常社会轨道，以完成正常的社会化过程,从而成长为有益于社会的人才。

3. 其他相关少年法律规范

日本的少年立法体系的最后一块是其他相关少年法律规范,即指在其他专门法律中规定的有关少年权益的法律规范,如日本《民法》中规定的关于收养、继承和对非婚生子女的亲子鉴别等法律条款。因为这些法律条款涉及少年权益,因而可归属于少年法律规范,但这些条款散见于(或附属于)其他专门法律中,因而可以被称为附属性少年法律条款。不只《民法》,日本《户籍法》《劳动基本法》《传染病防治法》《生活保障法》等法律中都有关涉少年权益的法律条款,这些附属性少年法律条款对少年权益等的规定虽然不如专门的少年法律规范集中、详细,但从作用上看也是相当重要的,并与少年福利法和少年越轨法等专门少年法律规范共同构建成一个系统而完备的少年法律体系。

(二)"一元+"的少年立法体系模式——以挪威为例

1999 年,挪威通过了《人权法》,承认《欧洲人权公约》《公民权利及政治权利国际公约》《经济、社会及文化权利国际公约》在挪威的法律地位,并且规定在与其他立法相冲突时,上述国际条约具有优先效力。此外,挪威是最早批准《儿童权利公约》的国家之一。挪威政府在 2003 年向议会提交了将《儿童权利公约》纳入国内法、使其成为挪威儿童权利保障的重要法律依据的提案。

除了上述国际条约外,挪威儿童的权利保护主要依靠国内立法。挪威是创建现代福利国家的先驱之一。儿童的权利在很大程度上依靠儿童福利予以保障,在挪威,每个公民都是国家福利与劳保组织的成员,享有医疗、退休金、残废金等一整套广泛的经济资助。挪威《宪法》第 110 条 c 款规定国家政府有责任尊重和确保人权。依据宪法的精神,挪威当局制定了《儿童法》《儿童福利法》《教育法》《家庭补助法》等关于少年儿童的专门法律。

挪威《儿童法》的内容分为 9 章,包括第一章关于儿童出生的规定、第二章亲子身份关系规定、第三章亲子身份关系案件中抚育执行官员和郡长的责任规定、第四章亲子身份关系诉讼、第五章父母责任以及孩子应在何处长期居住的规定、第六章亲子接触权的规定、第七章抚育孩子的职责规定、第八章当事人任何一方与国外有联系时《儿童法》的适用和第九章的最后规定。如果说儿童的生存主要依赖于成人，那么挪威《儿童法》规定了父母抚育孩子的各种职责，从而为儿童健康成长提供了制度上的保障。然而，并不是所有父母都适合照管孩子，因为各种各样的原因，一些家庭的功能并不能正常发挥，在这种情况下，社会要担当补缺的角色，即由政府福利部门暂时替代家庭担负起对儿童进行照料的责任。

挪威《儿童福利法》规定了对生活在对其健康和发展可能有害的环境中的儿童和青少年提供必要的帮助和照顾。该法共10章，包括第一章宗旨和范围、第二章责任分配与管理、第三章儿童福利服务部门的总体职能、第四章特殊措施、第五章福利机构、第六章一般程序规则、第七章郡社会福利委员会的程序规则、第八章按照该法提供帮助的责任、第九章资金筹集与费用分担和第十章福利生效与过渡规则。该《儿童福利法》规定：为了保护儿童，采取措施时，应特别注重儿童的最佳利益；儿童福利机构是儿童最后的安全网，对于存在已经严重或重复犯罪、持续滥用酒精类兴奋物质等问题的儿童，可不经儿童本人及其监护人的同意将其安置在儿童福利机构中，进行为期4周以下的短期观察、检查和治疗，该安置期间可最多延长4周；等等。

另外，教育也是一个国家社会福利的重要组成部分。挪威《教育法》规定了从小学到初中以及高中的各种形式的教育制度，以帮助儿童为未来就业做好准备。挪威《家庭补助法》是其政府对未成年人提供支持的重要法律依据，其相关的补助支付给母亲。

在挪威，儿童犯罪的处遇问题主要由儿童福利机构来负责。矫正犯罪儿童的品格，改善其居住环境，以帮助其走上正常的社会化道路，被认为是儿童福利的一种特殊形式。由于其独特的儿童福利观的影响和儿童犯罪率很低的现状，挪威没有像其他国家一样制定专门的少年越轨法。对于其儿童犯罪问题，除了《儿童福利法》的规定外，挪威《一般公民刑法典》和《刑事程序法》中也有涉及。

挪威《一般公民刑法典》第46条规定：未满15周岁的人实施任何行为都不应受到刑罚。据此可见，15周岁是其刑事责任年龄的下限，亦是适用《儿童福利法》和《一般公民刑法典》的年龄分水岭，即15周岁以下的儿童即使实施了符合《一般公民刑法典》法定犯罪构成的行为，也只能由儿童福利机构管辖，而对于15周岁以上实施犯罪的儿童则可以适用《一般公民刑法典》或《儿童福利法》。该法第55条还规定：未满18周岁的人实施了犯罪行为，不得科以最高限为21年的监禁；对其判处的刑罚应当减轻或从轻。与成年人相比，未成年人的认知和控制能力相对较弱，可责性相对较小，实施同样的行为而施加的刑罚则相对较轻，这种较轻既可以是刑期上的缩短，也可以是刑种的减轻。

挪威《刑事程序法》第232条a款规定：对未满18周岁的人进行犯罪调查时，若该案件在实体上不是轻微的，则警察应当立即通知儿童福利机构。如果该儿童已经被安置在某机构中，那么应当通知该机构。若情况允许，儿童福利机构应当被告知有关该犯罪嫌疑人的相关调查情况。若儿童福利机构提出请求，则警察在作出是否决定起诉前应当给予其陈述意见的机会。对未成年人犯罪采取的社会对策，首先要查找其犯罪原因，这就需要对未成年人的情况进行调查，此调查包括案件本身的调查和犯罪人的人格调查。根据调查的结果，警察再决定是否起诉。同时，警察在作出起诉或不起诉决定前，应当将调查情况告知儿童福利机构并听取其意见，以便采取合适的措施。

可见，在挪威，由于未成人犯罪被认为是社会福利问题，在未成年人犯罪的社会对策中，挪威的儿童福利机构扮演了相当重要的角色，其所采取的措施也具有显著的福利色彩。

四、我国少年立法体系的现状与未来抉择

（一）我国少年立法体系的现状

我国目前的全国性的专门的少年法主要有两部，即《中华人民共和国未成年人保护法》（以下简称《未成年人保护法》）和《中华人民共和国预防未年人犯罪法》（以下简称《预防未年人犯罪法》）。同时，含有少年权益法律规范的其他法律的数目众多，如《中华人民共和国母婴保健法》、《中华人民共和国残疾人保障法》、《中华人民共和国妇女权益保障法》、《中华人民共和国义务教育法》、《中华人民共和国教育法》、《中华人民共和国民法典》、《中华人民共和国传染病防治法》、《中华人民共和国治安管理处罚法》（以下简称《治安管理处罚法》）、《中华人民共和国民事诉讼法》、《中华人民共和国刑法》（以下简称《刑

法》)、《中华人民共和国刑事诉讼法》(以下简称《刑事诉讼法》)等。另外,在国际法律规范方面,我国还签署了多项相关的国际法律规范性文件,如《联合国少年司法最低限度标准规则》(北京规则)、《联合国预防少年犯罪准则》(利雅得准则)、《儿童权利公约》等。从少年立法体系的三个应然特征来看,我国尚未形成现代意义上的少年立法体系。

首先,在形式上,少年立法体系应当具有系统性,即在形式上应组织合理,内部结构协调一致。我国少年法渊源虽然数目众多,但除了两部是专门的,其他相关法律规范皆附属于其他法律中,未成系统。系统性的少年立法体系应当以少年的需要为根本出发点,应当建立在一以贯之的少年法基本理念、基本原则及基本策略的基础之上,而附属性的少年法律规范乃是建立在"成年人"的模本上,其在很大程度上体现着成年人的需要,其虽然也涉及少年权益的保护,但却往往不能在根本上贯彻少年保护主义的理念,遵循少年最佳利益的原则,因而专门的少年法律规范和附属的少年法律规范之间存在冲突自然在所难免。这种冲突使有些少年法律规范的司法适用面临尴尬和困境。

其次,在内容上,少年立法体系应当具有全面性,即在横向上,少年立法体系应当考虑各种可能性,详尽而周全地规定家庭、社区、学校和国家对少年的监护、扶助和福利职责;在纵向上,少年立法体系的内容应当根据不同少年群体的特殊需要规定行政、民事和刑事等不同法律政策逻辑层面上的福利、保护和监管制度,并使相关制度得以相互配合、相互支撑。

最后,少年法体系应当具有实用性,即在实践中的可操作性和效用性。《未成年人保护法》(2020 年)共 132 条,分为 9 章,分别为总则、家庭保护、学校保护、社会保护、网络保护、政府保护、司法保护、法律责任和附则。其表面上对未成年人的保护可谓周全,但宣示性的法律规范居多,可操作性和实际效用性还有待提高。

总而言之,在我国虽然已经有了专门法律法规、相关法律规范和国际法律规范 3 个方面的少年法律规范,其数量颇大,且具体内容也涉及各种法律性质的少年权益问题,但体系性和可操作性有待提高,以便更好地发挥其应有的法律实践功能。

（二）我国少年立法体系模式的未来抉择

为了充分、有效和全面地保护少年，我国有必要立足于实际情况，并借鉴域外经验，构建系统完备且行之有效的少年立法体系。

在我国，对少年的抚养和日常监管，对少年不良行为（如吸烟、饮酒以及逃学等）的干预多由家庭来承担。若少年实施严重的违反《治安管理处罚法》的行为，则由公安机关按照《治安管理处罚法》的相关规定给予行政处罚；若少年实施了犯罪行为，则由司法机关按照《刑法》和《刑事诉讼法》的有关规定追究其刑事责任。如此，由家庭、公安行政机关和刑事司法机关组成的三元性少年监管系统。

立足当下，着眼未来，我国少年立法体系的构造可以具体设定为“少年福利法＋少年保护法＋少年越轨法＋其他相关法律规范”的基本模式。

其一，专门的少年福利法的制定应当成为我国少年立法完善的一个重要任务。其所谓的“少年福利”或“儿童福利”应当包括家庭福利、教育福利和社区福利等三个基本方面，为“未雨绸缪”之策。

其二，我国已有专门的少年保护法，即《未成年人保护法》，且经过多次修法，内容已经涵盖了少年保护法律规范的主要内容，但在系统性、实用性和机制性方面还需要加强。当前规定的“少年保护”或“儿童保护”则为“遮风挡雨”之策，即当少年儿童或其家庭陷入困境时，给予其相应的保护，以免其受困致害，如少年的家庭陷入贫困时的政府救济，再如少年流浪、无人监护或监护失当时的政府介入。其核心问题是国家（政府）的政策、机构人员与资金的投入问题。在这方面，我国还有很大的改进和发展的空间。

其三，专门的少年越轨法的制定也必将是我国少年立法完善的要务。对此，笔者认为，我国《预防未成年人犯罪法》与少年越轨法的概念非常接近，只需以少年法的系统理念对其予以改造，并注重其少年案件处理的系统功能，即可使其成为一部专门的少年越轨法。值得注意的是，我国《预防未成年人犯罪法》2020 年的重大修订已经有了这种立法改造的趋向，即专门教育及保护处分制度的构建，其少年越轨案件处理的重要法律功能已确立。

另外，从立法发展的一般规律来看，法典化应当是少年立法发展的未来趋向和高级阶段。结合当今世界各国少年立法的现状来看,采取"少年福利法+少年保护法+少年越轨法"基本模式的少年法典,应当是少年法领域的一个值得研究的重要学术议题。这或许是我国少年立法发展完善的一个有效路径。

(本文原载于《预防青少年犯罪研究》2013年第5期,系与梅文娟博士合作。笔者结合相应的立法变化和认识变化,进行了一些修改)

拟降刑事责任年龄底线立法意图之理性考问

摘要:《中华人民共和国刑法修正案(十一)(草案二次审议稿)》[以下简称《刑法修正案(十一)(草案二次审议稿)》]拟将我国刑法规定的刑事责任年龄底线降低至12周岁。这一拟修条款备受争议,更引发了社会各界对相关问题的热议。拟修条款的立法意图包含着一些合理考量,但也面临诸多显著疑问,包括立法程序、回应民意、安抚被害人、一般预防、特殊预防、低龄犯罪、刑罚正义、理论逻辑及制度衔接等,值得理性应对。相关立法修改应当审慎缓行,待上述疑问思虑周全、相关制度设计系统完善后,再作决断。

关键词:刑事责任年龄;降低底线;立法意图;理论争议;理性考问

Rational Considerations about the Legislative Intent of the Proposal to Lower the Criminal Liability Age

Abstract: The Draft for Second Deliberation of the Amendment 11 to the Criminal Law is going to lower the criminal liability age to 12. The proposed provision is very controversial, causing nationwide discussions about its related issues. The legislative intent of the proposed provision includes some reasonable considerations, but has series of problems to deal with, including legislative procedure, public opinion responding, victim pacifying, general prevention, specific prevention, early age children crime, penalty justice, theoretical logic and system convergence, etc. These problems are worthy of rational considerations. The amendment should better be postponed, further deliberated.

Keywords: Criminal Liability Age; Lower Baseline; Legislative Intent; Theoretical Issue; Rational Consideration

一、绪言:一场对社会文明程度的深度考验

中国人大网2020年10月21日公布了《刑法修正案(十一)(草案二次审议稿)》,其中包含了一项备受争议的拟修条款,即拟降低刑事责任年龄底线,从现行《中华人民共和国刑法》(以下简称《刑法》)规定的14周岁降低至12周岁。此拟修条款采取了"两条腿走路"的方式,即一方面,在《刑法》第17条第3款新增规定:"已满十二周岁不满十四周岁的人,犯故意杀人、故意伤害罪,致人死亡,情节恶劣的,经最高人民检察院核准,应当负刑事责任。"另一方面,在《刑法》第17条第5款调整规定:"因不满十六周岁不予刑事处罚的,责令他的家长或者监护人加以管教;在必要的时候,依法进行专门矫治教育。"值得注意的是,在该草案的一次审议稿中,此拟修条款并未纳入。究其缘由,应该是相关的巨大理论争议①令立法机构产生的犹豫所致。而当前该拟修条款在二次审议稿中的出现,并不能消解其中的巨大理论争议。

如何对待弱者,尤其是如何对待孩子,往往可以反映一个人甚至一个社会或国家的文明与理性程度。拟降低刑事责任年龄底线的修法决策,既是我国刑法基本制度以及少年刑事政策基本理念的一项重大变革,也是一场对我国社会文明程度的深度考验。笔者认为,相关问题的争议尚待深入、细致的研究,而后,立法机关再宜作出科学、理性的决策。为此,笔者拟在探寻、解构拟降

---

① 参见徐久生、徐隽颖:《降低刑事责任年龄否定论》,载《当代青年研究》2020年第2期;王恩海:《应毫不犹豫降低刑事责任年龄》,载《青少年犯罪问题》2020年第2期。

刑责年龄底线的立法意图的基础上，从多维度出发，理性考察其中的利弊得失。①

二、立法程序问题

《中华人民共和国立法法》（以下简称《立法法》）规定："全国人民代表大会和全国人民代表大会常务委员会根据宪法规定行使国家立法权。全国人民代表大会制定和修改刑事、民事、国家机构的和其他的基本法律。全国人民代表大会常务委员会制定和修改除应当由全国人民代表大会制定的法律以外的其他法律；在全国人民代表大会闭会期间，对全国人民代表大会制定的法律进行部分补充和修改，但是不得同该法律的基本原则相抵触。全国人民代表大会可以授权全国人民代表大会常务委员会制定相关法律。"解读该宪法性的法律规定，至少包括如下几层意思：

其一，全国人大的立法权高于其常委会。

其二，刑法立法的主体，原则上应为全国人大。

其三，全国人大常委会，在例外情况下（闭会期间），可以部分行使刑法立法权。"闭会期间"应当意指：全国人大此时不能修法，但情况紧迫、确有必要修法时，其立法权才由其常委会予以有限行使，并不得违背全国人大的基本意图。

然而，《刑法修正案（十一）（草案二次审议稿）》关于降低刑事责任年龄底线的拟修条款至少存在如下三个层面的重大疑问：

其一，刑法修正案从量变到质变的违宪隐忧。以全国人大常委会为立法

---

① 2020年12月26日，《刑法修正案（十一）》于第十三届全国人民代表大会常务委员会第二十四次会议通过，其中包括了备受争议的关于降低刑事责任年龄底线的第17条第3款："已满十二周岁不满十四周岁的人，犯故意杀人、故意伤害罪，致人死亡或者以特别残忍手段致人重伤造成严重残疾，情节恶劣，经最高人民检察院核准追诉的，应当负刑事责任。"该规定基本保持了《刑法修正案（十一）（草案二次审议稿）》的相应内容，只是增加了"以特别残忍手段致人重伤造成严重残疾"的情形。如此，降低刑事责任年龄的观点业已获得立法的正式确定。对此，笔者的初步评论大体有三个方面：其一，降低刑事责任年龄的立法具有回应民意、安抚被害人以及威慑低龄极其严重犯罪等方面的立法价值；其二，相应的犯罪预防效益、立法程序、刑罚正义以及理论逻辑等疑问仍然存在，应当面对，值得思考；其三，相关的制度衔接问题值得特别重视，尤其是专门矫治教育制度的问题，值得深入系统研究和探索。

主体的《中华人民共和国刑法修正案》直至《刑法修正案(十一)》,就修改频率而言,大体每两年一次,已经常态化,而非例外化;就修改体量而言,刑法条文原本400多条(罪名400多个),修正案涉及大致一半(新修罪名已过百个)。如此一来,依据《立法法》的上述规定,本应为刑法立法的例外性、补充性主体的全国人大常委会,通过一系列的刑法修正案,从量变到质变,业已成为常态化、大体量的刑法立法主体。难道“全国人民代表大会闭会期间”在此可以解释为:只要避开全国人民代表大会开会期间,全国人大常委会就可以修改刑法?而且无论其修改的体量有多大?

其二,刑事责任年龄底线问题涉及犯罪构成主体要件的基本性、重大性规定,以及我国刑事法关于未成年人基本刑事政策的原则性问题,不宜由作为例外性、补充性的刑法立法主体的全国人大常委会进行修改。值得注意的是,《立法法》对全国人大常委会的刑法立法权进行了重要的限制性规定,即“不得同该法律的基本原则相抵触”。该限制性规定不能理解为:只要不违背罪刑法定原则、罪刑相适应原则等基本原则,全国人大常委会可以对任何其他刑法规定进行修改。

其三,关于降低刑事责任年龄底线的拟修条款在一次审议稿中没有出现,而是在二次审议稿出现的,就审议程序完整性角度而言,二者其实为一次审议,而如果就此决定通过,则其审议程序有所缺失。

三、回应民意问题

毫无疑问,关于降低刑事责任年龄底线的拟修条款就是为了回应民意,即近年来,低龄未成年人实施严重犯罪的案件时有发生,引发了社会的强烈关注。回应民意本是立法机构理所应当的职责,但问题在于如何回应民意。申言之,是应当简单迎合民众的相关情绪化、焦虑性的话语的表面意思,还是应当深入解读民众的内心关切,准确掌握其理性的真实的意愿?

基于对“小恶魔”行径的愤怒和社会安全方面的焦虑,民众的话语通常表现为:必须严厉惩处。然而,深入解读“严厉惩处”的内在目的,大体不外乎三方面:其一,将“小恶魔”管控起来,令其不能再危害社会,最好能令其改恶从善;其二,警示其他“小恶魔”,令其望而却步;其三,在社会治理层面上根本改善或抑制滋生“小恶魔”的不良因素。这三方面,即特殊预防、一般预防以及社会治理,是理性化的刑事政策目标。这些目标中,社会治理是治本之策,应当理解为民意之根本,并非降低刑事责任年龄底线的做法所能达成。相反,降低刑事责任年龄底线的做法,作为对民众愤怒和焦虑情绪的简单、直接的回应,容易遮蔽理性的社会治理的诉求及科学筹划。

四、安抚被害人问题

在低龄未成年人恶性案件的刑事政策应对中,安抚被害人是一个突出的现实问题。在我国,被害人及其家属对“小恶魔”的巨大怨恨几乎是不可避免的。然而,理性考虑相关事件的处理,“亡羊补牢”才是理性的抉择。一方面,“亡羊”既成事实,无法逆转,恨之无用;另一方面,采取措施防止二次伤害,进行身心救治、被害赔偿与补偿以及预防被害等,为“补牢”之策。

面对“小恶魔”事件,我们的刑事政策应当简单地满足报复情绪,还是切实救济被害人呢?显然,应以此为契机,着力完善业已成为世界各国通例的刑事被害救助法律制度。

五、一般预防问题

获取刑法的一般预防效果,是降低刑事责任年龄底线拟修条款的重要意图之一。所谓刑法的一般预防问题,即杀一儆百、以儆效尤的一般威慑效应问题。其威慑对象是一般人。笔者在此讨论的一般预防的威慑对象是12周岁、13周岁的人。可以肯定的是,降低刑事责任年龄底线的拟修条款对12周岁、13周岁的潜在“小恶魔”具有一定的威慑效应,这是常识。然而,其威慑效应必然会受制于如下几方面的条件。

其一,生理条件。现代脑神经科学研究表明,大脑中负责理性思考(体现自由意志力)的前额叶皮质部分的生理发育大约在12周岁、13周岁进入快速发展期,在17周岁左右达到发育高峰,之后速度放缓,直到在25周岁左右才完全成熟。[①] 威慑效应的产生前提是,被威慑对象具有相应的自由意志力,而12周岁、13周岁的儿童的自由意志力的客观生理基础还相当薄弱,从而其威慑效

① 参见安红丽:《青少年为什么容易抑郁、叛逆、懒惰、没有责任感》,载央广网健康,http://health.cnr.cn/jkgdxw/20170708/t20170708_523839811.shtml。

应会大打折扣。

其二,心理条件。现代儿童发展心理学研究表明,12 周岁、13 周岁的儿童刚刚进入青春期,其心理面临着一系列的矛盾冲突,如心理冲动大、猎奇心强而心理控制力弱的矛盾,以及从众心理强、模仿心理强而明辨是非能力弱的矛盾,等等。12 周岁、13 周岁儿童的这些普遍心理特征也会令上述威慑效应大打折扣。

其三,社会条件。在我国,12 周岁、13 周岁的儿童基本上处于小学六年级和初中一年级阶段,学业压力较大,社会接触面非常有限,社会经验非常缺乏,社会认知水平非常有限,与成年人不可同日而语。上述威慑效应的产生必须建立在相应普法的基础上,即通过普法活动,令 12 周岁、13 周岁儿童充分知晓降低刑事责任年龄底线的拟修条款及其严重法律后果。通过努力,这一条件是可能达成的,但其经济成本是颇大的。同时,相关的普法也可能带来新的问题,如让 12 周岁、13 周岁儿童认识到,除了恶性犯罪如故意杀人、故意伤害行为,其他恶性犯罪行为(如强奸、抢劫、贩毒等)无须承担刑事责任,从而带来新的隐忧。

由此可见,降低刑事责任年龄底线的一般预防威慑效益并非可观,而是极其有限的。

六、特殊预防问题

获取刑法的特殊预防效果,即令"小恶魔"不能再作恶、不想再作恶,也是降低刑事责任年龄底线拟修条款的重要意图之一。达成这一特殊预防目的,大致有两种基本方略,即刑罚恶害的报应(判刑入监)和教育矫治的措施(专门矫治教育)。对于两种方略应该如何抉择,可以作如下几点考量。

其一,就令其客观上"不能再作恶"(剥夺其再犯能力、控制其再犯条件)而言,两种方略皆可采取有效的管控措施,其有效性基本相当。二者区别在于,刑罚恶害的报应具有恶害性,具有显著的"标签效应";矫治教育措施具有福利性、保护性或监护效能。

其二,就令其主观上"不想再作恶"(改恶从善的心理矫正)而言,对 12 周岁、13 周岁儿童判刑入监的弊害,至少包括重刑伤害效应、监狱污染效应和罪犯标签效应。降低刑事责任年龄底线拟修条款的适用结果大体为长期监禁刑，这势必造成该儿童在监狱中度过其青春期及其关键的社会化阶段，从而使其丧失在正常社会化进程中的“自愈”机会。犯罪社会学实证研究反复证实的“自愈”现象①，即多发于青春期的少年越轨行为（包括触犯刑律的行为），随着少年的社会化进程，尤其是在24～25周岁，大多数少年能够实现自我治愈，而无须特别的矫治。

基于如上具体分析，笔者认为，关于恶害性的刑罚报应和良善性的教育矫治，在二者之间应当如何理性抉择已经不言而喻了。应当看到，少年司法产生的初衷即将罪错少年移出传统刑事司法范畴，尽量避免刑罚报应的恶害性对其未来成长的戕害。

特殊预防效果的意图本身无可厚非，但我们的意图恐怕不能止步于短期效益，即保证“小恶魔”在监狱中无法再犯，同样或更为要紧的是，倚重科学的教育矫治措施，令其“放下屠刀”、改恶从善，尤其是不能非理性地甘愿冒着“小恶魔”在监狱恶劣条件下成长为“大恶魔”的巨大风险，也要满足报复情绪，选择刑罚恶害的报应方略。申言之，两种方略皆有风险，我们是应当将赌注押在良善性的教育矫治，还是将赌注押在恶害性的监狱行刑？笔者认为，稍有明智的人就不难作出更优的选择。

七、低龄犯罪问题

犯罪低龄化，也是降低刑事责任年龄底线支持者的一个重要理据。可以说，回应犯罪低龄化问题，也是降低刑事责任年龄底线的拟修条款的一个重要意图。诸多论说称我国少年犯罪低龄化，尤其是恶性犯罪低龄化——似乎我们社会已经游荡着一大群乳臭未干的“嗜血者”，且正在呈不断壮大之势。然而，这一论断或推测根本经不起理性推敲。

其一，支撑这一论断的统计数据根本经不起推敲。足以支撑这一论断的统计数据至少需要具备如下几个条件：（1）有相关的持续完备的数据系统，以供统计分析；（2）合理考虑了犯罪黑数问题；（3）合理考虑了投入警力多少的差

① 参见梅文娟：《少年刑事政策研究》，西南政法大学2015年博士学位论文。

异;(4)合理考虑了现代媒体发达所带来的宣传效应的空前扩张;(5)合理考虑了相关法律和刑事政策的变化,如盗窃罪构罪数额的不断提升,如基于少年刑事政策对诸多涉罪少年的非犯罪化处理。事实上,我国尚未有相关的科学严谨的实证研究,令人信赖,可资决策。根据最高人民法院公布的最新数据,2009年至2017年,全国未成年人犯罪数量呈持续下降趋势。① 除去相关法律和刑事政策变化的影响,这一数据对目前我国未成年人犯罪的大体现状和总体态势的评估具有一定价值。

其二,媒体的发达及有意渲染,是造成公众偏颇推测的重要因素。过去媒体不发达,即便发生了很多类似的事件,公众也不知情。而当今媒体,点击率是其生命线,不吸引眼球意味着无用功,因而其具有强大的动机来大肆渲染事件的离奇性,而少有动机来深度挖掘事件背后的故事,以引导公众理性思考。

其三,较长的社会成长经历获得的常识会否定这一论断或推测。至少,20世纪八九十年代的校园欺凌、低龄少年严重犯罪比现在要严重。

值得一提的是,不少论者用国外由于少年犯罪率居高不下和校园暴力频发,重提恶意补足年龄规则的例子,来类比我国的情况,从而得出应当引进恶意补足年龄规则或降低刑事责任年龄底线的结论,也是不妥的。相关的科学严谨的实证研究表明,婴儿潮才是导致美国少年犯罪数量(注意:是绝对数,而非相对数或比例)激增的主要原因。② 申言之,相关研究的基本结论是:如果将少年人口增长的变量因素考虑进来,美国相应时期的少年犯罪并未出现严重化的态势,而是呈基本稳定的状态。

八、刑罚正义问题

刑罚的发动需要充分的正义基础。如果说,一般预防和特殊预防的效能是刑罚的功利基础问题,那么,基于犯罪原因考察基础上的责任分担和基于犯罪人身心状况考察基础上的人道主义就是刑罚的正义基础问题。

---

① 参见罗书臻:《司法大数据"揭秘"涉未成年人案件审判情况:我国已成为世界上未成年人犯罪率最低的国家之一》,载中国法院网2018年6月2日,https://www.chinacourt.org/article/detail/2018/06/id/3325642.shtml。

② 参见[美]富兰克林·E.齐姆林:《美国少年司法》,高维俭译,中国人民公安大学出版社2010年版,第140页。

犯罪学实证研究的一项基本结论表明,犯罪的产生有其多方面的复杂原因,而不可能是犯罪人一人之责。刑事三元结构论[①]认为,犯罪(刑事事件)是加害人、被害人和刑事环境三方互动的结果,相关责任理应由三方分担。谁对事件的发生具有原因力,谁就应当承担相应的责任,这恐怕是刑事责任分担最基础的原理。少年犯罪尤其特殊,即相对于成年人犯罪而言,少年犯罪,社会(刑事环境)的责任更大,且少年越是年幼,社会(刑事环境)的责任越大。故而,少年越是年幼,对其发动刑罚的正义基础就越是不足。因此,当今世界各国多将未满 14 周岁的儿童规定为无刑事责任能力人。

对年幼儿童发动刑罚的正义问题中存在一个显著的悖论,即一方面,社会或国家越是充分承担了完善儿童福利、加强儿童保护和教育的责任,其对儿童严重危害社会的行为发动刑罚的正义性就越强;另一方面,社会或国家越是充分承担了完善儿童福利、加强儿童保护和教育的责任,儿童就越少可能出现严重危害社会的行为,则其对儿童发动刑罚的必要性就越小。同理,社会或国家越是不尽责,儿童就越大可能出现严重危害社会的行为,则社会或国家对儿童发动刑罚的冲动就越强;然而,社会或国家越是不尽责,其对儿童严重危害社会行为发动刑罚的正义性就越弱。

《荀子·富国》有云:"故不教而诛,则刑繁而邪不胜;教而不诛,则奸民不惩。"不教而诛,正义何在?刑繁而邪不胜,功利何在?降低刑事责任年龄底线,对年幼儿童发动刑罚,正义吗?功利吗?理性吗?

刑罚人道主义体现着人类文明的光辉。中国古代刑法素有"恤老""恤幼"的人道主义传统。西方近代以来,也多有刑罚人道主义的思想,如废除死刑、禁止残虐刑罚、反对重刑主义、禁止对年幼儿童适用刑罚等。对心智远未成熟、辨认及控制能力低下的低龄儿童的严重错误,采取宽宥、教育和矫治的处理方式,而非刑罚的恶害报应方式,正是刑罚人道主义的应有之义。我国清末法学家沈家本深受刑罚人道主义的影响,他强调"夫刑罚为最后之制裁,丁年

---

① 参见高维俭:《刑事三元结构论:刑事哲学方法论初探》,北京大学出版社 2006 年版,第 39 页。

[成丁的年龄,是中国古代服徭役、课税的条件,清代的成丁年龄为16岁][1]以内乃教育之主体,非刑罚之主体"。[2]

九、理论逻辑问题

刑事责任年龄的实质即从年龄角度对刑事责任能力问题进行的刑法拟制规定。刑事责任能力的实质即行为人的认识辨别能力和意志控制能力。年龄与认识辨别能力及意志控制能力具有密切的正向关联。就心智正常发育的未成年人而言,其越接近成年,就越具备刑事责任能力;反之,则越不具备刑事责任能力。于是,我国现行刑法将未满14周岁的未成年人规定为无刑事责任能力人。

《刑法修正案(十一)(草案二次审议稿)》拟降低这一刑事责任年龄底线至12周岁,并将其适用范围仅限于恶性暴力害命的故意杀人罪及故意伤害罪。降低刑事责任年龄底线的拟修条款理应做到理论逻辑自洽,尤其是针对这样一个重大问题的立法修订。然而,经过认真推敲,笔者发现其理论逻辑难以自洽。疑问至少包括以下两个方面。

其一,拟修条款的理论立意应当为:我国已满12周岁未满14周岁的儿童已经具备了相应的认识辨别能力和意志控制能力。然而,根据现代脑神经科学研究的结论,这一年龄阶段儿童的前额叶皮质部分(决定意志控制能力的部分)的发育才刚刚进入高速发展期(其中还有个体差异问题)。同时,我国并未有相关的生理学、心理学和社会学研究足以证明这一年龄阶段儿童的认识辨别能力和意志控制能力的发展已经比往先有所提前。

其二,其限制条款的言外之意应当为:我国已满12周岁未满14周岁的儿童只对恶性暴力害命的故意杀人行为及故意伤害行为具备认识辨别能力和意志控制能力,而对其他恶性行为(如强奸、抢劫等)不具备认识辨别能力和意志控制能力。然而,基于社会认知的常识,如果说已满12周岁未满14周岁儿童对恶性暴力害命的故意杀人和故意伤害行为的严重社会危害性和严重违背道义性具有认识辨别能力和意志控制能力,那么,其必然对恶性暴力的抢劫和强

① 参见邹瑜、顾明主编:《法学大辞典》,中国政法大学出版社1991年版,第13页。

② 李贵连:《沈家本传》,法律出版社2000年版,第320页。

奸等类似行为具有相应程度的认识辨别能力和意志控制能力。

倘若假定上述拟修条款的理论立意是正确的，那么，缘何不将恶性暴力的抢劫和强奸等类似行为也纳入该刑事责任年龄阶段呢？唯一的解释恐怕只能是：这是一种刑事政策的缩限考虑，即恶性暴力害命的故意杀人和故意伤害行为更严重，更接近民众关切的近年发生的恶性案件类型。然而，这种解释刚好印证了一些学者关于此类立法修订的“情绪性立法”的批判。此类理论逻辑不严谨的立法，尤其是在严重关乎基本人权的刑事法领域，恐怕难逃“非理性”或至少是理性程度不高的责难。

十、制度衔接问题

刑事责任年龄底线降低的立法必然牵涉相关制度的衔接问题，其要点在于与相关刑罚裁量制度、未成年犯管教所（少年监狱）行刑制度、收容教养制度以及工读教育制度之间的合理衔接及其科学效能的保障问题。

其一，关于与相关刑罚裁量制度的衔接问题。我们注意到，《刑法修正案（十一）（草案二次审议稿）》除了一款关于“不满十八周岁的人，应当从轻或者减轻处罚”的原则性规定外，未及其他。然而，对于显著年幼的12周岁、13周岁的犯罪儿童，其刑罚裁量不应当更为宽宥吗？如果是，那么裁量的尺度何在？

其二，关于与未成年犯管教所（少年监狱）行刑制度的衔接问题。对于显著年幼的12周岁、13周岁的犯罪儿童，其监狱行刑不应当具有显著的特殊性吗？如果是，那么如何在相关制度中予以体现，予以规制？对此，未见相关立法作出回应。

其三，关于与收容教养制度和工读教育制度的衔接问题。我们注意到，一方面，《刑法修正案（十一）（草案二次审议稿）》明确意图将“收容教养”一词替换为“专门矫治教育”一词，其意大体不外乎两者，即避嫌近似“劳动教养”“收容教育”的污名和强调教育矫治及其专门化；另一方面，与此同步进行的《预防未成年人犯罪法（修订草案二次审议稿）》拟对“专门矫治教育”制度予以修改完善。

然而，其中的显著问题值得注意：首先，名称的改换本身并无实际意义，关键在于相关制度的合理衔接以及相关具体措施及资源配置的提升优化问题，否则难逃“换汤不换药”的质疑；其次，关于“专门矫治教育”制度的拟修条款似乎有将收容教养与工读教育对象混同的倾向，这有违分级干预的理念，很不科学；最后，相关拟修条款不仅设置了将触刑少年（收容教养对象）强送“专门学校”的制度，还设置了将部分严重不良行为少年（工读教育对象）强送“专门学校”的制度，且无须经过司法程序，而是“经专门教育委员会评估”，公安机关即可决定。对此，笔者的基本观点如下。

其一，从分级干预制度理念出发，工读学校教育和收容教养需要严格区分，包括其决定程序、强制程度和具体干预或教育矫治措施，因为二者的性质具有显著的分别。

其二，但凡强制禁闭类（尤其是长期的）的决定，必经司法程序，因为其实质上涉及人身自由的限制，关涉现代社会的基本人权理念。相关的少年司法制度，应当基于少年法的基本理念，如儿童最佳利益原则等，亟待改革完善。

其三，关于“专门教育委员会”的横空出世，人们不禁要问：其组成人员如何？其管理归属如何？其评估内容如何？其专业性、科学性如何保障？其评估的法律性质如何？诸如此类一系列问题，有点令人不知所措，亟待具体的制度性的回应。

其四，社会人格调查报告制度应当获得特别的重视，没有完善的社会人格调查和科学的评估报告，就不可能有科学的“专门矫治教育”，就不可能有到位的少年司法制度。

其五，在少年的“专门矫治教育”制度设计中，专业的社工组织应当获得更为重要的角色，因为相关工作的实质核心为福利和保护，而非倚重公安机关的强硬手腕。

其六，少年监护问题是少年健康成长的核心基础，需要认识到“专门矫治教育”、收容教养及工读学校教育等制度具有国家监护、补足或辅助监护的性质，并将其相关的制度设计建立在少年监护制度的基础上。强硬态度的措施，或可在形式上实现一时的管控，但其长期的实质效益堪忧，更有可能雪上加霜。

十一、结语：理性冷静面对少年罪错问题以及少年法律制度的系统完善

多项深入的相关实证研究表明：“少年犯罪不是按照儿童期的年龄均匀分

布的,而是集中在青春期的数年中。因此,阐释现代少年司法的特性,即为制定相关的政策,以令相关的有害错误能够如制度所愿地那样发生,并在违犯法律中获得成长。……怎样的对策能够令谴责错误行为的需要和提供正常成长机会的利益协调一致?""缺乏经验的年轻人在做决定的过程中,会犯下更多的错误,这是不可避免的结果。这些是在一个自由社会中成长的必要风险。"①

降低刑事责任年龄底线的拟修条款将相关问题过于简单化,似乎降低了刑事责任能力底线,就真正回应了民意,正义就真正实现了。然而,真正的民意应当是真正解决少年健康成长的问题,实现少年法治的正义。而真正、根本的少年法治正义在于:着力完善包括儿童福利、少年保护和少年越轨等法律制度在内的少年法律制度体系,从而令少年健康成长获得完善的制度保障。就国家战略层面而言,少年法治实为国家发展的战略要地。

最后,在决定降低刑事责任年龄底线之前,我们不妨再冷静地想想:在相关极端个案的背后,存在福利欠缺、监护不力、教育不当等显著问题,而如果福利到位、监护得力、教育得法……这些孩子还会犯如此大错吗?

① ［美］富兰克林·E.齐姆林:《美国少年司法》,高维俭译,中国人民公安大学出版社2010年版,第29页。

《刑法修正案(十一)》刑事责任年龄条款的立法解读、问题评论及应对策略

摘要:《中华人民共和国刑法修正案(十一)》[以下简称《刑法修正案(十一)》]刑事责任年龄规范隐含了未成年人刑事政策理念的纠结游离,即在"宜教"和"宜罚"之间纠结游离。社会出于焦虑情绪的惩治需求以及对于威慑效用的希冀,是其背后的支撑。此次刑事责任年龄修订规范的合理性、明确性与外部协调性等问题皆应引起重视。综合性思维以及克制性刑罚适用策略,可以为相关问题的应对提供方向指引。

关键词:《刑法修正案(十一)》;刑事责任年龄;立法解读;问题评论;应对策略

The Criminal Liability Age Revision in the 11th Amendment to Criminal Law: Illustrations, Comments and Adaptations

Abstract: The criminal liability age revision in the 11th Amendment to Criminal Law implies the entanglement and dissociation about the juvenile criminal policy, between the ideals of appropriate education and appropriate punishment. The social anxiety demand for punishment and the hope for deterrent effect are the support behind it. The rationality, clarity and external coordination of the revised norms of the criminal liability age should be faced up to. Comprehensive thinking and restraint penalty application strategies can provide guidance for adaptations to the relevant problems.

Keywords: The 11th Amendment to Criminal Law; Criminal Liability Age; Illustrations; Comments; Adaptations

针对未成年人的刑罚宽宥政策是刑法人性化的重要体现。① 对未成年人（或称少年、儿童）采取有别于成年人的特别保护政策，于国内外皆具有久远的历史。其在我国儒家文化的仁爱思想下得到了广泛认可，“恤幼”成为美德的重要内容，②并于周朝以来的历代律法中皆有体现。③ 近年来，国家对涉未成年人事项的重视程度提升到了新高度，涉未成年人法律亦进行了大幅调整。在此背景下，《刑法修正案（十一）》对未成年人罪错行为治理规范进行了针对性修订，修订内容主要集中于刑事责任年龄最低界限的降低与专门矫治教育制度对收容教养制度的替代。④ 于是，对于刑事责任年龄规范各项内容的把握状况将直接影响未成年人刑事政策的适用状况，亦将直接影响罪错未成年人治理的成效问题。本文拟于解读《刑法修正案（十一）》刑事责任年龄规范立法理念的基础上，评析其中存在的问题，并进而探寻相关问题的应对策略。

一、《刑法修正案（十一）》刑事责任年龄条款的立法理念解读

《刑法修正案（十一）》刑事责任年龄条款隐含了我国未成年人刑事政策理念的纠结游离。尽管“少年宜教不宜罚”“教育为主，惩罚为辅”的未成年人刑事政策理念已经提出多年，并得到学界广泛认同，但在近年来的社会舆论的冲击下，尤其是在面临媒体曝光的恶性未成年人触刑案件时，以刑罚手段严惩的呼声尤为强烈。《刑法修正案（十一）》刑事责任年龄条款即在教育挽救理念受

---

① 参见刘艳红：《人性民法与物性刑法的融合发展》，载《中国社会科学》2020 年第 4 期。

② 参见高园：《中国古代刑事责任年龄制度探析——以“矜老恤幼”思想为切入点》，载《社会科学动态》2021 年第 9 期。

③ 参见郑定：《中国古代法律中的刑事责任年龄制度及其特点》，载《法律学习与研究》1987 年第 5 期。

④ 《刑法修正案（十一）》第 1 条第 3 款规定：“已满十二周岁不满十四周岁的人，犯故意杀人、故意伤害罪，致人死亡或者以特别残忍手段致人重伤造成严重残疾，情节恶劣，经最高人民检察院核准追诉的，应当负刑事责任。”第 5 款规定：“因不满十六周岁不予刑事处罚的，责令其父母或者其他监护人加以管教；在必要的时候，依法进行专门矫治教育。”

到报应惩处理念冲击下诞生的，其反映出立法者的实际观念仍然多有纠结游离。其理念游离现状主要是由报应惩处理念对教育挽救理念的冲击导致，而社会焦虑情绪与刑罚威慑理论为报应惩处理念的抬头提供了现实依据与理论支撑。

（一）基本理念现状：游离于"宜教"和"宜刑"之间

分析《刑法修正案（十一）》刑事责任年龄条款可见，其在降低刑事责任年龄底线、以刑罚方法惩治罪错未成年人的同时，又以专门矫治教育制度替代收容教养制度，试图重新构建罪错未成年人的非刑罚教育矫治机制。此两种整体方向相反的治理路径反映了我国未成年人刑事政策基本理念已悄然变化，过往教育挽救理念的主导地位被动摇，立法者摇摆于教育与惩处之间。

其一，立法者虽对纯粹的教育保护理念的可靠性产生了怀疑，但亦不打算完全放弃。一方面，一以贯之的教育保护理念，在制度具体内容及实践适用过程中面临诸多问题，导致"宜教"理念下诞生的矫治教育制度效用不佳，未能实现矫治罪错未成年人不良恶习的制度创设目标。另一方面，立法者并不否认"宜教"理念的理论正当性与效用应然性，也无意突破世界范围内的罪错未成年人教育保护为主导的理念共识，仍期望在相应具体制度的基础上进一步延续"宜教"理念，并由此形成了对教育保护理念的若即若离的态度。

其二，立法者对惩处威慑理念怀有尝试心态。在教育保护理念效用不佳的背景下，动用刑罚方法治理、管控未成年人罪错行为似乎为世界各国的惯常思维。从少年司法的起源地美国，到亚洲少年司法的率先实践地日本，似乎都经历过从福利教育模式到兼顾报应模式的发展摇摆阶段。① 在过往教育保护理念主导下，我国未成年罪错行为矫治教育制度效用不尽如人意，亦使立法者产生了通过刑罚报应方法治理未成年人罪错行为的思想倾向。但将刑罚措施适用于低龄未成年人的必要性、合理性及效用性等内容仍有待探讨，其不仅存在同未成年人成长规律不协调的问题，也与恤幼的传统文化相矛盾，不可避免地将受到质疑。

① 参见［日］齐藤丰治、李颖峰：《少年司法的形成历史与普遍模式探究》，载《刑法论丛》2016年第4期。

正是基于教育保护理念虽实践效用欠缺，但具有较高的理性程度，以及刑罚措施一贯以来所具有的高效管控效用，《刑法修正案（十一）》一方面，意图调整“宜教”理念的具体制度模式，寻求切实有效的具体矫治教育路径；另一方面，又倾向于尝试以刑罚方法解决低龄未成年人罪错行为治理问题，希冀具有较强即时效用的刑罚方法亦能行之有效，由此形成了我国未成年人刑事政策于“宜教”和“宜刑”之间举棋不定的状态。

（二）理念游离现状的原因分析

为深入解读《刑法修正案（十一）》刑事责任年龄条款的立法理念，有必要进一步深入分析上述理念游离现状的背后原因。《刑法修正案（十一）》所反映的未成年人刑事政策基本理念游离现状的背后，存在社会现实因素所产生的社会需求，以及相应的理论依据作为支撑。

1. 社会现实因素：焦虑情绪及法律秩序维护意愿

我国未成年人刑事政策基本理念的纠结游离以及《刑法修正案（十一）》刑事责任年龄条款修订的直接推动力，是日益突出的社会焦虑情绪及法律秩序维护意愿。低龄未成年人恶性触刑事件虽是《刑法修正案（十一）》刑事责任年龄条款修订的诱因，但客观社会事实并不能与法律规范进行因果关系上的直接对接，其须作用于社会意志方具备规范转化的基础条件。此次刑事责任年龄调整过程中，低龄未成年人恶性触刑行为属于客观社会事实，其无法直接导致《刑法修正案（十一）》刑事责任年龄条款的修订。直接推动《刑法修正案（十一）》刑事责任年龄条款修订的是，低龄未成年人恶性触刑行为的目光聚集效应以及罪错未成年人非刑罚教育矫治机制的虚置状况，所引发的社会焦虑情绪与法秩序维护意愿。①

其一，未成年人罪错行为频发及其低龄化趋势似已成为社会共识。基于对未成年人罪错特别保护的需要，未成年人罪错行为数据不予公开，但低龄未成年人罪错行为与未成年人恶性罪错行为本身具有突出的新闻焦点效应，为媒体报道后，能引起社会公众的广泛关注。也正因如此，现今社会普遍认为：

---

① 参见刘扬、虞浔：《论未成年人恶性犯罪追责机制之完善——以恶意补足年龄规则为鉴》，载《当代青年研究》2020 年第 2 期；高维俭：《少年法学》，商务印书馆 2021 年版，第 68～70 页。

未成年人罪错行为，尤其是低龄未成年人的恶性罪错行为，已成为社会亟待解决的问题。

其二，我国罪错未成年人的非刑罚教育矫治机制长期处于虚置状态。①《刑法修正案（十一）》颁行前，全国大部分地区的收容教养制度已废弃多年。对于存在恶性触刑行为的低龄未成年人，多由公安机关进行口头教育，后即将其放归社会。此种放任式处置方式，一方面，背离社会公众的正义评判标准。尤其是当恶性触刑未成年人处于刑事责任年龄临界点时，较小的年龄差异导致的处置方式的巨大落差，极易与社会的朴素公正观念产生冲突。另一方面，放任未经有效矫治教育的未成年人重归社会，进一步加重社会公众的焦虑不安感。

在低龄未成年人罪错行为给人较大冲击的整体背景下，非刑罚处遇制度的虚置状况难免不引发社会公众对于低龄未成年人罪错行为矫治教育措施的不信任感。由此，降低刑事责任年龄底线、通过刑罚手段治理低龄未成年人恶性罪错行为的呼声愈加强烈。《刑法修正案（十一）》刑事责任年龄条款正是在此种社会背景下得以修订的。②

2. 理论支撑因素：刑罚威慑理论

从理论支撑因素的视角分析，《刑法修正案（十一）》刑事责任年龄条款修订体现了立法者对刑罚威慑力的信赖。推测相关的立法逻辑，在《刑法修正案（十一）》刑事责任年龄条款中，刑罚的可靠程度明显高于专门矫治教育制度。

其一，立法者或许认为，刑罚方法可作为恶性未成年人罪错行为治理的快速方式，可望迅速控制未成年人罪错行为的严峻态势。《刑法修正案（十一）》将已满12周岁未满14周岁的刑事责任年龄段的刑罚保护对象划定到生命权与重大健康权的范围内，即以此划定低龄未成年人恶性罪错行为的刑法红线。之所以采用刑罚方式而非其他方式划定红线，是因为立法者认为刑罚方法具

① 参见温雅璐：《收容教养制度的发展困境及司法化重构》，载《青少年犯罪问题》2020年第1期。

② 参见孙梦爽：《刑法修正案（十一）草案二审：回应人民关切推动刑法与时俱进》，载《中国人大》2020年第20期。

有其他法律制裁方式所无法比拟的威慑效用。

其二,由教育保护主导向惩罚报应倾斜的未成年人刑事政策理念,反映出立法者有意将刑罚作为专门矫治教育的威慑力补强后盾。立法者对专门矫治教育制度能否依据其自身制度运转实现低龄未成年人罪错行为矫治目标尚心存疑问,或许对于低龄未成年人恶性罪错行为,有必要以刑罚方式给予专门矫治教育制度相应的威慑力补强。换言之,如若立法者对专门矫治教育的效用具有充足的信心,何须将严厉的刑罚施加于低龄未成年人?通过刑事责任年龄底线的降低,使刑罚及其附随后果的严厉性映射于专门矫治教育制度,让罪错未成年人感受到专门矫治教育制度身后孔武有力的刑罚身影,以协同专门矫治教育制度的运作,也是降低刑事责任年龄底线的目的之一。

二、《刑法修正案(十一)》刑事责任年龄规范的问题评论

《刑法修正案(十一)》刑事责任年龄条款虽已修订,但其尚存规范宏观理念疑问与具体规范内容不足,由基本理念至具体规范所存在的问题是刑事责任年龄条款适用过程中存在的障碍,亦是实现未成年人罪错行为理性治理亟须解决的问题。《刑法修正案(十一)》刑事责任年龄条款的相关疑问大体可分为理念游离的有关疑问、制度规范明确性疑问与外部衍生性疑问三大类。

(一)理念游离的疑问

随着《刑法修正案(十一)》的颁行,刑事责任年龄制度的有关争议也由纯粹的学理讨论[①],转变为以现有制度规范为锚定的研究。然而,《刑法修正案(十一)》刑事责任年龄条款仍存在诸多疑问亟待解决。其中,报应因素抬头导致的理念游离的现实依据疑问、正当性及效用性疑问具有根源性,是众多问题的根源所在。

1. 刑罚之于低龄未成年人的必要性疑问

降低年龄论者在论证降低刑事责任年龄的必要性时,多以低龄未成年人

---

① 在《刑法修正案(十一)》颁行前,学界对刑事责任年龄界限是否应当降低的问题进行了较为激烈的讨论,在降低刑事责任年龄的具体方式上,以我国实际情况为基础吸收借鉴英美法系的恶意补足年龄规则的观点得到了较多的支持。参见张颖鸿、李振林:《恶意补足年龄规则本土化适用论》,载《中国青年研究》2018 年第 10 期;马松建、潘照东:《"恶意补足年龄"规则及其中国适用》,载《南京师大学报(社会科学版)》2020 年第 4 期。

罪错行为(尤其是恶性行为)的多发与增长为现实依据,认为当今社会低龄未成年人极端触刑行为已成为刻不容缓需要解决的问题。然而,未成年人极端触刑行为是否具有低龄化倾向与增长趋势尚存疑问,持未成年人犯罪低龄化观点的学者也多仅能依据媒体报道进行数据推测。① 应当注意的是,新兴媒体的通达性及其与市民生活的贴合性,扩展了未成年人极端触刑事件的社会影响,使以往传播范围局限于一域的罪错未成年人触刑事件成为全国性社会事件。由此,进入公众眼帘的未成年人触刑事件数量呈现增长趋势。在没有切实可靠的数据证实低龄未成年人罪错行为在数量比例和严重程度上都有大幅增长的前提下,降低刑事责任年龄底线,以刑罚方法威慑、惩处未成年人罪错行为的现实依据并不牢靠。②

2. 刑罚之于低龄未成年人的正当性疑问

刑罚报应因素地位的抬升是未成年人刑事政策基本理念游离的具体体现。依据现代刑罚理论,刑罚之于犯罪人,并非单纯满足社会报复需求的手段,更非社会情绪的宣泄途径。刑罚的发动需以惩处对象具备辨认能力与控制能力为前提。而低龄未成年人是否足以辨认其故意杀人与故意伤害行为的社会意义,以及是否具有足够的控制能力以控制其自身不去实施故意杀人与故意伤害行为,不无疑问。

首先,缺乏对低龄未成年人辨认能力的理性判断。辨认能力的判断应以主体的社会化程度与社会意识为核心内容。而对于《刑法修正案(十一)》于特定情形降低刑事责任年龄底线的立法抉择,尚无全面、公开、系统的研究证明绝大部分12周岁至14周岁未成年人能清晰地认识到故意杀人行为与故意伤害行为的社会意义。于此前提下,立法者及刑事责任年龄降低论者,皆仅凭借所谓逻辑演绎的推定,以成年人的理性思维逆向假定12周岁至14周岁的未成年人亦可认识故意杀人与故意伤害行为的社会意义,不得不让人怀疑其是否

① 参见王登辉:《降低未成年人刑事责任年龄的基本问题研究》,载《西南政法大学学报》2020年第4期。

② 参见邓君韬:《年龄与认知:“降低刑事责任年龄”引发的思考》,载《中国政法大学学报》2020年第4期。

属于理性判断？

其次，对低龄未成年人的控制能力采取忽视态度。如果说对于低龄未成年人的辨认能力，降低论者尚采用了推定方式进行论证，那么对低龄未成年人的控制能力则多有忽视。无论此种忽视是基于对辨认能力与控制能力关系的错误认识，从而认为作为基础性因素的辨认能力的具备大概率可推导出控制能力的具备，还是认识到控制能力认定的困难性而有意以含混态度略过此难题，皆无法以合理的逻辑方法判定低龄未成年人具备对相应犯罪行为的控制能力。

最后，倘若可以判定低龄未成年人具备相应的辨认能力和控制能力，那么缘何只限于恶劣的故意杀人行为和故意伤害行为，而不包括那些同样或更为接近一般人及未成年人的道德常识的违法行为，如抢劫、强奸、盗窃等？

3. 刑罚之于低龄未成年人的效用性疑问

矫正低龄未成年人的不良恶习，保障其健康成长，促进其社会化发展，是未成年人刑事政策的核心价值目标。而刑罚对于低龄未成年人是否具备有效威慑力，是否具备矫正其恶习并促进其健康成长的效用，多存疑问。首先，刑罚难以对低龄未成年人形成有效威慑，或者至少远不如我们成年人想象的那样有效。刑罚威慑效用的实现与被威慑人的理性认知状况息息相关。然而，低龄未成年人理性认知的严重不足与故意杀人、故意伤害行为的激情特性相结合，刑罚实难以有效发挥威慑作用，难以实现立法者所冀望的威慑效应。其次，刑罚难以实现矫正低龄未成年人不良恶习、保障低龄未成年人健康成长的价值目标。世界各国的实践表明，刑罚对犯罪人的矫治效用皆不尽如人意，交叉感染风险、再社会化障碍、再犯风险等问题，既是犯罪人面临的生存发展困境，亦是国家社会治理的难题。而对低龄未成年人适用刑罚，所面临的问题将更为尖锐，具体而言：在行刑过程中，是否能有效避免行刑环境可能会对低龄未成年人产生的合法权益侵害、对人格养成的消极影响，以及恶习加重风险？在现有社会治理体系下，遭受刑罚处罚的低龄未成年人是否能良好地回归社会？在上述问题尚无良好解决方案的前提下，降低刑事责任年龄底线，以刑罚方法应对低龄未成年人恶性触刑行为，恐怕几乎不太可能取得良好的效用。

(二)规范的模糊性

明确性是制度规范的应然属性,亦是制度规范合理性程度及效用程度的重要影响因素与表象指标。《刑法修正案(十一)》刑事责任年龄条款尚存诸多重要的模糊边界问题,亟待明确。

1.“故意杀人、故意伤害罪”的明确性疑问:行为类型抑或罪名类型

《刑法修正案(十一)》第1条第3款将低龄未成年人的刑罚处罚范围框定于“犯故意杀人、故意伤害罪”之内。从规范文本的用语分析,“故意杀人、故意伤害罪”表述本身符合法规范明确性的要求。但从刑法规范整体语境,尤其是司法解释对《中华人民共和国刑法》(以下简称《刑法》)第17条第2款“犯……罪”表述的解读分析可发现,司法解释将刑法对限制刑事责任年龄的范围界定为行为类型而非语义表述的罪名类型。① 在此前提下,对于《刑法修正案(十一)》第1条第3款“犯故意杀人、故意伤害罪”的规定,无法当然性地解释为罪名类型。但也无法当然地类比司法解释对限制刑事责任年龄阶段规范的解读,认为《刑法修正案(十一)》第1条第3款所规定的“犯故意杀人、故意伤害罪”应解读为行为类型。《刑法修正案(十一)》第1条第3款“犯故意杀人、故意伤害罪”规定尚不足够明确。

2.“情节恶劣”的明确性疑问

“情节恶劣”是对低龄未成年人适用刑罚的前提要件,既是划定低龄未成年人刑罚适用范围大小的重要影响因素,也是影响低龄未成年人罪错行为治理效用的决定性因素。前提要件的明确性程度同未成年人刑罚适用的恣意风险成反比。然而,《刑法修正案(十一)》并未对“情节恶劣”进行详尽规定,亦未对“情节恶劣”的解读给出明确的路径指引,划定“情节恶劣”的边界。何为《刑法修正案(十一)》刑事责任年龄条款中的“情节恶劣”?其与其他刑法规范中的“情节恶劣”规定是何关系?是否可直接类比其他刑法规范中“情节恶劣”的解释标准?上述疑问皆反映了《刑法修正案(十一)》第1条第3款“情节恶劣”要件的模糊性问题。

① 参见曲新久:《相对负刑事责任年龄规定的适用》,载《人民检察》2009年第1期。

3. 专门矫治教育制度条款的明确性疑问

专门矫治教育制度作为《刑法修正案(十一)》新创设的用以替代收容教养制度的罪错未成年人非刑罚处遇制度,既是我国未成年人刑事政策教育、挽救理念的重要载体,也是我国罪错未成年人分级干预制度体系的重要一级。《刑法修正案(十一)》专门矫治教育制度条款的明确性疑问,主要集中于"在必要的时候"表述的模糊性。"在必要的时候"之于专门矫治教育制度类似于"情节恶劣"之于刑罚,其为专门矫治教育制度的启动要件,具有非常关键的意义。"在必要的时候"作为专门矫治教育制度适用的前提要件,其沿袭自原有的收容教养制度,给予了决定机关相应的裁量决定权。但包括《中华人民共和国预防未成年人犯罪法》在内的各项法律规范,皆未对专门矫治教育的这一关键的启动条件进行明确规定,于是,专门矫治教育制度进则存在被滥用的风险,退则易沦为"僵尸"制度。由此,明确"在必要的时候"的内涵与判断标准刻不容缓。

(三)外部衍生疑问

《刑法修正案(十一)》刑事责任年龄条款修订所带来的外部衍生疑问,主要集中于刑事诉讼羁押性规范是否应当适用于低龄未成年人的问题。刑事责任年龄底线的降低,带来的不仅仅是实体性的刑罚适用问题,其亦对现有刑事诉讼程序提出了新的疑问,即《刑法修正案(十一)》于特定情形将刑罚的启动条件由 14 周岁降低至 12 周岁,对于相应的低龄未成年人的羁押制度问题,则是必须面对的程序问题。

首先,从现实需求层面分析:一方面,低龄未成年人实施了恶性触刑行为,后果严重,其人身危险性不可谓不大;另一方面,恶性事件的发生,往往伴有社会恐慌情绪,进而产生控制低龄触刑未成年人、暂时阻隔其可能的社会危险性的需求。

其次,从规范层面分析:《中华人民共和国刑事诉讼法》及其相关司法解释并未将未成年人排除于包括拘留、逮捕在内的强制措施适用范围外,亦未对拘留、逮捕强制措施适用划定年龄界限。由此,在确有现实需要、并无规范禁止的情形下,对低龄未成年人羁押似乎确有发生的可能。

然而,在现实需求与规范许可的前提下,是否可理所当然地对低龄未成年人适用刑事拘留、逮捕强制措施呢?笔者认为,是否应当对低龄触刑未成年人适用拘留、逮捕强制措施的问题,不仅应当考虑社会现实需要与是否为规范所允许,还应考虑低龄未成年人的身心特性,甚至低龄未成年人的身心特性应属于首要考虑因素。

对低龄触刑未成年人进行羁押,确可暂时缓解低龄未成年人人身危险性对社会的影响,但对低龄未成年人适用刑事拘留、逮捕强制措施,不得不使人担忧低龄未成年人合法权益是否能得到有效的保障。具体而言,有以下隐忧:(1)监护职能的履行忧虑。依据《中华人民共和国宪法》《中华人民共和国未成年人保护法》的规定,所有未成年人皆应受到良好的监护,低龄未成年人的监护力度与监护技巧皆要求较高,而看守所是否具备良好的监护履行能力?(2)恶习加重风险。将处于人格养成关键期的低龄未成年人羁押于以成年犯罪嫌疑人为主体的看守所中,不得不让人忧虑是否存在加重低龄未成年人恶习的风险。① (3)合法权益受侵害风险。虽然《看守所条例实施办法(试行)》规定未成年人与成年人应被分别关押,但在看守所空间极为有限的背景下,似乎难以全然贯彻分别关押的规定,低龄未成年人难免与大龄未成年人或成年人一同关押。此时,相应的风险会大幅增加。

《刑法修正案(十一)》刑事责任年龄条款的基本理念的游离、规范的模糊性以及规范变动所引发的外部衍生性疑问是此次修法亟待解决的问题。上述疑问的妥善解决,直接关系到低龄未成年人罪错行为的治理成效与低龄未成年人合法权益保护等一系列问题,理应针对相关疑问,探寻相应的应对策略。

三、《刑法修正案(十一)》刑事责任年龄条款问题的应对策略

对于《刑法修正案(十一)》刑事责任年龄条款的相关疑问,亟待有针对性、系统化的应对策略。大体而言,笔者认为,长期治本之策为:摒弃报应思想,坚守教育保护理念,并据此对刑事责任年龄条款予以立法校正;而近期改善之策应从规范适用的相关方略着手。

---

① 参见吴静:《制度与出路:专门矫治教育制度困境与重构》,载《重庆社会科学》2021年第8期。

（一）基本理念问题的应对策略

基本理念问题是《刑法修正案（十一）》刑事责任年龄条款的根源性问题，也是改善刑事责任年龄条款现有不足首先要解决的问题。在理念转换的基础上，改善刑事责任年龄条款的模糊性、衍生性疑问，方可对规范体系进行系统性完善。

1. 长期治本之策：教育保护理念的坚守

如前文所述，未成年人刑事政策向报应、惩处的游离，并不具有可靠的现实依据，亦存在正当性及效用性的疑问。基本理念游离问题的根本解决策略，即继续坚守教育保护性的未成年人刑事政策，重新树立教育保护理念的核心主导地位。教育保护理念不仅符合未成年人的客观成长规律，也是及时阻断未成年人不良恶习发展，根治未成年人罪错行为问题的理念。教育保护理念的坚守，具体于制度构建领域，应当恢复 14 周岁的刑事责任年龄最低界线，通过刑法规范修订的方式限制刑罚的发动。在此基础之上，还应以未成年人身心特征为基础，对专门矫治教育制度进行系统化构建，使之成为罪错未成年人矫治行之有效的方式。

2. 近期改善之策：刑罚适用范围的克制

在《刑法修正案（十一）》业已生效的前提下，即刻修改相应的刑事责任年龄条款，且不说对于刑法规范稳定性的影响，仅是修法的过程所需时长即以年计。因此，在现有规范背景下，寻求以有效方法遏制刑罚不当适用的潜在风险，方为首要的现实问题。具体而言，在教育和惩罚并行的政策理念下，在明确刑罚的触发要件时，应采用极为克制的刑罚启用方略，将刑罚定位为悬于低龄未成年人恶性触刑行为之上的“达摩克利斯之剑”，令其刑罚启动为例外，不启动为常态。刑罚启用的具体克制路径，不仅包括对“犯故意杀人、故意伤害罪”“情节恶劣”等实体要件的限缩解释，亦包含借助严格的程序规则来限制刑罚的启动。

（二）规范明确性问题的应对策略

如上所述，《刑法修正案（十一）》刑事责任年龄条款的明确性问题主要在于“犯故意杀人、故意伤害罪”、“情节恶劣”以及“在必要的时候”的规定上。

相应的科学合理的适用解释,不仅有助于相关制度规范应然价值的提升,还有助于相应的刑罚克制策略。

1.“犯故意杀人、故意伤害罪”的明确化

关于“犯故意杀人、故意伤害罪”行为类型与罪名类型的理论争议,不仅是对犯罪圈大小的争论,更是由于法律规范的不明确,导致的对低龄未成年人刑罚惩处、威慑范围以及合法权益保护范围的意见不一。“犯故意杀人、故意伤害罪”是对低龄未成年人适用刑罚的基础要件,划定了低龄未成年人刑罚惩处的基本界限,对“犯故意杀人、故意伤害罪”的明确化仍应结合刑事政策基本理念现状与刑罚克制策略的要求,尽可能缩小刑罚的适用面。为此,宜采用罪名立场解读“犯故意杀人、故意伤害罪”的规定。

2.“情节恶劣”的明确化

“情节恶劣”既是对低龄未成年人适用刑罚的实体前提要件,同时也是贯彻克制性刑罚策略的重要一环。“情节恶劣”是《刑法》中常用的程度表述用语,其内涵通常由司法解释予以进一步明确,并于部分犯罪行为的“情节恶劣”判断中以具体的量作为判断标准。然而,具体的量的判断标准并未把握“情节恶劣”的实质。“情节恶劣”之所以能作为刑罚启动与法定刑升格要件的原因在于,“情节恶劣”是行为人人格的重要外在体现的概括性表述。而具体的量的标准不仅无法完整反映行为人人格,甚至存在以形式的量的标准拔高人格恶性、实质性扩大刑罚处罚范围的显著不当及风险。因此,对《刑法修正案(十一)》第1条第3款规定的“情节恶劣”应着重以人格恶劣状况为核心进行综合性判断。具体而言:(1)不仅要综合考量在案的行为事实,更需要借助社会人格调查报告,重点考量行为人的人格事实;(2)不仅需以行为的量的大小来进行形式判断,还需将行为背景与社会常识、常理、常情结合进行实质判断;(3)宜以指引性、方法性规定为主,避免刻舟求剑的精确刻度思维所带来的僵化规则。

3.“在必要的时候”的明确化

“在必要的时候”是《刑法修正案(十一)》明确规定的专门矫治教育制度启用的前提要件,但其表述的模糊性带来了恣意或虚置的风险。上述风险问题的根治之策是对“在必要的时候”予以科学合理的明确化解读。专门矫治教育不仅属于罪错未成年人矫治性处遇制度，亦是替代性的监护制度①，对“在必要的时候”的明确化解读，也应从矫治必要性与监护替代必要性着手。首先，在矫治必要性层面，低龄未成年人的严重人身危险性是判断的核心标准，而非其行为的社会危害性。其次，在监护替代必要性层面，宜采用社会人格调查报告为判断手段，综合判断家庭监护状况，并进行亲职教育的帮扶。在上述帮扶手段后，仍无法落实有效监护，且该低龄未成年人具有严重程度的人身危险性的，则应对其进行专门矫治教育。申言之，专门矫治教育措施的采取并非首选，而是不得已的兜底措施。

（三）外部衍生疑问的应对策略

刑事责任年龄底线下调所带来的低龄未成年人羁押性强制措施适用问题，其应对策略可以考虑如下两个方面。

1. 远期立法策略：构建罪错未成年人的临时特别监护制度

罪错未成年人的临时特别监护制度即由国家特定机关决定在特别的专门场所（如专门学校）对罪错未成年人进行临时监护的制度。其性质为国家监护和临时监护，适用于父母或其他监护人的监护缺位且短期无法修复的情形。在对未成年人（尤其是低龄未成年人）适用羁押制度的过程中所存在的风险主要集中于其受到合法权益侵害与健康成长阻碍等两方面。而基于部分罪错未成年人的人身危险性，又有必要将其与社会公众进行适当隔离。由此，设置针对罪错未成年人的临时特别监护制度是风险与需求调和的最佳途径。

2. 近期司法策略：虚置羁押适用，强化亲职教育

具体而言，对于低龄未成年人应以不羁押为基本原则，即尽可能不对低龄未成年人采取羁押性强制措施，转而寻求其他替代性措施，寻找未成年人最佳利益保护与社会公共安全维护需求的平衡点。鉴于父母及监护人对未成年人成长过程的知悉程度及其监护职责所在与教育、感化、挽救未成年人目标的高度契合，由父母或者其他监护人严加管教，应为首选的替代性措施。与此同

① 参见高维俭：《未成年人刑事监护制度研究》，载《人民检察》2019 年第 15 期。

时，应加强对父母或其他监护人的亲职教育，提升其监护能力，并着力改善导致罪错未成年人不良恶习的生长环境。而在父母或其他监护人的管教能力欠缺时，对确具有严重人身危险性的低龄未成年人，还可以考虑适用取保候审、监视居住等非监禁措施，作为父母或其他监护人的监护管教措施的补充。其间，坚持个别化原则，以罪错未成年人自身实际情况及生活环境为基础，有针对性地将恶习矫治措施、生活帮扶措施渗透于取保候审或监视居住的执行过程当中。

四、结语

刑事责任年龄底线的下调与专门矫治教育制度的创设，是《刑法修正案（十一）》对于刑事责任年龄条款的重大修订，反映了我国未成年人刑事政策基本理念向刑罚报应方向游离的现状。然而，将惩罚报应理念适用于未成年人的必要性、正当性及效用性皆存疑问。同时，刑事责任年龄条款自身亦存在模糊性问题，并引发了刑事诉讼过程中是否应对低龄未成年人进行羁押的疑问。虽可于规范所框定的范围内调整适用策略，尽量缓和理论游离立场、规范内容及技术层面问题的尖锐程度，但长远来看，抑制惩罚报应倾向，回归教育挽救的保护立场，完善集教育、挽救、帮扶于一体的科学的罪错未成年人分级干预系统机制，方为治本之策。

（本文与彭宇轩博士合作，2021 年）

第三篇 特殊制度篇

- 论"无缝"监护
  ——从性侵未成年人案件谈起
- 论未成年人刑事监护制度
- 论合适成年人制度的理论属性、规范诠释及实践运行
- 未成年人刑事案件不公开审理："审理时"抑或"行为时"
  ——对《刑事诉讼法修正案》中的一个持续谬误的纠偏探讨
- 未成年人刑事案件不公开审判制度比较研究
  ——基于未成年人特别隐私权的理论视角
- 论少年特别隐私权
  ——一项源于刑事法领域的拓展研究
- 少年司法之社会人格调查报告制度论要
- 再论少年司法之社会人格调查报告制度

论"无缝"监护

——从性侵未成年人案件谈起

摘要:当前我国未成年人监护制度仍存在制度粗疏、监督乏力、支持不足等问题,性侵未成年人案件频发与此关系密切。构建以家庭监护为基础、国家监护为辅助和兜底、社会监护为补充,三者衔接紧密、相辅相成的"无缝"监护体系,既是域外先进经验,又是当前我国未成年人监护制度自我完善的现实需要。

关键词:"无缝"监护;性侵未成年人;家庭监护;国家监护;社会监护

"Seamless" Guardianship: Starting from the Cases of Sexual Assault on Minors

Abstract: At present, the minor guardianship system in China still has the problems of inadequate system, weak supervision and insufficient support, to which the frequent cases of sexual assault on minors are closely related. The construction of "seamless" guardianship system based on family guardianship, supplemented by state guardianship and social guardianship, is of the advanced experiences overseas, which also meets the practical needs for the self-improvement of the minor guardianship system in China.

Keywords: "Seamless" Guardianship; Sexual Assault on Minors; Family Guardianship; State Guardianship; Social Guardianship

性侵未成年人犯罪严重挑战社会道德和文明的底线，威胁未成年人的健康成长，历来是司法机关严厉打击的对象。近年来，性侵未成年人案件屡现报端，案件真相让人触目惊心，不断刺激着大众的神经，引发了民众极大的愤慨，造成了恶劣的社会影响。

虽然立法机关针对性侵未成年人犯罪进行了愈加严密的刑事法律规范，司法机关也不断加大对此类犯罪的打击力度，但不可否认，性侵未成年人现象仍大量存在。据最高人民检察院2021年6月1日发布的《未成年人检察工作白皮书》统计，2020年检察机关起诉强奸未成年人犯罪15,365人，猥亵儿童犯罪5880人，强制猥亵、侮辱未成年人犯罪1461人，同比分别上升19%、14.75%和12.21%。与往年同期相比，尽管增速有所放缓，但整体数量仍然居高不下。[①] 尤其是熟人作案的特征越发明显，根据中国少年儿童文化艺术基金会女童保护基金（以下简称"女童保护基金"）和北京众一公益基金会近年来共同发布的《性侵儿童案例统计及儿童防性侵教育调查报告》，熟人作案比例高达七成左右，已成为性侵未成年人案件最典型的特征。[②]

一、性侵未成年人案件的原因剖析

（一）个体层面的原因

一方面，从被害人的角度来说，未成年人身心尚未成熟，自我保护意识薄弱，容易被哄骗、被控制，因而易成为侵害对象。近年来，性侵低龄未成年人的现象越发严重。"女童保护基金"和北京众一公益基金会近年来共同发布的《性侵儿童案例统计及儿童防性侵教育调查报告》显示，年龄14岁（不包含14

① 根据最高人民检察院2020年6月1日发布的《未成年人检察工作白皮书（2014—2019）》，2017年至2019年，检察机关起诉的强奸未成年人犯罪的成年人分别为7550人、9267人、12912人，2018年、2019年同比分别上升22.74%、39.33%；起诉猥亵儿童犯罪2388人、3282人、5124人，同比分别上升37.44%、56.12%；起诉强制猥亵、侮辱未成年人犯罪665人、896人、1302人，同比分别上升34.74%、45.31%。

② 根据"女童保护基金"和北京众一公益基金会近三年来共同发布的《性侵儿童案例统计及儿童防性侵教育调查报告》的统计，在2018年的317起案例中，熟人作案210起，占比66.25%，陌生人作案87起，占比27.44%；在2019年的301起案例中，熟人作案212起，占比70.43%，陌生人作案82起，占比27.24%；在2020年的312起案例中，熟人作案231起，占比74.04%，陌生人作案81起，占比25.96%。

岁)以下的被害人占比居高不下,主要是以中小学生为主。[①] 另一方面,从加害人的角度来看,现实中加害人学历普遍偏低,自控能力较差,法治观念淡薄,加之被害人年龄普遍偏小,使性侵未成年人案件通常具有发现难、证明难、量刑难、宣告难的特征,导致加害人容易产生侥幸心理。

(二)社会环境方面的原因

首先,监护欠缺、监护不力、监护不当是性侵未成年人案件中最常见、最主要的原因。实践中,留守、流动等家庭因疏于监管而致使儿童遭受侵害的问题比较突出。其次,家庭、学校对未成年人的法治教育和性教育匮乏,导致被害人保护意识淡薄,大量被害人受到性侵之后不知所措,有的甚至连自己受到侵害都不知道。再次,相应的监督筛选机制缺乏,一些与未成年人密切相关的职业在招聘录用过程中缺乏必要的监督筛选机制,导致不法分子有可乘之机。最后,受淫秽、色情、暴力等不良网络信息的影响,加害人(包括未成年人)受这些不良信息的影响实施了性侵害未成年人犯罪。有些青少年因沾染了不良生活习气、交友不慎而受到侵害。有的甚至"自愿"、主动成为被侵害的对象。[②]

(三)法律层面的原因

一方面,立法存在不足。其中,区别保护是最为突出的问题。《中华人民共和国刑法修正案(十一)》(以下简称《刑法修正案(十一)》)的出台虽进一步加大了对性侵未成年人犯罪的惩治力度,增设了特殊职责人员性侵罪,却将犯罪对象限定为已满14周岁不满16周岁的未成年女性。在性侵男童案件频发的今天,仍在性侵害犯罪中对男女未成年被害人区别保护,显然无法满足当前平等保护的现实需要。另一方面,司法防治乏力。实践中,性侵未成年人案件通常具有发现难、证明难、量刑难、宣告难的特征。由于被害人年龄较小,心智

① 根据"女童保护基金"和北京众一公益基金会近三年来共同发布的《性侵儿童案例统计及儿童防性侵教育调查报告》的统计,在2018年的750名被害人中,14岁以下的比例为80%;在2019年的301起案例中,被害人14岁(不包含14岁)以下的173起,占比57.48%,其中表述为"未成年""幼女""儿童"的79起,占比26.25%;在2020年的243起案例中,被害人14岁(不包含14岁)以下的198起,占比81.48%。

② 佚名:《最高检谈性侵害未成年人案件发生原因:是综合的》,载中国新闻网,https://baijiahao.baidu.com/s?id=1601768508705074521&wfr=spider&for=pc,最后访问日期:2021年6月17日。

尚未成熟,法律意识和自我保护意识缺乏。加之熟人作案特征明显,犯罪嫌疑人利用特殊关系,熟悉掌握被害人心理特征、性格喜好后,采取哄骗、诱惑等方式实施性侵,使作案时间、地点和手段隐蔽性强,导致报案时间距案发时间过长,案发现场原有痕迹早已自然毁灭或被犯罪嫌疑人破坏。[①]

在上述诸多原因中,监护和教育的缺失无疑是性侵未成年人案件的核心关键因素。只有家庭、学校、社会为未成年人提供了合理、有效的监护和教育,才能提高其保护意识,筑牢未成年人保护的屏障,不让加害人有可乘之机,进而从根本上有效预防性侵未成年人案件的发生。监护与教育之于未成年人之健康成长犹如鸟之两翼、车之双轮,发挥着根本性的保障作用。其中,监护无疑是重中之重,是未成年人保护的基础形式,而教育本质上亦为监护之重要内容。[②] 虽然性侵未成年人案件的原因是综合的,但是诸多性侵未成年人案件中暴露出来的监护缺失、监护不力、监护不当是最普遍、最根本的原因。

二、我国未成年人监护制度的现状与不足

长期以来,由于权利义务模糊、内容宽泛,我国未成年人监护制度缺乏可操作性。但值得肯定的是,《中华人民共和国民法典》(以下简称《民法典》)和新修订的《中华人民共和国未成年人保护法》(以下简称《未成年人保护法》)细化了父母和其他监护人的监护职责,完善了家庭监护制度;明确了国家对家庭监护进行指导、支持、帮助和监督的责任,初步建立了监护监督、监护支持机制;完善了委托照护和临时监护、长期监护制度等。毋庸置疑,这些措施的出台将促使我国未成年人监护制度发展发生质的跨越。

(一)我国未成年人监护制度的基本构架

根据《民法典》关于未成年人监护制度的有关规定,就监护主体及其顺位角度而言,我国未成年人监护可以分为如下几类:其一,父母监护,这是基于血缘及家庭关系形成的第一顺位的监护类别,具有法定性和天然的正当性。其

---

① 参见张星星、黄翼、李立峰:《办理性侵未成年人案件的几点思考》,载《检察日报》2021年4月29日,第7版。

② 参见季冬梅、赵争先、康相鹏:《论未成年人监护缺失的成因与对策——以徐汇区未成年人监护缺失案例为视角》,载《预防青少年犯罪研究》2016年第5期。

二,其他近亲属监护,也是基于血缘及家庭关系形成的第二顺位的监护类别。对未成年人具有监护职责和监护权利的其他近亲属包括具备监护能力的祖父母、外祖父母和成年兄姐。其三,其他亲友或组织监护,指在没有上述两个顺位的合适监护人的情况下,其他愿意担任监护人的个人或者有关组织,经未成年人住所地的居民委员会、村民委员会或者民政部门同意的监护。其四,社会基层组织监护,即指在没有上述顺位的合适监护人的情况下,由居民委员会或村民委员会承担未成年人监护人的监护类别。其五,政府监护,即指在没有上述顺位的合适监护人的情况下,由民政部门代表作为未成年人监护人的监护类别。政府监护在整个监护制度体系中,具有兜底性和保障性的地位。①

上述不同主体的监护之间存在着脉络清晰的顺位关系,即从父母监护、其他近亲属监护、其他亲友或有关组织监护、基层组织监护至政府监护,其顺位明晰,即根据血缘和社会关系的亲疏远近,按照由亲至疏、由近及远、由私及公排序,前者优先于后者,政府监护居于最后的兜底性或保障性的地位。②

(二)我国未成年人监护制度的不足之处

随着我国未成年人监护制度发展的不断深化,“法不进家门”的传统观念日渐式微,公法化、社会化的监护理念逐步确立。但是,制度改革的渐进性决定了完善未成年人监护制度不可能一蹴而就,当前未成年人监护制度仍有诸多不足。

其一,制度体系粗疏。受“宜粗不宜细”的立法指导思想和传统家族观念的影响,我国监护制度从一开始就存在因权利义务模糊、内容宽泛而缺乏可操作性的问题。以委托监护为例,随着社会经济的快速发展,农村剩余劳动力进城务工已成常态,我国留守儿童的教育监管已经成为一个亟待解决的社会问题。在国家监护尚未完善的情况下,委托监护本应是最佳选择。但长期以来我国委托监护制度立法较为粗疏,关于受托人的资格条件、双方的权利义务关系、配套的监督、支持机制均处于模糊不清或者缺失状态,导致其无法实现对

① 参见王利明、杨立新、王轶、程啸:《民法学》(第6版)(上),法律出版社2020年版,第73页。

② 参见高维俭:《未成年人刑事监护制度研究》,载《人民检察》2019年第15期。

留守儿童各项权益的有效保护。尽管此次《未成年人保护法》的修订对委托监护制度进行了细化和完善,但是其素有缺漏仍一时难以从根本上得到弥补。例如,受托人资格审查机制、委托的期限等诸多方面的不足仍有待进一步完善。

其二,监督机制乏力。监督机制乏力是导致我国未成年人监护缺失、监护不力、监护不当甚至是监护侵害的重要原因。虽然立法已明确规定了监护人的范围和确定规则,同时也规定了倘若没有依法具有监护资格的人,由民政部门代表国家实行兜底监护,但实践中未成年人无人监护的情况仍然大量存在。因为特定情形下,监护的开始需要启动机制,使法律所规定的监护人能够知悉自己的监护职责并开始履行监护职责。未成年人身心特征意味着监护必须具有持续性,监督机制乏力不仅意味着监护过程中被监护人的权益得不到有效保护,还体现在监护支持机制无法启动、监护失职无法救济。①

其三,支持措施不足。当前我国关于家庭监护的支持措施严重不足,导致家庭监护的效果大打折扣,监护不力甚至监护失效的情况时有发生。值得肯定的是,修订后的《未成年人保护法》对于监护支持机制作了重大修改,在总则中明确了国家对家庭监护进行指导、支持、帮助的责任,在分则"社会保护"一章和"政府保护"一章中规定了相应的具体措施,例如规定了居民委员会、村民委员会的帮助责任,这无疑有利于家庭监护能力的进一步提高。监护支持机制作为国家监护的重要内容,具有兜底性、保障性,若其缺乏专门的机制措施和配套政策,势必影响其功能的正常发挥。

三、域外未成年人监护制度的考察与评析

世界各国的未成年人监护制度深植于本国文化传统之中。因此,其所体现的地域性和历史性是所有法律制度的共同属性。但随着未成年人利益最大化原则被广泛接受,未成年人监护制度内核也正在趋向统一。

(一)大陆法系

其一,亲权与监护制度并行的立法模式。德国、法国等典型大陆法系国家均确立了亲权与监护制度并行的立法模式。首先由亲权制度调整父母对其子

① 参见谢芳:《完善我国未成年人监护监督制度的原则及路径》,载《中国青年社会科学》2021 年第 1 期。

女的保护教养，而对不处于父母亲权照护之下的未成年人则启动监护制度。①英美法系国家则不区分父母亲权与监护制度，这是两大法系关于监护制度最大的区别。早期的亲权制度较为保守，具有父权优位的家长制特征，子女甚至母亲的权利也遭到贬抑。但随着个人监护主义的消弭，国家监护主义的确立，未成年人的主体地位进一步凸显，亲权制度开始由权利向义务转变。德国和法国等逐步确立了实质的父母照顾权，使监护关系与监护内容更加契合。②

其二，现行德国、法国等典型大陆法系国家的监护制度不仅具有完备的框架体系，在内容上亦具有较强的可操作性。一方面，对于监护的启动条件、监护资格、权利义务等方面均作了详细规定。另一方面，对各项程序也进行了规范，例如对监护启动程序、监护监督程序等均提出严格要求。同时，成立了专门的机构保障监护制度的顺畅运行，例如德国的监护法院深刻介入未成年监护的各项环节。

其三，确立了国家监护主义理念。大陆法系中，以家权主义为中心的监护逐渐消失，个人主义的监护理念日渐消退，国家监护主义理念逐步凸显。以德国为例，家庭法院和青少年局在未成年人监护中处于重要地位。家庭法院深刻介入未成年人监护的各个环节，具有全程性、广泛性、深入性、强制性等特征；青少年局则是监护职责承担的实体主体，在必要时代表国家担负起监护使命。此外，在司法实践中，德国还有许多非官方的公益组织，甚至于个人都参与到监护事务中，未成年人监护制度社会化的趋势也越发明显。③

（二）英美法系

其一，以未成年人利益最大化原则为指导思想。未成年人利益最大化原则作为少年法的基本原则，已经渗透到英美法系未成年人监护制度的诸多方面。父母在处理关涉未成年人利益的事务时必须以未成年人利益最大化为根本遵循，以处理与未成年子女的教育、保护和财产等相关的事项。

其二，监护监督机制。以美国为例，美国在未成年人监护制度中设计了强

① 参见魏振瀛主编：《民法》（第8版），北京大学出版社2021年版，第60页。

② 参见曹诗权：《未成年人监护制度研究》，中国政法大学出版社2004年版，第188～195页。

③ 参见曹诗权：《未成年人监护制度研究》，中国政法大学出版社2004年版，第188～195页。

制报告制度。公民无论职业如何,只要发现有疑似虐待、家庭暴力忽视情感压抑等情形,就都有法定义务及时报告。同时,美国规定,对错误举报采取相应的司法豁免,以免使举报人产生不良的心理压力。[①] 美国的强制报告制度最大限度地动员社会全体成员参与到未成年人的监护监督中,激发了社会监督的活力,减轻了国家监督的压力。

其三,公法化、社会化趋势。以美国为例,首先,为了帮助困难家庭的儿童,美国政府实施了救助困难家庭计划、强制执行父母的抚养义务以及增进家庭安全和稳定的措施;其次,为促进儿童在家庭生活中的福利,政府还向父母提供必要的教育指导;最后,为帮助受忽视或者虐待的儿童,政府制定了相关措施,建立了寄养收养等制度。此外,专门保护未成年人的社会组织接连地兴起,促进了未成年人监护制度的社会化发展。其中最具有代表性的是美国的"ABA 儿童法律中心"[②],该中心不仅无偿为未成年人提供法律援助,还从收养、监护等多方面给未成年人提供诸多帮助。[③]

(三)共通之处

一是以未成年人利益最大化为根本原则。未成年人利益最大化原则作为少年法的基本原则,已经被世界各国广泛接受。无论是大陆法系国家还是英美法系国家,均以未成年人利益最大化原则为指导,完成了由父母权利中心主义向子女权利中心主义的转变,确立了实质的父母照顾权,将家长权利逐渐转变为父母照顾,削弱家长对未成年人的控制,进一步凸显了未成年人的主体地位。

二是制度体系完备,权利义务明确。就宏观而言,从监护的启动、监护监督、监护支持等来看,两大法系各自均形成了较为完备的未成年人保护体系,

---

① 参见李霞、罗杰:《我国未成年人国家监督监护制度的选择与未来》,载《青少年犯罪问题》2020 年第 2 期。

② 美国律师协会(American Bar Association,ABA),指美国律师的全国性组织。该协会始建于 1878 年,其创立宗旨在于推动法律科学、提高律师素质、完善司法管理、促进立法与裁判的统一性并加强其成员间的社会交流;下设许多分部,每一分部负责法律的一个领域或法律事务的一个分支。"ABA 儿童法律中心"即为该协会下属的专门负责儿童权益保护的一个分支部门。

③ 参见李霞:《监护制度比较研究》,山东大学出版社 2004 年版,第 167 页。

并且各个环节之间联系紧密、衔接良好。从微观来说，无论是监护资格、监护各项程序还是监护的权利义务关系等内容，均有严格详细的规定，为司法实践提供了较为清晰的指引。

三是监护监督和监护支持机制成熟。监护监督和监护支持对未成年人监护制度正常运行的重要性是不言而喻的。在域外，国家监护的理念已经深入人心，国家对未成年人监护的干预是全方位、全过程的。两大法系国家均结合自身国情设立了配套的监督机制和支持机制。

四是公法化、社会化程度不断加深。未成年人的监护问题不仅是个人和家庭的问题，也是整个国家和社会共同的责任。一方面，国家公权力机关不断深入未成年人监护的各个方面、各个环节，例如监护监督、监护支持等。另一方面，社会公益组织也越来越多地参与到未成年人监护事务中来，加强了社会对未成年人的监护职能。

四、构建"无缝"监护体系，筑牢未成年人保护基石

监护不足、监护不力、监护不当不仅是未成年人遭受侵害的基本原因，也是未成年人走向违法犯罪道路的基本原因。构建以家庭监护为基础、国家监护为辅助和兜底、社会力量积极参与的"无缝"监护体系是预防未成年人违法犯罪和有效避免侵害未成年人案件发生的系统方略。

（一）家庭监护体系为基础

家庭、学校、社区三者有机结合构成了未成年人成长的基本环境因素。完备的家庭监护体系除了家庭本身的监护照管以外，还应当包括学校和社区的辅助监护（照护），三者紧密衔接、相辅相成，共同构成家庭监护三大支柱体系。《未成年人保护法》的修订细化了监护职责，明确了家庭监护的基础性地位，发展完善了家庭监护制度。[①] 为进一步夯实我国未成年人监护制度的根基，还需从以下方面加以改进。

一是增设监护能力确认程序。实践中，法定范围内的监护主体以自己"没有监护能力"为由拒绝担任监护人的情况屡见不鲜。此外，我国的委托监护制

① 参见张雪梅：《未成年人监护制度六大亮点解读》，载《检察日报》2020年10月29日，第7版。

度也因缺乏必要的监护能力审查程序，导致监护不当甚至监护侵害的情况时常发生。尽管2020年《未成年人保护法》的修订对委托监护人的资格作了具体要求，但是因缺乏具体的程序保障，监护资格限制条件极易被架空。监护能力确认程序作为监护启动的重要一环，是监护权利义务能否正常履行的程序保障。设立监护能力确认程序既能防止有监护能力的人拒绝履行监护责任而增加政府的负担，又能避免无监护能力之人担任监护人而不能正常履行监护职责。

二是进一步细化具体规定。2020年《未成年人保护法》的修订虽在"家庭保护"一章中对家庭监护问题进行了较为详细的规定，其中明确规定了对于未满8周岁的（无民事行为能力的少年），任何时候、任何情况都不得脱离监护人的照护状态，这无疑有利于加强未成年人的保护，但是其疏漏也是显著的，即无论是从少年身心发展的规律还是从司法实践的经验来看，已满8周岁未满16周岁（尤其是已满8周岁未满14周岁）少年的自我保护能力及意识都普遍存在显著的不足，让其处于无人看护状态的风险非常显著。对此，笔者建议：其一，未满14周岁的少年，在任何时候、任何情况下，都不得处于无人看护的状态；其二，已满14周岁未满18周岁的少年，在常态的时间和地域内可以单独活动，但必须遵循夜晚时间的相关规定，且在风险地域内活动，必须有监护人或合适成年人的陪伴及照护。

三是强化监护失职的法律责任。关于家庭监护不力的问题，适当的罚则是不可或缺的一环。对此，我国《未成年人保护法》虽在"法律责任"一章中有所规定，但却只规定了"公安机关接到报告或者公安机关、人民检察院、人民法院在办理案件过程中发现未成年人的父母或者其他监护人存在上述情形的，应当予以训诫，并可以责令其接受家庭教育指导"。具言之，只规定了"训诫"和"责令接受家庭教育指导"两种罚则或措施——颇显软弱，且只有在"接到报告"和"在办理案件过程中发现"两种限制情形下方能适用——多有不济。对此，笔者认为，应当系统完善其法律责任的谱系，如通过援引相关法律规定的方式进行规制：涉及民事责任的，依据《民法典》的相关规定予以追究；涉及行政责任的，依据《中华人民共和国治安管理处罚法》（以下简称《治安管理处罚法》)的相关规定予以追究,如警告、罚款、行政拘留,并责令其接受家庭教育指导等;涉及刑事责任的,依据《中华人民共和国刑法》(以下简称《刑法》)和《中华人民共和国刑事诉讼法》(以下简称《刑事诉讼法》)的相关规定予以追究。

四是完善家庭监护辅助机制。学校和社区作为未成年人生活、学习的重要场所,相关人员、机制的规范和完善,是完善家庭监护的重要辅助。近年来,性侵未成年人犯罪"熟人作案"的特征越发明显,其中很大一部分是监护辅助机构的工作人员。根据"女童保护基金"和北京众一公益基金会2021年3月2日共同发布的《性侵儿童案例统计及儿童防性侵教育调查报告》的统计,在231起熟人作案的案例中,教师、教职工(含培训老师)作案71起,占比高达30.74%,居于首位。这不仅反映了相关职业监督筛选机制的缺失,也暴露了配套的教育保障措施明显不足的问题。对此,笔者建议:首先,必须进一步完善相关职业的监督筛选机制,严格其准入门槛等,避免不法分子有可乘之机;其次,应当完善配套的资金、人员配置,优化具体措施,进一步提高监护照管的专业水准;最后,应当优化社区监护环境,为未成年人健康成长营造良好氛围,特别是应当构建视听传媒分级制度,减少网络不良信息对未成年人的负面影响。

(二)国家监护为辅助和兜底

广义的国家监护是指国家行使公权力对监护进行干预的各项制度的总称,包括监护监督、监护支持和监护替代3个方面,囊括了国家对监护干预的全过程。当前,我国国家监护制度已经确立,各项具体制度还不够健全,仍需进一步完善。

一是健全监护监督机制。未成年人监护的持续性是催生监督制度的内在动力,立法不足和制度衔接问题是促使监督制度完善的外在因素。这两个方面的因素决定了对监护人职责履行情况进行监督不是对单次监护行为的评价或者发现监护失职时的救济,而是对监护职责履行全过程予以指导、督促、建议、纠正。①

目前,关于监督主体的范围以及监督职责等诸多方面仍存在模糊不清的

---

① 参见谢芳:《完善我国未成年人监护监督制度的原则及路径》,载《中国青年社会科学》2021年第1期。

问题。对此，笔者认为：首先，应当进一步明确监督主体，强化监督职责。2020年《未成年人保护法》的修订仅笼统规定了国家和村民委员会、居民委员会对于监护监督的职责。显然如此宽泛的监督主体无法对未成年人监护形成有效的监督。应当采取监督人与监督机构相结合的模式，选择与未成年人生活密切相关的人作为监护监督人，例如该未成年人的班主任或任课教师等。同时可以选择具体的国家机关作为监护监督机关，对监护失职等行为进行监督救济。另外，为了防止监督主体怠于行使监督职责，还必须明确监督失职的法律责任，从而强化监督职责。其次，必须明确监督范围。对于未成年人监护的监督应当是全过程、全方位的，包括事前的监护启动监督、事中监护职责履行监督、事后对监护失职救济等。最后，优化监督手段。以国家监督为基础，同时应当积极引导社会力量参与监护监督，特别是要进一步拓展强制报告的适用范围，将监护不力、监护侵害等纳入强制报告的范围中，充分发挥社会监督的作用。

二是优化监护支持机制。修订后的《未成年人保护法》在规定父母或其他监护人第一责任的同时，明确了国家对家庭监护支持、指导、帮助与监督方面的责任。2021年6月6日，《国务院未成年人保护工作领导小组关于加强未成年人保护工作的意见》出台，重点提出了要构建家庭教育指导服务体系，完善家庭监护支持政策。完善监护支持机制，首先要成立专门的机构人员，让专业的人做专业的事，为后续工作开展提供组织保障；其次要丰富配套措施，当前《未成年人保护法》对家庭监护的支持措施主要集中于公益性的家庭教育指导服务，方法措施较为单一，无法满足现实的多元化需求；最后，需凝聚社会各方力量，加强家庭、学校、社区支持一体化建设，多部门合力形成长效机制。

三是完善监护替代机制。所谓的监护替代机制是指狭义的国家监护，即国家直接担负其监护职责的情形。《民法典》和新修订的《未成年人保护法》都明确了民政部门对符合条件的未成年人进行临时监护和长期监护的责任，进一步完善了国家监护的兜底责任。[①] 初具雏形的国家监护替代机制要想发展

① 参见任欢：《加强未成年人保护：监护不缺位　关爱不缺失》，载《光明日报》2021年6月10日，第10版。

壮大,须从以下方面加以完善:一是规范适用程序。必须进一步明确启动主体、完善启动程序等,否则国家监护的启动就无从谈起。二是健全调查评估机制。调查评估机制主要是针对国家监护过程中监护职责的履行情况、被监护人的生活状态以及原监护人监护能力恢复情况等进行调查反馈的机制。三是建立专业化的人员队伍,完善相关的机制措施,从而提升国家监护的整体水平。

(三)社会监护为有益补充

当前,我国未成年人社会监护制度尚未形成体系化,未成年人社会监护制度发展滞后。这主要是因为:一方面,传统的家庭理念让民众错误地认为监护属于家庭内部的私事,社会力量无须介入;另一方面,我国未成年人监护制度发展时间较短,司法实践和理论研究还不够深入,有关的组织机构仍未体系性建立,从而使监护社会化的进程较为缓慢。社会监护制度作为连接家庭监护与国家监护的桥梁,具有弥补两者衔接不畅的功能。要构建"无缝"监护体系,必须充分发挥好社会监护的补充作用。

一是发动社会力量参与监护监督。监护监督是一项纷繁复杂的工程,监护缺失、监护不力主要发生在家庭内部,隐蔽性较强,不易被发现。综观域外各国,完备的监护监督机制通常是以国家为主导、社会多方力量积极参与为基本模式。只有进一步拓宽社会力量参与监护监督的渠道,积极引导社会力量有序参与到未成年人监护监督工作中来,才能进一步提升监护监督的质量。

二是借助社会力量完善监护支持。当前,无论是国家层面的监护支持还是社会层面的监护支持,均处于系统缺失的状态,这与我国监护支持机制尚在起步阶段有直接关系。构建以国家的监护支持为基础,以社会的监护支持为有益补充的基本格局,将是未来监护支持机制发展的必由之路。目前民间社会力量由于自身能力等鲜有涉足监护支持领域,即使有,也是浮于表面、浅尝辄止。积极引导社会力量参与未成年人监护支持体系的建设,将是我国未来监护支持机制建设的重要方向。

三是引导社会力量承担监护职责。我国《民法典》明确规定居民委员会、村民委员会以及法律规定的其他组织能够作为未成年人的监护人。在当前背景下,这一规定既具有现实意义,又具有长远战略眼光。一方面,在家庭监护和国家监护缺失的情况下，居民委员会、村民委员会的监护职责虽然是补充性的，但也十分必要，其在特殊情况下能够切实维护被监护人的权益。另一方面，随着社会的发展，公益组织承担未成年人的监护职责将会成为现实，客观上也可以缓解国家监护的压力。从域外经验来看，社会组织承担监护职责也有其优势，因为这些组织汇聚了社会各方面的人才，能够为被监护人提供全方位的指导帮助，从而更好地促进未成年人的健康成长。

五、结语

监护缺漏往往是性侵未成年人犯罪以及其他侵害未成年人犯罪的基本原因，也是未成年人走向违法犯罪道路的重要原因。体系完备、衔接紧密的监护体系既是预防侵害未成年人案件发生、保障未成年人健康成长的有效手段，又是提升国家治理水平、促进社会公平的重要举措。应当凝聚多方力量，完善机制措施，形成保护合力，最终形成以家庭监护为基础、国家监护为辅助和兜底、社会力量积极参与为基本格局的，全方位、全过程、多层次的“无缝”监护体系。

（本文原载于《人民检察》2021 年第 16 期，系与谢扬强博士合作）

论未成年人刑事监护制度

摘要:在关于未成年人的刑事法律规定中,存在诸多与未成年人监护相关的制度。在理论认识上,这些制度显得较为纷乱;在实际运作上,这些制度面临许多问题。这有待于监护制度理念的整体融合,以及相关制度运行机制的系统设计与有机衔接,其要点是:其一,确立未成年人刑事监护制度的理念并予以系统分类研究;其二,对未成年人民事监护制度与未成年人刑事监护制度予以系统衔接;其三,以此系统构架之逻辑,推演、诊断相关的制度不足、矛盾及含混问题,以系统完善相关具体规制以及配套制度。

关键词:未成年人;刑事监护制度;纷乱;困境;系统完善

On Minor's Criminal Guardianship System

Abstract: There are a great many institutions about minor guardianship existing in criminal laws. From the perspective of theoretical knowledge, these institutions are spreading in a very disordering way. Meanwhile, from the perspective of practice running, these institutions are facing a great deal of dilemma. The way out could be the overall integration of guardianship system and its theoretical concept. The main points are: firstly, to establish the theoretical concept of Minor's Criminal Guardianship System with its classified study; secondly, to systematically link up minor's criminal law guardianship institutions with minor's civil law guardianship institutions; thirdly, with the logic of the system, deduce and diagnose the problems of omissions, contradictions and vagueness of the institutions, so as to systematical improvement.

Keywords: Minor; Criminal Guardianship System; Disorder; Dilemma; Systematic Improvement

监护问题是未成年人法律制度体系中的一个核心关键问题。甚至可以说,所有未成年人法律制度都是围绕监护理念展开的。[①] 对此,我国民事法律中有着较为系统的相关规制;我国刑事法律中也存在诸多散见的相关规制。虽然我国刑事法律中的相关制度规定没有被直接冠以"监护"之名,但深入分析则不难发现其监护制度的实质,即与刑事案件处理相关的未成年人监护制度。刑事法中的这些监护制度与民事法中的监护制度之间存在着内在的关联,却有其自身的特殊性,可称之为"刑事监护制度"。这两方面的规制既有内在密切关联,又存在功能和策略上的差异,值得深入研究。

总体而言,目前学界尚未系统厘清相关理论、立法及司法问题。尤其是,刑事相关未成年人监护制度的存在及运行可谓"名不正,言不顺,行不畅"。其"名不正"者,即相关的理论研究者及制度设计者并未清晰地意识到其监护制度的属性,从而并未正其名为监护制度。其"言不顺"者,即正是因为其"名不正",导致了其"言不顺",即相关制度规范文词表达上的内在逻辑不顺畅、不系统。其"行不畅"者,即"名不正,言不顺"所进而导致的相关制度实践运行中的诸多困境。

目前而言,我国相关的较为系统的理论研究主要局限于民事法律领域,[②] 而对刑事法律中涉及的诸多相关规制,虽然也有一些具体的研究[③],但其系统

---

① 参见高维俭:《论少年法的基本原理》,载《预防青少年犯罪研究》2014 年第 2 期。该文论及"少年法律关系为整个少年法律体系之经纬",而少年法律关系的核心问题即监护关系问题。

② 参见曹诗权:《未成年人监护制度研究》,中国政法大学出版社 2004 年版;王竹青、杨科:《监护制度比较研究》,知识产权出版社 2010 年版;刘金霞:《社会转型背景下我国监护制度的立法完善》,人民法院出版社 2014 年版;林艳琴:《我国未成年人监护制度的理论与实践》,中国法制出版社 2017 年版;陈苇、李艳:《中国民法典之监护制度立法体系构建研究》,载《西南政法大学学报》2017 年第 2 期。

③ 参见福建省三明市中级人民法院课题组:《困境未成年人国家监护制度的健全》,法律出版社 2016 年版;马东:《我国未成年人监护制度法律问题》,载《预防青少年犯罪研究》2017 年第 1 期;郭晶、曲姣姣:《刑事诉讼期间国家监护制度初探》,载《犯罪研究》2017 年第 3 期。

性不足，尤其是缺乏对未成年人民事监护制度与刑事监护制度之间予以内在关联沟通的系统整合性的研究。相关制度存在系统性融合不足的困境。大体而言，其理论上的基本疑问是，监护制度在整个未成年人法律制度体系中如何定位？立法上的基本疑问是，民事法律中的未成年人监护制度与刑事法律中的相关制度之间是何关系？刑事法律中的相关制度的本质如何？司法上的基本疑问是，民事法律中的未成年人监护制度与刑事法律中的相关制度如何进行司法适用上的衔接，并以此实现未成年人法律制度的基本目的？相关问题的理论破解，有望助益于相关立法规制的系统性完善和相关司法困境的机制性弥合。

一、问题发现及初步分析：未成年人刑事法中的监护相关制度及其运行困境

未成年人刑事法中存在一系列与监护相关的特别制度。笔者认为，从其制度功能和具体措施来看，这些制度的本质为未成年人监护制度的一个特别部分，即未成年人刑事监护制度。归纳起来，其大体可分为三类，即监护人参与刑事诉讼制度、刑事辅助监护制度和刑事替代监护制度。由于理论上对这些制度的基本属性尚未厘清，相关立法的具体规范及其与民事监护制度之间的内在关联没有系统理顺，故而在司法运行过程当中面临诸多困境。

（一）未成年人监护人参与刑事诉讼制度

总体而言，当未成年人面临刑事诉讼时，其监护人基于监护职责、基于保护被监护的未成年人的目的，当然地享有以法定代理人的身份参与刑事诉讼的权利。此为监护制度的题中之义。鉴于刑事诉讼的特殊性，我国刑事诉讼中存在一些特别的制度设计，其中包括法定代理人、合适成年人到场制度和合适保证人制度。

1. 法定代理人、合适成年人到场制度

《中华人民共和国刑事诉讼法》（以下简称《刑事诉讼法》）第 270 条规定的法定代理人、合适成年人到场制度是在我国《中华人民共和国未成年人保护

法》(以下简称《未成年人保护法》)第56条规定的监护人到场制度①的基础上,为解决没有监护人、监护人不能到场、不愿到场或者不适合到场的问题,而产生的旨在保护未成年人权益、保障诉讼公正的一项特殊制度,体现了国家监护的理念。②

2. 合适保证人制度

《刑事诉讼法》第66～69条规定了取保候审中的保证人制度。鉴于未成年人刑事诉讼的特殊性,即为了实现教育矫治的主旨,并有机衔接合适成年人到场制度以及相关刑事监护及帮教制度,我国各地司法机关相继探索着"合适保证人制度"的运作机制,理论界也对此给予了高度关注③。未成年犯罪嫌疑人或被告人的合适保证人不仅需要履行一般保证人的职责,还需承担教育、感化、挽救未成年犯罪嫌疑人或被告人的帮教职责。实践中,监护人常常是合适保证人的人选。

3. 运行困境

法定代理人、合适成年人到场制度和合适保证人制度的司法实践运行过程当中存在一些显著的困境。

困境一:监护人、法定代理人、合适成年人和合适保证人等概念之间的逻辑衔接问题。

对于上述概念之间的逻辑包容或交叉关系,在司法实践中,相关人员的认识还相当模糊和纷乱,亟须正名,否则必然会带来相应实践运作的混乱和困扰。所谓名不正,则言不顺,行不畅。

首先,虽然"监护人"和"法定代理人"为规范概念,但是相关的法律规范语词界定却容易导致逻辑认识上的错乱,如我国《刑事诉讼法》第106条规

---

① 《未成年人保护法》第56条第1款规定:公安机关、人民检察院讯问未成年犯罪嫌疑人,询问未成年证人、被害人,应当通知监护人到场。

② 参见何挺:《"合适成年人"参与未成年人刑事诉讼程序实证研究》,载《中国法学》2012年第6期。

③ 理论界联合司法实务界,对"合适保证人制度"进行了专题研讨,参见上海市徐汇区人民检察院未检科:《合适保证人制度的探索与研究研讨会会议综述》,载《预防青少年犯罪研究》2015年第5期。

定:“……(三)‘法定代理人’是指被代理人的父母、养父母、监护人和负有保护责任的机关、团体的代表。……”从此条规定来看,似乎“法定代理人”与“监护人”的逻辑关系为种属关系,或包容与被包容的关系。然而,从法理上分析,“法定代理人”与“监护人”之间的关系应当属于“一体两位”的吻合关系,即“法定代理人”为程序法用语,“监护人”为实体法用语,二者的主体内容应当是一致的,即只有实体法中的“监护人”才有权成为程序法中的“法定代理人”。申言之,“监护人”资格是成为“法定代理人”的权利基础;法定代理权是监护权在诉讼法中的一种表现形式。故而,上述第106条的规定更为妥当的表述应为,“‘法定代理人’应为未成年人或其他无行为能力或限制行为能力人的监护人。监护人包括法定监护人及其委托的监护人、特殊情况下的事实上的监护人以及有关机关或组织依法指定的监护人”。

其次,“合适成年人”和“合适保证人”为学理概念,即并未在相关的法律规定中有所明确。然而,相关学理的界定相当模糊。一方面,关于“合适成年人”,《刑事诉讼法》第270条的用语为“到场的法定代理人或者其他人员”,那么,“其他人员”与“法定代理人”是何关系呢?二者的权利义务有何本质的不同吗?如果说二者的权利义务有本质的不同,那么二者的不同参与则会导致对相应未成年人权益保护程度的不公平,绝不可取。如果说二者的权利义务本质相同,那么“其他人员”何以享有与“法定代理人”本质相同的权利义务呢?其权利来源何在呢?合乎逻辑的推论只能是二者具有一致的权利来源,即二者皆为“监护人”,只是监护权的来源不一,或为法定,或为委托,或为事实,或为指定。另一方面,关于“合适保证人”,《刑事诉讼法》中并无类似“其他人员”的对应用语,只是在司法实践的探索中,司法实践工作者和相应的理论研究者发现,鉴于未成年人监护的需要及其与保证人职责的重合,其保证人通常为监护人,在没有合适的监护人的情况下,再考虑其他的“合适保证人”。[①] 故而,各地的司法实践探索中才出现了“合适保证人库”,以备采用。然而,基于未成年人监护不得缺失的基本理念,以及与相关制度系统衔接的经济效能方

① 参见姚建龙、李乾:《合适保证人:实践、价值与未来》,载《人民法治》2016年第2期。

面的考虑,只有将“合适保证人”定位于“监护人”的范畴,即如上所述的“包括法定监护人及其委托的监护人、特殊情况下的事实上的监护人以及有关机关或组织依法指定的监护人”,才是合理的。

如上所论,监护人、法定代理人、合适成年人和合适保证人等概念皆应归一为“监护人”,方能条理清晰,最大限度地避免概念逻辑的错乱。各种“监护人”参与刑事诉讼后,其角色名称即变为“法定代理人”。如此,方能名正,言顺,行畅。

困境二:监护人参与刑事诉讼的顺位及“合适成年人库”和“合适保证人库”的规范适用问题。

在上述制度的司法实践中,一直存在上述几种监护人参与刑事诉讼的顺位错乱问题。典型者,即为了办案方便,首选“合适成年人库”和“合适保证人库”中的人员。然而这样做既有侵犯监护权之嫌,又有不利于保障未成年人权益之嫌,从而招致了极大的非议。但这种现象,各地仍然风行。其实践原因为办案人员为图办案方便省事;其理念原因为未能系统厘清相关制度内涵的监护制度原理。

监护制度本身是包含着顺位规则的。就未成年人监护而言,首先是法定监护——未成年人的法定监护人通常为其父母(父母缺失的情况下,为其祖父母、外祖父母或成年兄姐);其次为委托监护——委托监护人通常为法定监护人的成年的亲朋好友(笔者认为,幼儿园、学校也属于委托监护人);再次为事实监护——在没有法定监护、委托监护的情况下,客观事实造就的监护,如对流浪儿童的收留(其合法性有待检验);复次为指定监护——在上述监护皆不能成就的情况下,由法律授权的机关或组织依法指定监护人(被指定的监护人通常包括未成年人的亲属、所在学校、单位、居住地基层组织或未成年人保护组织);最后为政府监护(或国家监护),作为兜底性的监护保障——我国依法由民政部门代表。

倘若将合适成年人制度的本质定位于一种刑事监护制度,即未成年人监护人参与刑事诉讼制度,上述问题岂不是迎刃而解?

困境三:上述制度运行中,是否以及如何尊重未成年人人格及其意见的问题。

在上述制度的司法实践运行中，常常遇到是否以及如何尊重未成年人人格及其意见的问题，如未成年犯罪嫌疑人或被告人明显抵触甚至极力反对某个监护人到场或担任保证人，该如何处理？再如，虽然有意愿参与刑事诉讼的监护人表面适格，但我们有理由认为其明显不负责任，该如何处理？

笔者认为，如果系统明确了这些制度中的监护制度精神，即儿童最佳利益原则及其包含的为《未成年人保护法》反复强调的尊重未成年人的法律精神，答案也就水到渠成了，即另选最为合适的监护人。其中的所谓“合适”不应当理解为合适于办案机关或有关成年人，而是合适于相关未成年人，即符合儿童最佳利益原则，①并有利于诉讼的顺利进行。

（二）未成年人刑事辅助监护制度

未成年人刑事辅助监护制度的适用对象包括被检察机关依法作出附条件不起诉处理的未成年人，因不满16周岁而不予刑事处罚、免予刑事处罚的未成年人，被判处非监禁刑罚、被判处刑罚宣告缓刑、被假释、暂予监外执行的未成年人。这些未成年人的共同特点在于：其一，人身危险性较小；其二，没有处于封闭监管的专门机构中，而是仍然处于监护人的监护中；其三，需要相应专门机构辅助监护人予以共同监管与保护。笔者将此类基于刑事案件的处理、需要相应专门机构辅助监护人对涉罪或触刑的未成年人予以监管和保护的制度统称为“未成年人刑事辅助监护制度”。目前而言，我国相关法律明确规定的此类制度主要包括附条件不起诉制度、未成年人社区矫正制度和未成年人帮教制度。

1. 附条件不起诉制度

我国《刑事诉讼法》第271～273条规定的附条件不起诉制度的适用对象限于“涉嫌刑法分则第四章、第五章、第六章规定的犯罪，可能判处一年有期徒刑以下刑罚，符合起诉条件，但有悔改表现的”未成年人。对于这些未成年犯罪嫌疑人，检察机关可以作出附条件不起诉的决定。其所附条件即设置六个

---

① 参见陈晓钟：《我国合适成年人制度实践路径的思考》，载《南京大学法律评论》2016年第1期。

月以上一年以下的考察期，如果在考察期内，该未成年人遵守相应的规定，并且没有发现漏罪，也没有犯新罪或实施严重违反治安管理规定的行为，则由检察机关对其作出不起诉的决定。

该制度中明确规定了刑事辅助监护的内容，即"在附条件不起诉的考验期内，由人民检察院对被附条件不起诉的未成年犯罪嫌疑人进行监督考察。未成年犯罪嫌疑人的监护人，应当对未成年犯罪嫌疑人加强管教，配合人民检察院做好监督考察工作"。这一规定的内容可以理解为由检察机关（代表国家）主导对未成年犯罪嫌疑人的监护，其监护人配合检察机关加强监护职责的履行；也可以理解为鉴于未成年犯罪嫌疑人的特殊性，检察机关（代表国家）辅助监护人的职责履行。这种监护模式即以国家监护（公权监护）补足监护人（私权监护）的共同监护。①

2. 未成年人社区矫正制度

根据我国《刑事诉讼法》第258条的一般规定以及我国《社区矫正实施办法》（已失效）第33条的具体规定，对未成年人实施社区矫正，应当遵循教育、感化、挽救的方针，充分考虑未成年人的特殊性以及儿童最佳利益原则的要求，按照一系列的特殊规定来执行。② 其中也包括了由专门机构（社区矫正机构）主导，并"督促未成年社区矫正人员的监护人履行监护职责，承担抚养、管教等义务"的刑事辅助监护（共同监护）的内容。

3. 未成年人帮教制度

我国2012年《中华人民共和国预防未成年人犯罪法》（以下简称《预防未成年人犯罪法》）第47条规定："未成年人的父母或者其他监护人和学校、城市居民委员会、农村村民委员会，对因不满十六周岁而不予刑事处罚、免予刑事处罚的未成年人，或者被判处非监禁刑罚、被判处刑罚宣告缓刑、被假释的未成年人，应当采取有效的帮教措施，协助司法机关做好对未成年人的教育、挽

① 共同监护的制度理念有着重要的理论及实践意义。对此，包括原《民法总则》在内的我国相关法律尚未完全理顺相关制度及理念。参见李贝、彭诚信：《共同监护制度的解释适用——以〈民法总则〉颁布为背景》，载《法律适用》2017年第13期。

② 参见康均心、李娜：《我国未成年人犯罪刑罚执行制度研究——兼论社区矫正制度》，载《现代法学》2005年第6期。

救工作。城市居民委员会、农村村民委员会可以聘请思想品德优秀，作风正派，热心未成年人教育工作的离退休人员或者其他人员协助做好对前款规定的未成年人的教育、挽救工作。”

该规定中也包含了刑事辅助监护的内容，即由城市居民委员会、农村村民委员会等基层组织配合监护人，并协助司法机关，采取有效的帮教措施，对未成年人进行教育、挽救，以补足原有监护的不足，共同做好监护工作，实现未成年人的最佳利益。

4. 运行困境

上述制度设计本身是好的，在实践中也是能够取得一定成效的，然而，其系统机制的运作还是面临一些困境。其中包括对不负责任的监护人惩戒措施的缺乏或不明确而导致的执行力疲软的问题、相应科学措施实施所需资源（包括资金和专业人员等）不能有效落实所导致的效果难以保证的问题，以及如何与相关监护制度系统衔接以最大限度地保障诉讼效率的问题，等等。

困境一：对不负责任的监护人惩戒措施的缺乏或不明确而导致的执行力疲软的问题。

对于不负责任的监护人的法律责任，相关法律主要有以下三个方面的规定：其一，2012 年《未成年人保护法》第 62 条规定“父母或者其他监护人不依法履行监护职责，或者侵害未成年人合法权益的，由其所在单位或者居民委员会、村民委员会予以劝诫、制止”，2012 年《预防未成年人犯罪法》第 49 条规定“……由公安机关对未成年人的父母或者其他监护人予以训诫，责令其严加管教”，然而仅是“劝诫、制止”或者“训诫”和“责令”的惩戒措施，颇显疲软，执行力不强。其二，2012 年《未成年人保护法》第 62 条还规定：“…… 构成违反治安管理行为的，由公安机关依法给予行政处罚。”然而，就不依法履行监护职责的行为而言，《中华人民共和国治安管理处罚法》（以下简称《治安管理处罚法》）并未明确将其规定为违反治安管理的行为，因而无法对其全面适用治安行政处罚——这亟待《治安管理处罚法》将“监护人不依法履行监护职责的行为”明确规定为违反治安管理的行为，从而弥补此重大缺漏。其三，原《民法总则》第 36 条规定的监护人资格撤销制度。该制度虽然是对监护制度缺憾的一个重要的制度补足,但却仍然不能充分解决上述行政处罚措施缺失所带来的执行力疲软的问题,因为有些严重不负责任的监护人可能会借此摆脱监护的职责。然而,因为其不负责任所业已造成的对未成年人及社会的伤害以及未来对社会的负担,缺乏适度的惩戒是不公正的,也是不足以警策后来者的。对此问题,法律界已经有人提议设立"儿童监护失职罪"之类的罪名。① 笔者认为,这一建议的立意值得赞同,但《治安管理处罚法》的相应规定也应当同时跟进,如此方能形成相对完整的法律规制体系。这涉及下文将要详细论述的系统设计我国监护制度的问题。

困境二:相应科学措施实施所需资源(包括资金和专业人员等)不能有效落实所导致的效果难以保证的问题。

未成年人刑事辅助监护制度的有效运行需要相应资金和专业人员的配给。② 目前而言,我国相应的资源总体上非常缺乏,尤其是在经济文化欠发达地区。这势必影响该制度运行的效能。这与我国社会福利法及儿童福利法的缺憾存在密切关联,也与我国民间社团不发达的现实相关,也与我国高等教育相关专业的设置不足有关。目前,我国一些经济文化较为发达的地区正在实践中探索相关的制度,以图弥补。

困境三:如何与相关监护制度系统衔接以最大限度保障制度系统效能的问题。

刑事辅助监护制度与未成年人监护人参与刑事诉讼制度、未成年人刑事替代监护制度以及未成年人民事监护制度之间应当是一个有机衔接的系统。就运行机制角度而言,如何有机衔接的问题关乎整个制度系统的效能问题,非常重要。目前而言,我国相关制度系统尚未在理念层面上、制度设计层面上以及实务适用层面上得以理顺,从而导致了成本大、效能低的实际问题。

---

① 参见周茂梅:《天津小兄妹坠亡谁之过?13位全国政协委员联名提案:"马大哈"父母应负刑责》,载《成都商报》2017年3月2日,第3版。

② 如专业的社工、心理咨询师等专业人员的配备。参见吴宗宪:《论未成年人社区矫正中的心理学工作》,载《预防青少年犯罪研究》2018年第1期;赵靓:《社工介入未成年犯罪人社区矫正问题探析》,载《江苏社会科学》2017年第6期。

（三）未成年人刑事替代监护制度

对于触刑未成年人或者有严重不良行为而处于犯罪边缘的未成年人，在其现有监护人没有能力履行监护职责的情况下，由政府相关机构来替代其履行监护职责，此即未成年人刑事替代监护制度。目前看来，我国未成年人刑事替代监护制度主要包括工读学校和收容教养。就严格意义上而言，对于被判处监禁刑的未成年人，也即意味着由政府相关机构（监狱或未成年犯管教所）替代监护，履行监管与保护的职责，贯彻教育、感化、挽救的方针。

1. 工读学校制度

工读学校制度，即对于严重不良行为未成年人，使其进入半工半读的特殊学校进行教育矫治的制度。[①] 目前而言，我国工读学校制度具有如下几个基本特征：其一，入校程序的"申请制"，即根据我国2012年《预防未成年人犯罪法》第35条第3款的规定，"对未成年人送工读学校进行矫治和接受教育，应当由其父母或者其他监护人，或者原所在学校提出申请，经教育行政部门批准"。换言之，工读学校的入校制度采取的是没有强制约束效力的"申请制"，而非具有强制约束效力的"指令制"。其二，教育内容的"二元制"，即工读学校教育内容为普通文化教育与法制矫治教育的结合。其三，教育形式的"二元制"，即工读学校教育形式采取半工半读的形式，即一方面参与工作劳动，以培养职业技能；另一方面要求读书学习，以提高文化素养。其四，管理方式的"二元制"，即工读学校主要有两种管理方式，即半封闭管理制和全封闭管理制。

2. 收容教养制度

我国收容教养制度的主要法律依据即2017年修正的《中华人民共和国刑法》（以下简称《刑法》）第17条第4款以及2012年《预防未成年人犯罪法》第38、39条的规定。2012年《预防未成年人犯罪法》第38条规定："未成年人因不满十六周岁不予刑事处罚的，责令他的父母或者其他监护人严加管教；在必要的时候，也可以由政府依法收容教养。"2017年修正的《刑法》第17条第4款的规定与此雷同。2012年《预防未成年人犯罪法》第39条规定："未成年人在

① 我国工读学校制度的主要法律依据为修订前《预防未成年人犯罪法》第35～36条（经过2020年修订，相关条款已被删除，相关制度已经融入专门教育制度）。

被收容教养期间，执行机关应当保证其继续接受文化知识、法律知识或者职业技术教育；对没有完成义务教育的未成年人，执行机关应当保证其继续接受义务教育。解除收容教养、劳动教养的未成年人，在复学、升学、就业等方面与其他未成年人享有同等权利，任何单位和个人不得歧视。”

将收容教养制度与工读学校制度相比较：一方面，收容教养制度与工读学校制度具有诸多的类似之处。其一，对象类似，即严重越轨少年；其二，目的类似，即教育矫治以预防犯罪；其三，教育内容类似，即文化教育与法治教育相结合；其四，教育方式类似，即半工半读；其五，管理方式类似，即都有封闭式的管理方式。另一方面，相对于工读学校制度，我国收容教养制度主要具有以下两点差异：其一，收容教养制度采取的是“指令制”，而非工读学校制度采取的“申请制”；其二，管理方式的一元制，即只有全封闭管理制，没有半封闭管理制的选项。

3. 运行困境

工读学校制度和收容教养制度的显著失当造成了我国未成年人刑事替代监护制度的诸多运行困境。其中的制度失当之处包括但不限于制度性质模糊、适用对象界定不够明确、纳入制度不够合理、机构及管理者水平缺乏指导标准，等等；其中的运行困境包括但不限于生源障碍、机构萎缩、机制不畅、效果堪忧，等等。详言如下：

困境一：制度性质模糊，即指制度设计者关于工读学校制度和收容教养制度属于什么性质的制度的问题，认识模糊。

对此，学界多有行政处罚说、保安处分说、教育处分说等学说，[①]然而却鲜有将其定性为刑事监护制度者。在笔者看来，学界通常的相关学说无法实现理论逻辑上的自洽，唯有将工读学校制度和收容教养制度定性为刑事替代监护制度，方为合理。简而言之，未成年人严重越轨的主要原因及责任，甚至是全部原因及责任，在于成年人社会的监护不利及监护责任。上述学说在理念上的偏误在于：将未成年人严重越轨的主要责任或全部责任归咎于未成年人，

① 参见周雄：《收容教养制度研究——刑法第十七条第四款之展开》，载《预防青少年犯罪研究》2015 年第 2 期。

即对其进行“处罚”或“处分”,而非切中其真正的原因——监护不利。殊不知,只有解决监护不利的问题,方能真正解决相应的问题。刑事替代监护说才是问题的解决之道,才是对工读学校制度和收容教养制度的合理定性。

对相关制度性质的模糊认识,是我国相关制度理念偏误及实践运行困境的根本原因所在。由此而来,相关制度的其他失当之处也应运而生。

困境二:适用对象界定不够明确。

一方面,工读学校制度的适用对象为“严重不良行为未成年人”,当然不是所有的“严重不良行为未成年人”都应当纳入工读学校,那么,是相关主体申请纳入的“严重不良行为未成年人”,抑或是经过科学评估后、具有再次严重违法或犯罪显著风险而监护人客观上缺乏监护能力或主观上缺乏监护责任心的“严重不良行为未成年人”,应当纳入工读学校呢?合理的答案应当是后者[①]——对于不符合后者条件的“严重不良行为未成年人”,只宜纳入刑事辅助监护制度的范畴。由此可见,工读学校纳入的申请制是不当的。[②]

另一方面,收容教养制度的适用对象并非所有的“因不满十六周岁不予刑事处罚的”未成年人,但其具体范围是哪部分“因不满十六周岁不予刑事处罚的”未成年人呢?相关法律给出的限制条件为“在必要的时候”,而且只是“也可以由政府依法收容教养”。那么何为“必要的时候”呢?笔者认为,合理的解读只能是:经过科学评估后、具有再次严重违法或犯罪显著风险而监护人客观上缺乏监护能力或主观上缺乏监护责任心、确有必要由政府予以替代监护的“因不满十六周岁不予刑事处罚的”未成年人,而且对此理应规定“应当由政府依法收容教养”,而非“也可以由政府依法收容教养”,因为这是政府的应然职责所在。工读学校制度和收容教养制度的适用对象界定不够明确,与上述制度性质模糊的问题存在内在的关联,是造成工读学校和收容教养的生源障碍和机构萎缩的直接症结所在,也反映了相关制度设计者对于相关制度目标认

① 参见周颖:《保护处分视野下的工读制度重构》,载第四届上海犯罪学论坛暨国际犯罪学学会成立80周年纪念及研讨活动论文集《犯罪学论坛》(第四卷)(下),中国法制出版社2017年版。

② 参见王平、何显兵:《论工读教育的历史发展与完善设想》,载《预防青少年犯罪研究》2012年第8期。

识的模糊性。

困境三:机构及管理者水平缺乏指导标准,即指工读学校制度和收容教养制度缺乏对于其专门机构及其管理者水平的合理的指导标准。

常识可见,工读学校和收容教养机构及其管理者应当具备相当专业的水平方能胜任。然而,实际上,工读学校师资缺乏、滥竽充数的现象突出,收容教养机构的相关问题更为突出,且过去通常混同于劳动教养机构中,现在更有甚者被置于未成年犯管教所中。如此,相关制度的运行如何能避免机制不畅、效果堪忧等困境?对此,迫切需要相关法律制度的规定中纳入合理有效的指导标准,以逐步提升相关机构及管理者的专业水准。

(四)小结:相关制度运行困境的根源在于未能系统理顺刑事监护制度

上述未成年人刑事法中的监护相关制度的运行困境,包括合法困境、效果困境和效率困境等,似乎表现得纷繁错综,但系统归结起来,可一言蔽之,即相关制度运行困境的根源在于未能系统理顺其监护制度的本质。

进而言之,笔者认为,监护制度可以分为刑事监护制度和民事监护制度两大类。刑事监护制度与民事监护制度的根本区别在于:刑事监护制度体现着国家公权力的干预,即国家基于刑事案件发生以及犯罪预防、保护未成年人的需要,不得已而采取的对民事监护关系的干预;民事监护制度属于私权利的范畴,国家原则上不予干预。二者存在机制性的衔接关系。只有系统厘清刑事监护制度、民事监护制度以及二者之间的内在关联,方能系统破解相关制度的运行困境,并设计制定出相关的科学合理的制度体系。

二、体系性分析:未成年人民事监护制度与未成年人刑事监护制度的关系

(一)未成年人民事监护制度的基本构架分析

原《民法总则》第26~37条比较系统地规制了我国的民事监护制度。在此,笔者拟从基本分类和基本原则两个维度分析我国民事监护制度的基本构架。从被监护人的不同进行分类,民事监护可以分为未成年人监护、其他无行为能力人或限制行为能力人监护以及成年人监护三类。本文仅探讨未成年人监护问题。

1. 我国未成年人民事监护的基本分类

一方面,就监护主体及其顺位角度而言,我国未成年人民事监护可以分为以下几类:(1)父母监护,是基于血缘及家庭关系形成的第一顺位的监护类别,具有法定性和天然的正当性。(2)其他近亲属监护,是基于血缘及家庭关系形成的第二顺位的监护类别,具有法定性和天然的正当性。对未成年人具有监护职责和监护权利的其他近亲属包括具备监护能力的祖父母、外祖父母和成年兄姐。(3)其他亲友或组织监护,在没有上述两个顺位的合适监护人的情况下,根据原《民法总则》第27条第2款第3项的规定,“其他愿意担任监护人的个人或者组织,但是经未成年人住所地的居民委员会、村民委员会或者民政部门同意”。其中的“个人”一般为原有监护人或被监护人的亲友;其中的“有关组织”一般为民间的未成年人保护组织、收养机构或有关单位。(4)社会基层组织监护,即指在没有上述顺位的合适监护人的情况下,由居民委员会或村民委员会承担未成年人监护人的监护类别。(5)政府监护,即指在没有上述顺位的合适监护人的情况下,由当地政府(由民政部门代表)作为未成年人监护人的监护类别。政府监护在整个监护制度体系中具有兜底性和保障性的地位。

从原《民法总则》的相关规定可见,不同主体的监护之间存在着脉络清晰的顺位关系,即从父母监护、其他近亲属监护、其他亲友或有关组织监护、基层组织监护至政府监护,其顺位明晰,即根据血缘和社会关系的亲疏远近,由亲至疏,由近及远,由私及公,前者优先于后者,政府监护居于最后的兜底性或保障性的地位。其监护主体以家庭为主,以社会其他个人为补充,以国家为保障。正如有学者所言,“儿童监护制度……从‘国家主义’‘家庭主义’‘个人主义’走向了‘三位一体’,同时强化家庭监护主体责任,逐渐构筑完善的儿童福利保障体系”①。

另一方面,就监护权来源的角度而言,我国未成年人民事监护可以分为法定监护、指定监护和意定监护三种基本类别。具言之:(1)法定监护,即指相应

① 程丽:《儿童家庭监护制度的历史嬗变及价值取向》,载《理论与改革》2016年第2期。

具有法定监护职责的监护人无法定理由不得拒绝承担监护义务的监护制度。法定监护包括父母监护、其他近亲属监护和政府监护。(2)指定监护,即指原《民法总则》第 31 条第 1 款规定的“对监护人的确定有争议的,由被监护人住所地的居民委员会、村民委员会或者民政部门指定监护人,有关当事人对指定不服的,可以向人民法院申请指定监护人;有关当事人也可以直接向人民法院申请指定监护人”的监护制度。而原《民法总则》第 29 条规定的“父母遗嘱指定监护”在本质上属于意定监护。(3)意定监护①,即指不具有法定监护职责的人,根据其意愿或者有关协议,承担监护职责的监护制度。其中包括其他亲友或组织监护、协议监护和基于临时收养或救助而形成的临时监护。协议监护,即指基于监护协议而产生的未成年人监护。其中包括两类:其一,委托协议监护,即原有监护人协议委托他人承担对未成年人的监护;其二,其他协议监护,即在原有监护人缺失的情况下,由具备监护能力的人“协议确定”未成年人的监护人。

从原《民法总则》的相关规定可见,监护权利及义务的产生皆需要不同种类的合法来源,或为法定,或为指定,或为意定。法定监护,监护义务人不得拒绝;指定监护,具有代表社会或国家的公共机构介入监护私权领域的性质;意定监护,监护权利及义务产生前,拟监护人可以拒绝,但意定后,即产生相应的监护权利及义务,非经正当程序,意定监护人必须适当履行其监护职责。

2. 我国未成年人民事监护制度的基本原则

从原《民法总则》的相关规定来看,我国未成年人民事监护制度的基本原则即最有利于被监护人(未成年人)的原则,也即学理上通常所说的“儿童最佳利益原则”,或“未成年人最佳利益原则”,或“少年最佳利益原则”。该原则既是未成年人监护制度的基本原则,又是整个未成年人法律制度的基本原则。在未成年人监护制度领域,该原则派生出如下原则:(1)未成年人监护不得空缺的原则,即在任何情况下,基于未成年人最佳利益的考虑,都不得容许未成年人监护出现空缺的状况。(2)尊重未成年人真实意愿的原则,即在监护关系

① 关于意定监护的对象、适用条件、理论基础等的详细论述,参见叶英萍:《未成年人意定监护立法研究》,载《现代法学》2017 年第 5 期。

的产生、进行和变更过程当中，应当将未成年人视为主体，合理尊重其真实意愿。这也是未成年人最佳利益原则的一种体现。(3)未成年人监护权合法变更的原则，即关于未成年人监护权的变更，包括委托、协议、指定、撤销和恢复等，应当具有合法的程序，如此方能保障未成年人的最佳利益。(4)未成年人的监护人的监护权利受法律保护的原则，即未成年人的监护人的监护权利应当受到相关法律的尊重和保护，方能保障未成年人的最佳利益。(5)未成年人的监护人失职有责的原则，即当未成年人的监护人失职时，包括恶意侵害未成年人的合法权益、怠于履行监护职责、不当履行监护职责对未成年人造成损害，应当依法追究其法律责任，包括民事责任、行政责任和刑事责任。①

（二）未成年人民事监护制度与未成年人刑事监护制度的内在关联及区别

1. 未成年人民事监护制度为一般基础

从法秩序统一原则来看，未成年人民事监护制度是整个未成年人监护制度的一般基础。一方面，其当然适用于民事领域，是未成年人民事监护关系的基本法律准则。另一方面，其也应当适用于刑事领域。

首先，从立法上来看，上述我国未成年人刑事法律中的相关制度构架基本遵循着上述我国未成年人民事监护制度的构架逻辑，包括基本原则、基本分类等。典型者，我国《刑事诉讼法》规定的法定代理人、合适成年人到场制度中，相关到场者（实为监护人）即基本遵循了未成年人民事监护人的顺位关系。然而，如前所述，由于相关的认识尚不到位，相关的立法尚待进一步有机衔接和系统完善。

其次，就司法上而言，只有系统把握我国未成年人民事监护规则的逻辑脉络，方能合理适用我国未成年人刑事监护的相关制度。如前所述，我国未成年人刑事监护制度司法运行中的诸多困惑和困境，在很大程度上皆源于没有系统把握我国未成年人民事监护规则的逻辑脉络，并将其与相关的未成年人刑事监护制度予以合理的系统的衔接。

---

① 参见李舒俊：《监护疏忽入刑的正当性考量与路径探析》，载《青少年犯罪问题》2017年第5期；高健：《亲职教育应强制　问责失职监护人》，载《北京日报》2014年9月3日，第7版。

2. 未成年人刑事监护制度为特殊制度

未成年人刑事监护制度是整个未成年人监护制度中的特殊制度，体现着未成年人刑事案件处理的特殊规律及保护未成年人、犯罪预防的特殊目的。

首先，鉴于未成年人在整个社会中的特殊价值以及未成年人身心的特殊性，基于未成年人最佳利益的原则，未成年人刑事案件的处理有其特殊规律与规则。其中，涉案未成年人的监护问题是一个贯穿始终的核心问题。所谓监护，简而言之，即监管和保护。刑事案件处理过程当中的监护不同于一般情况下的民事监护，其必须遵循未成年人刑事案件处理的特殊规律，必须遵从未成年人刑事案件处理的特殊程序，成为不同于民事监护的特殊的监护制度。这在上文中已经有了系统的阐述。

其次，不同于一般情况下的未成年人民事监护，在未成年人刑事案件处理中的监护，基于相关刑事案件的特殊信息，其监护内容不仅包含着一般性的监管和保护内容，还必然包含着另外两个方面的特殊内容：其一，未成年人刑事诉讼特别权益的保障；其二，未成年人犯罪预防以及被害预防。其中所涉及的特殊内容，必然需要相应的特殊措施、方法和原则等作为制度支撑。前文所述的未成年人监护人参与刑事诉讼制度、未成年人刑事辅助监护制度和未成年人刑事替代监护制度的特殊规定即可说明。

最后，就形式方面而言，刑事监护制度必然由刑事司法机关为主导，并通常需要具备相关专业知识背景（主要是犯罪学、犯罪心理学、儿童发展心理学及儿童保护等方面）的专业人员为主要的参与者。这是不同于一般民事监护制度的。

三、问题之解决：未成年人刑事监护制度的系统设计与有机衔接

原《民法总则》颁行之前，我国未成年人监护制度虽然施行了约30年，但理念陈旧、制度不系统、可操作性不强。[①] 尽管原《民法总则》对此有了较大的系统提升，但其仍然存在诸多显著的问题[②]。其中一个重大的方面，即缺乏对于未成年人刑事监护制度的系统关照，导致涉及刑事案件处理中的未成年人

① 参见梁慧星：《民法总论》，法律出版社2007年版，第105～106页。

② 参见夏吟兰：《民法典未成年人监护立法体例辩思》，载《法学家》2018年第4期。

监护问题的积弊未得系统的改观。为此,相关立法亟待完善,相关的解释论亦应同步跟进①。

(一)立法之系统设计

基于上述的研究论说,笔者认为,我国未成年人刑事监护制度乃至整个未成年人监护制度的完善,须经相关立法之系统设计,才能更好地服务大局。其立法之系统设计应当主要着眼于以下三个基本方面:

1. 在总体构架上,对涉及未成年人的民事监护制度与刑事监护制度予以系统整合。

具体可以考虑以下两种方案:其一,在相关法律中,以衔接性、指示性的一般条款明确未成年人民事监护与未成年人刑事监护之间的关系。其条文表述可以为"在未成年人刑事案件处理中涉及未成年人监护相关问题的,应当遵循我国民法关于监护制度的基本规定,并兼而考虑未成年人刑事案件处理的特殊规律和制度以及保护未成年人和犯罪预防的目的"。其条文可以考虑直接纳入《刑事诉讼法》"特别程序"之"未成年人刑事案件诉讼程序"专章中。其二,在《未成年人保护法》中对未成年人监护制度予以系统完整的规范。一方面,在总体构架上,对民事监护制度与刑事监护制度予以系统整合;另一方面,在具体规制上,对前文所述的相关制度缺漏、矛盾和含混之处予以弥补、理顺和明确。笔者认为,后者是更好的选择,一方面,《未成年人保护法》作为我国未成年人法律制度体系中的"基本法",理应担当此任;另一方面,相对于一般民事法和一般刑事法而言,作为特别法的《未成年人保护法》可以进行诸多更为系统、更为深层、更为细致的突破及系统整合。

2. 在具体规制上,对未成年人监护制度的缺漏、矛盾和含混予以弥补、理顺和明确。

其一,在相关的立法上,将我国未成年人刑事监护制度明确分为三类,即如前文所述的监护人参与刑事诉讼制度、刑事辅助监护制度和刑事替代监护制度,从而避免理论界和实务界对相关制度性质认识上的含混。同时,以此为

① 有学者指出,研究范式上应当由纯粹的立法论层面转进到立法论与解释论相结合。参见孙犀铭:《民法典语境下成年监护改革的拐点与转进》,载《法学家》2018年第4期。

基础,在相关原则及理念的指导下,对相关的具体规范予以系统的整合,以避免前文所述的各种相关制度困境。

其二,对未成年人刑事法中的监护相关制度的法定概念予以明确的统一正名,以尽量避免相关概念矛盾所导致的混乱与困境。如前文所述,刑事监护制度中的相关概念,或称法定代理人,或称合适成年人,或称合适保证人,或称监护人……。笔者认为,相关概念皆应在文词或概念逻辑上统一正名至"监护人"和"监护"的概念范畴内,方才有利于相关制度的整体的系统的衔接。

其三,对相关具体规范的缺漏予以弥补,为相关制度的系统运行提供更多、更有效率的制度工具。如前文所述的监护人行政法律责任及刑事法律责任规范的缺漏问题。

3. 系统诊断整个制度运行机制,对相关配套制度的缺漏问题予以相应的立法完善。

对此,笔者认为,专门的具有行政执法权的未成年人保护专业机构的缺失问题、相关专业社工公益组织不发达的问题以及整个未成年人福利法律制度的缺失问题等,是突出的亟待立法解决的重要问题。

其一,专门的具有行政执法权的未成年人保护专业机构的缺失问题。代表政府的未成年人保护机构是相关制度运行的主心骨,其功能作用及于未成年人保护法律体系运行机制(包括监护制度)的各个层面以及诸多的重要节点,如未成年人福利制度的施行、困境未成年人的救助、未成年人司法的参与、未成年人国家监护(政府监护)的承担①、未成年人监护监督制度②的运行、撤销及变更监护权的运作等,其或缺、不力都将直接导致未成年人监护制度以及整个未成年人法律体系的运行机制不畅。目前而言,我国相关机构的设置较为杂乱,公安、民政、文化行政、司法行政、团委、妇联、关工委等机构虽都有相关

① 参见李莹:《论国家监护制度的构建——以未成年监护为视角》,载《绵阳师范学院学报》2017年第6期。

② 参见刘金霞:《监护监督的必要性及其制度构建》,载《西安电子科技大学学报(社会科学版)》2017年第1期;林翠秀:《留守儿童救助维度下我国委托监护制度的完善路径》,载《中华女子学院学报》2017年第2期。

职责,实践中却处于一种“九龙治水”式的乱局中,亟待整合化、专业化。对此,民政部在其社会事务司中成立了“未成年人(留守儿童)保护处”,以图专司其职。然而,相关问题并未真正理顺。① 一方面,“九龙治水”的乱局并未因此终结,因为尚未有相关立法确认其专门的行政执法权,上述各相关部门仍然自行其便;另一方面,民政部门的上述专门机构尚未在各地方普遍设立,其人员的专业性尚未得以保障,况且民政部门职能的庞杂性也会难以避免地影响其专业性以及其工作的力度。有学者认为“未成年父母所在单位不宜承担监护人职责;居民委员会和村民委员会也不具备担任未成年人监护人的条件;民政部门承担国家监护职责并不意味着由其自身担任监护人,而在于建立足够的设施完善、人员完整的救助机构”②。鉴于未成年人群体的特别重要的价值以及未成年人保护工作的专业性,直接在各级政府下设未成年人的专业保护机构,整合相关专业职能和专业力量,并通过相关立法赋予其专门的行政执法权,从而彻底解决“九龙治水”及相关主体不专业的困局,是最佳选择。

其二,相关专业社工公益组织不发达的问题。该问题也会导致未成年人监护制度的运行机制不畅,尤其是涉及原有监护人监护不力、监护不当或者监护缺位而需要社工专业力量补足的情况下。为此,以下两方面的措施必须采取:一方面,大力发展社工专业人才(辅助监护专业人员)的培养;另一方面,以相应的社会福利(包括儿童福利)制度建设与供给的方式,如政府购买服务及专项的财政预算,为相应的社会福利(包括儿童福利)社工组织配给资金,并提供政策支持,培育其发展壮大。目前,我国经济文化较为发达的地区,如上海、北京、深圳,正在探索相关的运行机制,并取得了一些卓有成效的经验。③

---

① 参见李燕:《论〈民法总则〉对未成年人国家监护制度规定的不足及立法完善》,载《河北法学》2018 年第 8 期。

② 尹志强:《未成年人监护制度中的监护人范围及监护类型》,载《华东政法大学学报》2016 年第 5 期。

③ 例如,《上海市人民代表大会常务委员会关于修改〈上海市未成年人保护条例〉的决定》(2013 年 12 月 27 日)增加第 40 条规定:“民政部门应当对孤儿、无法查明其父母或者其他监护人以及其他生活无着的未成年人,通过设立儿童福利机构、委托或者购买服务等方式收留抚养。鼓励社会力量依法设立儿童福利机构。”

其三，整个未成年人福利法律制度的缺失问题。该问题是一种系统性的缺失，是对包括未成年人监护制度在内的相关法律运行机制的一种系统性的资源缺失，其不利影响是深远的。未成年人福利法律制度的系统完善，对于未成年人监护制度乃至整个未成年人法律体系而言，都将是意义重大的。对此，社会各界多有明确的意见和建议。①

（二）司法之有机衔接

一方面，如果有了上述相关立法之系统设计，相关司法之有机衔接会显得更为顺理成章。其基本要领不外乎两者：其一，未成年人民事监护制度为未成年人刑事监护制度的一般基础性规则，应当适用于未成年人刑事监护制度；其二，未成年人刑事监护制度的适用需要遵循未成年人刑事案件处理的特殊规律和制度，考虑未成年人保护及犯罪预防的目的。②

另一方面，在尚无上述相关立法系统设计的情况下，相关司法之有机衔接具有较大的解释适用难度。其一，需要以法秩序统一原则的指导，运用法律体系解释的方法，链接未成年人民事监护制度作为未成年人刑事监护制度的一般基础性规则；其二，需要基于未成年人最佳利益原则和诉讼经济原则的考虑，运用法律体系解释的方法，破除相关核心概念之间的不当区隔，实现其实质的一致关联，必要时，以司法解释或改革探索性的适用规则的方式来理顺相关规则的适用体系。

四、结语

在我国目前的相关法学理论中，未成年人刑事监护制度的概念是一个尚未有人提及并系统论说的概念。其提出虽然会引起学界的某些质疑，但我国未成年人刑事法中真切地存在着诸多与未成年人监护相关的特殊制度，这一事实是无可否认的。笔者认为，未成年人刑事监护制度的概念可以成立，相关

---

① 参见宋英辉、苑宁宁：《完善我国未成年人法律体系研究》，载《国家检察官学院学报》2017年第4期；高维俭、梅文娟：《论少年法的立法体系》，载《预防青少年犯罪研究》2013年第5期；富东燕：《全国人大代表徐桂芬建议：出台有中国特色的儿童福利法》，载《中国妇女报》2017年3月5日，第2版。

② 参见宋英辉、苑宁宁：《完善未成年人保护和犯罪预防法律体系与司法体制的构想》，载《预防青少年犯罪研究》2016年第4期。

的制度理念、立法完善以及司法适用问题是值得更进一步系统研究的重要课题。

（本文原载于《人民检察》2019年第16期，因该刊篇幅所限，删节较多。本文完整）

论合适成年人制度的理论属性、规范诠释及实践运行*

摘要：合适成年人制度是镶嵌于刑事诉讼构造中的特别监护制度，具有显然的刑事属性，有别于民事监护制度。我国现行民事和刑事法律规定均为这一解读提供了法律依据。司法实践中，合适成年人制度常被视为掣肘各方权能实现的"包袱性"程序。办案人员基于提高办案效率的考虑，存在不当践行合适成年人制度的操作方式。根据国家亲权理论，系统梳理合适成年人、未成年人和司法人员三方之间的关系，方能创新制度，消除不必要的抵牾。

关键词：合适成年人；未成年人；监护；儿童最大利益原则

The Appropriate Adult Institution: Theoretical Attribute, Normative Interpretation and Practical Operation

Abstract: The appropriate adult institution is a special guardianship institution embedded in the structure of criminal proceedings, with its obvious criminal institution nature that is different from the civil guardianship institution. The current regulations of civil law and criminal law provide a legal basis for this comment. In practice, the appropriate adult institution has often been treated by practitioners as a "burden" procedure which could restrain their powers and functions. Considering the efficiency of case handling, practitioners tend to improperly operate appropriate

* 本文为西南政法大学少年法学研究中心与重庆市大足区人民检察院横向课题《刑诉法(2013年)第270条的解读与适用》的结项成果。

adult institution. Basing on the theory of *parens patriae*, systematically sorting out the relationships among the adults, the minors and the legal practitioners, the institutional deadlock could be broken down, the unnecessary conflicts might be eliminated.

Keywords: Appropriate Adults; Minors; Guardianship; the Principle of Best Interests of Children

我国合适成年人制度的主要法律依据为《中华人民共和国刑事诉讼法》(以下简称《刑事诉讼法》)第281条的规定,即对于未成年人刑事案件,在讯问、询问和审判时,应当通知相关未成年人的法定代理人或者其他人员到场,以保障相关未成年人的合法权益以及诉讼的顺利进行。“相关未成年人”包括未成年的犯罪嫌疑人、被告人、被害人和证人。“其他人员”包括相关未成年人的成年亲属和所在学校、单位、居住地基层组织或未成年人保护组织的代表。从该条法律规定的上下文逻辑来分析,可以推导出如下几点结论:其一,“合适成年人”的概念并非一个法定概念,即法条中并未出现这一语词;其二,“合适成年人”的理论概念应当包含了“相关未成年人的法定代理人或者其他人员①”,即适合于相关未成年人的法定代理人或者其他人员。囿于传统刑事司法根深蒂固的偏重打击犯罪的理念以及民事监护制度私法属性的渊薮,刑事诉讼中的“大控方”质疑合适成年人制度存在的合理性。尤其是侦查机关从提高侦讯效率的角度出发,将合适成年人制度视为掣肘刑事诉讼进行的“包袱性”程序。法条的简练、概括和各方主体的利益分歧,导致合适成年人制度在司法实践中乱象频出,②未成年人的权益未得到切合立法意图的合理保护。如何将合适成年人制度这一舶来品与本土法律文化相融合,让执行人(使用人)认可制度设计的积极功能,从根本上解决合适成年人制度适用动力不足的问

① 为行文方便,本文将“其他人员”或“其他合适成年人”确指为未成年人的法定代理人以外的合适成年人。

② 有的司法人员为了减少工作量,选择不通知父母等监护人到场,而是由与司法机关有长期合作关系的其他合适成年人到场,甚至出现多次讯问后由其他合适成年人一次补签名的情况。参见杨新慧:《合适成年人在场行为乱象及其治理》,载《三峡大学学报》2015年第6期。

题。从思想上统一认识,厘清合适成年人制度的理论属性及其司法定位,是让合适成年人制度落地的前提。本文将通过合适成年人制度的理论属性分析、相应规范诠释来梳理司法机关、合适成年人和未成年人三方之间的关系,解决实践中的各方紧张关系,实现合适成年人制度的设计初衷——实现儿童最佳利益。

一、理论属性:一种刑事监护制度

合适成年人制度是国家亲权理念和儿童最佳利益原则在法律制度层面的体现,也是未成年人监护制度在刑事诉讼中的特别制度安排,具有显然的刑事属性,有别于民事监护制度。

(一)合适成年人制度是刑事诉讼中的特别监护制度

合适成年人制度就是在一个闭合式的刑事司法活动中,强制性地将侦查活动暴露于案外人的监督下的一项制度设计。从其制度功能和具体措施来看,合适成年人制度具有监护的本质特征,是监护权在刑事司法领域的植入。

1. 从制度功能来看,合适成年人制度具有监护的本质

合适成年人制度的功能定位,即通过合适成年人的介入对进入刑事诉讼程序的未成年人予以特别的保护。我国《刑事诉讼法》第 281 条第 1 款最后一句和第 2 款规定,“到场的法定代理人可以代为行使未成年犯罪嫌疑人、被告人的诉讼权利。到场的法定代理人或者其他人员认为办案人员在讯问、审判中侵犯未成年人合法权益的,可以提出意见。讯问笔录、法庭笔录应当交给到场的法定代理人或者其他人员阅读或者向他宣读”。合适成年人制度是放置于辨认控制能力不足的未成年人与强大的刑事司法公权力之间的平衡器。强大的侦讯压力不仅会导致“假供(证)”的产生,也会给未成年人造成较大的心理影响。“合适成年人充当着积极和重要的角色,被视为未成年犯罪嫌疑人在警察调查程序中的‘基本保护者’。”①实践中,在《刑事诉讼法》规定合适成年人制度之前,就已经有部分案件的诉讼推进是在父母等监护人在场的情况下

① D. Brown, *Pace Ten Years On: A Review of the Research* (Home Office Research Study No. 155), London: HMSO, 1997, p. 187.

完成的。[①] 司法经验告诉我们，合适成年人在场，对未成年人的心理支持和理性引导，可以在一定程度上弥补未成年人辨认和控制能力的不足，可以降低刑事诉讼程序对未成年人造成的伤害。对应于刑事实体法中未成年人被认定为限制刑事责任能力人的规定，从刑事诉讼法的角度，将未成年人与成年人区别对待的法规范确认是理所应当的。从历史的角度来看，在刑事诉讼中确认未成年人的特殊性并加以保护，是我国刑事诉讼法的进步。原《中华人民共和国民法总则》（以下简称《民法总则》）第 26 条和第 27 条明确规定，监护人是指对未成年人负有抚养、教育和保护义务的人。合适成年人制度的功能定位即在于对未成年人的保护，与原《民法总则》中的监护制度具有相同的本质。

2. 从具体措施来看，合适成年人制度具有监护的本质

我国《刑事诉讼法》第 281 条[②]关于合适成年人制度的规定，明确了合适成年人到场的必要性、合适成年人的选任范围、合适成年人到场需要履行的权利和义务等内容。其中，法定代理人到场的情况下，法定代理人可以代为行使未成年人的诉讼权利。此项内容是区别于其他合适成年人的，即其他合适成年人到场的情况下，该未成年人的父母等监护人仍可代为行使相应的诉讼权利。其具体内容可包含人身损害、财产损害赔偿的请求权的行使。原《民法总则》第 34 条第 1 款规定，“监护人的职责是代理被监护人实施民事法律行为，保护被监护人的人身权利、财产权利以及其他合法权益等”。由此可见，从具体措施来看，合适成年人制度具有监护的本质特征。

① 如在部分强奸幼女的案件中，由于被害人年龄过小，只有父母等监护人在场，侦讯、审判工作才能正常开展。

② 《刑事诉讼法》第 281 条规定：“对于未成年人刑事案件，在讯问和审判的时候，应当通知未成年犯罪嫌疑人、被告人的法定代理人到场。无法通知、法定代理人不能到场或者法定代理人是共犯的，也可以通知未成年犯罪嫌疑人、被告人的其他成年亲属，所在学校、单位、居住地基层组织或者未成年人保护组织的代表到场，并将有关情况记录在案。到场的法定代理人可以代为行使未成年犯罪嫌疑人、被告人的诉讼权利。到场的法定代理人或者其他人员认为办案人员在讯问、审讯中侵犯未成年人合法权益的，可以提出意见。讯问笔录、法庭笔录应当交给到场的法定代理人或者其他人员阅读或者向他宣读。讯问女性未成年犯罪嫌疑人，应当有女性工作人员在场。审判未成年人刑事案件，未成年被告人最后陈述后，其法定代理人可以进行补充陈述。询问未成年被害人、证人，适用第一款、第二款、第三款的规定。”

（二）合适成年人制度与民事监护制度之内在关联

作为刑事场域中的特别监护制度，合适成年人制度与民事监护制度之间具有内在的关联性。合适成年人制度与民事监护制度具有相同的保护未成年人的本质特征，但因其在刑事诉讼构造中运行的特殊环境背景，其还需与刑事诉讼程序相契合。因此，厘清合适成年人制度与民事监护制度的内在关联，是打通民刑监护制度转换障碍的最后一环。

1. 未成年人民事监护制度为一般基础

从法秩序统一原则来看，未成年人民事监护制度是整个未成年人监护制度的一般基础。一方面，其当然适用于民事法律领域，是未成年人民事监护关系的基本法律准则。另一方面，其也应当适用于刑事法律领域。

首先，从立法上来看，我国《刑事诉讼法》中关于合适成年人制度的具体规定基本遵循着我国未成年人民事监护制度的构架逻辑，包括基本原则、基本分类等。然而，由于相关的认识尚不到位，相关的立法尚待进一步有机衔接和系统完善。

其次，从司法上来看，只有系统把握我国未成年人民事监护规则的逻辑脉络，方能合理适用合适成年人制度。合适成年人制度在司法运行中的诸多困惑和困境在很大程度上皆源于没有系统把握我国未成年人民事监护规则的逻辑脉络。

2. 合适成年人制度为特殊制度

合适成年人制度属刑事监护，区别于民事监护。从民事法律关系中的“民事监护”到刑事诉讼中的“刑事监护”的变迁，“监护”在刑事场域中被赋予了新的内涵。首先，从权能性质来看，“刑事监护”从带有支配权性能的监护人监护权转变为权利与义务整合同构，而以义务或责任为中心内容的一种社会职责。其次，从监护人的选任范围来看，“刑事监护”的主体更广，以“合适”的成年人为选任范围；而“民事监护”的主体几乎是以血亲关系为基石。再次，从实现方式来看，“刑事监护”的实现在任何情况下都不能缺位，有公权力的事前监督和保障；“民事监护”以监护人自治为基础，公权力对监护情况进行事后的监督和补充。最后，从其时间效力来看，“刑事监护”仅及于刑事诉讼活动中的个别阶段，常态而言，指询问、讯问阶段，部分国家也规定对特殊的体液等生物检材的提取应有“合适成年人”在场；而“民事监护”可能会及于日常生活的方方面面，其时间效力和空间效力更广。

综上所述，合适成年人制度具备监护的本质特征，但因其特殊的运行场域，又区别于民事监护制度，故可界定为“刑事监护”，是“刑事监护”的实践样态之一。

（三）小结

合适成年人制度运行困境的根源，在于未能系统准确把握合适成年人制度的理论属性，廓清其刑事监护的本质特征。合适成年人制度也可以说是未成年人民事监护制度在刑事领域的拓展，而无论场域发生什么样的变化，对于未成年人的监护人选择的原则和机理都不应变，即依从自然法则和经验法则，合适成年人的选任应当遵循原《民法总则》关于监护人选任的范畴及顺位关系。但对于与刑事诉讼活动具有本质冲突的不当监护行为，对于不能保护未成年人特别诉讼权益的合适成年人，司法机关应当予以更换。在公法领域当中，合适成年人制度仍然具有更多的公权力干预成分，其不同于未成年人民事监护制度的私法自治原则。虽然合适成年人制度与未成年人民事监护制度具有不同的“气质”，但二者具有内在兼容性。

二、规范诠释：三维权利义务关系

虽然合适成年人制度属于我国《刑事诉讼法》未成年人特别程序之一，但对其适用和理解不应当仅限于《刑事诉讼法》，还应当对与其核心内容，即监护相关的民事法律规范进行整合，准确把握合适成年人制度的理念脉搏。本文将依据国家亲权理论及现行法律规范，从三个维度解构合适成年人制度中合适成年人、未成年人、司法人员之间的法律关系。

（一）维度一：合适成年人与未成年人的关系

合适成年人与未成年人的关系从相应的刑事和民事法律规范中即可窥见。我国《刑事诉讼法》和原《民法总则》中关于合适成年人的选任范围和原则，即反映出合适成年人与未成年人的关系具有监护本质。

1. 规范诠释

我国《刑事诉讼法》第 281 条、《人民检察院办理未成年人刑事案件的规定》的修改内容进一步明确了合适成年人的选任顺序,即法定代理人到场具有优先性,通知其他合适成年人到场具有递补性,是对法定代理人不能到场的替代措施。考虑到对未成年人应当以尊重其隐私和个人意愿为前提,相关规定明确了未成年人拒绝法定代理人以外的合适成年人到场,人民检察院可以准许,但应当另行通知其他合适成年人到场。合适成年人的选择有明确的先后顺序,即在父母等不能到场的情况下,第二顺位的合适成年人是未成年人其他的成年近亲属,第三顺位是机构性的组织,如学校、单位、居住地基层组织或未成年人保护组织。第三顺位的组织显然也有其内在的排列逻辑,即该组织与未成年人的熟悉度也是一个由高到低的顺序。这一排列的逻辑顺序是依照个人、组织与未成年人生活的重合度由高到低进行的排序,符合生活经验法则。

原《民法总则》第二章规定的是未成年人监护制度。其中,第 27 条第 2 款规定,“父母是未成年人的监护人。未成年人的父母已经死亡或者没有监护能力的,由下列有监护能力的人按顺序担任监护人:(一)祖父母、外祖父母;(二)兄、姐;(三)其他愿意担任监护人的个人或者组织,但是须经未成年人住所地的居民委员会、村民委员会或民政部门同意”。该条对未成年人监护人的范畴作了原则性的划定。第 29 条规定:“被监护人的父母担任监护人的,可以通过遗嘱指定监护人。”该条规定了父母作为监护人的情况下,其选择替代监护人的意思自治。第 30 条规定:“依法具有监护资格的人之间可以协议确定监护人。协议确定监护人应当尊重被监护人的真实意愿。”该条确立了监护人选任时,被监护人的意愿具有绝对的重要性。第 31 条和第 36 条明确了在未成年人需要临时监护的时候,监护人可以是被监护人住所地的居民委员会、村民委员会、法律规定的有关组织或者民政部门,也可以由人民法院按照最有利于被监护人的原则依法指定监护人。原《民法总则》规定的监护制度是在尊重血亲监护的基础上,强调了监护人选任时的意思自治,并尊重未成年人的真实意愿。原《民法总则》设计了三层监护保障:第一层监护保障即父母或父母通过遗嘱指定监护人;第二层监护保障仍以血亲为基础,即祖父母、外祖父母、兄、姐在未成年人父母已经死亡或没有监护能力的情况下,可以担任监护人;第三层监护保障即经未成年人住所地的居民委员会、村民委员会或者民政部门同意的具有监护人资格的人。第一层、第二层的监护权是基于血缘或法律意义上的父母子女关系而天然取得的监护权。第一层和第二层的监护权皆为私权监护。第三层的监护权是一种组织机构行使监护权的形式,其权利源于"国家监护"理论,是对失去有效监护、照管的儿童的一种社会保障,具有公权监护的性质。

刑事法与民事法关于监护制度设计的逻辑架构、基本原则内在一致。虽然民法和刑法分属公私不同法域,但两大法域的制度安排都遵循了相同的规律,即自然法则和经验法则。首先,未成年人的父母等监护人应为首选;其次,监护人的划分具有层次性,且均以与未成年人的远近亲疏为划分依据;最后,自然监护人不能履行监护时,均有公权力介入履行监护职责,不允许出现监护真空。

2. 关系梳理

诞生于私法领域的监护监督,随着传统社会结构向现代社会的转型,随着社会环境向着公法领域的转变,国家需肩负起监护未成年人的责任。监护的公法属性已然是各国立法的常态。"大陆法系,法国 20 世纪 60 年代后对民法典的一系列重大修改,在未成年人权益保护上体现为对未成年人子女的监护消除了家长权、支配权的特点,国家公权力的介入体现了国家责任。德国联邦法院于 1960 年的判决中明确表示监护制度是国家执行其对国民之公法上的保护任务。"①因此,合适成年人制度中其他合适成年人的选任就是国家监护的一种体现,是在私权监护不能实现的情况下的必要补充。

民事法律关系中,作为限制民事行为能力人的未成年人的民事法律行为,

① 王竹青、杨科:《监护制度比较研究》,知识产权出版社 2010 年版,第 227 页。从 20 世纪 90 年代德国出台的一系列未成年人保护的法律规范来看,对未成年人的监护由私权监护逐渐向私权监护与公权监护相结合理念的转变,监护从单纯的私人家务变成了公共事务,体现了公权力对未成年人教养的不断介入。如 1990 年的《关于重新规范儿童和青少年救助法的法律》、1992 年《关于修改收养法规定的法律》、1997 年《子女身份改革法》、1998 年《未成年子女生活费权利统一法》等,监护制度公法化、监护责任国家化和社会化的取向表现得更加浓厚和充分。

需要其监护人的相应程度的辅佐和确认,方能有效。在刑事诉讼过程中,没有监护人监护的情况下,未成年人行为的效力当然是可以被质疑的。合适成年人制度的设计初衷便着眼于此,即当未成年人面临严峻的刑事诉讼时,其需要监护人的合理保护。从自然法则和生活常识考虑,父母与子女的关系是有着天然情感纽带的核心家庭关系。常态而言,父母当然会从子女利益出发,作出最有利于子女的行为选择。因此,合适成年人的选任首选应当考虑父母或其他共同生活的监护人。无论是历史经验还是生活常识都告诉我们,父母作为私权监护的权利主体不能履行监护职责的时候,其通常会选择委托他信任的人代行监护。申言之,父母的信任和未成年人的熟悉度会使父母委托的熟人与未成年人建立紧密的联系,而这种紧密的联系有利于缓解未成年人的紧张情绪。其他合适成年人则需要非常充分、有效地沟通才能够使未成年人感受到父母可能一个眼神就可以表达的关注和爱。因此,无论国家监护权利来源多么正当,都不能想当然地任意侵犯或剥夺父母的监护权,包括父母等监护人委托他人代为行使监护权的权利。综上所述,合适成年人与未成年人是刑事监护与被监护的关系。

(二)维度二:合适成年人与司法办案人员的关系

从我国刑事法和民事法有关监护人的职责规定中,可以看到合适成年人基于对未成年人的保护职责和义务而与司法办案人员之间存在着监督与被监督的关系。故而,合适成年人与司法人员之间不应当存在经济性利益或配合关系,而是应该适当保障合适成年人的独立性。

1. 规范诠释

我国《刑事诉讼法》第281条规定,“到场的法定代理人可以代为行使未成年犯罪嫌疑人、被告人的诉讼权利。到场的法定代理人或者其他人员认为办案人员在讯问、审判中侵犯未成年人合法权益的,可以提出意见。讯问笔录、法庭笔录应当交给到场的法定代理人或者其他人员阅读或者向他宣读。……审判未成年人刑事案件,未成年被告人最后陈述后,其法定代理人可以进行补充陈述”。由此可见,关于法定代理人与其他合适成年人,《刑事诉讼法》在权利义务上进行了区别设置:法定代理人与其他合适成年人均具有保护未成年人合法权益的义务，有提出意见、核对笔录的权利；只有法定代理人才享有代为行使诉讼权利、法庭上补充陈述的权利。此外，最高人民法院和最高人民检察院的相关司法解释关于在场合适成年人的权利义务与《刑事诉讼法》的规定基本相同，并作了进一步细化。如最高人民法院《关于适用〈中华人民共和国刑事诉讼法〉的解释》第466条第2款规定，“到场的其他人员，除依法行使刑事诉讼法第二百七十条第二款规定的权利外，经法庭同意，可以参与对未成年被告人的法庭教育等工作”。概言之，合适成年人在场的重要功能之一，就是防止司法办案人员侵犯未成年人合法权益，依法保护未成年人。这也正是合适成年人与司法办案人员存在紧张关系甚至冲突的规范性根源。

原《民法总则》第34条规定，“监护人的职责是代理被监护人实施民事法律行为，保护被监护人的人身权利、财产权利以及其他合法权益等。监护人依法履行监护职责产生的权利，受法律保护。监护人不履行监护职责或者侵害被监护人的合法权益的，应当承担法律责任”；第35条第1款规定，“监护人应当按照最有利于被监护人的原则履行监护职责。监护人除为维护被监护人利益外，不得处分被监护人的财产”。从上述规定看，监护人的职责主要是保护被监护人的人身、财产权益，代理民事活动、代理进行诉讼。民事监护存在的前提即未成年人的辨认和控制能力的不足。常态下，达到一定年龄的人在法律上便被视同当然取得完全民事行为能力。

刑事法与民事法关于合适成年人权利义务的规定具有高度统一性。无论是刑事法还是民事法，关于监护人或合适成年人的权利义务设定均体现了保护未成年人合法权益，保障未成年人健康成长的理念。其中，《刑事诉讼法》中规定的法定代理人可以代为行使相应的申请回避、取保候审、上诉、申诉等诉讼权利和其他合适成年人享有的“在办案人员讯问、审判中侵犯未成年人合法权益的，可以提出意见”的权利，与原《民法总则》规定的监护人应当保护被监护人的人身权、财产权等合法权益内容具有高度统一性。两大部门法的规定都体现了一致的立法精神，即对未成年人特别的保护和关注。

2. 关系梳理

作为一个案外人参与到刑事诉讼的过程中，合适成年人既不是司法办案辅助人员，又不是提前介入的“辩护人”，而是在案件事实查明过程中扮演着以保护未成年人合法权益和监督司法办案人员为主要任务的监护人的角色。

(1)合适成年人与司法办案人员的合作关系

无论从短期利益还是长远利益看，合适成年人与司法办案人员的利益都存在一致性，可以形成合作关系。从短期利益来看，一个恰当的合适成年人可以缓解侦讯方与受讯方之间的紧张关系。甚至当侦讯行为合法性遭受质疑时，合适成年人是最有说服力的证人。合适成年人在场可以缓解未成年人的侦讯压力，帮助侦查机关获取未成年人更加真实的记忆信息或感知信息。因为面对侦讯压力时，未成年人更容易受到一定暗示的影响，可能会形成记忆偏差。一个取得未成年人信赖的合适成年人在场参与询问，可以一定程度上帮助未成年人缓解侦讯对其造成的心理压力。

从长远利益来看，合适成年人在场行为可以减少刑事诉讼过程对未成年人心理造成的创伤，为未成年人的健康成长多提供一份保障。合适成年人还可以帮助司法办案人员较为全面地了解未成年人的成长经历，剖析未成年人的犯罪原因，对其后续的处遇措施选择有所帮助，为刑罚个别化打好基础。

(2)合适成年人与司法办案人员的双向监督关系

现代教育理念的更新和儿童主体地位的确立引发了对传统家长制父母权威地位的挑战。当“棍棒出孝子”的教育手段已经严重侵犯未成年人权益时，拥有绝对权威的父母不仅有可能丧失与未成年子女共同生活的权利，还有可能会触犯刑律。第一，司法机关应当作为监护监督人发挥监督合适成年人的作用，即监督合适成年人在场行为是否合适。父母作为当然的监护人，其监护权行使的恰当与否当然应受到有效的监督。在合适成年人制度中，当监护人以合适成年人的身份履行监护职责的时候，司法办案人员就是最有效的监护监督人。如在未成年人的父母等监护人在讯问过程中不断提示或教唆未成年人翻供，多次制止无效的情况下，司法人员可以中止讯问，更换其他合适成年人。第二，合适成年人监督司法机关依法办案，保护未成年人合法权益。侦讯过程中，在司法办案人员采取明显的暗示手段诱使未成年人提供办案机关想要的证据材料甚至可能会形成虚假供述等情况下，合适成年人具有当然的抗议权。

(三)维度三:未成年人与司法人员的关系

未成年人犯罪案件办理区别于成年人案件,其办理方针为“对犯罪的未成年人实行教育、感化、挽救的方针,坚持教育为主、惩罚为辅和特殊保护的原则”。未成年人罪犯不仅是侦办、审判的对象,还是教育、感化、挽救的对象。是故,“儿童最大利益原则”应贯穿刑事诉讼活动始终。

1. 规范诠释

传统的司法行为可以说是单向的公权力施加的过程。司法机关任务明确“惩罚犯罪,保障人权”。然而在未成年人特别刑事诉讼程序中,我们却可以看到未成年人与司法机关的互动和良性沟通。例如,最高人民法院《关于适用〈中华人民共和国刑事诉讼法〉的解释》第485条第2款规定的法庭教育环节,即宣判后对未成年被告人进行教育,可以邀请诉讼参与人、其他成年亲属、代表以及社会调查员、心理咨询师等参加。此外,我国《刑事诉讼法》第281条虽没有明确何种情况下合适成年人可以被撤换,但是在合适成年人选任时尊重未成年人意愿的原则,在相关司法解释中已初见端倪。如《人民检察院办理未成年人刑事案件的规定》第17条第5款规定,“未成年人犯罪嫌疑人明确拒绝法定代理人以外的合适成年人到场,人民检察院可以准许,但应当另行通知其他合适成年人到场”。该解释明确了未成年人对其他合适成年人的选任具有选择权,即未成年人的意愿可以成为撤销其他合适成年人在场资格的条件。对父母等监护人在场,未成年人是否同样具有选择权,法律尚未明确。但是,既然未成年人的意愿能够在其他合适成年人在场的情况下得到尊重,在儿童利益优先的情况下,未成年人的意愿当然可以推及父母。“儿童最大利益原则”在《刑事诉讼法》的层面尚未得到明确,是实践中未成年人与父母等监护权冲突时,司法机关无所适从的根源之一。

民事法中则已经明确了“儿童最大利益原则”。原《民法总则》第31条第2款规定,“居民委员会、村民委员会、民政部门或者人民法院应当尊重被监护人的真实意愿,按照最有利于被监护人的原则在依法具有监护资格的人中指定监护人”。该法第36条关于监护人监护资格撤销的规定中,同样使用了“按照最有利于被监护人的原则”的表述。最高人民法院、最高人民检察院、公安部、民政部《关于依法处理监护人侵害未成年人权益行为若干问题的意见》规定处理监护侵害行为,应当遵循未成年人最大利益原则。显然,“儿童最大利益原则”在我国民事法律的相关规定中已经得到明确的肯认,即监护人的选任当以“儿童最大利益原则”为根本衡量标准。

“儿童最大利益原则”在《刑事诉讼法》中的缺席,为合适成年人的撤销和监督造成了现实困难。然而,如前文所述,合适成年人制度是刑事诉讼中的特别监护制度,未成年人民事监护制度是监护制度的一般性规定。显然,合适成年人制度中“合适成年人”的选任也应当遵循未成年人民事监护制度的选任标准即“儿童最大利益原则”。

2. 关系梳理

当法律制度不能给司法人员明确指引的时候,原则性的规范就可以成为行动的指南。虽然刑事法尚未明确,但“儿童最大利益原则”已然成为合适成年人选任的一项执法标尺。尽管“儿童最大利益原则”的内涵始终争议不断,但就如同刑事诉讼证明模式中的“自由心证”得到了理论和实践的广泛认可,却始终无法形成类型化的固化标准一样,“儿童最大利益原则”就如同数学中的极限,可以无限靠近,却没有明确终点。“儿童最大利益原则”是在监护人或合适成年人选任时,需要实践智慧来诠释的一项原则,不能量化,却可实践。从司法办案人员的角度看,应当树立办理未成年人刑事案件的特殊理念,即司法办案人员的工作目标不仅在于查明犯罪事实,有力地打击犯罪,还在于教育、感化、挽救涉案未成年人。司法机关查明案件事实只是完成了未成年人案件办理的一小步,而找出未成年人犯罪原因、准确地了解其成长经历,并提出有效的个别化处遇方案,实现对未成年人的有效矫治,才是侦办未成年人刑事案件最重要的一步。因此,司法机关在办案过程中的首要任务就是减少未成年人的抵触情绪,掌握未成年人成长的真实信息。从未成年人的角度看,获得适当尊重,得到平等的保护,为未来的发展保留机会,是未成年人基本的权利。如果说未成人刑事诉讼过程是一个“治疗”的过程,司法机关要“对症下药”,那么配合司法机关查找“病因”就是未成年人的当然义务。或者对于未成年被害人而言，司法人员的办案方法、态度等可能直接影响其未来的心理创伤恢复度，关乎其今后的健康成长。因此，未成年人的合理意愿得以表达并实现，是未成年人在刑事诉讼过程中与司法办案人员良好互动的前提。综上，未成年人与司法人员的关系是具有一定对抗性的合作共赢关系。

三、实践运行：多方冲突关系及其消解

实践中，司法办案人员认为法定代理人等合适成年人在场并不合适，或者其有阻碍案件侦查的行为时无所适从，或者以侦办案件需要为名，让合适成年人制度在刑事诉讼过程中进行体外循环，甚至出现未成年人通过拒绝供述或进行虚假陈述的方式反抗监护人等合适成年人在场的尴尬局面。基于本文对三方关系的明确和相应法律规范的梳理，三方博弈损害合适成年人制度功能的难题可得破解。

（一）合适成年人占主导地位时，与他方主体的冲突及其消解

1. 与未成年人的冲突及其消解

有些在场的合适成年人产生角色混淆，以侦查辅助人员自居。部分合适成年人在退却被选任为合适成年人的荣誉光环后，往往产生畏难情绪，厌烦漫长的审讯过程。为了尽快结束工作，其往往会帮助侦查人员一同对未成年人进行施压，企图缩短审讯时长，或者以第三名侦查人员的身份在场参与讯问。上述情况严重损害了未成年人的合法权益。

如前文所述，侦查人员与合适成年人之间还有双向的监督关系，如果合适成年人在场行为不当，可能损害未成年人利益，侦查人员应当以监护监督人的身份更换新的合适成年人在场。如果侦查人员违背未成年人最佳利益保护原则，合适成年人应当及时制止、代为抗议或申诉。如果侦查人员仅从短期利益出发，纵容合适成年人的侦查辅助行为，应当将该份证据作为非法证据予以排除。

2. 与司法人员的冲突及其消解

合适成年人尤其是父母等监护人由于法律意识的淡薄或强烈的保护欲望，会干扰讯问进行。笔者办理的一起盗窃案件中，曾出现父亲当场教唆未成年人谎报年龄，称其犯罪时未满 16 周岁是限制刑事责任能力人的情况。实践

中,父母等在场参与讯问时教唆未成年人翻供、推卸责任、歪曲事实等情况时有发生。也有父母因情绪失控使讯问工作无法继续进行,阻碍侦查活动进行的情况。无疑,部分合适成年人(合适成年人在选任时是合适的,但其正式担当合适成年人角色时却不合适)在场行为已经严重影响了正常刑事诉讼活动的进行,阻碍了侦查权的行使,变相拖延了审限,客观上延长了未成年人的被羁押状态(这可能面临合适成年人变更的问题)。

如前文所述,侦查人员与合适成年人之间具有双向的监督关系,如果合适成年人在场行为不当,可能损害未成年人利益,侦查机关应当以监护监督人的身份予以制止。对于父母等监护人适当地进行说服教育,使其明确在场的作用是帮助和指引未成年人完成被讯问的过程,并为其提供心理上的支撑。如父母等监护人仍拒绝纠正其行为,侦查人员应当有权中止讯问,更换其他合适成年人在场。

(二)未成年人占主导地位时,与他方主体的冲突及其消解

1. 与合适成年人的冲突及其消解

部分情况下,未成年人会排斥父母等监护人在场。对于掌握有侦查人员办案所需犯罪信息的未成年被害人而言,未成年人更具有优势地位。迫于侦讯压力,侦查人员一般会以未成年人的意愿为优先考量。如笔者在办理一起强奸案中发现某未成年被害人全部询问笔录中,在场合适成年人均为其学校保卫科老师,经询问侦查人员得知该女生拒绝其父母等熟人在场,于是侦查人员便直接通知老师作为合适成年人在场,并未将未成年被害人被害事实告知其父母。这不仅对其父母的监护权造成了侵犯①,还直接影响未成年被害人民事赔偿请求权等一系列权利实现。此种处理方式虽然保障了未成年被害人的隐私保护需求,实现了侦讯高效,却牺牲了父母的监护权。从长远利益来看,并不利于未成年人的健康成长。

如前文所述,未成年人与侦查人员之间也具有相应的保护与被保护的关系。诚然,未成年人拒绝父母等熟人在场的行为具有一定的正当性。“如果父

① 父母对未成年子女成长过程中的相关信息是具有知情权的,包括对性犯罪被害信息的掌握,是父母对其子女监护和教育的必备条件之一。

母与未成年人已疏远，且该未成年人已明确而具体地反对其父母在场，该父母也不应担任合适成年人。”①但在拒绝其监护人在场参与询问的情况下，司法机关也应保证监护人的知情权。即便是未成年人明确表示拒绝任何熟人在场，也应当告知其父母等监护人有关未成年人的情况。

2. 与司法人员的冲突及其消解

基于中国传统文化，未成年人的性行为问题一向是父母与子女之间讳莫如深的话题。尤其是未成年人的性行为更不愿向第三人披露。迫于父母的压力，未成年人通过虚假陈述的方式误导司法人员。如在笔者办理过的一起强奸案中，被害人某女（15 岁）在其母多次在场参与询问的笔录中作虚假陈述，谎称其被迫与对方发生性关系。而侦查人员以被害人陈述为准，对犯罪嫌疑人作了有罪推定，认定此作案手段符合犯罪嫌疑人作案习惯，将该笔事实认定为强奸移送检察机关审查起诉。这不仅造成了司法资源的浪费，更不利于未成年人的健康成长。

前述情况通常发生在涉及被害人隐私信息可能会在侦讯过程中予以披露的情况下，未成年人因害怕被责备或难为情而排斥父母等熟人在场参与讯问，但又迫于父母压力不敢表达真实意愿。如果司法办案人员在办理涉未成年人案件中较充分地考虑到未成年人的身心特点及需求，前述案例中的情况完全可以避免。如在询问前对被害人隐私权的保护需求予以充分地考虑并征求其意见，而不是以强势的“大控方”姿态来进行压力性询问。在告知未成年人父母情况之后，再安排其他合适成年人在场，可能会较为容易地获取案情的真实信息。

（三）司法机关占主导地位时，与他方主体的冲突及其消解

1. 与合适成年人的冲突及其消解

有的情况下，办案人员为了节省时间、提高侦查效率或减少讯问阻力，会越过父母等监护人直接通知与具体办案单位有长期合作关系的其他合适成年人到场参与讯问，甚至不通知任何合适成年人在场，而是采取事后通知其他合

① 姚建龙：《权利的细微关怀：“合适成年人”参与未成年人刑事诉讼制度的移植与本土化》，北京大学出版社 2010 年版，第 18 页。

适成年人一次性补签多份讯问笔录的方式规避合适成年人制度的适用。此种执法方式侵犯了父母等监护人的监护权,也损害了未成年人的合法权益,降低了司法公信力。

如前文所述,合适成年人与未成年人是监护与被监护的关系,在刑事诉讼过程中,刑事监护不能出现"真空"。父母等监护人作为合适成年人是首选,父母等监护人以外的其他合适成年人是具有补充性的替代措施。因此,侦查人员在没有正当理由的情况下,任意剥夺父母等监护人监护权的行为,不仅侵犯了未成年人的合法权益,还有违合适成年人制度的基本理念和现行法律规范。故,笔者建议该情况下获取的证据材料可以作为非法证据予以排除。

2. 与未成年人的冲突及其消解

在司法机关面前,部分合适成年人在场时可能会感到无所适从。合适成年人不明确自己的地位、作用,沦为司法办案人员沉默的"陪同"。如果合适成年人在场并没有起到帮助和指引未成年人的作用,对司法机关办案行为也没有起到有效的监督作用,最终实质损害的还是未成年人的合法权益。

如前文所述,未成年人需要一名理性的合适成年人在场帮助其减缓严肃的司法活动造成的不当心理压力,并尽量避免使该未成年人遭受不当的伤害。合适成年人不仅是一名中立的陪同者,还应当与未成年人建立适当的信任,并通过有效的沟通,了解未成年人的需求,如此才能充当一名合格的合适成年人。合适成年人的在场还应当有利于案件事实的查证、诉讼的顺利进行以及案件的公正处理,但当司法机关明显有损害未成年人合法权益的讯(询)问手段或方式时,合适成年人应当进行及时有效的监督。如涉及非法取证行为的,应当场提出;涉及讯(询)问方式不当的,应当在证据材料中予以文字说明。

四、结语

通过对合适成年人制度理论属性的分析,可以明确其作为刑事领域的特殊监护制度,内在逻辑、适用原则应与未成年人民事监护制度保持一致性。在刑事法条文中无据可循的情况下,民事法和少年法明确的"儿童最大利益原则"可以指引实践,弥补制度缺失,消解冲突矛盾。

附录:DZ 区合适成年人到场制度实施细则(试行)

第一条 【目的及依据】为了切实保障未成年犯罪嫌疑人、被告人、被害人和证人的合法权益,保障诉讼的顺利进行,正确履行检察职能,依据《中华人民共和国刑事诉讼法》《中华人民共和国未成年人保护法》《中华人民共和国预防未成年人犯罪法》《人民检察院刑事诉讼规则》《人民检察院办理未成年人刑事案件的规定》等有关法律和规范性文件,结合本区实际,制定本细则。

第二条 【定义】办案人员讯(询)问未成年的犯罪嫌疑人、被告人、被害人、证人时,应当有监护人、法定代理人或其他合适成年人在场。

第三条 【原则】合适成年人制度的实施,在严格遵守法律规定的前提下,按照最有利于未成年人和适合未成年人身心特点的方式进行,充分保障未成年人合法权益。

第四条 【基本条件】下列人员可以担任合适成年人:

(一)年满二十五周岁;

(二)具有政治权利能力;

(三)具有人身自由;

(四)具有良好的沟通能力和社会经验。

第五条 【消极条件】下列人员不得担任合适成年人:

(一)无民事行为能力人或者限制民事行为能力人;

(二)正在被采取刑事强制措施或执行刑罚的人;

(三)与本案有牵连的人员;

(四)其他不适合在场的人员。

第六条 【人选类别】可以担任合适成年人的人选类别如下:

(一)未成年人的父母等监护人、近亲属;

(二)未成年人的父母等监护人委托的人;

(三)未成年人就读学校的老师及相关工作人员;

(四)本区人民监督员;

(五)共青团干部;

(六)“关心下一代工作委员会”工作人员;

（七）妇联干部；

（八）基层组织工作人员；

（九）其他符合本办法第四条规定条件的人员。

第七条 【合适成年人库】DZ区政法委牵头，区检察院负责联络，会同区关工委、团区委、区法院、区公安局、区民政局、区司法局、经开区公安分局、各镇街等相关部门建立《DZ区合适成年人名录库》，并对入库合适成年人进行业务培训和动态管理。

第八条 【职责】在场的合适成年人依法具有监护或类似于临时监护的职责。其中包括但不限于：

（一）帮助未成年犯罪嫌疑人、被告人、被害人、证人解决恐惧、焦虑等生理、心理问题，尽量减少刑事诉讼活动对其造成的负面影响；

（二）帮助未成年犯罪嫌疑人、被告人、被害人、证人理解讯问程序和方式，协助其与办案人员沟通；

（三）对讯（询）问人员在讯（询）问过程中的违法、不当行为进行监督。

第九条 【权利】合适成年人享有下列权利：

（一）人身安全获得保障；

（二）发现办案人员有诱供、逼供或其他侵犯涉案未成年人合法权益的情形，可以当场提出异议或拒绝签字，并向办案机关所在机关反映；

（三）法定代理人以外的到场合适成年人有权获得适当费用补贴。

第十条 【义务】合适成年人应当履行下列义务：

（一）接到办案机关通知后及时到场，并了解未成年人的身心特点、兴趣爱好、家庭情况、教育条件、日常表现、成长轨迹等情况；

（二）向未成年人表明自己的身份和承担的职责；

（三）在讯（询）问前与未成年人进行沟通，帮助涉案未成年人正确理解讯问、询问的含义，消除抵触情绪和对抗心理；

（四）不得以诱导、暗示等方式妨碍涉案未成年人独立回答问题；

（五）不得对外披露案件信息或未成年涉案人员的个人信息；

（六）发现本人与所参与的案件存在利害关系或其他不宜担任合适成年人

的情况后，应及时告知办案机关；

（七）在讯（询）问笔录上签名并如实说明讯（询）问情况。

第十一条　【责任】对于合适成年人违反在场义务或有其他违法行为，讯（询）问人员应当及时提出纠正；情节严重的，应当及时进行更换。

合适成年人在履行职责时违反法律规定，依法追究法律责任；构成犯罪的，依法追究其刑事责任。

第十二条　【选任原则】选择合适成年人应遵循双向选择及未成年人意愿优先的原则，即选任合适成年人之前，应先询问未成年人意见，再由办案机关考察其是否合适。

若未成年人自己没有提出合适成年人选任的意见，则办案机关应依照本细则规定顺位，考虑远近亲疏及有利于未成年人权益保护等因素，进行选择。

第十三条　【到场顺位】讯（询）问未成年犯罪嫌疑人、被告人、被害人、证人，应当通知其父母等法定代理人到场，并告知其依法享有的诉讼权利和应当履行的义务。

若父母等法定代理人无法到场的情况下，可以告知其有权委托其信任的近亲属或朋友到场。

若未成年人有正当理由拒绝其父母等监护人及其委托的近亲属或朋友到场的，可由未成年人提出合适成年人的人选或人选范围，再由办案机关考察依法选任。

无法通知、法定代理人不能到场或者法定代理人是共犯或与本案有牵涉的，且未成年人没有提出合适成年人的人选或人选范围的，办案机构应选任合适成年人库中的合适成年人到场。其具体选任方法为：将附有照片及简介等信息的《DZ 区合适成年人名录库》交由未成年人依次选出 3～5 名候选人，再由办案机关依次通知、确认到场的确切人选。

严禁未经通知适合到场的法定代理人而直接通知其他合适成年人到场。

第十四条　【听取未成年人意见】讯（询）问开始前，讯（询）问人员应向未成年人发出《选择到场合适成年人通知书》，向其进行必要的解释说明，听取未成年人关于合适成年人的人选的意见。

若未成年人明确拒绝办案机关代为选择到场的合适成年人在场确有正当理由的，讯问人员应当记录在案，并立即变更合适成年人。

第十五条　【通知方式】通知合适成年人到场可以采取电话、书面等方式，并向被确定的合适成年人发出《合适成年人到场通知书》和《合适成年人权利义务告知书》，通知合适成年人到场参与诉讼。《合适成年人到场通知书》应当载明参与诉讼的时间和地点。

《合适成年人到场通知书》和《合适成年人权利义务告知书》的送达情况应当在案卷中予以反映。

第十六条　【及时到场】办案人员通知合适成年人到场时应给其留出合理的路途时间。合适成年人接到通知后应及时到场。

经依法通知的合适成年人应到场而不到场的，办案人员应当立即联系其他合适成年人到场以确保讯(询)问顺利进行。

从合适成年人库中依法选任并通知其到场而无正当理由不到场的，应当记录在案。多次无正当理由不到场的，取消其合适成年人资格。

第十七条　【交流沟通】合适成年人到场前，办案机构应当与其交流涉案未成年人基本情况、案件情况等信息。

合适成年人到场后，讯(询)问开始前，办案机构应当为合适成年人留有合理的时间与未成年人进行交流沟通，以了解其健康状况、是否了解相应诉讼权利义务等。

第十八条　【连贯性】同一案件的各个诉讼阶段，原则上指定同一名合适成年人参与诉讼。

办案机关在讯(询)问未成年人的笔录中应当体现合适成年人参与诉讼的基本情况。办案机关在移送证据材料时，应将合适成年人的基本情况、联系方式等信息一并随案移送。

第十九条　【角色冲突】同一人不得在同一案件中同时担任两名以上未成年人的合适成年人。

第二十条　【情势变更】涉案未成年人的父母等法定代理人无法或不宜到场的情形发生变化而且已经具备到场条件的，则应当通知其到场，不再通知其他合适成年人到场。

根据案件诉讼的具体发展情况,结合未成年人的合理意愿,办案机关认为更换合适成年人更有利于保护未成年人合法权益及诉讼顺利进行的,可以依法更换到场的合适成年人。

第二十一条 【法律后果】没有法定代理人或其他合适成年人在场,或者在场的法定代理人或其他合适成年人的选任严重违规的,其讯(询)问所取得的言词证据应当作为非法证据予以排除。

相关人员说明讯(询)问过程当中存在违法或不当行为的,经查证属实,其所取得的言词证据的合法性和真实性存疑的,应当依法予以排除或不得作为定案依据。

办案人员的相关违法违规行为,应当依法追究责任。

第二十二条 【经费保障】区公安局、经开区公安分局、区检察院、区法院应当采取必要措施,为合适成年人到场提供必要的支持和保障,合适成年人参与诉讼的必要费用由办案机关从办案经费中依法列支。

第二十三条 【年度考评】由区政法委牵头,指派相关人员根据办案机构反馈的情况,对合适成年人库中的人员履职情况进行年度考评。对考评为优秀的合适成年人,给予适当奖励。对于考评不合格或者不愿意继续担任合适成年人的,应当及时予以解任,并调整《DZ区合适成年人名录库》,通报办案机关。

第二十四条 【专业培训】区政法委应当牵头组织对《DZ区合适成年人人库》的人员开展专业培训,每年一次。有关单位应当按照区政法委的部署,予以协助、配合或具体落实。培训经费由DZ区政府财政予以合理保障。

第二十五条 【施行】本实施细则自公布之日起试行。

(本文原载于《中国应用法学》2019年第2期,系与杨新慧博士合作)

未成年人刑事案件不公开审理：“审理时”抑或“行为时”

——对《刑事诉讼法修正案》中的一个持续谬误的纠偏探讨

摘要：《中华人民共和国刑事诉讼法》(以下简称《刑事诉讼法》)(1996 年)对未成年人刑事案件不公开审理制度予以了规定。其时点理应以“犯罪时”(“行为时”)为准，而最高人民法院 2001 年的相关司法解释却将其确定为以“审理时”为准。这一确定一直未受到有力的质疑，且 2012 年《中华人民共和国刑事诉讼法(修正草案)》(以下简称《刑事诉讼法修正案》)将这一确定予以持续。该确定源于对未成年人刑事案件不公开审理制度基本原理的模糊认识，迫切需要予以澄清和修正。

关键词：未成年人刑事案件；不公开审理；审理时；谬误；行为时

The Closed Hearing for Juvenile Criminal Cases: the Time of Trial or Behavior

—A Rectifying Inquiry into a Continuing Mistake in the Amendment to the Criminal Procedural Law

Abstract: The closed hearing for juvenile criminal cases was stipulated in the Criminal Procedural Law in 1996. The juvenile's age should be according to the time of behavior, but the judicial interpretation in 2001 by the Supreme Court wrongfully defined that the age time were to be the time when the trial should be started. While this mistake has not been challenged effectively ever since then, the amendment to the Criminal Procedural Law is now ready to continue this mistake. This mistake is due to the ignorance to the related rationale which needs to be stated clearly, and the mistake needs to be corrected promptly.

Keywords: Juvenile Criminal Cases; Closed Hearing; Time of Trial; Mistake; Time of Behavior

一、引言:《刑事诉讼法修正案》对一个被忽略疑问的再次提示

英国有句古老的法律格言:正义不仅要伸张,而且必须眼见着被伸张(Justice must not only be done, but must be seen to be done)。对于成年人刑事案件,公开审判是原则。“当政府全力对付一个人时,公众注意是对专断和不正义的一个有效制约。”①然而,对于未成年人刑事案件,不公开审判是原则。“少年刑事案件之审判,与一般刑事案件之审判,在实体上、程序上均有所不同,特别是少年刑事案件之审判,不注重如何处罚,而注重如何保护,故其审判不采公开主义,以免因审判公开,致影响少年之名誉、自尊以及隐密之私权。”②我国刑事诉讼法及相关国际法中虽素有关于未成年人刑事案件不公开审理制度的规定,③但其中一直存在一个明显的疑点,即其不公开审理的时间界点应当为“审理时”抑或为“行为时”的问题。《刑事诉讼法》(1996 年)中虽未明确规定未成年人刑事案件不公开审理的时间界点,但从其文辞表述中可以推断出不公开审理的时间界点应该是“犯罪时”(行为时),而最高人民法院 2001 年的相关司法解释却将其界定为“审理时”,该解释有理论依据不足之嫌。该问题一直未引起学术界、立法者和司法者的应有重视。对于上述司法解释,笔者素存质疑,但一直怠于深究。2012 年《刑事诉讼法修正案》将此颇具疑问的司

---

① [美]迈克尔・D. 贝勒斯:《程序正义——向个人的分配》,邓海平译,高等教育出版社 2005 年版,第 51 页。

② 刘作揖:《少年事件处理法》(第 7 版),台北,三民书局股份有限公司 2010 年版,第 226 ~ 227 页。

③ 审判不公开包括审理不公开和宣判不公开。我国《刑事诉讼法》规定了未成年人刑事案件审理不公开原则,但规定其宣判应当公开。

法解释上升为正式的基本法律规定。这再次提示笔者：该问题及其相关理念的确需要予以认真探究，并予以适时纠偏。

二、问题的由来：未成年人刑事案件不公开审理制度的法律规定

（一）《刑事诉讼法》（1996 年）的相关规定及其问题：一个大体合理的规定

关于未成年人刑事案件不公开审理的问题，我国 1996 年颁行的《刑事诉讼法》第 152 条第 2 款规定，“十四岁以上不满十六岁未成年人犯罪的案件，一律不公开审理。十六岁以上不满十八岁未成年人犯罪的案件，一般也不公开审理”。

对于该规定，笔者认为，有三个重要问题值得注意：

其一，对未成年人刑事案件予以不公开审理应当以“犯罪时”为准，即只要某刑事案件被告人的受指控行为实施于其已满 14 周岁未满 18 周岁期间，则该案的审理就应当不公开。这是从上述规定的文辞表述中得出的当然解释。

其二，该规定的文辞表述——“未成年人犯罪的案件”有所不妥，存在有罪推定的嫌疑，即在尚未审理前就已假定其“犯罪”了。

其三，该规定对未成年期的两分法及其不同待遇。对此，具有代表性的观点认为“我国现行制度对不同年龄段的未成年人案件是否公开审理实行区别对待是合理的，对已满十六周岁的未成年人犯罪案件的审理应否不公开保持一定的灵活决定余地也是必要的”①。但笔者认为，其合理性问题值得进一步商榷。对此，下文“基本原理”部分将有进一步的深入分析。

（二）司法解释（2001 年）的相关规定及其问题：一个缺乏推敲的曲解

2001 年最高人民法院《关于审理未成年人刑事案件的若干规定》（已失效）第 11 条规定：“对在开庭审理时不满十六周岁的未成年人刑事案件，一律不公开审理。对在开庭审理时不满十八周岁的未成年人刑事案件，一般也不公开审理。如果有必要公开审理的，必须经过本院院长批准，并且应限制旁听人数和范围。”

该司法解释的最为显著之处在于将不公开审理的未成年人刑事案件确定

① 曾康：《未成年人刑事审判程序研究》，西南政法大学 2008 年博士学位论文。

为以“审理时”为准。对此,相关学术界和司法实务界多将其引以为理所当然,[①]而鲜有质疑者。但笔者认为,该司法解释值得质疑。

其一,《刑事诉讼法》(1996 年)第 152 条第 2 款根本未提及“审理时”,且从其文辞表述的字里行间中也无从推导出以“审理时”为准的意思,故而该司法解释颇有“空穴来风”之嫌。更为重要的是,《刑事诉讼法》(1996 年)第 152 条第 2 款使用了“犯罪”字眼来修饰案件,从法条表述中不难推导出对未成年人刑事案件予以不公开审理应当以“犯罪时”为准的理解,故该司法解释对《刑事诉讼法》(1996 年)的相关规定进行了实质的修改,并因此而有悖于法。

其二,“审理时”的司法解释是否有其合理的相关法学理论根据呢?对此,相关的著述或语焉不详,[②]或理由难以成立[③]。笔者对此持明确的否定观点,其分析理由见下文。

(三)《刑事诉讼法修正案》的相关规定及其问题:一个升格性的持续谬误

《刑事诉讼法修正案》第 274 条规定:审判的时候被告人不满 18 周岁的案件,不公开审理。

对于该规定,笔者认为,其虽适当地解决了《刑事诉讼法》(1996 年)相关规定中的上述三个问题中的后两个问题,却更为明确地凸显了上述的第一个问题——以“审理时”为准,而非以“行为时”为准。笔者认为,该规定是对上述

① 参见章俊:《开庭时满 18 周岁的未成年人犯罪案件是否公开审理》,载《中国检察官》2011 年第 18 期;曾康:《未成年人刑事审判程序研究》,西南政法大学 2008 年博士学位论文,第 106 页。

② 《〈关于审理未成年人刑事案件的若干规定〉的理解与适用》对该问题也只是一笔带过,“司法实践中对于上述年龄指的是‘犯罪时’抑或‘审理时’有不同看法,希望对此给予进一步明确。参照最高人民法院院 1985 年作出的《关于人民法院审判严重刑事犯罪案件中具体应用法律的若干问题的答复(三)》第四十二个问题的答复,《若干规定》第十一条明确规定,刑事诉讼法规定的年龄,是指‘在开庭审理时不满 16 周岁的’”。具言之,将其依据于 1985 年的《关于人民法院审判严重刑事犯罪案件中具体应用法律的若干问题的答复(三)》,而并未阐释其确切的法理。

③ 其主要理由大体有:其一,诉讼权利说,即认为获取公开审判是“审理时”已成年的被告人的一项基本诉讼权利,应当予以保障;其二,诉讼行为能力说,即认为“审理时”已成年的被告人已经具备了刑事诉讼法意义上的完全的诉讼行为能力,并足以应对公开审判所可能带来的心理压力;其三,诉讼待遇过期说,即认为“审理时”已成年的被告人已经不能享有对未成年人予以不公开审理的特殊诉讼待遇,其特殊待遇已经过期。总而言之,上述观点及其理由皆以诉讼权益的问题为立论的出发点,而对不公开审理制度的核心要旨——对被告人及相关主体的实体权益(秘密或隐私)的保障问题有根本的忽视。对此,下文将有进一步的论说。

司法解释失误的持续，应明确指出和适时修正。

（四）国际法的相关规定及其精神：一些合理的参考

《公民权利与政治权利国际公约》第14条规定："在判定对任何人提出的任何刑事指控或确定他在一件诉讼案中的权利和义务时，人人有资格由一个依法设立的合格的、独立的和无偏倚的法庭进行公正的和公开的审讯。由于民主社会中的道德的、公共秩序的或国家安全的理由，或当诉讼当事人的私生活的利益有此需要时，或在特殊情况下法庭认为公开审判会损害司法利益因而严格需要的限度下，可不使记者和公众出席全部或部分审判；但对刑事案件或法律诉讼的任何判决应公开宣布，除非少年的利益另有要求或者诉讼系有关儿童监护权的婚姻争端……"该规定是关于司法审判公开制度或原则以及作为其例外的不公开审理制度的国际法依据。

未成年人刑事案件是不公开审理制度的一个重要对象。未成年人刑事案件不公开审理制度的要旨在于最大限度地保护未成年人的相关权益，是少年司法的一项世界通行的基本原则——"儿童最佳利益原则"的体现。该制度另有多项国际法的规定予以应和：如联合国《儿童权利公约》第40条第2款（b）项（7）规定，缔约国应当确保任何"儿童的隐私在诉讼的所有阶段均得到充分尊重"。再如《联合国少年司法最低限度标准规则》（北京规则）第8条规定，有关司法机构"应在各个阶段尊重少年犯享有隐私的权利，以避免由于不适当的宣传或加以点名而对其造成伤害。原则上不应公布可能会导致使人认出某一少年犯的资料"；该规则第21条规定，"对少年犯的档案应当严格保密，不得让第三方利用。应仅限于处理手头上的案件直接有关的人员或者其他经正式授权的人员才可以接触这些档案。少年犯的档案不得在其后的成人诉讼中加以引用"。

总而言之，国际法相关规定的基本精神在于：其一，司法诉讼中的"儿童隐私"（包含"少年犯享有隐私的权利"）应获全面尊重，以免公开（尤其是点名道姓）所可能造成的不当伤害；其二，其隐私权及于司法诉讼的所有阶段，并当然地覆盖了审判阶段，即应当对其予以不公开审理——而公开审判将难以避免地危害其隐私权；其三，对少年儿童隐私权的保护是全程性的，既不限于诉讼阶段，还及于诉讼后阶段，如"少年犯的档案应当严格保密"，并"不得在其后的成人诉讼中加以引用"。

三、问题的分析：未成年人刑事案件不公开审理制度的基本原理

（一）不公开审理制度的基本价值诉求：保护秘密、隐私等实体权益

不公开审理制度的适用对象具有特殊性，其包括两大类：其一，具有特殊保密需要的公共利益，如《公民权利与政治权利国际公约》所规定的"民主社会中的道德的、公共秩序的或国家安全"。在我国，其主要为"国家秘密"。其二，具有特殊保密需要的私人利益。在我国，其主要包括商业秘密、个人隐私、未成年人违法犯罪等不良身份信息等。

概言之，作为公开审判制度原则例外的不公开审理制度，其实质即在对公开审判制度与相关法律利益的特殊保密需要之间进行了价值权衡之后，作出的对后者的倾向性保护。申言之，其所牺牲的是公开审判的程序性权益，而其主旨则在于对相关实体权益（秘密权和隐私权）的特别保护。①

（二）未成年人犯罪记录：未成年人的一种特别隐私

笔者认为，未成年人犯罪记录（及其相关身份信息）实质上是该未成年人的一种特别隐私。其理由主要有两方面：其一，上述国际法规定的"儿童隐私权"和"少年犯隐私权"即有此意，可为依据；其二，作为青春期特殊风险的未成年人犯罪具有显著的可宽宥性——这是世界范围内的人们和法律所普遍认同的理念。由此，我国法律对未成年人犯罪规定了"教育为主、惩罚为辅"的基本原则。该原则意味着"惩罚"是辅助手段，是为"教育"的主旨服务的，因而"惩罚"之恶害应当是尽可能少的。于是，将未成年人犯罪记录定位为一种特殊的隐私，尽量以制度的形式（包括不公开审理制度、档案保密制度等）避免其为公众所悉知，并"不得在其后的成人诉讼中加以引用"，便成为该基本原则及其宽宥理念的题中之义。

---

① 可以说，所谓的程序性权利，皆为对相关实体性权益的程序安全保障，其所强调的是技术性规范。其在根本上是以相应的实体性权益为基点的，并以相关实体性权益的权衡为转移。

（三）未成年人刑事案件不公开审理制度与未成年人犯罪身份信息不公开制度的一致性

2012年《中华人民共和国未成年人保护法》第58条规定："对未成年人犯罪案件，新闻报道、影视节目、公开出版物、网络等不得披露该未成年人的姓名、住所、照片、图像以及可能推断出该未成年人的资料。"

2021年《中华人民共和国预防未成年人犯罪法》第45条第3款规定："对未成年人犯罪案件，新闻报道、影视节目、公开出版物不得披露该未成年人的姓名、住所、照片及可能推断出该未成年人的资料。"

上述两条规定基本相同，共同确立了一项对未成年人予以特殊保护的制度，即未成年人犯罪身份信息不公开制度。这一制度实际上是一项全局性的制度，未成年人刑事案件的不公开审理制度理当纳入其逻辑范围之中。

究其法理，未成年人犯罪身份信息不公开制度乃是缘于少年法的根本宗旨——保护、促进少年未来健康成长，以及其"儿童最佳利益原则"。申言之，通过追诉、审判和执行，通过适当的"惩罚"（为辅助方式），未成年犯可以受到适当的"教育"（为主导目的），那么基于保护、促进少年未来健康成长的根本宗旨，避免其犯罪身份信息公开所可能造成的对其未来健康成长的进一步阻害，乃是"儿童最佳利益原则"的当然之义。同时，我国《刑法修正案（八）》所确立的未成年人犯罪前科报告义务免除制度的内在理念也与上述制度的理念一脉相承。

另外，对于上文所提及的《刑事诉讼法》（1996年）关于"对未成年期的两分法及其不同待遇"的未成年人刑事案件不公开审理制度规定，笔者认为，其合理性值得商榷。其一，从相关基本原理以及我国未成年人刑事政策的精神来看，这两个年龄段的未成年人应当获得同等的保护待遇；其二，从相关国际法来看，其并未对这两个年龄段的未成年人分别予以规定；其三，从司法实践来看，这种差别待遇并无必要，反而会引起不必要的争议与麻烦。

（四）不公开审理的犯罪学原理：标签理论和改善机会理论

1. 标签理论

标签理论，或称社会反应理论。该理论试图说明人们在初次实施越轨或犯罪行为后，为什么会继续实行越轨或犯罪行为，从而形成犯罪生涯。[①] 某个人一旦被贴上犯罪行为的标签，对其未来行为可能产生两个方面的负面效应：其一，从犯罪社会学的角度来看，犯罪行为人会被社会贴上犯罪人的标签，这种标签具有重大的烙印作用以及促成其未来犯罪的影响作用；其二，从社会心理学角度来看，作为社会控制手段的"贴犯罪人标签"的结果，行为人可能以犯罪人的标签塑造自我，从而投身于犯罪生涯。根据该标签理论，"当少年被其（有意义的他人或重要他人）如教师、警察、邻居、父母或朋友等贴上负面之标签，并描述为偏差行为或犯罪之后，他就逐渐成为偏差行为或犯罪者……基于此，少年犯或虞犯行为之产生，肇始于少年周遭家人、师长、朋友之负面标签与烙印"[②]。让涉案未成年人在众目睽睽之下，在公众和新闻媒体参与之下接受审理，是一个公开责备的过程，是一个为少年贴"坏标签"的过程。"不要公开责备少年为少年加上坏的标签"，[③]对于少年犯罪之处置，应着重于去除负面标签、去除烙印。总之，对未成年人刑事案件应当予以不公开审理，以实现去标签化或去污化的保护目的。

2. 改善机会理论

"……成长，是一个学会自由抉择我们生活道路的过程。然而，学会自由抉择唯一道路，即自由抉择以及承受相关抉择后果的亲身体验。……缺乏经验的年轻人在做决定的过程中，会犯下更多的错误，这是不可避免的结果。这些是在一个自由社会中成长的必要风险。"[④]少年犯罪病理学理论认为：青春期是某些犯罪行为的高发时期，青春期少年的犯罪行为是该人生特殊阶段的短期现象，常常能够得以"自愈"，而治疗其犯罪的"良药"即正常的社会成长。因此，"少年法院的政策，即惩罚违法犯罪者，但不牺牲其惩罚对象的长期性的人

---

① 参见周东平：《犯罪学新论》（第2版），厦门大学出版社2005年版，第197页。

② 李苓思编：《少年事件处理法》，台北，新保成出版事业有限公司2008年版，第8页。

③ 蔡德辉、杨士隆：《少年犯罪——理论与实务》，台北，五南图书出版股份有限公司2008年版，第445页。

④ [美]富兰克林·E. 齐姆林：《美国少年司法》，高维俭译，中国人民公安大学出版社2010年版，第29页。

生机会和发展机遇"①。对此,相关的国际公约也有类似表述,如《儿童权利公约》第40条规定,"1.缔约国确认被指称、指控或认为触犯刑法的儿童有权得到符合以下情况方式的待遇,促进其尊严和价值感并增强其对他人的人权和基本自由的尊重。这种待遇应考虑到其年龄和促进其重返社会并在社会中发挥积极作用的愿望……"。对未成年被告人实施不公开审理,保护其隐私,予以其正常发展的机会,完成正常的社会化过程,并使其在未来能够融入正常社会,从而保障少年健康成长。

四、问题的结论:未成年人刑事案件不公开审理应以"行为时"为准

(一)"审理时"的理念偏误——对相关程序制度的偏狭理解

总体而言,将未成年人刑事案件不公开审理定位为以"审理时"为准,其根本的理念偏误在于对相关程序制度的偏狭理解,即未能正确、深入、系统、全面地理解相关制度的理论实质与制度体系。具体而言,其偏误有三:

偏误之一:没有理解不公开审理制度的实体权益特别保护的价值诉求。不公开审理的价值包括程序性价值和实体性价值。前者指不公开审理程序本身的价值;后者指通过不公开审理所要实现的保护主体实体权益的价值。当相关立法者将未成年人刑事案件不公开审理定位于以"审理时"为准时,其实际上偏狭地将该制度理解为了一种纯粹的程序权益,即只注意到了不公开审理制度本身的程序性价值,而忽略了其实体性价值。于是乎,便得出了类似"既然业已成年,便不能再享有此不公开审理的程序权益"或"既然业已成年,便应当享有获得公开审判的程序权益"的结论。其中,比较有代表性的观点如"未成年人案件不公开审理,有利于保护未成年被告人的名誉、自尊心和人格尊严,防止公开诉讼给他们造成的不必要的心灵创伤和过大的精神压力,有助于他们接受教育和挽救,重新做人"②。该观念实际上将不公开审理制度的价值定格为了一种单纯的程序性权益,即为"防止公开诉讼……造成的……创伤

---

① [美]富兰克林·E.齐姆林:《美国少年司法》,高维俭译,中国人民公安大学出版社2010年版,第158页。

② 国家司法考试辅导用书编辑委员会编:《2010年国家司法考试辅导用书》(修订版)(第2卷),法律出版社2010年版,第463页。

和……压力”而对未成年被告人设置的特别保护制度。虽然对业已成年的被告人实行公开审理无损于不公开审理制度的程序性价值，但对实施被指控行为时未成年而审理时业已成年的被告人实行公开审理却违背了未成年人刑事案件不公开审理制度的实体性价值追求。不公开审理制度的核心价值诉求乃是对诸如国家秘密、商业秘密以及个人隐私等实体权益的特别保护；未成年人刑事案件不公开审理制度的核心价值诉求乃是在于对未成年人犯罪记录的保密，即将因未成年时期的行为而受到刑事指控的被告人的具体身份信息作为一种特别的隐私权来加以特别的保护。

偏误之二：没有认识到未成年人犯罪记录的特别隐私的实质。参考上述相关国际法规范，结合上述不公开审理制度的价值诉求论说，未成年人犯罪记录的实质即该未成年人的特别隐私。“隐”其未成年时期犯罪记录之“私”密，即为贯彻对未成年人犯罪的宽宥和特别保护的刑事政策精神。换言之，未成年时期犯罪记录的特别隐私有必要通过相关的程序制度来予以保护，而不公开审理制度即为其中之一。其要点在于未成年时期的犯罪记录的特别隐私，而非在于“审理时”业已成年的诉讼能力、诉讼权益或诉讼待遇之类的问题。

偏误之三：没能把握未成年人刑事案件不公开审理制度与未成年人犯罪身份信息不公开制度的内在一致性。如前文所述，二者具有逻辑上的一致性和包容性。倘若被告人“行为时”未成年，而“审理时”已成年，便对其予以公开审判，其结果必然是：该被告人的未成年时期的犯罪记录将被公之于众，未成年人犯罪身份信息不公开制度的全局性制度设计将在审判环节（通过公开审判）被打开一个巨大的豁口，从而有悖于相关刑事政策对未成年被告人的特别保护精神。

对此，诸多国家（包括德国、英国、日本、法国等）的相关法律规定皆将未成年人刑事案件不公开审理的时间界点定位于“犯罪时”（“行为时”），而未见有将之定位于“审理时”者。①

① 参见曾康：《未成年人刑事审判程序研究》，西南政法大学2008年博士学位论文。

（二）"行为时"的理念内涵——未成年被告人的特别保护政策以及无罪推定

笔者认为，未成年人刑事案件不公开审理制度应当定位于以"行为时"为准。其"行为时"的理念内涵包括：

其一，未成年人刑事案件不公开审理以"行为时"为准，体现了对未成年被告人的特别保护政策。也就是说，未成年人不公开审理制度的要旨在于对被告人未成年时期的刑事违法行为（一种特别隐私）的保密。如前文所述，不再赘述。

其二，"行为时"而非"犯罪时"的表述，体现了无罪推定的刑事诉讼法原则。也就是说，相关立法不宜表述为"未成年人犯罪的案件，一律不公开审理"。否则，尚未审理，便将前提设置为"未成年人犯罪的案件"，颇有有罪推定之嫌。

（三）立法的及时修正

基于对我国目前未成年人刑事案件不公开审理制度的时间界分规定的失误，笔者认为，其时间界分应当以"行为时"为准，而非以"审理时"为准。进而，相关的立法应当得以及时的修正。笔者认为，相关立法的严谨表述可以是："被告人受指控的行为实施于未满十八周岁时的案件，一律不公开审理。其宣判应当公开进行，但不得公开该被告人的真实姓名以及可据以推断其真实身份的相关信息。"

关于未成年人刑事案件公开宣判制度的问题，笔者认为，该程序制度的要旨在于尊重公众的知情权。申言之，该制度旨在平衡未成年人特别隐私权与公众知情权之间的矛盾关系，其结果是：公众得以悉知相关的案情，但未成年被告人的具体身份信息得以保密。

五、余论：未成年人的特别隐私权保护不限于刑事案件被告人

基于前文关于未成年人刑事违法行为的特别隐私权的保护制度及其理念的论说，参考上述的相关国际法规范，未成年人特别隐私权的保护不应当局限于刑事案件被告人。申言之，无论是刑事案件还是民事案件，抑或行政案件，但凡涉及未成年人的可能影响其未来健康成长的不良身份信息，皆为其特别隐私权的范畴,应当予以适当的保密,以全面贯彻我国相关法律规定及政策对未成年人的特别保护精神,且无论该未成年人是被告人还是被害人、当事人或其他涉案人。

我国关于未成年人的相关专门法律制度尚不够系统完善,亟待进一步加强重视。为此,相关的专门法学理论——少年法学理论的研究亟待深入开展和系统提升。

（本文原载于《西南政法大学学报》2012年第6期,
系与梅文娟博士合作）

未成年人刑事案件不公开审判制度比较研究

——基于未成年人特别隐私权的理论视角

摘要：未成年人刑事不公开审判作为公开审判原则之例外原则，已在世界范围内得以普遍确立，但各国和地区相关具体规定之间存在不少差异。基于未成年人特别隐私权的理论视角，聚焦于未成年人刑事不公开审判的年龄时点、案件范围、判决宣告和媒体报道等争议问题，对英国、美国、德国、日本等的相关规定进行比较研究，可以获取对该制度更为深入而系统的理解。

关键词：未成年人刑事案件；不公开审判；特别隐私权；比较研究；价值权衡

A Comparative Study on Closed Trial System for Juvenile Defendants: Basing on the Theory of Juvenile Special Privacy Right

Abstract: Closed trial for juvenile defendants is a kind of common legal system around the world, but the specific provisions varied from countries to countries. From the theoretical perspective of juveniles' special right of privacy, focusing on the issues, such as the age time, the case scope, the judgment announcement and the mass media prohibition of the juvenile closed trial system, to do a comparative study among Britain, USA, Germany, Japan, we could achieve a more deep and systematic understanding about the closed trial system, with better theoretical basis and foreign legislation references for the improvement of the PRC juvenile closed trial system.

Keywords: Juvenile Criminal Cases; Closed Trial; Special Privacy Right; Comparative Study; Value Balance

一、引言:公开审判原则之例外原则

未成年人①刑事案件不公开审判制度是指法院在审理未成年人刑事案件时,禁止公众旁听的制度。英国有句古老的法律格言:正义不仅要实现,而且必须以看得见的形式得以实现。

允许公众和媒体旁观司法,使司法在阳光下透明地进行,有利于促进司法的公正,从而增强民众对司法的信任和对法律的信仰。公开审判之于成年人刑事案件是一项原则,公开审判权之于成年被告人是一项宪法性权利。然而,基于少年司法的隐私保护和矫正之特别宗旨,未成年人刑事案件实行不公开主义。未成年人年岁尚轻、来日方长,为了保护未成年人之名誉和尊严,为了该未成年人将来在社会上能够获得正常、良好发展之机会,对未成年人刑事案件采用不公开审判更有利于未成年人健全人格之养成,从而实现少年之法律正义。

少年司法程序从最初的公开到今日的不公开经历了一个漫长的辨认和博弈过程。在独立少年法庭出现之前,未成年人与成年人刑事审判适用同样的机制——同样的结构和同样的程序,未成年人刑事审判与普通刑事审判程序一样,都是公开正式地进行的。1899 年 7 月 1 日,美国伊利诺伊州立法机关通过了《规范治疗和控制无人照管、疏于照管和罪错儿童法》(又称《伊利诺伊州少年法院法》)(the Act to Regulate the Treatment and Control of Dependent, Neglected, and Delinquent Children, or the Illinois Juvenile Court Act),并建立了

① "少年"(juvenile)是中外少年法学界的通用概念,就基本文义上而言,"少年"即指年龄幼小者,通过解释可与"未成年人"同义。为了尊重各国立法原文的规定,本文有时用少年,有时用未成年人。

世界上第一个少年法庭。[1] 这标志着少年司法开始独立于普通刑事司法，少年犯罪的审判有专门的少年法官、少年法庭，程序上也有异于普通刑事审判程序，其最大的特点就是非正式性。为了保护儿童及其家庭的隐私，1899 年伊利诺伊州少年法院法案的提案人希望法院的审理向公众关闭，但这个主张遭到了芝加哥市私立慈善组织的批评，批评者认为不公开审判会使国家行为不透明，……不公开审判会阻止新闻界报道案件，并且掩盖了母亲们因为孩子被免于公共审查的组织带走而产生的痛苦。[2] 为了确保法案的通过，《伊利诺伊州少年法院法》法案删除了有争议的条款，世界上第一个独立的少年法庭——库克郡少年法院的案件审判向公众公开。波士顿少年法院的首席法官哈维·贝克在《不公开审判——利与弊》[3]一文中写道：不公开审判最大的好处在于允许法官最大限度地亲近儿童，保护儿童和他们家庭的隐私权，但很可能包庇一个不称职法官的粗心、怪癖，或者偏见。因此他建议"直到不公开审判充分地得到实践的检验，那么充满疑虑的市民方能允许不公开审判谨慎地推行"。由于未能得到实践的充分检验，在少年法庭成立后的 10 年间，不公开审判并未成为少年司法的定义性特征。然而，20 世纪 20 年代许多具有影响力的少年司法研究著作出版时，不公开审判已经成为相当通行的实践。"至 1925 年，美国 48 个州中，有 46 个州建立了少年法庭，绝大多数少年法院在紧闭的大门背后行事，即使州宪法命令公开审判。"[4]逐渐地，少年法庭工作人员和立法者都认为保密是必要的，不公开审判成为少年司法制度众多与众不同的特征之一。

---

① See Dean John Champion, *The Juvenile Justice System: Delinquency, Processing, and the Law (Sixth Edition)*, Upper Saddle River, New Jersey Columbus, Ohio Prentice Hall, 2010, p. 54.

② 参见[美]玛格丽特·K. 罗森海姆、富兰克林·E. 齐姆林、戴维·S. 坦嫩豪斯、伯纳德·多恩编：《少年司法的一个世纪》，高维俭译，商务印书馆 2008 年版，第 70 页。

③ 1910 年《政治与社会科学研究院年报》出版了以《美国的司法管理》为标题的特刊，其中收录了波士顿少年法院的首席法官哈维·贝克《不公开审判——利与弊》一文。该文阐释了什么是不公开审判，以及为什么它可能成为一项有益的制度。在该文中，贝克法官比较了少年法院法官的角色与父母、老师、医生的角色，以支持自己赞成不公开审判的观点。参见[美]玛格丽特·K. 罗森海姆、富兰克林·E. 齐姆林、戴维·S. 坦嫩豪斯、伯纳德·多恩编：《少年司法的一个世纪》，高维俭译，商务印书馆 2008 年版，第 73～74 页。

④ William McHenry Horne, *The Movement To Open Juvenile Courts: Realizing The Significance of Public Discourse in First Amendment Analysis*, Indiana Law Review, Vol. 39, p. 658 (2006).

时至今日,各国和地区普遍将少年刑事案件不公开审判作为一项原则性规定。我国关于未成年人刑事不公开审判的规定,在年龄时点、案件范围、判决宣告和媒体报道禁止等方面存在一些差异。基于未成年人特别隐私权理论,本文拟对上述问题进行深入细致的分析,并在此基础上对我国未成年人刑事审判不公开制度的完善提供借鉴及理论基础。

二、理论基础:未成年人特别隐私权

20 世纪 60 年代之前,未成年人刑事案件审判不公开的理论根据主要是国家亲权(Parens Patriae)的理念和矫治康复的需要。国家亲权是拉丁语,其字面含义是国家家长(parent of county),现在一般认为国家亲权思想是指当青少年(未成年)的父母没有适当履行其义务时,国家理所当然地介入其中,代替不称职或无计可施的父母,以未成年人监护人的身份行使亲权,这样国家也就拥有了与父母一样的权利来制约和维护孩子的行为。儿童是父母的儿童,同时也是国家的儿童,自然父母是儿童的天然监护人,但当自然父母不能恰当履行监护职责时,作为补充之父母,国家代替照管儿童,从而保障儿童的权益并帮助其健康成长。

普通法中的国家亲权制度起源于英格兰,14 世纪(爱德华二世时期),颁布了《关于国王特权的法律》(De praerogativaregis)。其规定,国王承担保护其臣民的监护义务。① 国家亲权作为一个术语,首次被记载是在 1610 年,当时詹姆斯国王称自己是国家之父。作为国王的代理人,王座法院行使国家之父的权利并允许法庭代替其自然父母行动,但管辖范围限于被疏于照管的少年,而不处理犯罪少年。美国第一个独立的少年法庭建立后,将国家亲权理论之应用扩展至罪错少年。“在每个案件中,我总是觉得并努力这样行动:在图书馆或在家里,被指控实施了不端行为的我自己的儿子站在我前面……首先我用一种亲切的、体贴的方式对他讲,努力使他感觉到目的不是代表任何人惩罚他,而是援助和帮助他,使他认识到国家——国家的善良人民——对他有兴趣,并

① 参见徐国栋:《普通法中的国家亲权制度及其罗马法根源》,载《甘肃社会科学》2011 年第 1 期。

希望只做对他有帮助的事情，无论是现在还是在他的整个生命历程。”①这是库克郡巡回法官理查德·S. 塔海尔在1904年对监狱委员会描述国家第一个少年法庭时所讲的话。这段话展示的是这样一种情景：在面对罪错少年时，法官就像父母一样亲切温和，循循善诱，规劝、帮助少年迷途知返。“为什么我们不能像对待疏于管教的孩子一样，像一位明智、仁慈的父亲对待自己的孩子一样，公正恰当地处遇少年犯？……误入歧途的孩子、屡教不改的孩子、触犯法律法规的孩子，应被置于政府的监管之下——不是作为其敌人，而是作为其最终的监护人。”②少年法官代理国家扮演父母之角色，应当被给予足够的信任。普通刑事司法中为了平衡控辩双方力量而赋予辩护方的权利保障如律师辩护权、不自证其罪等宪法性权利，在少年司法中被认为是不需要的。即使不受监督，少年法官也会像仁慈的父母一样帮助少年，会基于“少年最佳利益”为少年选择最合适的处遇措施，以助其成长为“守法、有用的”社会公民。此外，关闭少年法庭之大门，不让少年在众目睽睽之下接受审讯，有利于抚慰少年的紧张情绪，创造一种温馨的“母子对话情境”。

少年刑事案件审判不公开的另一个重要理由是矫正康复之需要。虽然与儿童相比，少年在生理、心理和社会发展等各方面取得了较大进步，但与成年人相比，少年尚显不够成熟，无论是在物质还是在心理和社会发展等各方面，均需要来自父母和社会的帮助和支持，因此少年是需要帮助和照管的群体。与成年人犯罪自由意志性强不同的是，少年犯罪被决定性强，致使少年犯罪的原因很多都是环境性的或者说是社会性的，因此，少年犯罪的可谴责性较小，少年固然要对犯罪承担一部分责任，但更多的是社会和环境的责任。此外，青春期是人生发展的过渡期和形成期，诸多的人生观和世界观经过此阶段逐渐形成。因此，犯罪少年就像泥土一样可塑，只要给予照管和足够的影响，社会可以将他们塑造成具有健全人格的合法公民。正是基于少年和少年犯罪的特

① William McHenry Horne, *The Movement To Open Juvenile Courts: Realizing The Significance of Public Discourse in First Amendment Analysis*, Indiana Law Review, Vol. 39, p. 658 (2006).

② [美]玛格丽特·K. 罗森海姆、富兰克林·E. 齐姆林、戴维·S. 坦嫩豪斯、伯纳德·多恩编：《少年司法的一个世纪》，高维俭译，商务印书馆2008年版，第175页。

殊性,少年司法的目的是教育、保护和矫正少年。“少年法院的创建者认为保密对于矫正和治疗少年是至关重要的。只有儿童逃脱了公众知情的污名,才能遗忘麻烦的过去。”①但是公开少年司法程序,涉罪少年被曝光于大庭广众之下,就可能被贴上犯罪标签,这种标签具有污名化效果,一方面会致使涉罪少年被主流社会“另眼相看”和拒绝,从而失去正常融入社会的机会;另一方面被贴上犯罪标签的少年会逐渐在心理上认同“罪犯标签”,并像罪犯一样表现,从而滑入犯罪轨道,无法自拔。关闭少年司法程序,保护涉罪少年的隐私,避免犯罪标签的污名化,可以促进少年的社会融入,从而保护少年的正常发展以及健康成长。

20 世纪 60 年代之后,未成年人刑事案件不公开审判制度的理论依据只剩下矫治康复和隐私保护的需要。20 世纪 60 年代伊始,国家亲权、“少年法庭是仁慈的父母”等观念受到了强烈的质疑,少年法庭被认为是在惩罚少年,为了保障人权,少年司法领域经历了一场轰轰烈烈的“宪法归化”(constitutional domestication)运动。其间,少年被告人获得了一系列宪法性的权利,如律师辩护权、控告通知权、获取陪审团审判的权利、盘问证人的权利和拒绝自证其罪权等,但少年毕竟是在生理、心理和社会发展等各方面均不同于成年人的群体,赋予成年被告人的宪法性权利并不都适合或者有益于少年被告人。考虑到少年司法之矫正宗旨和法庭审判程序公开可能带来的污名化影响,少年法庭紧闭大门,不对公众和媒体开放。现代国家规定未成年人刑事案件不公开审判制度旨在保护少年的特别隐私。

未成年人刑事案件不公开审判的特别隐私保护也为相关儿童国际性文件所肯定。《儿童权利公约》第 40 条第 2 款(b)项(7)规定:缔约国应当确保任何“儿童的隐私在诉讼的所有阶段均应得到充分尊重”。《联合国少年司法最低限度标准规则》(北京规则)第 8 条规定,“保护隐私:8.1 在所有阶段,少年隐私权应得到尊重,以避免不当宣传或标签化而对其造成的伤害。8.2 原则上不得公开可能导致某少年违法犯罪者的身份被识别的信息”。紧接着,该规则 8

① Emily Bazelon, *Public Access to Juvenile and Family Court: Should the Courtroom Doors Be Open or Closed?*, Yale Law & Policy Review, Vol. 18, p. 15 (1999).

之"说明"注解道,"规则 8 强调少年隐私保护的重要性。青少年特别易受污名化的影响。关于标签化的犯罪学研究已经证明了少年'越轨者'或'犯罪者'的永久身份识别所造成的(各种不同的)有害影响。规则 8 还强调保护少年免受大众媒体关于案件信息(如少年违法犯罪者的姓名,被指控或被判有罪)公开宣传报道所造成的负面影响的重要性。其个人利益应当获得保护和支持,至少在原则上应如此(规则 8 的大体性内容在规则 21 中将做进一步的规定)";该规则第 21 条进一步规定,"档案:21.1 对少年违法犯罪者的档案应严格保密,并不得向第三方开放。可得获取此档案者,应仅限于直接处理在办案件的人员或其他经正式授权的人员。21.2 少年违法犯罪者的档案不得日后在针对该人的成年人刑事案件诉讼中加以采用"。

2012 年《中华人民共和国刑事诉讼法》(以下简称《刑事诉讼法》)第 183 条第 1 款规定:"人民法院审判第一审案件应当公开进行。但是有关国家秘密或者个人隐私的案件,不公开审理;涉及商业秘密的案件,当事人申请不公开审理的,可以不公开审理。"未成年人刑事案件的信息不涉及国家安全和利益,所以不是国家秘密;未成年人刑事案件的信息亦不能给权利人带来经济利益,所以也不是商业秘密。由是推之,法律之所以规定未成年人刑事案件不公开审判,其原因只能是保护未成年人的个人隐私。由此可见,我国《刑事诉讼法》实际上业已认可了未成年人刑事案件不公开审判之用意乃在于保护涉罪未成年人的特别隐私。

综上所述,未成年人刑事案件不公开审判的理论基础是未成年人特别隐私权。那么何为特别隐私权?所谓特别隐私权,是指未成年人因涉嫌犯罪而卷入刑事诉讼程序的信息受到法律保护的权利。之所以称之为"特别隐私权",缘由有以下三个方面。

首先,特别隐私权的权利主体是特别的,只限于未成年人。隐私是指个体不愿公开的信息,但并非所有的个人隐私都能获得法律的保护。一般而言,只有那些合法隐私才是法律保护的客体,个人对之享有隐私权。违法、犯罪信息属于非法隐私,不受法律保护。正是基于此缘故,成年人刑事审判只要没有法律规定的其他保密事由,就都公开进行,以满足民众的社会知情权,从而有利于社会防卫。但是考虑到少年特殊性和少年刑事政策之矫正宗旨，将“少年涉罪的隐私”予以保护，不仅保护了少年，从长远来看，也保护了社会。

其次，特别隐私权的义务主体具有不完全性，即不包括未成年人的父母和教师等照管者。隐私权是绝对权，又称对世权，其权利针对所有的不特定人，即所有的人都有义务保证作为或者不作为以维护隐私权人的隐私。但未成年人特别隐私权受到监护权制约，其义务主体不包括少年的父母和教师等监护人和照管者。与成年人相比，少年在智力、心理和社会发展等方面尚显稚嫩，是需要帮助和照管的群体。正是基于少年行为能力不完全之考量，法律规定了监护制度，当少年在家时，父母对少年行使监护，当少年在学校时，教师对少年进行教育和监督，在儿童福利院的少年，由福利院工作人员对其进行照管。为了充分、有效地实现对少年的照管和监护，少年的父母、教师和福利院工作人员等有必要了解一些少年的生理、心理和生活信息等。当少年涉嫌犯罪，作为照管人的父母和教师有必要了解事情的来龙去脉和参与案件的处理过程。基于少年最佳利益原则，未成年人刑事案件不公开审判不禁止未成年被告人的老师、亲友、未成年人保护组织人员等有助于其教育、保护和福利的相关人员的出席旁听。换言之，未成年人特别隐私权只针对社会上不特定的公众，不包括未成年人的父母、教师等照管者。

最后，未成年人特别隐私权的客体内容具有特定性，只限于未成年人的身份信息，而不包括案件事实及其处理本身。个人隐私权与公众知情权之间的关系总是紧张的，存在冲突和矛盾，然因为公众知情权具有公共利益性，当个人隐私权与公众知情权发生冲突时，处理时往往遵循公共利益优先的原则。但未成年人是需要特殊保护的群体，涉诉讼形成的隐私需要法律的特别保护，因为这关系到未成年人的健康成长和社会融入，“少年智，则国智，少年强，则国强”，未成年人是国家和民族复兴、繁荣的栋梁，在某种程度上，未成年人的个人隐私权具有比公众知情权更重要的公共利益性。“如果相互冲突的利益之间是针锋相对不可调和的，那么只能牺牲或舍弃一方利益而保护另一方更为重要的利益；如果相互冲突的利益可以协调，则各自做出退让以求得各自的生存空间。”[①]虽然就同一项信息而言，个人隐私权与公众知情权之间是有你没我、有我没你的此消彼长、非此即彼的关系，但未成年人刑事案件是包含众多信息的一个集合，为了协调未成年人隐私权和公众知情权，使利益保护最大化，在不损害未成年人隐私保护之宗旨下，应当严格遵守比例原则，将所有信息分为两部分，其中一部分信息归为未成年人个人隐私权的客体，另一部分信息归于公众知情权之客体。那么哪些信息应归于未成年人个人隐私？哪些信息又应当为公众所知悉呢？易言之，特别隐私权之客体是案件事实和处理本身还是未成年人个人的信息？显然是后者。公众知情权关注的是案件事实以及判决理由和结果，至于这个未成年人的姓名、家庭住址以及相貌如何等琐碎的细节，因为无关司法正义而显得无关紧要。一言以蔽之，未成年人特别隐私权只限于未成年人的身份信息，而过滤了未成年人的身份信息的案件事实及其处理则应当属于公众知情的信息。

作为一种隐私权，未成年人特别隐私权除了权利主体的特殊性、义务主体的不完全性和客体的特定性的“特别”外，在其他方面与一般的隐私权并无二致，是为众多法律所支持的一种人身基本权利。

三、年龄时点：行为时抑或审判时

未成年人刑事案件不公开审判中，未成年人的年龄时点为行为时，抑或审判时？2012 年《刑事诉讼法》第 274 条第 1 句规定：“审判的时候被告人不满十八周岁的案件，不公开审理。”据此，我国未成年人刑事案件不公开审判的年龄时点为审判时，而非行为时。即使行为人实施犯罪行为是未成年人，但审判时已为成年人，若没有不得公开的其他法定事由，则应公开审理。

德国《少年法院法》第 1 条规定，“对人和案件的适用范围：(1)少年或青年人实施的犯罪行为，根据一般法律规定应判处刑罚的，适用本法。(2)少年是指行为时已满 14 岁不满 18 岁者；青年人是指行为时已满 18 岁不满 21 岁者”。该法第 48 条规定，“不公开审理：(1)法院的审理以及判决的宣布，均不予公

① 李新刚：《论隐私权限制的利益平衡原则》，载《长春理工大学学报（社会科学版）》2009 年第 4 期。

开。……"。显然,德国少年司法不公开的年龄时点奉行行为时主义。换言之,对于实施行为时未满18周岁,刑事审判的时候已满18周岁者,德国少年法院依然应当对其予以不公开审判。

一般来说,国家在立法中虽然明确界定少年的年龄范围,但不公开审判的相关规定中并未明确提及少年的具体认定方法。但法律是一个系统,联系法律的上下文和立法宗旨,可以推断出不公开审判中的少年的认定时点是行为时。日本《少年法》第22条规定:"审判必须以诚恳为旨,在温和的气氛中进行,同时促使非行少年对于自身的非行进行发自内心的反省。审判不予公开。审判由审判长指挥。"所谓的"非行少年",根据该法第3条的规定,包括三类少年:一是犯罪少年;二是触法少年,即未满14周岁,但触犯刑罚法令的少年;三是虞犯少年,即有严重不良行为,虽不触犯刑律,但在未来有犯罪危险之倾向。由此不难推知,日本少年非行案件不公开审判中的少年乃是指实施非行行为时为少年者,因为就文辞逻辑而言,"非行"一词已经定义了作为不公开审判对象的"少年"的范围,即实施非行行为时为少年者。难道非行少年第二天即成年,其行为当然仍是"非行",我们便应当称其为"非行成年人"乎?申言之,在日本,实施非行行为时为少年,审判时已经为成年人,仍然不公开审判。

行为与责任能力同时原则意味着如果涉及行为人的责任追究和实体处理,年龄时点一般以行为时为准;但如果不涉及实体性结果,只是程序性的,则年龄时点应为相关程序展开时。那么进一步的问题是:不公开审判到底是程序性还是实体性的?"众所周知的观点是程序和实体不是互相排斥的……假定将所有的法律干净利落地分成实体和程序的显然过于简单了。法律是实体和程序相互作用的产物,但实体和程序之间的关系远比纯粹的诉讼连结要微妙和复杂的多……实体与程序密切联系,程序决定了实体获得的数量和被谁获得。程序规则通常只是实体权利价值和我们愿意牺牲什么以看到完成既定目标的尺度。"①乍看之,不公开审判权是程序性的,但不公开审判

① Lawrence B. Solum, *Procedural Justice*, Law and Legal Theory Research Paper Series Research Paper No. 04-02, Spring 2004, p. 30 (2004).

之理论是为了保护特别隐私权,故不公开审判还包含了实体性的价值诉求。我国法律规定未成年人刑事案件不公开审判以审判时为年龄时点,就其实质而言,是没有充分理解少年司法之特别隐私保护和矫正之宗旨。与我国未成年人刑事案件不公开以审理时为准相比,德国的规定更有利于保护未成年人的特别隐私。

基于“儿童最大利益”原则和保护特别隐私之需要,我国应该修改法律,即规定“行为时被告人不满十八周岁的案件,不公开审理”。理由主要有二:首先,未成年人特别隐私权的保护不应因时间的经过被剥夺。案件的立案侦查、审查起诉等时间的经过致使案件进入审判程序时,犯罪时的未成年人已经成年,其“未成年人犯罪”的隐私保护不应当被剥夺。每一个刑事案件的处理都需要一定的时间,这种时间的消耗是未成年被告人意志以外的因素造成的,不能归责于未成年被告人,故未成年被告人不应由此承受公开隐私可能带来的负面影响或伤害。其次,这也是相关国际法的要求。《儿童权利公约》第 40 条第 2 款(b)项(7)规定,缔约国应当确保任何“儿童的隐私在诉讼的所有阶段均应得到充分尊重”。少年犯享有的隐私权,从案子的立案、起诉到审判乃至判决宣判之后,都应当受到全面的尊重和全程性的保护。《儿童权利公约》是第一部有关保障儿童权利且具有法律约束力的国际性约定,中国于 1991 年 12 月 29 日批准《儿童权利公约》,1992 年 3 月 2 日,中国常驻联合国大使向联合国递交了中国的批准书,中国由此成为该公约的第 110 个批准国,该公约于 1992 年 4 月 2 日对中国生效。我国法律的规定不符合《儿童权利公约》的规定,应当予以修改,从而履行我国的承诺。

四、案件范围:是否一律不公开

根据未成年人刑事案件不公开审判是否有例外,可以分为绝对不公开审判和相对不公开审判。绝对不公开审判是指所有少年刑事案件的审判都不公开。许多国家实行绝对不公开审判。如英国《1989 年儿童法》(Children Act of 1989)第 97 条规定:参与某些程序中儿童的隐私(1)依据《1980 年治安法院法》第 144 条规则的规定,治安法院可以依照本法(或《2002 年收养与儿童法》)行使对儿童进行不公开审理的权力。日本《少年法》第 22 条规定审判不予公开。

德国《少年法院法》第48条第(1)款规定,法院的审理以及判决的宣布,均不予公开。我国2012年《刑事诉讼法》第274条第1句规定:审判的时候被告人不满18周岁的案件,不公开审理。

相对不公开审判是指允许根据某种或某些因素的考量而例外地公开少年刑事案件的审判。这些因素主要有少年的年龄、罪行的严重性或少年法定人的申请等。在美国,"从1988年到1994年,少年暴力犯罪的逮捕率大概增加了61%。更令人不安的是,少年实施的杀人行为从20世纪80年代末开始增加,至1994年,与10年前的水平相比,增加了110%"①。在此背景下,美国少年司法经历了一场"强硬运动",这场运动的结果致使少年司法"体质"发生了大量的实质性变化。其中,程序方面的显著变化就是从秘密走向公开。"当骇人听闻的犯罪发生时,随之而来的是社会的愤慨反应与公众的抗议,司法程序公开为社会忧虑、敌意和激动情绪提供了发泄口。"②从20世纪90年代伊始,美国许多州放弃了完全的保密规定,并规定在一定条件下如年龄达到一定的岁数或实施了严重的犯罪或利害当事人的申请,而由法官裁定公开少年司法程序。③ 总而言之,在美国,作为一项历时将近半个世纪的传统——少年司法程序不公开制度正在逐渐被打破。

"我们少年司法体制创造的时候,更多的是天才小麻烦类的犯罪,不那么复杂,也不是那么难以置信的暴力。但我们现在看到的是未被恰当社会化的孩子……他们是真正的掠夺者。"④面对激增的暴力犯罪,美国少年法庭被认为已过时,强调"矫正"和"儿童最佳利益"的法律被改为重视"惩罚"和"公众的

---

① Thomas J. Bernard & Megan C. Kurlychek, *The Cycle of Juvenile Justice* (*Second Edition*), Oxford University Press, 2010, p. 141 - 142.

② The Reporters Committee for Freedom of the Press, *Access to Juvenile Courts: A Reporters Guide to Proceedings & Documents in the* 50 *States & D. C.*, Spring 1999, p. 12.

③ See Kristin N. Henning, *Eroding Confidentiality in Delinquency Proceedings: Should Schools and Public Housing Authorities Be Notified?*, New York Univeusuty Law Review, Vol. 79, p. 536 - 637 (2004).

④ Adam Pertman, *States Racing to Prosecute Young Offenders as Adults*, Boston Globe, April 11, 1996.

保护"的法律。[①] 与之同时,原本不公开的法律程序在特定情况下公开。由此看来,美国少年司法之公开化运动已经背离了少年法庭原创之初的矫正和保护特别隐私之宗旨。那么绝对不公开审判与依申请可公开审判的相对不公开审判,何者更优呢? 或者说,何种模式更适合我国? 未成年人刑事案件不公开审判之理论基础是保护未成年人的特别隐私。虽然涉罪未成年人的隐私保护由刑事诉讼法或相关的少年法规定,但特别隐私权是一种人格权,属于民事权利的范畴。[②] 根据私法自治理念,公民应当有处分该项权利的自由。申言之,作为隐私权的主体,个人放弃隐私,将自己的秘密公之于众,也是主体的权利。旨在保护少年隐私的少年刑事案件不公开审判是少年的权利,那么,放弃不公开审判之隐私保护即申请公开审判也应当是少年的权利。

我国2012年《刑事诉讼法》第274条规定,审判的时候被告人不满18周岁的案件,不公开审理。被告人或被告人的法定代理人是否可以提出公开审理,法律对此没有作出明确的规定。在未成年人李某等涉嫌强奸一案中,李某的母亲向法院提出了公开审理的申请,以"让所有的事实、证据和办案过程一律公开化,接受全社会的监督,去除神秘感,消除公众对其家庭和司法的双重误会。让一切事实和证据开口说话"[③]。但随后该申请就被法院依法驳回,法院认为"该申请违反了我国《刑事诉讼法》第183条第1款、第274条,违反了《中华人民共和国未成年人保护法》(以下简称《未成年人保护法》)第58条,以及最高人民法院《关于适用〈中华人民共和国刑事诉讼法〉的解释》第467条第1款有关涉及个人隐私、未成年人的案件不公开审理的规定"[④]。从法理上看,这样的法律规范及其适用结果的合理性是值得商榷的。虽然不公开审判有利于

---

① See David S. Tanenhaus, Steven A. Drizin, "*Owing to the Extreme Youth of the Accused*": *The Changing Legal Response to Juvenile Homicide*, The Journal of Criminal Law & Criminology, Vol. 92, p. 642 (2003).

② 参见王利明:《隐私权概念的再界定》,载《法学家》2012年第1期。

③ 《某某申请公开审理李某某案:让事实和证据说话》,载腾讯新闻,http://news.qq.com/a/20130728/004322.htm。考虑到《未成年人保护法》的禁止性规定,此处隐去相关未成年人及其法定代理人的姓名。下同。

④ 张淑玲:《北京海淀法院驳回某某申请公开审理李某某案申请》,载《京华时报》2013年7月31日。

保护少年隐私，但其负面作用也是显而易见的：司法不受公众监督，权力可能被滥用。为了维护司法公正，使未成年人获得公平公正的审判，如果未成年人及其父母在利益权衡之后觉得公开审判更能维护正义，更有利于保护少年合法权益，那么基于未成年人特别隐私权的理论，应当允许未成年被告人及其法定代理人申请公开审判。唯有如此，才是真正地体现了儿童最佳利益原则。

五、判决宣告：是否一律公开

审判包括审理和判决宣告两个环节，故审判不公开应当理解为审理过程和判决宣告均不能公开。但实际情况并非如此。我国《刑事诉讼法》（2012年）第五编—特别程序—第一章—未成年人刑事案件诉讼程序的第274条规定，"审判的时候被告人不满十八周岁的案件，不公开审理"。该法第三编—审判—第二章—第一审程序—第一节—公诉案件—第196条第1款规定，"宣告判决，一律公开进行"。如果说第三编普通刑事案件审判程序的法律规定是一般规定，那么第五编第一章未成年人刑事案件诉讼程序的法律规定是特殊规定。"法律在适用上，特别法优先于普通法，盖因特别法为因特别需要而制定，用以补充普通法之不足，是故特别法与普通法竞合适用时，特别法应优先适用，至于特别法所未规定者，始得适用普通法。此为适用法律必须坚守之原则。"①2012年《刑事诉讼法》第五编—特别程序—第一章—未成年人刑事案件诉讼程序—第276条规定，"办理未成年人刑事案件，除本章已有规定的以外，按照本法的其他规定进行"。由此可见，我国未成年人刑事案件不公开仅指审理过程的不公开。为了显示司法公开性，就判决宣告而言，无论是成年人还是未成年人，一律公开进行。

德国《少年法院法》第48条第（1）款规定，法院的审理以及判决的宣布，均不予公开。也就是说，对于少年刑事案件，不仅审理过程不公开，判决宣告亦不公开。《联合国少年司法最低限度标准规则》（北京规则）第8条"保护隐私"中的"8.1"规定，在所有少年隐私权应得到尊重，以避免不当宣传或标签化而对其造成的伤害。《儿童权利公约》第40条规定："1. 缔约国确认被指称、指控

① 刘作揖：《少年事件处理法》（第7版），台北，三民书局股份有限公司2010年版，第41页。

或认为触犯刑法的儿童有权得到符合以下情况方式的待遇:促进其尊严和价值感并增强其对他人的人权和基本自由的尊重。这种待遇应考虑到其年龄和促进其重返社会并在社会中发挥积极作用的愿望。2. 为此目的,并鉴于国际文书的有关规定,缔约国尤应确保……(b)所有被指称或指控触犯刑法的儿童至少应得到下列保证……(七)其隐私在诉讼的所有阶段均得到充分尊重。”显然,无论是《联合国少年司法最低限度标准规则》(北京规则)还是《儿童权利公约》,根据其立法宗旨和条文的字面含义,未成年人刑事案件的审理过程和审判结果应当均不公开,即不能公开宣判。因为如果判决宣告公开,允许公众旁听,那么会使“未成年人刑事案件不公开审理”之保护未成年人特别隐私,帮助其将来回归社会的价值目标的努力毁于一旦。

就我国未成年人刑事判决宣告的司法实践,笔者调查了若干省的基层人民法院和中级人民法院少年法庭的判决宣告情况,①发现其少年法庭就未成年人判决宣告是否公开,可谓是仁者见仁,做法不一。有些少年法庭遵从法律的规定,公开宣判,但为了保护未成年人,同时遵从最高人民法院《关于审理未成年人刑事案件的若干规定》第31条关于宣告判决不得采取召开大会等形式的规定,即不组织大规模的在校学生等旁听未成年人刑事案件的宣判。有的少年法庭选择性地遵守法律规定,即一般情况下不公开宣判,但如果未成年人刑事案件在全省乃至全国影响较大,基于舆论和媒体的压力,则会公开宣判。有些少年法庭则完全反其道行之,不仅在宣判时将一般公众排除出法庭,还拒绝与本案无关的法庭其他工作人员入内旁听。对此,有法官是这样解释的,“判决宣告是审理的过程,未成年人刑事案件不公开审理,所以判决宣告也不公开”。如此之解释,不符合法律的原意,有些牵强附会。《刑事诉讼法》(2012年)第183条第1款规定,“人民法院审判第一审案件应当公开进行。但是有关国家秘密或者个人隐私的案件,不公开审理;涉及商业秘密的案件,当事人申请不公开审理的,可以不公开审理”;第196条第1款规定,宣告判决,一律公开进行。上述第183条和第196条都被放在《刑事诉讼法》第三编“审判”—第二

① 笔者主要电话调查了浙江省、河南省和重庆市等地的中级人民法院和基层人民法院少年法庭的判决宣告情况,得到的信息均为未成年人刑事案件审理和判决宣告均不公开。

章"第一审程序"—第一节"公诉案件"下，无论是只就审判这个词进行文理解释还是联系这两个条文进行逻辑推理，都可以得出一个结论：审理和宣告判决是两个独立的环节，审理不公开不包含判决宣告不公开，判决宣告独立于审理过程。对于未成年人刑事案件，虽然不公开审理，但判决宣告应当公开。古希腊思想家亚里士多德在其名著《政治学》中明确提出，"我们应该注意到邦国虽有良法，要是人民不能全部遵循，仍然不能实现法治。法治应该包含两重意义：已成立的法律获得普遍的服从，而大家所服从的法律又应该本身是制订得良好的法律"。[①] 法治实现的两大要素是：一是良法，二是良法被遵守。我国是法治国家，无论是普通公民还是司法者，都应当守法，按照法律规定行事。但是有些少年法庭的法官却选择部分或全部不公开宣判，这不得不让人反思。

为了保护未成年人之特别隐私，以促进未成年人社会化的正常完成，实现少年司法之保护和矫正之目的，我国应将《刑事诉讼法》第196条第1款关于"宣告判决，一律公开进行"的规定修改为"宣判判决，一律公开进行，但不公开审理的未成年人刑事案件除外"。但是否如此规定就足够了，或者说万事大吉，高枕无忧了呢？事情可没那么简单。法院公开判决的途径有两个：一是法庭内的公开宣判；二是社会上的判决文书公告。在网络时代的今天，后者主要通过互联网的形式实现。为了保障群众对人民法院工作的知情权、参与权、表达权和监督权，维护当事人的合法权益，提高司法民主水平，促进司法公正，2013年11月13日由最高人民法院审判委员会第1595次会议通过，并于2014年最高人民法院《关于人民法院在互联网公布裁判文书的规定》（已失效）第4条规定，"人民法院的生效裁判文书应当在互联网公布，但有下列情形之一的除外：（一）涉及国家秘密、个人隐私的；（二）涉及未成年人违法犯罪的；（三）以调解方式结案的；（四）其他不宜在互联网公布的"。如果不公开审理的未成年人刑事案件判决宣告不公开、裁判文书亦不进行网络公布，那么势必造成这样一种结果：整个未成年人刑事程序都在暗地里进行，脱离了公众的监督。虽然一些未成年人刑事案件因其新闻价值或影响力较大而被媒体关注并

① ［古希腊］亚里士多德：《政治学》，吴寿彭译，商务印书馆1965年版，第199页。

有限报道,但其数量相对于所有未成年人刑事案件来说只是冰山一角。阳光是最好的防腐剂,暗箱操作可能有滋生司法腐败和不公正之风险。“当政府全力对付一个人时,公众注意是对专断和不正义的一个有效制约。”①成年人刑事诉讼程序尚且需要公众参与,以促进司法公正,使“正义以看得见的形式实现”,那么更为弱小的未成年人刑事诉讼程序更需要公众参与和公众监督,以实现司法正义。但是考虑到审判过程中未成年被告人必须出席,如果允许公众旁听,则势必泄露未成年人的个人信息,即就审判过程而言,如果公开,技术上很难做到对未成年人特别隐私权的保护,所以未成年人刑事审判过程不应当公开。但判决文书中包含的信息可以进行分离,法院可对判决文书进行技术性处理,即先过滤掉判决书中涉及未成年人个人信息的内容,再将不包含未成年人个人信息的案件事实、判决理由和判决结果等判决文书在网络上公布。如此一来,既保护未成年人个人信息,实现了保护未成年人的隐私之价值诉求,又满足了公众知情权和司法监督的需要,可谓“鱼和熊掌皆得”。

六、媒体报道:是否一律禁止

未成年人刑事案件不公开审判否定了公众的法院旁听,那么作为社会监督的主要力量——媒体能否报道未成年人刑事案件呢?2012年《未成年人保护法》第58条规定:“对未成年人犯罪案件,新闻报道、影视节目、公开出版物、网络等不得披露该未成年人的姓名、住所、照片、图像以及可能推断出该未成年人的资料。”由此可见,我国禁止的不是对未成年人犯罪案件的媒体报道,而只是禁止媒体泄露涉罪未成年人的个人信息。

英国《1989年儿童法》第97条规定:任何人都不得公开旨在或可以确定儿童参与治安法院依法审理的诉讼程序的材料或该儿童的住址或所在学校。但如果为了儿童福利之需要,法院可以命令公开。公开的途径包括通过电视节目。任何违反本条规定的人都应当构成犯罪,经简易程序定罪,可以判处不超过第4标准等级的罚金。由此可见,英国《1989年儿童法》关于媒体报道未成

① [美]迈克尔·D.贝勒斯:《程序正义——向个人的分配》,邓海平译,高等教育出版社2005年版,第51页。

年人刑事案件采取相对禁止,即原则上禁止泄露涉罪未成年人个人信息,但若是为了儿童福利的需要,法院可以依法裁定允许媒体报道未成年人刑事案件。这里的为了“儿童福利之需要”的情形,如未成年被告人被判无罪的——对此类案件的全面公开报道(包括其个人身份信息)有利于洗刷其业已在一定范围内造成的污名,符合少年法的基本原则,即“少年最佳利益原则”,符合少年法的根本宗旨,即“保护、促进少年健康成长”。而如果媒体没有履行禁止报道义务,违法泄露涉罪未成年人个人信息的,则有可能构成犯罪,将付出高昂的代价——被科以相当数额的罚金刑。

未成年人是国家的希望,民族的未来,未成年人依法享有生存、发展和受保护等权利,即使是涉嫌犯罪的未成年人也不例外。我国相关规定不仅需要规定媒体报道的边界,还应当明确媒体违法披露涉罪未成年人个人信息的制裁措施。“保护未成年犯罪人匿名性的国家利益不是施加刑事制裁的充分理由”①,刑法是其他法律的法律后盾,刑罚是一种不得已的恶,刑法应当贯彻谦抑主义,对于违法披露的媒体,我国应当考虑民事和行政救济手段。特别隐私权是一种民事权利,媒体违法披露未成年人特别隐私,未成年人可以根据民事法律的规定要求媒体停止侵害、赔礼道歉和赔偿损失。同时未成年人特别隐私包含着重大社会利益,考虑到未成年人的弱势和需要特别保护,法律应当规定相由关的主管部门对违法媒体给予行政处罚。

此外,为了儿童福利需要,可以允许公开报道。媒体报道禁止的目的是保护涉罪未成年人的特别隐私,以便少年将来重新融入社会,过正常的社会生活。但如果少年被告人最终被判无罪,那么媒体报道案件,公开其审判结果,可以还少年清白,从而更好地维护少年合法利益,增进其福祉。

七、价值权衡:例外原则之例外

与公开审判之一般性司法原则分庭抗礼,未成年人刑事案件不公开审判已经成为一项世界通行的例外性的司法原则。“最佳的少年刑事政策必须追求和平衡数个目标。这些目标包括对少年犯罪人的公平惩罚——这意味着认

---

① Susan D. Cohen, *Reconciling Media Access with Confidentiality for the Individual in Juvenile Court*, Santa Clara Law Review, Vol. 20, p. 417 (1980).

识到他们的不成熟性并仍要他们对自己的犯罪行为负责；公正听证和将提高而不是损害少年未来、减少而不是增加他们继续犯罪活动的处理；最后，当然也不是最无足轻重的，少年司法政策如果没有满足社区的报应需求和确保对公共安全的适当保护，也是失败的"，①未成年人刑事案件不公开审判之制度设计需要在刑事诉讼程序安全、媒体报道权、公众知情权和未成年人保护等众多目标之间进行平衡。针对本文上述的四个争议问题，基于价值权衡之原则，研究各国和地区的相关规定及变化规律，我们可以相应得出如下四点基本结论，兼供我国相关立法完善之参考：

其一，关于未成年人刑事案件不公开审判的年龄时点问题：由于该制度不仅关乎未成年人程序性权益（应诉能力等），还关乎未成年人实体性权益（特别隐私权），其年龄时点应当定位于"行为时"，而非"审理时"。

其二，关于未成年人刑事案件不公开审判的案件范围问题：基于刑事诉讼程序安全和隐私权之权利性质，未成年人刑事案件不公开审判的范围不应当是绝对的，而应当合理地保留少年及其法定代理人获取公开审判的权利，以为刑事诉讼程序安全设置必要的制度保障。

其三，关于未成年人刑事案件不公开审判的判决宣告问题：其核心问题是涉案未成年人的个人身份信息保密（或不公开），以保护其特别隐私权。审判不公开问题涉及审理过程的不公开和判决宣告的不公开。由于审理和宣判过程的公开难以避免未成年人犯罪身份信息的公开，审判过程以不公开为原则；但判决文书的网络公开理应考虑公众知情权的价值平衡，以有限制的公开为原则，即可以通过隐去未成年人身份信息的方式来进行。

其四，关于未成年人刑事案件不公开审判的媒体报道禁止问题：其核心在于媒体报道权以及公众知情权（其中包含着司法社会监督以及刑事诉讼程序安全保障的意旨）与少年保护的价值平衡，其平衡点在于媒体报道应当原则上"对事不对人"，即可以报道少年刑事案件的有关事实，但不可以报道涉案少年的个人身份信息。作为例外，为了"儿童福利之需要"的情形，如未成年被告人

---

① Elizabeth S. Scott, Laurence Steinberg, *Rethinking Juvenile Justice*, Harvard University Press Cambridge, Massachusetts London, England, 2008, p. 3.

被判无罪的——对此类案件的全面公开报道（包括其个人身份信息）有利于洗刷其业已在一定范围内造成的污名，符合少年法的基本原则，即“少年最佳利益原则”，符合少年法的根本宗旨，即“保护、促进少年健康成长”。另外，值得一提的是，基于少年法的基本原则和根本宗旨等原理，少年案件媒体报道禁止制度不应当局限于“刑事案件”“审判阶段”“未成年犯罪嫌疑人、被告人或犯罪人”，而应当及于所有少年案件的所有阶段的所有涉案少年，即凡有害于少年保护的，媒体报道皆应有上述的相应禁止。

（本文原载于《天中学刊》2015年第1期，系与梅文娟博士合作）

论少年特别隐私权

——一项源于刑事法领域的拓展研究

摘要：少年特别隐私权的概念亟待确立，其理论亟待深入系统的研究。与成年人隐私权相比，少年隐私权具有其显著的特别性。少年特别隐私权滥觞于刑事领域，有着儿童发展心理学、犯罪学和被害人学的理论依据，其重点强调对少年罪犯身份信息的保密，但并不止步于刑事，而是将不利于少年未来健康成长的身份信息皆纳入其保护范畴。少年特别隐私权与监护权、言论自由权之间存在着形式意义上的（非实质价值意义上的）矛盾冲突。少年最佳利益原则是确立少年特别隐私权边界、调适相关矛盾冲突的基准。我国相关法律规范存在欠缺，亟待弥合与消解，从而全面完善我国的相关制度。

关键词：少年特别隐私权；言论自由；监护；冲突；少年最佳利益原则

On Juvenile Special Privacy Right: An Extensional Study from Criminal Law Fields

Abstract: The juvenile special privacy right is a concept that should be established, deserving further systematic research. Comparing with the adult privacy right, it has striking features. The special privacy right of juveniles initiated from the criminal law fields, has its theoretical foundations in children's developmental phychology, criminology and victimology, emphasizing in juvenile offenders' personal informations confidentiality, but should not be confined in criminal events, and should include juveniles' personal informations that have unfavorable impact in the juveniles' future growing up in non-criminal events. The juvenile special privacy right conflicts with guardianship and speech freedom seemingly rather than substantially. The principle of best interests of children is a standard for establishing juvenile special privacy right and reconciling the conflicts concerned. Among the related Chinese laws, there are defects and conflicts need to be fulfilled or dissolved.

Keywords: Juvenile Special Privacy Right; Speech Freedom; Guardianship; Conflict; the Principle of Best Interests of Children

在少年刑事法律领域,涉及少年特别隐私权的法律规范久已有之,然而学界却对之鲜有关注,从而"少年特别隐私权"的概念至今也尚未见有人提及,其理论研究至今亦尚未见有人问津。

例如,16 岁的名人之子李某因打人事件和涉罪强奸行为引起了媒体以及民众的广泛、深入且热烈的关注,甚至国内权威的中央级媒体亦对其强奸事件予以了持续公开报道。"王子犯法与庶民同罪"的司法正义价值诉求、媒体推动民众舆论监督司法公正的实现、被害人的正义亟待伸张,云云。又道是,案中有案,其母申请公开审判以求公正……一时间,是是非非,好不热闹!然而,透过其喧嚣尘埃,一个关于"少年特别隐私权"的疑问隐约可见。有人指出:有关媒体的公开报道违反了《中华人民共和国未成年人保护法》(以下简称《未成年人保护法》)关于禁止公开未成年人犯罪身份信息(保护未成年人的一项特别隐私权)的规定。随之,又有人反驳道:"权贵"之子应另当别论,否则司法公正何以在当前实现?由此,问题成疑,"少年特别隐私权"的理论亟待深入细致的研究。

一、少年特别隐私权的基本含义

概念的明确界定是进行学术探讨的前提和基础。对少年特别隐私权的研究必要先明确"少年"和"隐私权"的概念,进而探讨何为"少年特别隐私权"。

(一)少年的概念

"少年"(juveniles)即指年少之人,是中外法学界的通用概念,通常指未满

18 周岁者。[①] 我国立法常用“未成年人”(minors)这一概念,与“成年人”的概念相对,指未满 18 周岁者。而在某些国际法律文件以及学界的相关理论著述中,“儿童”(children)的概念常被大体用以指未满 18 周岁者,如联合国《儿童权利公约》[②]第 1 条规定,“本公约所称之儿童,系指所有未满十八岁以下之人。然而适用于儿童之法律中,规定在十八岁以前就成为成年者不在此限”。本文为行文方便,三概念通用。

(二)隐私权的概念

1. 隐私权概念的缘起

一般认为,“隐私权”概念的确立始于 1890 年美国著名学者布兰迪斯和沃伦在《哈佛法律评论》上发表的一篇名为《隐私权》(*The Right to Privacy*)的文章。该文正式提出并阐明“隐私权”为“个人不受干扰的权利”。此法学概念的提出有其特殊的时代背景。19 世纪末的美国面临工业社会的发展和科学技术的进步,公众对资讯的需求有着膨胀式的发展和前所未有的物质基础。为了迎合公众的需求并争夺读者,报纸业的“触角”不断地伸向私人生活领域,尤其是名流的私人生活成为报纸业广为关注和报道的重要内容。当时,被统称为软新闻(soft news)的新闻内容严重影响了私人生活。于是,在各界人士对于报纸业行为的批判声中,“隐私权”概念应运而生。经过一系列的司法判例确立了隐私权在美国法律体系中的地位后,这一概念逐渐被国际社会所认可,如《世界人权宣言》《欧洲人权公约》等均明确了隐私权作为人类基本权利的地位。

2. 隐私权概念的内涵

自隐私权概念提出后 100 多年的时间里,社会生活的发展变化不断更新着隐私的内涵,并造成了法学界对隐私权概念的争议。其中的几种典型争议观点包括:一是不受打扰的权利;二是对他人接近自我的限制;三是秘密,即一个人希望对他人隐藏过去、限制的经验和行为以及将来打算的某些信息的结果;四是对个人信息的控制;五是对人格权的保护;六是私密,即通过隐私来维持

① 也有些法域对这一年龄界限的规定有所差异,如指未满 17 周岁者,或未满 21 周岁者。

② 至今有 192 个国家签署与批准,我国也是签约国之一。

人们之间的亲密关系。① 我国学者对于隐私权的界定也呈现了百家争鸣之态,但较多认可隐私权是指个人对其私领域的自主权利,包括空间隐私和信息隐私。②

(三)少年特别隐私权及其特别性

少年特别隐私权,或少年隐私特权,是指少年区别于成年人的隐私权,即成年人所不能享有的相关隐私特权。其可以包括少年个人的空间隐私和信息隐私两方面的内容。与一般隐私权共通的是,少年特别隐私权也具有显著的身份识别性。展言之,就空间隐私方面而言,个人隐私权是与具体个人的生活空间相联系的,具有显著的身份识别性;就信息隐私方面而言,个人隐私权是"对人不对事"的,即并不禁止相关事情信息的公开传播,但禁止对相应当事人的具体身份信息的不当传播。

值得特别注意的是,与成年人隐私权相比,少年隐私权具有其显著的特别性。

1. 少年隐私权的特别性之一——受监护权制约之限缩

我国民事法律虽然规定了公民享有平等的民事权利,但是少年心智发育的特殊阶段导致了少年不具备完全民事行为能力的客观事实。为了弥补这一行为能力的不足,保证少年民事权利的有效实现,各国规定了监护制度,以赋予监护人对少年之惩戒权、教育权等兼具义务属性的权利,从而对少年民事行为能力的缺失予以补救。

在监护人面前,少年不能享有如同一般成年人的完全的空间隐私和个人信息方面的隐私,比如父母有权了解其子女学习和生活情况的细节等,包括少女怀孕、心理疾病、隐性生理缺陷等。而一般成年人个人生活的相关不利细节,在不涉及保护公共利益需求时,往往可成立为隐私,而不容许他人窥探。因而,在与监护权具有矛盾冲突时,少年隐私权会受到特别的限缩。这是少年

① 参见向燕:《刑事侦查中隐私权领域的界定》,中国政法大学出版社2011年版,第80~86页。

② 参见王泽鉴:《人格权的具体化及其保护范围·隐私权篇》(中),载《比较法研究》2009年第1期。

隐私权的特别性的一个方面,是成年人隐私权所不具备的。但相对而言,这方面并非目前少年隐私权保护的突出问题,亦非本文的重点。

2. 少年隐私权的特别性之二——对言论自由抗制之扩张

言论自由主要体现在公众对相关信息和新闻媒体对涉及公共利益的公共信息的自由传播与获取。实践中,司法机关通常会以通过新闻媒体曝光某起刑事案件的方式树立司法机关的公正形象,而新闻媒体也可以通过对刑事案件的报道满足公众知情权,并发挥其司法监督的传媒价值,兼而达到法治宣传的效果。然而,新闻媒体对少年罪犯身份等不利信息的公开报道,必然会给少年的身心成长带来不容小觑的不利影响。这种负面"晕轮效应"①对少年成长的不利影响在儿童发展心理学上几乎没有争议,属于常识。因而,作为宪法基本权利的言论自由须在少年特别隐私权面前有所让步。换言之,在与言论自由的平衡中,较之成年人的隐私权,少年隐私权应有显著的扩张。是为少年隐私权特别性的另一方面。

笔者认为,抗制言论自由的少年特别隐私权可以涵盖以下两个方面的不利身份信息:

其一,少年犯罪、违法的身份信息。一方面,对于少年犯罪身份信息的公开报道,通常有法律的明文禁止规定。如我国2012年《未成年人保护法》第58条规定:"对未成年人犯罪案件,新闻报道、影视节目、公开出版物、网络等不得披露该未成年人的姓名、住所、照片、图像以及可能推断出该未成年人的资料。"我国2012年《中华人民共和国预防未成年人犯罪法》(以下简称《预防未成年人犯罪法》)亦有与此几乎同样的明文规定。另一方面,对于少年违法身份信息的公开报道,通常亦有法律的明文禁止。其理由类同于少年犯罪身份信息的公开报道禁止。如我国台湾地区"少年事件处理法"第83条规定:"任

① "晕轮效应"(The Halo Effect),是指人们对他人的认知判断首先是根据个人的好恶得出的,然后再从这个判断推论出认知对象的其他品质的现象。如果认知对象被标明是"好"的,他就会被"好"的光圈笼罩着,并被赋予一切好的品质;如果认知对象被标明是"坏"的,他就会被"坏"的光圈笼罩着,他所有的品质都会被认为是坏的。这种强烈知觉的品质或特点就像月亮形式的光环一样向周围弥漫、扩散,从而掩盖了其他品质或特点,所以"晕轮效应"又被形象地称为"光环效应"。

何人不得于媒体、信息或以其他公示方式揭示有关少年保护事件或少年刑事案件之记事或照片,使阅者由该项资料足以知悉其人为该保护事件受调查、审理之少年或该刑事案件之被告。"①该规定将"保护事件受调查、审理之少年"和"刑事案件之被告"的身份信息皆同等纳入了禁止公开报道之列。

其二,少年被害的身份信息。一方面,少年作为刑事案件被害人的身份信息。尤其是猥亵儿童、强奸(奸淫幼女)、嫖宿幼女等罪行的犯罪对象均为不满14周岁的幼童,其被害经历必然会对少年被害人造成心理上的创伤,并可能会伴其终生,暴露其被害身份信息无疑是重大的"二次伤害"。此类少年的具体身份信息决然应当被纳入少年特别隐私权的保护范围,以尽量减小其对少年刑事被害人未来成长所带来的重大不利影响。另一方面,其他法律关系中对少年具有显著不利影响的该少年的身份信息,如父母离异、近亲属的犯罪记录、被学校开除或劝退等易于遭到生活环境"负面标签化"的信息。在实践中,这方面的身份信息主要涉及民事法律关系(尤其是婚姻家庭范围的)。其家庭结构的完整与否及家庭成员的社会评价的优劣常常会影响一个少年的健康成长。父母离婚对子女所造成的伤害几乎是每起离婚事件中双方必然会考虑的"行为成本",而子女往往是最无辜的"被害人"。同时,其近亲属犯罪往往会给少年带来某种负面社会评价和心理负担,不利于其成长。因此,应当免除少年向作为其成长时期关键环境提供者诸如学校、社区等报告此类信息的义务。或者说,应当禁止学校或社区对少年此类信息的登记或传播,并避免学校或社区因少年不同的家庭背景对其进行有选择性的环境提供。② 进而,国家法律应当基于对少年健康成长的特别保护以及"少年最佳利益原则"的价值诉求,将少年的此类不利身份信息列入少年特别隐私权的保护范畴,禁止其公开传播。

二、少年特别隐私权的理论依据

通过学术史角度的考察,笔者发现,少年特别隐私权滥觞于刑事法律制

① 陈慈幸、蔡孟凌:《少年事件处理法——学理与实务》,台北,元照出版有限公司2010年版,第275页。

② 此种环境提供包括社区里的邻居、学校的老师和同学等基于与少年的日常生活所接触向少年提供的环境,包括相关人员对少年日常的态度、交往的方式等形成的软环境。

度，有着儿童发展心理学、犯罪学和被害人学的理论依据。制度之初，少年特别隐私权重点强调对少年罪犯身份信息的保密。然而，随着人们认识以及相关制度的演进，少年特别隐私权并没有止步于刑事，而是进而将所有不利于少年未来健康成长的身份信息皆纳入其保护范畴。

（一）儿童发展心理学依据[①]：保障少年健康成长

可以说，保护和促进少年未来健康成长是少年特别隐私权的宗旨所在。

……成长，是一个学会自由地抉择我们生活道路的过程。然而，学会自由抉择的唯一道路，即自由抉择以及承受相关抉择后果的亲身体验。这一践习阶段集中于现代的青春期，该时期中，相关的特权逐步延展。缺乏经验的年轻人在作决定的过程中，会犯下更多的错误，这是不可避免的结果。这些是在一个自由社会中成长的必要风险。……怎样的对策能够令谴责错误行为的需要和提供正常成长机会的利益协调一致？正如少年法院的发展是与现代青春期的出现相联系的，任何关于处理越轨少年的合理理论都应当从关于少年发展的法律政策的一般原则中获得教益。[②]

少年特别隐私权是一种赋予少年的特权（privilege）。此种特权的赋予乃是基于少年的特殊性。从儿童发展心理学的角度看，其特殊性体现为从儿童期向成年期过渡的重要时期的特殊情状。尤其是青春期，少年在各方面均有急速的变化，例如在智力、情绪、人格、社会等方面，他们开始尝试所看到的"成年人"的行为。例如抽烟、饮酒、性、驾驶及工作。他们的这些尝试或"践习"是通向成熟和健康成长的必由之路，是一种本能的嗜好，同时也必然是问题迭生的，且需要成年监护人的理性干预和引导。所以，我们的法律策略必然只能是：一方面鼓励并保障其自由发展的空间，尊重其人格独立性（包括在适当平

① 儿童发展心理学所定义的"儿童"通常是指25岁以下者，涵括了通常概念下的"少年"，而非我国相关法律通常所指的未满14周岁者。

② ［美］富兰克林·E. 齐姆林：《美国少年司法》，高维俭译，中国人民公安大学出版社2010年版，第29页。

衡监护权的前提下,尊重其个人的空间隐私权及个人事务的自决权);另一方面通过诸多特权(包括少年特别隐私权,尤其是上述不利身份信息的不公开)的赋予来对其予以特别的保护,来对其成长的特别重要的过渡时期予以“保驾护航”。

(二)犯罪学依据:避免“不良标签”的伤害,保证平等发展机会

犯罪学中的“标签理论”认为,“一个人之所以成为犯罪人,往往系由于家庭中之父母、学校的教师、警察机关、司法机关以及矫治机构,在处理个人之偏差或违法行为时,对行为人加上了坏的标签,如坏孩子、败家子、问题学生、不良少年、犯罪人、受刑人、前科者等之烙印,不但致使行为人自己在不自觉中修正自我印象,确认自己为坏人,还使社会对其予以不良之评价、歧视及排斥等,使偏差行为者陷入更严重的偏差行为,越陷越深”①。

人是环境的产物,不良的社会标签对人具有不良的心理暗示和社会压力,这一观点大体可以成为一种心理学和社会学的常识。对于身心稚嫩、理解力、意志控制力较为薄弱的少年而言,外在的社会负面评价可能会对其造成更严重的伤害。漠视一个少年犯的正当权益,未来往往会多一个成年犯,从而造成无数个支离破碎的家庭与无数个不可知的被害人,所以对少年事件之审慎处理,是以最小的投资实现最大灾害的避免。② 从法律对策层面上看,我们应当尽可能避免犯错的少年在再社会化的过程中,在就业、交友、择偶等方面受到“不良标签”的伤害,为其未来的发展保有平等的机会。如此,既有利于少年,又有利于社会。

(三)被害人学依据:避免“二次被害”与“恶逆变”

被害人学的研究成果表明:社会纠纷和法律纠纷中的被害人需要特别的保护,否则,在相关事件的处理过程当中及前后,其一方面可能遭受“二次被害”,如性犯罪被害人的身份信息公开可能对其造成巨大的心理压力和负面社会评价;另一方面其甚至会发生“恶逆变”,即由被害人蜕变为加害人,如出于

---

① 张甘妹:《犯罪学》,台北,汉林出版社1983年版,第32页。

② 参见黄惠婷、沈世鸿:《保护思潮下的少年事件保密原则》,载《台湾刑事法杂志》第56卷第1期。

报复心理而实施加害行为。

对于身心稚嫩的少年而言,这种“二次被害”和“恶逆变”的可能性就更为显著了。因而,对其被害的不利身份信息予以特别的隐私权保护,也就成为相关法律对策中不可或缺的一环。

三、少年特别隐私权的外在冲突及其调适

如前文论所述,少年特别隐私权的界定中存在两个面向的权利冲突,即其与监护权、言论自由权之间的外在冲突。正是在这两个面向的冲突中,少年隐私权的特别性获得了其显著的存在感。

(一)监护权与少年特别隐私权之冲突与调适

少年成长期(尤其是青春期)是既向往独立又无法避免依赖、渴望关爱的阶段。在此阶段,对父母监护的需求和对个体隐私权的维护是一对天生的矛盾统一体。因而,有必要明确少年特别隐私权的限制基准,并调适其监护权与隐私权的冲突。

1. 少年特别隐私权的限制基准:少年最佳利益原则

少年作为拥有独立人格的主体,任何权利都不得绝对地剥夺该主体权利。监护权的实现应当以尊重少年人格为基础,应当以少年最佳利益原则为基准。

在农业社会中,孩子主要被视为家庭或家族的成员。而在现代社会中,孩子更大程度上被视为未来的社会公民,其人格的独立性也受到了更大的重视和法律的确认。少年监护权的正当化理由主要在于其有利于少年的利益,即应当奉行少年最佳利益原则,而非有利于监护人的利益,任意秉承监护人的意志。在现代社会中,少年监护权的基本意义即在于对少年予以监管和保护。而少年特别隐私权的基本意义在于对少年成长发展的特别保护。二者的意旨是一致的,并无内在实质的矛盾冲突。

在监护权对少年隐私权予以限制的同时,少年隐私权也对监护权予以了限制。这种相互限制的基准是一致的,即保护少年健康成长,也即少年最佳利益原则。

2. 监护权对隐私权侵犯的救济

缺乏适当救济措施的权利是难以确保实现的。基于传统文化和子女对监护人经济上和心理上的依赖，父母等监护人往往认为其对子女具有绝对的教育权和管理权，而无视子女的独立人格，从而造成了少年在监护权面前的显著弱势地位。现实中，监护人任意侵犯少年的隐私权，不尊重少年自决权的情况时有发生。对监护人的不当监护行为已经给少年造成困扰的，比如监护人任意翻看少年的私人日记、偷听其电话等，应当赋予被监护人向儿童保护组织投诉或控告其监护人的法律救济权利。在具体制裁措施上，可以考虑由儿童保护组织对其父母进行规劝、帮助和引导，并可要求其监护人参加必要的培训，学习并掌握作为监护人的知识和技能。

（二）言论自由与少年特别隐私权之冲突及调适

“日新月异的资讯科技与生物科技，一方面，固然带给了我们相当的便利，对文明的进步与知识的提升、人类的生命与健康，均有绝大的助益；但另一方面，也提供了侵犯个人隐私的利器。”①信息化时代，我们摄取信息绝大部分通过新闻、网络媒介等方式实现。不容忽视的是，任何时代，社会正义、精神事业的兴衰都与传媒的发展有着密切的联系，而言论自由又是民主政治之基石。然而，权利往往是有其边界的。在与少年特别隐私权（少年特别保护）的重大法律价值的冲突时，言论自由应有所止步。

1. 言论自由与少年隐私权的冲突

言论自由是各国宪法所确认的一项基本权利。各国在言论自由的边界上多有在少年特别隐私权问题上的限制，但在两方面价值冲突的具体权衡中，一些国家的司法实践中颇存争议，其典型者如美国。

美国联邦最高法院在高尔特案件中注解道：我们常说少年得到了免予公开其偏差行为的程序保护……这是法律的策略，“将少年的错误掩藏于公众的充分注视之外，并将其埋葬于被人遗忘的坟墓中”。然而，这种保密要求言过其实。在大多数司法管辖区中，（少年）法院记录的公开取决于法官的自由裁量。成文法的限制规定几乎总是仅仅适用于法院的档案，且即便对此，也有证

① 林子仪：《资讯与生物科技时代的隐私权难题》，载［美］爱伦·爱德曼、卡洛琳·肯尼迪：《隐私的权利》，吴懿婷译，商周出版社 2007 年版。

据表明许多法院也常常向联邦调查局(FBI)和军队提供相关的信息,并应政府机构甚或私人雇主的要求向其提供相关信息。警方档案具有更加重要的意义。在大多数州中,警方保留了完整的少年与"警方接触"的档案,且警方对公开少年档案具有完全的自决权。

在"合众国诉霍尔"[United States v. Hall, 452 F. Supp. 1008 (S. D. N. Y. 1977)]一案中,法院评注道:《联邦少年矫正法》(the Federal Youth Corrections Act),如同少年法院那样,具有这样一种目标,即"对这个国家的第一次犯错误的少年予以康复矫治,可以说……犯罪记录的恶害是众所周知的。被判有罪者永远被标定为不值得信任的社会成员。他们的就业前景永远大打折扣;他们常常是被怀疑和不信任的对象……(其记录的封存或消除可以确保)该被告人不再有犯罪'记录',且其可以在没有犯罪污点的情况下重新开始其新的生活"。然而,在"合众国诉约翰逊"[United States v. Johnson, 28 F. 3d 151 (D. C. Cir. 1994)]一案中,法院告诫道,"当昨日的少年越轨者成为了今天的成年犯罪者,那么社会之前的宽容的背后理由便消失了"。①

虽然美国是隐私权概念的起源国,但其对言论自由(包括公众知情权等方面)的特别倚重,导致了其在少年特别隐私权保护方面的某种游离态度。而德国和日本则均明确将个人的犯罪记录、被害人信息等可能会影响个体再社会化及被害人生活环境的隐私保护作为对抗言论自由的原因力。②

2. 冲突的调适:少年最佳利益原则的进一步发现

细细品味,言论自由权与少年特别隐私权之间的冲突是相当复杂的。一方面,言论自由权倚重于社会利益,强调言论、新闻等信息的自由传播,强调公众的知情权,在司法领域则强调对司法的监督价值;另一方面,少年特别隐私权则倚重于少年利益,主张对少年的不利身份信息予以保密(不让公众知悉其

---

① Barry C. Feld, *Juvenile Justice Administration*, Second Edition, Thonson/Reuters, 2009, p. 142 - 143.

② 参见王泽鉴:《人格权的具体化及其保护范围·隐私权篇》(下),载《比较法研究》2009年第2期。

不利身份信息),强调对少年未来健康成长的特别保护。如前所述,少年特别隐私权与监护权之间的冲突对立性不强,即二者在少年最佳利益原则的价值诉求上有着显著的一致性。而在少年特别隐私权与言论自由权之间的冲突中,其冲突的对立性较为显著,即前者倚重于少年利益,后者倚重于社会利益,二者之间不存在一目了然的一致性。

然而,进一步研究可以发现:言论自由权所倚重的社会利益和少年特别隐私权所倚重的少年利益之间并非截然对立,而是具有内在一致性,其冲突的调适是可以找到合理平衡点的。首先,从理念层面看,少年即社会的未来,少年利益即社会利益的一种至关重要的组成部分。申言之,少年的最佳利益也就是社会的最佳利益,二者具有内在的一致性,尽管其一致性不是那么一目了然。因而可以说,少年最佳利益原则①可以成为二者冲突调适的基准。其次,从技术层面看,少年特别隐私权所诉求的保密范围仅限于相关少年的不利身份信息,而不及于相关案件或事件的其他事实信息,从而最大限度地保障了言论自由权利及其对司法的监督效能。因而,将少年特别隐私权的范围限定于相关少年的不良身份信息,即在技术上找准了二者冲突调适的平衡点。

言论自由(新闻自由)具有对司法公正的监督价值。少年特别隐私权的相关限制是否会导致其监督价值的不当减损以及司法腐败可能性的不当增大?笔者认为,不然。因为即使不公开审理,不公开相关少年的身份信息,一方面,案件事实也还是那些案件事实,判决结果也仍然须公开,只是隐去了具体的少年身份信息而已——只不过,这将会是一种“只对事不对人”的新闻监督,客观

① 关于“少年最佳利益原则”,应当有一个合理的理解和把握,即我们应尽量保全少年的利益,但前提是不能姑息和纵容,否则就不符合其真正的利益,因为姑息和纵容无疑是恶害。同时,令其承担应有的责任,包括承担刑事责任,令其接受适当的惩罚,也是符合其真正利益的。——笔者注

上同样能够达到“同案同判”及其合法性的法律监督效果[①]；另一方面，其司法诉讼程序中，仍然须遵守刑事诉讼法的程序性规定，有控辩审三方在场实施的诉讼博弈过程，其公正性仍有合理的程序保障。

四、我国少年特别隐私权法律规范的内在冲突及其消解

目前，我国关于少年特别隐私权的法律规范呈现一种纷乱的局面，诸多相关法律规范之间存在显著的内在冲突。为保障少年特别隐私权在我国的实现，有必要对这些冲突予以一一消解。

我国关于少年特别隐私权的法律规范大体可以分为两类，即相关的国际法和国内法。由此，相关法律规范的冲突也可以分为两类，即相关国内法之间的冲突以及相关国内法与国际法之间的冲突。

（一）相关国内法之间的冲突及其消解

我国的未成年人刑事政策秉持“教育为主、惩罚为辅”的原则和“教育、感化、挽救”的方针，坚持惩罚的宽宥，注重教育矫治，倡导帮助未成年人罪犯复归社会的目的。该刑事政策也是我国传统恤幼思想与现代法治精神的一种结合及体现。但这一思想并没能系统地内化于相关法律规范之间，从而导致了至少以下几个方面的内在冲突。

1. 未成年人刑事不公开审理年龄时点规定与未成年犯身份信息不公开制度之间的冲突及其消解

2012 年《中华人民共和国刑事诉讼法》（以下简称《刑事诉讼法》）第 274 条第 1 句规定：“审判的时候被告人不满十八周岁的案件，不公开审理。”由此可见，我国未成年人刑事不公开审理制度所确定的年龄时点为“审判时”（审理时），而非“行为时”（受指控的行为实施时）。也就是说，某人实施被指控为犯

---

① 除了对少年的特别保护价值之外，这种“只对事不对人”的法律监督或许还能减少“未经法院依法审判，媒体舆论先行定罪”现象的发生。该现象可能缘于媒体猎取新闻噱头的功利意图。在现实中，某些媒体常常会利用“仇富、仇官”的民众心理对事件加以渲染，加诸当事一方的配合参与，对当事另一方贴上敏感身份的标签，从而制造一种“先行定罪”的舆论预判。笔者认为，这种现象背后有着非常错综复杂的社会原因，很难简单地评价其是非。就法治理性的角度而言，这种舆论先行定罪的现象是值得研究和斟酌的。但可以确定的是，媒体应当更多地注重公益性，注重对公众舆论的理性引导，而非以功利性为导向，专注于对新闻噱头的激情渲染。

罪的行为时为未成年人，而接受法院审理时成年者，则该人应当被公开审理，因为公开审判是一般原则。公开审理即意味着公众可以不受限制地旁听，媒体可以公开报道包括未成年人姓名、住所等个人身份信息在内的所有信息（涉及国家秘密、商业秘密和一般个人隐私的除外）。其必然后果是，在未成年时实施了受刑事指控的（包括最终被判定为犯罪的）行为的人，其身份信息可能被完全公开。

然而，2012 年《中华人民共和国未成年人保护法》（以下简称《未成年人保护法》）第 58 条规定："对未成年人犯罪案件，新闻报道、影视节目、公开出版物、网络等不得披露该未成年人的姓名、住所、照片、图像以及可能推断出该未成年人的资料。"2012 年《中华人民共和国预防未成年人犯罪法》（以下简称《预防未成年人犯罪法》）亦有与此几乎一样的明文规定。这两个法律规范实际上确认了我国的未成年犯身份信息不公开制度，即禁止公开未成年犯的个人身份信息。毫无疑问，此处的"未成年犯"当然是指实施犯罪"行为时"的未成年者。若非如此，难道待其成年后，我们就可以公开其未成年时犯罪的身份信息吗？

由此可见，我国《刑事诉讼法》所规定的未成年人刑事不公开审理年龄时点与我国《未成年人保护法》和《预防未成年人犯罪法》所规定的未成年犯身份信息不公开制度之间，存在显著的矛盾冲突。具言之，即根据前者的年龄时点规定，行为时未成年而审理时成年者，其身份信息势必会被公开，但这种公开显然违背了后者规定的未成年犯身份信息不公开制度。

关于该冲突的消解，以合理地保护我国少年的特别隐私权，笔者认为，可从如下两个层面来进行：其一，在司法层面上，可以通过法律的体系性解释来消解该冲突。《刑事诉讼法》的规定为一般法，《未成年人保护法》和《预防未成年人犯罪法》的规定为特别法。特别法优于一般法。也就是说，在两者冲突的法律规范的解释适用时，应当遵从《未成年人保护法》和《预防未成年人犯罪法》的规定。具言之，即行为时未成年而审理时成年者，其刑事案件的审理仍然不得公开进行，否则便违反了特别法的规定。由此，该冲突可以获得司法层面上的消解。其二，在立法层面上，应当将《刑事诉讼法》相应规定修改为"行为时被告人不满十八周岁的案件,不公开审理”。由此,该冲突可以获得立法层面上的消解。[①]

2. 刑事公开宣判制度与未成年人刑事不公开审理制度、未成年人犯罪记录封存、未成年人犯罪身份信息不公开制度之间的冲突及其消解

2012 年《刑事诉讼法》第 196 条第 1 款规定:“宣告判决,一律公开进行。”该规定所确立的刑事公开宣判制度,其要旨在于司法公开,接受社会公众的监督。直接解读该规定,恐怕会难以避免地得出一个初步结论,即对于处于不公开审理制度秘密保护状态下的未成年人身份信息,在公开宣判中,可能顷刻间暴露无遗。[②] 这显然与未成年人刑事不公开审理制度的价值诉求之间存在矛盾冲突。

不仅如此,2012 年《刑事诉讼法》第 275 条第 1 款规定:“犯罪的时候不满十八周岁,被判处五年有期徒刑以下刑罚的,应当对相关犯罪记录予以封存。”该规定所确立的未成年人犯罪记录封存制度、上述的《未成年人保护法》和《预防未成年人犯罪法》所确立的未成年犯身份信息不公开制度,以及未成年人刑事不公开审理制度,尽皆指向本文所论的少年特别隐私权的保护,即未成年时犯罪的身份信息是不得公开的,是应当受到少年特别隐私权的秘密保护的。显然,若在公开宣判制度下公开未成年犯的身份信息,则截然违背了上述三项制度的内在精神与价值诉求。由此可见,其内在的矛盾冲突是存在的。

关于该冲突的消解,以合理地保护我国少年的特别隐私权,笔者认为,亦可从以下两个层面来进行探索:

其一,在司法层面上,可以通过法律的体系性解释和实质性解释来消解该冲突。首先,应当确认《刑事诉讼法》所确立的公开宣判制度与未成年人刑事不公开审理制度、未成年人犯罪记录封存制度以及《未成年人保护法》和《预防未成年人犯罪法》所确立的未成年犯身份信息不公开制度之间存在体系上的

① 关于该项立法的批判性见解,参见高维俭、梅文娟:《未成年人刑事案件不公开审理:“审理时”抑或“行为时”?——对〈对刑事诉讼法修正案〉中一个持续谬误的纠偏探讨》,载《西南政法大学学报》2012 年第 6 期。

② 依此逻辑,涉及国家秘密、商业秘密和一般个人隐私的案件也同样会面临该问题。在当前的互联网时代,尤其如此。

冲突,而就体系解释的角度而言,应当优先考虑《未成年人保护法》和《预防未成年人犯罪法》的规定,即不得公开未成年犯的身份信息;其次,应当在技术上平衡相应的价值冲突,即在公开宣判制度的司法公开价值诉求和上述三种制度的少年特别隐私权价值诉求之间寻求一个合理的平衡点,即在不公开未成年犯身份信息的前提下,公开宣判相关案件除此之外的依法可以公开的所有信息。如此,相应冲突可以获得司法层面上的消解。

其二,在立法层面上,应当将《刑事诉讼法》相应规定修改为,"宣告判决,一律公开进行。但涉及国家秘密、商业秘密、个人隐私以及不利于涉案未成年人未来成长的身份信息的,应当在依法隐去相关信息的前提下,公开宣判"。由此,该冲突可以获得立法层面的消解。

3. 未成年人犯罪记录封存及前科报告义务免除的限制性规定与未成年人犯罪身份信息不公开制度之间的冲突

《中华人民共和国刑法》(以下简称《刑法》)第 100 条规定:"依法受过刑事处罚的人,在入伍、就业的时候,应当如实向有关单位报告自己曾受过刑事处罚,不得隐瞒。犯罪的时候不满十八周岁被判处五年有期徒刑以下刑罚的人,免除前款规定的报告义务。"此为我国的未成年人犯罪前科报告义务免除制度。同时,2012 年《刑事诉讼法》第 275 条第 1 款规定:"犯罪的时候不满十八周岁,被判处五年有期徒刑以下刑罚的,应当对相关犯罪记录予以封存。"此为我国的未成年人犯罪记录封存制度。大体来看,这两项制度与《未成年人保护法》和《预防未成年人犯罪法》所确立的未成年犯身份信息不公开制度在内在精神和价值诉求上是一致的,即保护少年的特别隐私权。

然而,我们不难注意到这两项制度之间的一个共同的限制性规定,即"五年有期徒刑以下刑罚"的限制。申言之,只有被判处 5 年有期徒刑以下刑罚的未成年犯方能享有犯罪前科报告义务免除和犯罪记录封存的特权,其余的未成年犯皆得报告其犯罪前科,且其犯罪记录不得封存。稍加分析,我们不难发现,这种限制性的规定与《未成年人保护法》和《预防未成年人犯罪法》所确立的未成年犯身份信息不公开制度之间存在着实质冲突。展言之,一方面,未成年犯身份信息不公开制度的规定涵盖了所有的未成年犯,而非限于"被判处五年有期徒刑以下刑罚的”，即该制度禁止公开所有未成年犯的身份信息；另一方面，根据上述限制性规定，被判处超过5年有期徒刑刑罚的未成年犯皆得报告其犯罪前科，且其犯罪记录不得封存。而“报告其犯罪前科”即意味着在法律禁止（他人）公开其未成年犯身份信息的情况下，令其自己暴露其未成年犯身份信息，这显然有悖常情、常理；且“其犯罪记录不得封存”即意味着其未成年犯身份信息应当公开——基于司法信息公开的原理和公众的知情权（法律无禁止，即为自由领域），或者至少是可以公开，或者说掌握相关信息的机构和个人可以协助媒体予以公开。至此，我们已经不难发现上述限制性规定与未成年犯身份信息不公开制度之间的内在价值冲突。

关于该冲突的消解，以合理地保护我国少年的特别隐私权，笔者认为，亦可从如下两个层面来进行探索：其一，在司法层面上，可以通过法律的体系性解释和实质性解释来消解该冲突。同理，确立未成年犯身份信息不公开制度的《未成年人保护法》和《预防未成年人犯罪法》为特别法，优先适用，故上述《刑法》第100条和2012年《刑事诉讼法》第275条的规定应当遵从此特别法和优先法。具言之，被判处超过5年有期徒刑刑罚的未成年犯仍可得不公开其身份信息，其犯罪记录中的未成年犯身份信息仍不得公开，且任何单位和个人不得查询，除非有法律的特别规定。如此，相应冲突可以获得司法层面上的消解。其二，在立法层面上，应当删除上述的关于“被判处五年有期徒刑以下刑罚的”规定，即令我国的未成年人犯罪前科报告义务免除制度和未成年人犯罪记录封存制度涵盖所有的未成年犯，从而与未成年犯身份信息不公开制度衔接一致，并从而完善我国的少年特别隐私权制度。

（二）相关国内法与国际法之间的冲突及其消解

少年司法领域中的重要的国际法规范莫过于《联合国少年司法最低限度标准规则》（北京规则）。我国是该规则的重要成员国。该规则的制定与施行虽然在1985年，但其重要的指导意义仍然十分显著。单就其关于少年特别隐私权的规定而言，其完备性和经典性依旧跃然纸上。

首先，该规则第8条规定，“保护隐私：8.1　在所有阶段，少年隐私权应得到尊重，以避免不当宣传或标签化而对其造成的伤害。8.2　原则上，不得公开可能导致某少年违法犯罪者的身份被识别的信息”。

紧接着,该规则第8条之“说明”注解,“规则8强调少年隐私权保护的重要性。青少年特别易受污名化的影响。关于标签化的犯罪学研究已经证明了少年‘越轨者’或‘犯罪者’的永久身份识别所造成的(各种不同的)有害影响。规则8还强调保护少年免受大众媒体关于案件信息(例如少年违法犯罪者的姓名,被指控或被判有罪)公开宣传报道所造成的负面影响的重要性。其个人利益应当获得保护和支持,至少在原则上应如此(规则8的大体性内容在规则第21条中将做进一步的规定)”。

其次,该规则第21条进一步规定,“档案:21.1　对少年违法犯罪者的档案应严格保密,并不得向第三方开放。可得获取此档案者,应仅限于直接处理在办案件的人员或其他经正式授权的人员。21.2　少年违法犯罪者的档案不得日后在针对该人的成年人刑事案件诉讼中加以采用”。

之后,该规则第21条之“说明”注解,“本条规则试图达成与档案或案卷相关联的几方冲突利益之间的平衡,即着眼于加强社会控制的警方、检方和其他权力机构的利益与少年违法犯罪者的利益。(并参看第8条)‘其他经正式授权的人员’中的‘其他人员’一般包括研究人员”。

在探讨相关国内法与国际法之间的冲突问题前,应当首先明确和认可一个基本的国际法准则,即“国际条约的缔约方必须遵守该条约”。对照国内法的相关规定,我们不难发现,其与上述国际法之间的差池或冲突至少包括以下几个方面:

1.少年特别隐私权涵盖范围问题上的差池及其弥合

从上述《联合国少年司法最低限度标准规则》(北京规则)第8条的规定来看,其少年特别隐私权的涵盖范围及于(少年司法的)“所有阶段”。一方面,“少年司法”即少年案件的处理,并不限于少年刑事案件,还包括少年的民事、行政和其他非犯罪的越轨案件;另一方面,从该条规定的文义来看,其中的“少年”并不限于少年违法犯罪者,应当还涵盖少年被害者、少年证人以及其他涉案少年。由此可见,《联合国少年司法最低限度标准规则》(北京规则)关于少年特别隐私权的保护是及于少年司法领域全局的。

如前文所述，我国国内法所规定的少年特别隐私权的涵盖范围仅及于少年（或未成年人）刑事案件，而且我国刑法定义的犯罪概念小于德、日、英、美等诸多国家的刑法定义的犯罪概念，即我国刑事案件的范围大体只相当于这些国家刑事案件中的重罪部分。

为完善我国对少年特别隐私权的法律保护，笔者认为，相关举措可分两个层面进行：其一，在司法层面上，可以考虑将《联合国少年司法最低限度标准规则》（北京规则）第8条的规定作为司法援引的法律规范，从而弥合相关国内法的不足。其二，在立法层面上，尽快将《联合国少年司法最低限度标准规则》（北京规则）第8条的相关规定吸纳为国内少年法的规范，即规定在所有涉及未成年人案件处理的所有阶段，凡不利于涉案未成年人未来健康成长的身份信息，皆不得公开。①

2. 少年违法犯罪者范围问题上的冲突及其消解

一方面，“juvenile offenders”（少年违法犯罪者）②一词反复出现在《联合国少年司法最低限度标准规则》（北京规则）的相关规定中，根据分析，其为《联合国少年司法最低限度标准规则》（北京规则）在刑事案件领域中的少年特别隐私权保护的重点对象。如前所述，我国相关国内法的对象仅限于“未成年犯”（少年犯罪者），而不包括少年治安违法者（哪怕是严重的少年治安违法者，如被收容教养者）。然而，鉴于避免污点标签化的价值诉求，后者亦同样迫切需要少年特别隐私权的保护。同理，这一冲突可以从司法和立法两个层面上予以消解。

另一方面，关于未成年犯（少年犯）的特别隐私权保护，《联合国少年司法

① 在少年司法的视域中，这一规定大体可算完备。但放眼于整个少年法领域，该规定仍不够完备，即少年特别隐私权的保护不应当止步于“少年司法”（少年案件的处理）领域，而应当扩展至少年生活的所有法律领域，即使问题还不成其为少年案件。其完备的规定可以是：未成年人的隐私应当得到包括监护人、教师在内的所有人的充分尊重，以逐步养成其独立人格，并促进其健康成长。凡关涉某未成年人的社会事件、司法案件，如公开该未成年人的具体身份信息不利于其未来健康成长，任何单位和个人皆不得公开传播此不利身份信息。违者，依法追究其侵权责任。

② 诸多法律译文将“juvenile offenders”译为“少年犯”，但笔者认为该译法有所不妥，即在我国法律语境中，“少年犯”（未成年犯罪者）大体相当于英语国家法律语境中的重罪少年犯。申言之，我国法律语境中的“少年犯”加上“少年治安违法者”则可大体相当于英语国家法律语境中的“juvenile offenders”。故而，笔者认为，为了寻求语境转换中的实质含义对等性，“juvenile offenders”的中译文译为“少年违法犯罪者”较好，尽管该译文也并不完美。

最低限度标准规则》(北京规则)中并无类似国内法中有关“被判五年有期徒刑以下”的限制,而是及于所有少年犯。这一冲突也是显著的。结合其与我国未成年犯身份信息不公开制度的冲突及消解的理论,“被判五年有期徒刑以下”的限制性规定应当在司法适用解释的层面上被消解,并应当在未来的立法上被删除。

3. 少年犯档案采用禁止问题上的冲突及其消解

对照《联合国少年司法最低限度标准规则》(北京规则)和我国国内法的相关规定,除了国内法上述的“被判五年有期徒刑以下”的限制性规定之外,二者关于少年犯档案的保密(或封存)及其获取的规定大体一致。然而,在少年犯档案在日后针对该人的刑事案件诉讼的采用问题上,二者之间存在冲突。

根据《联合国少年司法最低限度标准规则》(北京规则)第21条第2款的规定,在特定办案人员可以获取的情况下,“少年违法犯罪者的档案不得日后在针对该人的成年人刑事案件诉讼中加以采用”。该规定确立了少年法档案采用的禁止制度。其“采用”的含义应当理解为:援引为证据,以作出不利于该人的司法裁判,如加重其惩罚。

我国国内法的相关法律规范,即确立我国未成年人犯罪记录封存制度的《刑事诉讼法》,并无类似《联合国少年司法最低限度标准规则》(北京规则)的档案采用禁止制度。尽管我国《刑法》有关于“不满十八周岁的人犯罪的除外”(不构成累犯,即不成立为法定从重的情节)的规定,似乎略有一丝少年犯(未成年犯)档案采用禁止的意味,但这并未排除国内法将其前科档案作为“一贯表现差”的酌定从重情节来采用,作出不利于该人的从重的司法裁判。故而,二者之间的冲突是现实存在的。同理,这一冲突可以从司法和立法两个层面上予以消解。

五、结语

少年特别隐私权是整个少年法律权益体系中不可或缺的组成部分,但只是一个很小的组成部分。我国法律关于少年特别隐私权保护的纷乱与落后局面,也只是我国整个少年法律制度体系落后局面的微小缩影而已。究其落后之原因,大而化之,可作少年群体弱势、法治初级阶段、社会文化观念有待提升云云之泛论,但这似乎无助于我们寻求到具体的助力点,故而并非笔者在此想说的。在此，笔者只想说，我国某些部门法研究的学者之多，可谓“层峦叠嶂”，然而在少年法领域，其学者却屈指可数，且其中有系统深入研究者更是寥寥无几。难道该领域的研究不重要？显然不是。少年群体对于社会发展的重要价值是不言而喻的。抑或该领域的研究很简单，而无须“大动干戈”？笔者认为，关乎少年权益保护的少年法律制度，并非“旁枝末节”的几个简单问题，而是一个涉及社会方方面面、各种法律关系的复杂而重大的系统问题。我国相关领域的突出问题已经比比皆是，例如我国少年福利法律制度的缺失、传媒暴力内容对少年不利影响的法律监管机制的缺失、留守儿童及流浪儿童问题所反映出来的儿童监护法律制度的不完善、工读学校及收容教养制度的困境以及专门且系统的少年案件处理法律制度的缺失（尤其是非刑罚方面）。诸如此类的问题，不可不重视，不可不予以专门的少年法学的学科理论研究。我国的相关理论研究方兴未艾，前途远大。

［本文原载于《贵州民族学院学报（哲学社会科学版）》
2015 年第 2 期，系与杨新慧博士合作］

少年司法之社会人格调查报告制度论要

摘要：少年司法的特殊性决定了社会人格调查报告制度的重大价值所在。少年司法的社会性的主导价值目标，即教育、保护为主的社会福利性的基本政策理念，决定了社会人格调查报告作为少年案件的基本事实与证据的根本地位，以及其作为少年司法区别于传统普通刑事司法的基本特征和贯穿少年司法始终的必然要求。社会人格调查报告的主要内容应当包括越轨少年的社会成长历程、人格状况等信息，以及据此而进行的专门分析评估。作为少年案件基本事实与证据的社会人格调查报告，不应当由控、辩、审或者其他社会福利部门四方中的任何单方来完成，而应当根据诉讼基本原理，由控、辩、审三方合理分工进行，并最终由少年审判机关结合专家的分析报告予以综合判定。社会人格调查报告可以用作少年案件定罪、量刑及个别化处遇和管护矫治等方面的重要决策依据。

关键词：社会人格调查报告；少年司法；人格刑法

On the Social Personality Report Institution in Juvenile Justice

Abstract: The particularity of juvenile justice determines the substantial value of the social personality report institution. The society-oriented value objective of juvenile justice, that is the concept of basic policy of social welfare, taking instruction and protection as the leading factors, determines the fundamental status of social personality report as the basic fact and evidence in juvenile cases, the basic characteristics of juvenile justice as different from traditional ordinary criminal justice as well as its inevitable need throughout the processes of juvenile justice. The main content of social personality report should include information about the delinquent's experience of social development, personality conditions and so on, as well as specialized analysis and evaluation made on the basis of information mentioned above. As the basic fact and evidence in juvenile cases, the social personality report should not be prepared by any single party of the prosecution, the defense, the judicial or social welfare agency, instead it should be prepared by the three parties concerned through reasonable division of work, in accordance to basic principles of procedural law. Ultimately, taking into consideration experts' analytical report, a comprehensive decision shall be rendered by juvenile court. The social personality report may be used as an important basis for juvenile case decisions regarding the adjudication, sentencing, individualized handling of cases and supervision or treatment of juvenile delinquents.

Keywords: Social Personality Report; Juvenile Justice; Personality Criminal Law

在少年司法中,"法官要获取真正需要的背景信息,以对儿童进行适当的个别化处遇"①。社会人格调查报告制度即为"获取真正需要的背景信息"而设立的少年司法的一项重要制度,这已经成为少年法学界的共识。② 然而,对于该制度究竟重要到何种程度,其理论根据何在,以及该制度对普通刑事司法制度有无重要意义等一系列问题,学界的相关论述有所不足。同时,社会人格调查报告的主要内容究竟应当包括哪些?以及这些内容之间的关系如何?其应为少年诉讼案件的酌情参考情节,还是基本的事实与证据?调查报告的主体

① Barry C. Feld, *Juvenile Justice Administration*, 2nd ed., Thomson/Reuters, 2009, p. 334.

② 中外学界通常将笔者所谓的"社会人格调查报告"称为"社会调查报告",这里强调了"人格"内涵,即一方面突出了相关调查报告关于越轨少年社会人格状况的核心内容,另一方面暗示着"社会人格调查报告"与"人格刑法"理念的内在关联。社会人格调查报告的全称可以为"社会人格调查及评估报告"。

以及其他相关程序应当如何设置？社会人格调查报告应当如何确定？以及具有怎样的少年司法适用价值？对于诸如此类的问题，学界素有争议，且目前相关司法实践运作方式也相当混乱，这种状况与对该项制度理论问题认识不深入有着密切的内在关联。因此，社会人格调查报告制度的基本理论问题亟待系统全面地厘清。本文即为此而作。

一、社会人格调查报告制度之于少年司法的根本价值

社会人格调查报告制度之于少年司法制度的根本价值地位是由越轨少年的特殊性以及少年司法的根本特性所决定的。越轨少年的特殊性以及少年司法的根本特性即为少年司法的基本原理问题。

(一)少年司法的基本原理

关于少年司法的基本原理，中外学界形成了不同的学说，大体可以从以下两个层面理解，即哲学认识论层面和哲学实践论层面上的理解。前者反映少年司法决策主体对其对象及其特性的基本认识；后者反映少年司法决策主体基于此认识而进行的基本对策方略抉择。

1. 认识论层面上的少年司法基本原理——少年司法的基本对象及其特性

(1)基本对象

少年司法的基本对象即越轨少年。中外学界一般认为，其主要包括违反刑律(可能受到刑罚处罚)和比较严重的治安违法(可能受到保安处分)的少年。这也是以美国为代表的许多西方国家少年司法的基本管辖对象。关于越轨少年的年龄范围，各国的界定各不相同。例如，《中华人民共和国刑法》(以下简称《刑法》)和《中华人民共和国治安管理处罚法》(以下简称《治安管理处罚法》)所规定的少年案件管辖年龄下限为 14 周岁①，上限为 18 周岁，但是在我国少年法庭的司法实践中，许多地方的少年法庭也将已满 18 周岁未满 22 周岁的在校学生视为少年来对待。而在国外，无论是英美法系国家还是大陆法系国家，其少年案件的责任年龄范围大体在 12 岁或 13 岁以上，以至 18 岁或 19 岁左右，甚至 21 岁。虽然英美法系国家的少年案件的年龄下限可能及于 7 周

① 目前，《中华人民共和国刑法修正案(十一)》已经将此年龄下限调整至 12 周岁。

岁,但实际上,其7~11岁的少年案件数量是相当有限的。可以说,世界各国关于少年司法年龄管辖范围的规定大体相当,即主要针对处于青春期的少年。

(2)对象特性

可以说,青春期的特性决定了少年司法的诞生及其特殊性。没有青春期的特性,就不会有少年司法独立存在的特殊价值。那么,青春期到底存在着哪些特性呢?这一问题是认识论层面上的少年司法基本原理的核心。青春期的相关特性主要包括以下几个方面:

其一,高风险性,就现实层面而言,青春期少年的越轨行为是不可避免的。一方面,青春期是人生发展的剧变时期,具有很大的风险性;另一方面,现实社会不仅不利于克服青春期的固有风险,而且存在相当多的影响或导致青春期少年越轨行为的社会因素。因此,青春期少年的越轨行为具有宏观上的可宽宥性。

其二,相对稚嫩性,青春期少年越轨人格的形成具有被动性和易矫治或易康复的特性。因为青春期少年身心的稚嫩性,其人格很容易受到社会环境因素的影响,能够通过改善相应的社会环境因素以及对其加以积极的教育引导来予以矫治或康复。因此,青春期少年的越轨行为又具有微观上的可宽宥性。

其三,部分自由意志,即青春期是人的自由意志的发展期,就道德评价层面而言,青春期少年的越轨行为具有相应程度的可归责性。以刑法罪责理论的话语来说,即具备了一定程度的刑事责任能力,具有了惩罚的道德评价意义上的正当性和心理威慑意义上的功利性。但青春期少年的自由意志尚处于发展完善的过程当中,并不完全,因而对其予以归责、惩罚的正当性和功利性并不完全,而只应对其予以相应程度的保守性的惩戒。

其四,特定阶段性,即青春期是人生发展的特定、有限时期,从儿童发展心理学的角度看,青春期少年的越轨行为系儿童身心发展的一般规律使然,在相当程度上会随着少年身心的发展和经验教训的积累而自然痊愈。因而,我们有必要特别注重对青春期少年的正常社会化及人格发展机会的保全。齐姆林(Franklin E. Zimring)教授将具有这些特性的青春期概称为人生发展的"见习许可期",即在这一人生发展的特殊阶段中,少年只有通过正常的社会实践方能习得长大成人的经验,犯错误是正常现象,虽有一定程度的可归责性,但有着相当程度上的可宽宥性,其正常社会化及人格发展机会是应当尽量予以保全的。① 由此可见,国家和社会需要对青春期的高风险性予以理性认识,并对越轨少年予以宽宥并加以保护和矫治,在对其进行一定程度惩戒的同时,要特别注重保障越轨少年正常社会化及其人格在这一特殊时期的发展机会。青春期的这些一般特性和规律,加之少年的特殊社会价值,决定了少年司法的必要性和特殊性,同时还决定了少年司法的基本对策方略及其特性。

2. 实践论层面上的少年司法基本原理——少年司法的基本对策方略抉择

少年司法基本对策方略的抉择是以其基本对象的特性为基础的。经过对少年司法基本对象错综复杂的特性的系统归纳,笔者认为,少年司法的基本对策方略抉择可以从以下两个基本方面予以把握:

一方面是对策指导思想:以转处主义为主导,以矫治主义为辅助。少年司法的基本对策指导思想应当是以转处主义为主导的。所谓少年司法的转处主义,即鉴于传统普通刑事司法的巨大伤害性及其对人生发展机会的巨大破坏性,少年犯应当得以从其中转出,并由基于“保全发展,最小伤害”理念的少年司法予以处理。“保全发展”,即保全越轨少年的正常人生发展机会。作为转处主义对策指导思想的一个基本方面,其认识论的根据在于少年越轨的特定阶段性以及青春期必然存在的高风险性,应当在相当程度上容忍青春期少年的错误,并予以理性的对待;同时基于青春期的特性,保全青春期少年正常人生发展机会才是治愈其越轨的最佳方法,而不是通过机构内的惩罚。“最小伤害”,即对犯错误的越轨少年尽量少予以司法伤害。其包含两方面的意思:其一,因为青春期少年具有一定程度的自由意志,对其予以相应程度的惩罚是必要的、正当的,惩罚意味着伤痛的在所难免,也意味着威慑和戒除;其二,青春期少年的越轨行为在很大程度上是环境决定的产物,是青春期特性的必然,加之少年的身心稚嫩及易受伤害性,过大的惩罚及伤害可能是毁害性的,既不正当,又不人道。因而“最小伤害”即在尽量小的范围内,以尽量轻缓的惩罚对越

① See Franklin E. Zimring, *American Juvenile Justice*, Oxford University Press, 2005, Chapter 2.

轨少年予以教训、告诫。避免对身心稚嫩的越轨少年的过大伤害,是一种正当的少年司法对策指导思想。我国少年司法之"教育为主,惩罚为辅"原则即有此意。

同时,少年司法的基本对策指导思想应当是以矫治主义为辅助的。少年司法的矫治主义,也称为干预主义或康复主义。鉴于青春期少年具有一定程度的自由意志,且身心稚嫩,对其予以适当的干预矫治是有效可行的。另外,作为少年司法实践论层面上的基本对策指导思想的一个重要方面,其认识论层面上的根据及道理在于:其一,越轨少年对其行为的是非评价具有一定程度的辨识能力,可以通过训导、心理矫治、行为规范、社会生存能力培养等方式促进其康复,走上良性的人生发展轨道;其二,相对于成年人而言,越轨少年身心稚嫩,比较容易通过矫治干预措施予以改变,更具有经济性;其三,矫治主义应当是保守的、适当的。对于青春期少年矫治措施有效性的科学性,目前还很难鉴别和保障,尤其是从长期来看,这种矫治是否扭曲了越轨少年正常的社会人格,而对其长远发展带来潜在的不利还有待进一步研究。因此,要尽量考虑少年越轨的特定阶段性及其正常成长过程中的"自愈性",此既为越轨少年自然康复的根据与机理,又是保守的矫治主义对策指导思想的认识论根据或道理。总而言之,少年司法的基本对策指导思想应当是以转处主义为主导,以矫治主义为辅助的。同时,值得强调的是,为实现"保全发展,最小伤害"的转处主义价值目标,实现矫治主义的康复性的价值目标,少年司法工作还应当是个别化的,即根据不同越轨少年的不同社会人格状况,采取个别化的具体措施。

另一方面是对策基本结构:少年司法的"T"型结构模式。基于上述对策指导思想,少年司法的对策基本结构应当为一种"T"型结构,即以司法工作为纵向支撑,以社会工作为横向平台的结构模式。首先,对策指导思想只明确了少年司法对策的基本思路,还有赖于通过一定的制度结构模式予以有效的贯彻实施,即如何保全发展、如何达到最小伤害、如何康复矫治等问题需要通过建构某种合理的制度结构模式来予以系统化地贯彻。"T"型结构模式适当地回答了其工作路径、价值目标及其二者关系的问题,是一种合理、有序的制度结构模式。其次,从该结构模式的纵向的少年司法维度来看,少年司法区别于普通刑事司法的显著特性,即后者的重点在于查清片段性的在案事实,从而依法予以定罪处刑;前者则是要查清包括在案事实在内的涉及越轨少年社会人格状况的全面事实,厘清责任,同时避免不必要的司法伤害,并保全其正常发展机会,为其予以适当的个别化的司法处遇,并为社会工作的开展提供支撑,为贯彻少年司法基本对策指导思想开辟道路。最后,从该结构模式的横向的社会性维度来看,少年司法与普通刑事司法的区别更为明显。后者的重点在于司法惩戒和剥夺犯罪能力;而前者的重点在于采取保护性的少年福利措施、促进越轨少年的康复及健康发展,令其成长为有益于社会的公民,从而实现少年司法的主导性的价值目标——既保护少年,又保护社会。少年司法工作正是二者的结合:前者为工作路径,后者为价值目标。这既是对少年最佳利益的保护模式,又是对社会利益的最佳保护方略。

(二)社会人格调查报告制度的价值定位

从上文关于少年司法基本原理的论说中,我们不难看出,基于青春期少年特性的转处主义和矫治主义的对策理念以及少年司法的"T"型结构对策模式都非常强调越轨少年的人格特性,都非常强调对少年的特殊保护及个别化处遇,都非常倚重于社会工作,藉以实现少年司法的保护少年并保护社会的价值目标。相关的特性、理念及制度正是少年司法区别于普通刑事司法,并令少年司法得以独立存在的正当性。那么,相关的诸多决策都应当是具有充分事实依据的,而社会人格调查报告就是为此提供关于越轨少年的社会成长历程及其人格心理状况等诸多事实信息的。只有依据这些事实信息,相关的决策以及价值目标的实现方才具有事实的根据和科学的保障。由此可见,社会人格调查报告在少年司法中占有重要地位,是贯穿少年司法始终的一项根本制度。

少年司法关注于越轨少年的全部事实,既包括其在案事实,又包括其人格事实。社会人格调查报告所揭示的关于越轨少年社会人格状况的信息是少年司法案件中更为重要的事实与证据,尽管越轨少年的在案事实也非常重要——这是少年司法的根本特性及其主导价值目标所决定的。非此,无以对越轨少年予以个别化的保护处遇;非此,无以对越轨少年予以有针对性的教育矫治措施;非此,无以体现少年司法的司法工作与社会工作的有机统一;非此,无以实现少年司法之社会工作的主导价值目标。然而,受普通刑事司法观念的惯性影响,我国乃至一些西方国家少年司法界将其视为一种附带性的酌情参考依据。在此基本观念的指导下,相关的社会人格调查报告的实体内容比较混乱,不够系统全面;相关的程序设置比较混乱,不够科学,如调查报告往往由法院、儿童福利机构等某个单一的主体来完成,其片面性、主观性难以避免,其客观性、公正性和全面性难以保障;社会人格调查报告的司法适用也不够充分、不够系统,不能合理地贯穿于少年司法制度适用的应有领域,等等。有鉴于此,基于社会人格调查报告制度是贯穿少年司法的一项根本制度的基本理念,笔者拟在下文中对社会人格调查报告制度的主要内容、程序规则以及司法适用价值等基本问题进行系统探讨。

二、社会人格调查报告的主要内容

"社会报告调查少年的先前记录、当前的违法犯罪行为、未经判决的违法犯罪行为、家庭状况、学校表现、先前接受公共或私人机构的社会服务工作情况以及该少年对之前矫治的反应。在少年法院的档案中、缓刑部门的档案中或在羁押听审的准备中,少年法院积累着大量的相关信息。在更为疑难的案件中,缓刑部门可能会获取来自心理学专家或精神病学专家的评估与报告。"①由此可见,社会人格调查报告是对越轨少年的社会成长历程及其人格形成发展状况的综合考察、分析和评估,其内容并不简单。然而我国目前的少年司法实践却通常采用某种形式的简易表格来予以表达,由此造成了相关社会人格调查报告的信息零散、片面、不够系统全面,且常常缺乏必要的深入的综合分析与评估,从而使社会人格调查报告在少年司法中的应用在很大程度上流于形式,没能充分发挥调查报告制度的应有功能。鉴于此,有必要对社会人格调查报告应当包含的主要内容进行系统梳理。笔者认为,可以从以下几个维度对社会人格调查报告的主要内容予以认识和把握。

(一)纵向维度之成长历程

越轨少年的成长历程主要包括主要经历、不良行为史、性格及优缺点的形

① Barry C. Feld, *Juvenile Justice Administration*, 2nd ed., Thomson/Reuters, 2009, p.335.

成演化等内容。这是以越轨少年为中心的纵向维度的调查。其中,主要经历是关于越轨少年的大体性、一般性的成长历程,是越轨少年成长历程的总体背景信息。不良行为史是关于越轨少年的不良行为历史的特定信息。所谓"行为决定习惯,习惯决定人格,人格决定命运",越轨少年的不良行为史是考察特定少年之越轨人格的重要信息。越轨少年的性格及优缺点的形成演化方面的信息也是社会人格调查报告的重要内容,这些内容对越轨少年的人身危险性以及教育矫治措施的抉择具有显著的意义。此外,对越轨少年纵向维度的成长历程的认识和把握还必须结合横向维度的社会环境因素。

(二)横向维度之社会环境因素

越轨少年的社会人格具有很大程度上的被动性,即越轨少年人格的形成受到社会环境因素的显著影响。因而,社会人格调查报告应当包含与越轨少年成长历程同步的横向维度的社会环境方面的信息。

一是家庭环境。家庭通常是少年人格形成与发展的最重要的社会环境。任何人的成长都打下了深刻的家庭烙印。因而,旨在考察越轨少年社会人格形成与发展的社会人格调查报告应当详细地包含越轨少年的家庭环境因素及其演化情状。这些信息对于认识和把握个体越轨少年的人格形成与发展规律、考察家长的监护能力以及对越轨少年处遇措施的采取等都具有显著的意义。

二是同伴交往。儿童发展心理学以及犯罪学的研究成果一再表明:同伴群体(peer group)对少年行为及其人格形成具有非常显著的影响作用。少年具有显著的从众心理,其越轨行为往往是同伴怂恿以及同伴群体价值评价驱动的结果。少年越轨往往表现出非常显著的结伙性。

三是学校及相关社区环境。诸如学校教育环境、社区不良环境以及影视传媒(尤其是互联网络)不良信息与少年越轨之间关系的问题与思考常常是社会的热门话题。学校及相关社区环境对少年人格的形成与发展具有显著的影响作用。

(三)心理健康状况的评估

现代社会中,心理学的科学价值日益受到人们的重视。对越轨少年进行心理学角度的社会人格健康状况的评估具有重要的意义。这对少年司法之教育、保护以及处遇措施的采取具有重要的参考价值。

（四）社会人格个别化、综合性的分析评估

社会人格调查报告不仅在于对越轨少年社会人格相关信息的收集，还应当包括对其人格状况的个别化、综合性的分析评估，如此方能充分有效地发挥社会人格调查报告之于少年司法的功能。尽管社会人格调查报告在主要内容方面是大体相当的，但不同越轨少年之间存在诸多的差异，每份调查报告的具体内容可能各不相同、各有侧重，相关问题分析的焦点也应当据情而定。因而，对越轨少年的分析评估报告应当是个别化的，而不应机械地套用统一的模式。同时，越轨少年的社会人格分析评估报告应当是综合性的，即应当综合考量上述诸多方面的调查内容，对相关信息予以系统分析，突出重点问题，并总结其中与少年司法目的相关的有价值的规律。其最终的分析评估主体应当是少年法院的法官，即由少年法院的法官综合上述横向、纵向的信息以及心理专家的评估报告等，对越轨少年的社会人格状况进行个别化的分析评估，以为个别化的处遇决策提供全面的事实基础。

三、社会人格调查报告的程序规则

社会人格调查报告制度的程序规则主要包括三个层面：其一，社会调查的主体问题；其二，社会调查的分工与方法问题；其三，保证调查报告客观公正的甄别、采信，也即作为少年司法基本决策依据的裁判规则问题。对于上述问题，少年司法理论与实践的分歧颇大。其中，非本辖区少年刑事案件的社会人格调查报告及其证据属性问题也引起了特别关注。

（一）完成社会人格调查报告的主体问题

关于该问题，中外少年司法的理论与实践大多倾向于由控、辩、审以及少年福利部门四方中的某一方来完成。代表性的观点及实际操作方式主要包括以下几种。

1. 由审判方来完成

这一观点及方式又可以分为两种，即自行调查和委托调查。前者即由法院的法官直接承担社会人格调查报告的任务，并将其作为少年司法案件处遇的直接依据；后者即由法院委托有关的职能部门或社会组织来进行调查报告，并将其作为少年司法案件处遇的参考依据。例如，美国少年法院通常将社会调查报告的任务交给其缓刑部门来承担；我国法院将社会人格调查报告的任务委托给司法局的法律援助中心或社区矫正机构或政府的青少年保护委员会等组织及其相关的社会工作组织来承担。这样做的局限性表现在：一是由法官包揽社会人格调查报告，这显然存在着法院既是"运动员"又是"裁判员"的问题，难以保障其客观公正性；法官的调查难以保证相关事实及其分析评估的系统性、全面性。有论者指出，"'人格调查'如果仅由法官进行，显然有知识的局限性"①。因而，若由法官担任社会调查主体，将会遭受颇多质疑。二是由法院委托有关的职能部门或社会组织完成社会人格调查报告，这也无法避免各自价值立场的偏颇导致的公正性问题，作为一种程序性的制度设计，无法保证其客观公正性。

2. 由指控方来完成

指控方可以包括公安机关、检察机关和被害人。指控方在刑事诉讼过程当中有着对案件事实及其相关情况的比较系统全面的了解及其相关的资源条件。对此，2007年《人民检察院办理未成年人刑事案件的规定》（已修订）第16条第4款第2句规定："可以结合社会调查，通过学校、社区、家庭等有关组织和人员，了解未成年犯罪嫌疑人的成长经历、家庭环境、个性特点、社会活动等情况，为办案提供参考。"我国《公安机关办理未成年人违法犯罪案件的规定》（部分失效）第10条第2句规定："讯问前，除掌握案件情况和证据材料外，还应当了解其生活、学习环境、成长经历、性格特点、心理状态及社会交往等情况，有针对性地制作讯问提纲。"就我国目前的刑事诉讼体制而言，由指控方来承担社会人格调查报告的任务具有比较突出的优势。然而，指控方的刑事诉讼职能定位主要在于指控犯罪，其基本价值立场很可能会影响到社会人格调查报告的客观中立性。因而，单由指控方来承担社会人格调查报告任务的制度设计也是不够完善的。尤其是对于少年刑事自诉案件而言，问题更加突出。

① 张文、刘艳红、甘怡群：《人格刑法导论》，法律出版社2005年版，第14页。

3. 由辩护方来完成

少年刑事案件的辩护方应当包括少年犯罪嫌疑人或被告人、辩护人、监护人以及未成年人保护组织。比较适合于进行社会人格调查报告的主体应当为辩护人(通常是辩护律师)和未成年人保护组织。严格来说,上述由法院委托的少年保护组织的社会人格调查报告,应当归属于辩护方的调查报告。这些未成年人保护组织本身就负有保护少年、为少年犯罪嫌疑人或被告人作无罪或罪轻辩护的职责,由他们担当少年社会人格调查报告的主体应当是顺理成章的。从其基本价值立场出发,辩护方有足够的动因去收集对少年犯罪嫌疑人或被告人有利的积极方面的社会人格调查报告材料,却很有可能会忽略其消极方面的事实信息。同时,就我国的实际情况而言,辩护方所掌控的诉讼资源是相对有限的。因而,单由辩护方进行的社会人格调查报告也难免片面和失之偏颇。

4. 结论:多方调查与综合判定机制

鉴于社会人格调查报告系用于少年司法定案以及个别化处遇措施的基本事实根据,社会人格调查报告的人格事实与分析评估较于片段性的在案事实,于少年司法有着更加重要的意义,社会人格调查报告的主体不应当由任何一方单独担当。如前所述,任何一方都难以保证相关事实及其分析评估的全面性、客观性和公正性,而这又是少年司法科学决策的根本保障。对此,最高人民法院《关于审理未成年人刑事案件的若干规定》(已失效)第 21 条明确指出,“开庭审理前,控辩双方可以分别就未成年被告人性格特点、家庭情况、社会交往、成长经历以及实施被指控的犯罪前后的表现等情况进行调查,并制作书面材料提交合议庭。必要时,人民法院也可以委托有关社会团体组织就上述情况进行调查或者自行进行调查”。该规定实际上基本确立了社会人格调查报告的多方调查与综合判定机制。所谓“多方调查与综合判定”,即“控辩双方”先分别进行调查,然后“制作书面材料提交合议庭”予以“综合判定”;必要时,可以由人民法院“委托调查”或“自行调查”,予以“综合判定”。这样的“多方调查与综合判定”的社会人格调查报告机制,符合诉讼的基本原理,适应少年司法的特殊需要,能够保障作为少年司法更为重要的基本事实依据的社会人格调查报告的全面性、客观性和公正性。

(二)社会人格调查报告的分工及方法

1. 指控方的调查报告

少年案件的侦查机关应当在查清在案违法犯罪事实的同时,向有关的单位和人员,如被害人、证人、少年犯罪嫌疑人等,调查询问社会人格调查报告应当包含的相关事实信息。少年案件的公诉机关也应当核实、补充和完善相关的社会人格信息,并予以综合分析评估,形成调查报告,随案一并提交给少年法庭。一般而言,基于其诉讼价值立场,指控方的调查报告可能主要是在偏重于保护社会和被害人的价值立场上提出的。

2. 辩护方的调查报告

少年司法案件的辩护方除了包括辩护律师等之外,还包括"合适成年人"(或少年观护人)①。辩护方的调查报告一般是在偏重于保护少年被告人的价值立场上提出的。该报告任务通常可以由"合适成年人"来承担。"合适成年人"可以作为少年司法中的一个非常重要的角色,即在讯问的第一时间介入,开展对少年的保护、教育和咨询,并进行相应的社会人格调查报告;在案件进入少年法庭之际,将调查报告提交少年法庭,并作为"观护人"陪同少年参与案件的审判过程,并就调查报告的内容进行说明和接受询问;在少年案件进入执行程序后,"合适成年人"又可以基于其对该少年案件的详尽了解而担当少年案件判决的监管执行人员。在我国,"合适成年人"通常可以由司法行政部门会同政府未成年人保护部门以及社会工作部门联合组成的少年社区矫正组织的专门人员来担任。

3. 审判方的调查报告

在控辩双方调查报告的基础上,少年审判机关可以通过法庭审理对双方的调查报告予以客观、中立的采信和综合的评判。必要的时候,少年法庭还可以"委托有关社会团体组织就上述情况进行调查或者自行进行调查"。鉴于审

① "合适成年人"实质上是对监护人的临时替代角色,应当是具有良好社会品德、经过相关专门培训、具有相关专门知识的社会工作者、志愿者或专家。就此意义上而言,监护人也应当是一种"合适成年人"。

判机关的消极、中立的价值定位，少年审判机关的“委托调查”或“自行调查”是在“必要时”方才采用的，其意应当理解为尽量不采用该方式。另外，在必要时，少年审判机关还可以委托心理学、教育学或少年司法方面的专家对相关少年的社会人格调查报告予以专业性的分析评估，从而形成个别化、综合性的事实信息与专业分析评估为一体的、能够作为少年案件裁判基本根据以及少年矫治依据的最终社会人格调查报告。

4. 执行方的调查报告

在少年案件的执行阶段，执行机关也可以在必要时酌情进一步调查少年社会人格的相关问题，以满足科学执行、有效矫治之合理需要。

（三）社会人格调查报告的证据属性问题

1996 年《中华人民共和国刑事诉讼法》（以下简称《刑事诉讼法》）第 42 条规定：“证明案件真实情况的一切事实都是证据。证据有下列七种：（一）物证、书证；（二）证人证言；（三）被害人陈述；（四）犯罪嫌疑人、被告人陈述和辩解；（五）鉴定结论；（六）勘验、检查笔录；（七）视听资料。以上证据必须经过查证属实，才能作为定案的根据。”社会人格调查报告的证据属性问题可从如下几方面分析。

1. 社会人格调查报告是否为刑事证据的问题

“证明案件真实情况的一切事实都是证据。”其中的“案件事实”应当包括案件的行为事实和行为人事实。前者即犯罪嫌疑人或被告人因此而在案的以犯罪构成要件为核心的反映行为的刑法意义上的性质的事实情况，是对其行为的主观罪过及其程度的横向考察，是关于刑事案件的片段性的事实。后者即反映行为人人格状况的事实情况，是对犯罪嫌疑人或被告人人格状况（主要是人身危险性或人格恶性程度）的纵向维度的考察。证明行为事实的证据可以称为“行为证据”；证明人格事实的证据可以称为“人格证据”或“品格证据”。显然，社会人格调查报告所反映的案件事实即属于后者。概言之，社会人格调查报告所证明的案件真实情况的人格事实，显然可以归属于“一切事实”的概念范畴，因而社会人格调查报告属于刑事证据的范畴。

2. 社会人格调查报告的刑事证据类别问题

既然社会人格调查报告属于刑事证据的范畴，那么社会人格调查报告具体属于何种刑事证据呢？这是学界通常的疑问。对此问题的回答应当是：其一，这是一个错误的问题；其二，社会人格调查报告与我国《刑事诉讼法》的七类证据是根据不同标准所作的分类。反映在案行为事实的刑事证据和反映行为人人格事实的刑事证据，是按照证明内容的属性而对刑事证据进行的基本分类，而七种法定刑事证据是按照证据形式（来源、载体或获取方式等）而进行的分类。因此，这七种法定刑事证据中的任何一种都可能包含反映在案行为事实的刑事证据，也可能包含反映行为人人格事实的刑事证据。申言之，社会人格调查报告之刑事证据可能包含法定刑事证据的多个种类，甚至于全部种类。

3. 社会人格调查报告是否需要质证以及如何质证的问题

既然社会人格调查报告属于刑事证据，其当然应当遵从"以上证据必须经过查证属实，才能作为定案的根据"的法定规则。基于上文关于少年司法特殊性以及社会人格调查报告之根本地位的论说，社会人格调查报告是反映少年刑事案件事实情况的更为重要的证据，更是"必须经过查证属实，才能作为定案的根据"。关于将社会人格调查报告作为"参考依据"而无须质证的做法及观念是不合理的。问题之根本在于对少年司法基本原理、社会人格调查报告在少年司法中的根本地位以及刑事证据之人格事实层面的含混认识。至于如何质证，笔者认为，应当以少年特别保护为基本原则，即为了避免给身心稚嫩的少年造成过多的负面影响，可以设置特别的程序规则：(1)预备庭审程序，即在正式开庭审理之前，由少年庭法官主持，控辩双方（除少年被告人）参与，对双方的证据进行初步的审查和符合少年心理状况的协调。(2)少年被告人回避制度，即对于证据分歧非常大的案件，必要时，可以令少年被告人回避庭审的质证环节。(3)质证说明程序，即在质证过程中或质证环节的前后，由少年庭法官向少年被告人进行相关说明，以令少年被告人对庭审质证的分歧有一个正确的心理态度。另外，在庭审质证的过程当中，少年庭法官还可以基于保护少年的基本原则，对不利于少年心理的质证内容和方式进行制止。

(四)非本辖区越轨少年社会人格调查报告的程序问题

在社会人格调查报告制度的探索中,非本辖区越轨少年社会人格调查报告一直是一个棘手的问题,其根本在于少年案件的地域管辖权问题。1996年《刑事诉讼法》第24条规定:"刑事案件由犯罪地的人民法院管辖。如果由被告人居住地的人民法院审判更为适宜的,可以由被告人居住地的人民法院管辖。"1998年《公安机关办理刑事案件程序规定》第15条规定:"刑事案件由犯罪地的公安机关管辖。如果由犯罪嫌疑人居住地的公安机关管辖更为适宜的,可以由犯罪嫌疑人居住地的公安机关管辖。"当然,考虑到教育保护为主的原则,兼而考虑惩罚、矫治的实际需要,不能排除一些少年案件由犯罪地司法机关予以管辖更为适宜。但是,鉴于少年刑事案件的特性、社会人格调查报告的必要性以及少年保护处遇与社区矫正的需要等,少年刑事案件原则上应当属于"由居住地……管辖更为适宜的"案件。这样一来,非本辖区少年社会人格调查报告的问题大体上可以得到解决。具体操作如下:

一是由犯罪地公安机关对在案事实及证据收集完善后,先将该案移送少年犯罪嫌疑人居住地的公安机关;再由居住地公安机关进一步补充完善相关的包括社会人格调查报告在内的事实及证据,然后经由居住地检察机关向居住地人民法院提起公诉,由居住地人民法院予以审判,并由居住地执行机关予以执行,等等。

二是居住地包括住所地(户籍所在地)和居所地(惯常生活地),当二者不一致的时候,由后者的刑事司法机关予以管辖。鉴于少年及少年案件的特点和特殊需要,应当优先考虑少年的家长或监护人及其主要社会关系人的居住地,尤其是对于未满16周岁的少年而言,更是如此。概言之,总的原则是要有利于少年司法主导价值目标的实现,即少年的利益最大化。

四、社会人格调查报告的司法适用价值

社会人格调查报告可以在少年案件的定罪、量刑、个别化处遇以及观护、行刑和矫治等诸多方面发挥其重大而关键的作用,并系统地体现少年司法的显著特性。

（一）在定罪和量刑中的适用价值

有论者指出，“认定犯罪嫌疑人、被告人是否有罪，不仅要查明有无符合刑法规定的构成要件的行为，而且要鉴定有无犯罪危险性人格。只有二者同时具备，并且法有明文规定的，才能认定为犯罪人，才能对其判处刑罚”。[①] 2009年《刑法》第13条但书和第37条免刑的规定隐含着相关的制度精神，即确定违法行为是否成立犯罪，需要考虑包括人身危险性在内的诸多情节。其中“情节”大体包括两个基本方面，即行为的情境要素和行为人人格要素。“情节显著轻微”应当包含“犯罪危险性人格”微弱方面的内容。对于这类犯罪，《刑法》“不认为是犯罪”。尽管我国刑法中的“情节”包含了行为的情境要素和行为人人格要素两个方面，但与后者相关的情节，如初犯、偶犯、前科、一贯表现等，基本上归属于含混的“酌定情节”，远未形成科学有效运行的制度。我们看到，“自19世纪末以来，受新派和新社会防卫运动的影响，许多国家已将犯罪人格引入刑罚裁量过程中。通常做法是：第一步，法官就犯罪行为的客观性和应受惩罚性（与犯罪人相联系）作出决定；第二步，法官对已被认定为‘罪犯’的被告人进行人格调查，然后决定应适用的刑罚或对案件的处理决定”。[②] 1994年《法国刑法典》规定，“法院在法律规定的限度内，依据犯罪情节和罪犯之人格，宣告刑罚并规定刑罚制度”。[③] 西方国家普通刑事司法中的罪犯人格判前调查在少年司法中的对应物即少年司法之社会人格调查报告。[④] 笔者认为，我国的少年司法很有必要借鉴相关的制度理念，建构与行为人人格相结合的社会人格调查报告制度，并将其作为定罪和量刑的一般性制度。这不仅是因为少年司法的特性使这项制度的确立具有明显的战略优先地位，还因为社会人格调查报告的确对少年被告人罪刑的有无和轻重具有突出的影响。

---

① 张文、刘艳红、甘怡群：《人格刑法导论》，法律出版社2005年版，第13页。

② ［法］马克·安塞尔：《新刑法理论》，卢建平译，天地图书公司1990年版，第70页。转引自张文、刘艳红、甘怡群：《人格刑法导论》，法律出版社2005年版，第13～14页。

③ 笔者认为，此处的“犯罪情节”应当是指犯罪行为的环境要素或情境要素。

④ See Barry C. Feld, *Juvenile Justice Administration*, 2nd ed., Thomson/Reuters, 2009, p. 334.

（二）在少年案件教育程序中的适用价值

“寓教于审”以及在少年案件的办理中融入对越轨少年的法治教育和自我防范教育，是我国少年司法理论与实务界的通识。然而，没有对少年社会人格状况的全面系统的了解，相关的教育就难以有的放矢、有效地开展。少年案件的教育程序不能流于某种机械化的程式，而应当根据不同少年的人格特点，个别化地“对症下药”，采取有针对性的教育内容，以符合少年个体人格特点的方式来开展。因而，在少年案件教育程序中，社会人格调查报告具有显著的司法适用价值。

（三）在少年案件个别化处遇中的适用价值

个别化处遇是少年司法理论中的重要理念，在少年司法实践中有着显著的体现。从各国的少年司法理论及实践来看，个别化处遇通常包括加强或改善监护条件、心理矫治、送特殊教育机构、送特殊教养机构、加强生存技能培养、社区服务令、社区矫正、缓刑（观护）以及送少年监狱，等等。个别化处遇裁量的基本依据即在于不同越轨少年的人格特点。对于具有相同在案事实的两个越轨少年，如果其中一份社会调查报告反映出其家长或监护人具有适当的监护能力，而另一份社会调查报告反映出其家长或监护人不具有适当的监护能力，根据《刑法》的规定，对于前者可以“责令其父母或者其他监护人加以管教”，并签订帮教协议；后者则应当属于“在必要的时候，也可以由政府收容教养”①之情形。由此可见，社会人格调查报告对于越轨少年的个别化处遇具有明显的适用价值。

（四）在少年案件裁判执行中的适用价值

越轨少年案件裁判结果的执行包括帮教、观护、刑罚执行和人格矫治等内容，其具体执行的措施和方法的采取，在很大程度上必须是依据越轨少年的个体性格特质、身心健康状况、恶习深浅、家庭成长环境以及社会成长经历等因素的不同而采取的不同的执行措施和方法。然而，如果没有社会人格调查报告对上述诸多信息的全面系统的展示、分析和评估，少年案件裁判结果的执行

① 《中华人民共和国刑法修正案（十一）》将之改为“在必要的时候，依法进行专门矫治教育”。

就很可能流于缺乏针对性的盲目执行。因而,社会人格调查报告在少年案件裁判执行中也可以发挥无法替代的作用。

五、结语

基于上述的论说,有三个结论值得进一步强调:

其一,鉴于少年身心的特殊性以及少年司法"保护、教育、挽救为主"的儿童社会福利根本特性,旨在全面揭示个体越轨少年社会人格状况的社会人格调查报告制度,应当被视为区别于普通刑事司法制度的少年司法的"根本制度"。同时,社会人格调查报告所揭示的内容正是少年司法制度得以独立存在并有效实现其价值目标的基本事实依据。

其二,尽管社会人格调查报告可能支出更多的司法成本,如果案情的其他方面基本相当,一个少年案件的司法成本大约相当于普通刑事案件司法成本的2倍,甚至更多。这需要少年司法的探索者和决策者予以充分的注意。但是,这不应当成为我们犹豫止步的理由,因为这种更大成本的支出所可以预期的社会效益乃至于经济效益,如从保护少年并令其成为社会的有益劳动者、同时避免其违法犯罪所可能对社会造成的巨大经济损失的正反两方面来看,这种成本的支出显然是非常值得的。

其三,社会人格调查报告的理念及其制度和价值并不仅限于少年司法,其价值还可适用于普通刑事司法。只是,就目前的制度观念而言,其在普通刑事司法中的适用价值不如其在少年司法中的适用价值那么紧要,且在少年司法中,其更容易为人们接受和认同。申言之,少年司法可以成为社会人格调查报告制度乃至于人格刑法理念的优良的"试验田"。纵观法律制度的发展史,少年司法制度也的确成为许多刑事司法制度措施优先改革和适用的领域。

(本文原载于《环球法律评论》2010年第3期)

再论少年司法之社会人格调查报告制度

摘要：少年司法中的社会人格调查报告是对越轨少年的社会成长历程及其人格形成发展状况的综合考察、分析和评估，其基本内容包括纵向维度之成长历程、横向维度之社会环境因素、心理健康状况的评估和个别化的综合分析评估。社会人格调查报告的理论根基是刑事新派理论。社会人格调查报告的实体地位应是少年刑事案件的更重要的基本事实依据。通过对社会人格调查报告的主体、分工与方法、证据规则等程序规则的合理设置，可以更好地发挥其在少年刑事案件的定罪、量刑、行刑方面的司法适用价值。

关键词：社会人格调查报告；基本内容；理论根基；实体地位；程序设置；司法适用

The Social Personality Report Institution in Juvenile Justice: A Further Discussion

Abstract: The social personality report in juvenile justice is a comprehensive investigation, analysis and estimation about the juvenile delinquent's social development history and personality conditions, the basic contents of which, should include informations about the delinquent's experience of social development, the related social environment factors, mental health condition evaluation, individualized comprehensive analysis and evaluation. The theoretical foundation of the social personality report lies in the Criminal New Faction Theory. The substantial status of social personality report should be the more important basic fact foundation for juvenile criminal cases. Through the reasonable settings of the subjects, division of works, evidence rules, the judicial application values of the social personality report could be developed better regarding the adjudication, sentencing, and execution in the juvenile criminal cases.

Keywords: Social Personality Report; Basic Contents; Theoretical Foundation; Substantial Status; Procedural Settings; Judicial Applications

社会人格调查报告制度是少年司法中的一项重要且特殊的制度,此为学界之共识。然而,社会人格调查报告之于少年司法为何重要以及重要到何种程度呢?对此基本理论问题,学界的认识尚存模糊。在少年司法实践中,社会人格调查报告的程序设置颇为纷乱,其司法适用的功效远未发挥。基于此,本文从社会人格调查报告的基本概念与基本内容入手,力图深入把握社会人格调查报告的理论根基与实体地位,并以此为基础展开对社会人格调查报告的程序设置与司法适用问题的探讨,从而完成对社会人格调查报告制度基本理论问题的系统梳理。

一、社会人格调查报告的基本概念与基本内容

(一)基本概念

少年司法中的社会调查报告(social report)是对越轨少年(juvenile delinquents)①的社会成长历程及其人格形成发展状况的综合考察、分析和评估。故而,笔者认为,我们通常所称的社会调查报告,其全称应当为"越轨少年社会人格调查评估报告"。在少年司法中,社会人格调查报告的基本功用在于"法官要获取关于儿童真正需要的背景信息,以对其进行适当的个别化处遇"②。社会人格调查报告制度即为"获取关于儿童真正需要的背景信息"而设立的少年司法的一项特殊制度。申言之,在少年司法中,社会人格调查报告乃是为了系统地揭示越轨少年的人格状况,从而为以保护、教育和矫治等理念为导向的少年司法个别化处遇措施的采取提供事实依据。

---

① 越轨少年是英美少年司法的用语,其涵盖范围大体相当于我国的刑事犯罪少年和治安违法少年。

② Barry C. Feld, *Juvenile Justice Administration*, 2nd ed., Thomson/Reuters, 2009, p. 334.

（二）基本内容

“社会调查报告旨在查证少年的前科、当前的违法犯罪行为、未经判决的违法犯罪行为、家庭状况、学校表现情况、先前接受公共或私营机构的社会服务工作情况以及该少年对之前矫治的反应。在少年法院、缓刑部门的档案中或在羁押听审的准备中，少年法院积累着大量的相关信息。在更为疑难的案件中，缓刑部门可能会获取来自于心理学专家或精神病学专家的评估与报告。”①由此可见，社会人格调查报告的基本内容即越轨少年的综合而系统的人格状况（包括其人格事实和人格评估）。其内容可以大体分解为以下几个方面。

1. 纵向维度之成长历程

越轨少年的成长历程主要包括简要经历、不良行为史、性格及优缺点的形成演化等内容。这是以越轨少年为中心的一种纵向维度的调查。其中，简要经历是关于越轨少年的大体性、一般性的成长历程，是越轨少年成长历程的总体背景信息。不良行为史是关于越轨少年的不良行为历史的特定信息，是考察少年越轨人格的重要信息。此外，越轨少年的性格及优缺点的形成演化方面的信息也是社会人格调查报告的重要内容，对越轨少年的人身危险性以及教育矫治措施的抉择问题具有显著的意义。

2. 横向维度之社会环境因素

社会环境因素主要包括家庭环境、同伴交往、学校及相关社区环境因素。越轨少年的社会人格具有很大程度上的被决定性，即越轨少年人格的形成受到社会环境因素的显著影响。因而，社会人格调查报告显然应当包含与越轨少年成长历程同步的横向维度的社会环境方面的信息。

3. 心理健康状况的评估

现代社会中，心理学的科学价值日益受到人们的重视。由心理学专家对越轨少年进行社会人格健康状况的评估，并提出相应的心理疏导和矫治对策建议，具有重要意义。这对少年司法之教育、保护以及处遇措施的采取具有重

① Barry C. Feld, *Juvenile Justice Administration*, 2nd ed., Thomson/Reuters, 2009, p. 335.

要的参考价值。

4.个别化的综合分析评估

社会人格调查报告不仅在于对越轨少年社会人格相关信息的收集，还应当包括对其人格状况的个别化、综合性的分析评估，如此方能充分有效地发挥社会人格调查报告之于少年司法的基本决策依据的功能。这种分析评估的核心内容为少年越轨（犯罪）的病因和病理以及可能的矫治措施。尽管社会人格调查报告的主要内容范围总体相当，但不同越轨少年之间存在诸多的个体差异，每个调查报告的具体内容可能各不相同、各有侧重，相关问题分析的聚焦点也应当据情而定。因而，对越轨少年的分析评估报告应当是个别化的，而不应机械地套用同一模板。同时，越轨少年的社会人格分析评估报告应当是综合性的，即应当综合考量上述诸多方面的调查内容，对相关信息予以系统地分析，突出重点问题，并总结其中与少年司法目的相关的有价值的规律。其最终的分析评估主体应当是少年法院的法官，即由少年法院的法官综合上述横向、纵向的信息以及心理专家的评估报告等，对越轨少年的社会人格状况进行个别化的分析评估，从而为其个别化的处遇决策提供全面而系统的事实基础和科学依据。

我国目前的少年司法实践通常采用某种形式的简易表格来予以表达，由此造成了相关社会人格调查报告的信息不够系统全面，且常常缺乏必要的、深入的综合分析与评估，使社会人格调查报告在少年司法中的应用在很大程度上流于形式，没能充分发挥调查报告制度的应有功能。鉴于此，有必要对社会人格调查报告应当包含的主要内容进行一番系统、全面的梳理，并相应地进行制度设计，以便落实于司法实践中。

二、社会人格调查报告的理论根基与实体地位

（一）理论根基：刑事新派理论

或许在某些人看来，社会人格调查报告制度的产生似乎是少年司法发展进程中的一种“横空出世”的顿悟。但笔者认为，社会人格调查报告制度的产生必然有其理论根基。对此，学界鲜有深入讨论。

专门的少年法以及社会人格调查报告制度的诞生有其显著的历史背景，

即犯罪学的昌明以及刑事实证学派(刑事新派)理论的成型及其社会影响力的凸显。其中关联最为密切的知识,即犯罪产生的一般社会规律以及儿童社会发展的被决定性。由此,犯罪(尤其是少年犯罪)更多地被解读为一种社会"病症",需要相应的理性而人道的"救治"。惩罚的正当性以及有效性受到了相应程度的怀疑。于是,人们将目光更多地投向了隐藏在犯罪现象背后的社会情状,"最好的社会政策就是最好的刑事政策"的号召一呼百应,教育刑、矫治刑、目的刑、社会防卫理念以及刑事政策的社会政策化理念交相辉映。以刑事古典学派(刑事旧派)理论为基础的传统刑事法获得了全面而深刻的反思,新派理念与旧派理念之间渐有调和之势,传统刑事法律制度中逐渐生发出一些以新派理论为根基的制度,如带有教育刑意味的缓刑、假释制度。少年法更是植入新派理论的传统刑事法所逐渐生发出来的一枝"奇葩"。可以说,少年法的诞生即为其新派理论的基因所致。换言之,少年法的理论根基即新派理论。由于新派理论总是将其目光聚焦于犯罪现象背后的社会情状,对于少年犯罪尤为如此。就在少年法诞生之后不久,其聚焦于少年犯罪案件背后"病因"的社会人格调查报告制度便很快成型。笔者认为,正是其社会人格调查报告制度的产生,少年司法(少年越轨案件诉讼)方才具备了与传统刑事司法的实质性区别。申言之,社会人格调查报告制度的确立即为少年法之新派理论基因特征的凸显。

社会人格调查报告制度确立之后,少年犯罪(越轨)案件的处理有了实质的变化:其一,在事实方面,其更多地关注少年犯罪(越轨)的"病因"与"病理"——新派理论特征,而非该少年犯罪行为对社会造成的损害——旧派理论特征;其二,在对策方面,其更多地强调具有新派理论特征的教育矫治和社会防卫,而非传统的旧派理论的惩罚报应与法律威吓。其个别化处遇也有了相应的"病因诊断"与"病理分析"的依据,即社会人格调查报告所揭示的犯罪(越轨)少年的社会人格发展历程以及心理状况。由此可见,社会人格调查报告制度之于少年法而言,其意义是根本性、实质性的,二者的理论根基皆在于刑事新派理论(尤其是刑事社会学派理论),二者皆彰显着新派理论的基因特征——强调关注犯罪的社会"病因"与"病理",并致力于相应的矫治措施与治理策略。

（二）实体地位：少年刑事案件的更重要的基本事实依据

笔者认为，少年刑事案件具有两个层面的案件事实，即社会人格事实和在案行为事实。在案行为事实即指少年因此而被纳入刑事诉讼的侵害刑法法益的行为事实；社会人格事实即指与在案行为事实相关的反映行为人人格心理状况的社会事实。在案行为事实为片段性的事实，属于犯罪现象的范畴；而社会人格事实为系统性的事实，属于犯罪原因的范畴。传统刑事法将其目光基本停留于犯罪现象的层面，片面地注重在案行为事实，并以此作为其报应惩罚与法律威吓的理念与制度的正当化根据。犯罪学的昌明即主要在于其犯罪原因理论的昌明。以犯罪学昌明为基础的刑事新派理论以及少年法，强调少年刑事案件的处理需要更注重查清少年犯罪的社会"病因"与"病理"，并以社会人格调查报告制度为其制度保障。这即意味着少年刑事案件理当更注重归属于犯罪原因范畴的系统性的社会人格事实，即社会人格调查报告所揭示的犯罪少年的社会人格事实。

综上所述，我们可以得出一个重要的基本结论：相对于反映犯罪现象的在案事实而言，社会人格调查报告所力图揭示的反映犯罪原因的社会人格事实是少年刑事案件的更为重要的基本事实，因而社会人格调查报告制度凸显着少年司法与传统刑事司法的案件事实依据的根本分别，其在少年法中具有根本性的实体地位。

三、社会人格调查报告的程序设置与司法适用

（一）程序设置

少年司法的社会人格调查报告制度的程序规则应当如何设置呢？目前看来，这一问题主要包括四个方面：其一，调查报告的主体问题；其二，调查报告的分工与方法问题；其三，外地少年社会人格调查报告的程序问题；其四，调查报告的证据规则问题。对于这些问题，理论界以及实务界的分歧颇大。

1. 社会人格调查报告的主体问题

关于该问题，中外少年司法的理论与实践大多倾向于由控、辩、审或少年福利部门等四方中的某一方来予以完成。[①] 而笔者认为，鉴于社会人格调查报告在少年司法中的重要地位，即作为少年司法定案以及个别化处遇措施的更重要的基本事实依据，社会人格调查报告的人格事实与分析评估更甚于片段性的在案事实之于少年司法的重要意义，社会人格调查报告的主体不应当由任何单独一方来充当。其理由是显然的，即任何单独一方都难以保证相关事实及其分析评估的全面性、客观性、公正性和长效性。社会人格调查报告应当采取多方调查与综合司法判定的机制。[②] 对此，2000 年最高人民法院《关于审理未成年人刑事案件的若干规定》第 21 条规定："开庭审理前，控辩双方可以分别就未成年被告人性格特点、家庭情况、社会交往、成长经历以及实施被指控的犯罪前后的表现等情况进行调查，并制作书面材料提交合议庭。必要时，人民法院也可以委托有关社会团体组织就上述情况进行调查或者自行进行调查。"笔者认为，该规定实际上基本确立了社会人格调查报告的多方调查与综合判定机制。所谓"多方调查与综合判定"，即"控辩双方"分别进行调查，然后"制作书面材料提交合议庭"予以"综合判定"；必要时，可以先由人民法院"委托调查"或"自行调查"，再予以"综合判定"。如此的"多方调查与综合判定"的社会人格调查报告机制符合诉讼的基本原理，适应少年司法的特殊需要，能够保障作为少年司法更为重要的基本事实依据的社会人格调查报告的全面性、客观性、公正性和长效性。

2. 社会人格调查报告的分工与方法

大体而言，少年刑事诉讼参与各方在社会人格调查报告制度中的分工与方法如下：一方面，控方的调查报告可分为两个层面。其一，侦查机关应当在查清在案违法犯罪事实的同时，向有关单位和人员（包括与在案违法犯罪事实相关的被害人、证人、少年犯罪嫌疑人等）收集社会人格调查报告的相关信息与证据；其二，公诉机关应当核实、补充和完善相关的社会人格信息，并予以综

① 参见高维俭：《少年司法之社会人格调查报告制度论要》，载《环球法律评论》2010 年第 3 期。

② 参见高维俭：《少年司法之社会人格调查报告制度论要》，载《环球法律评论》2010 年第 3 期。

合分析评估(必要时,可以委托相关领域的专家予以辅助),形成调查报告,随案一并提交少年法庭。另一方面,辩方的调查报告可以在有关人员的配合下,由辩护律师、“合适成年人”或少年关护人来完成。在控辩双方分别完成调查报告的基础上,少年审判机关(少年法庭)可以通过法庭审理来对双方的调查报告予以客观、中立的采信和综合评判。必要的时候,少年法庭还可以“委托有关社会团体组织就上述情况进行调查或者自行进行调查”。对此,笔者认为,一方面,鉴于审判机关的消极、中立的价值定位,少年审判机关的“委托调查”是在“必要时”方可采用,其应当理解为尽量不采用该方式,“自行调查”更是如此;另一方面,在必要时,少年审判机关还可以委托心理学、教育学或少年司法方面的专家对相关少年的社会人格调查报告予以专业性的分析报告(如通过心理测试分析得出的少年心理健康状况评估报告),从而形成个别化、综合性的集事实信息与专业分析评估为一体的作为少年案件裁判以及少年矫治决策基本依据的定局性的社会人格调查报告。① 另外,在少年案件的执行阶段,执行机关也可以在必要时酌情进一步调查少年社会人格的相关问题,以满足科学执行、有效矫治之合理需要。

3. 外地少年社会人格调查报告的程序问题

在对社会人格调查报告制度的探索中,外地少年社会人格调查报告一直被视为一个棘手的问题。对此,笔者认为,该问题主要源于少年案件的地域管辖权问题。1996 年《中华人民共和国刑事诉讼法》(以下简称《刑事诉讼法》)第 24 条规定:“刑事案件由犯罪地的人民法院管辖。如果由被告人居住地的人民法院审判更为适宜的,可以由被告人居住地的人民法院管辖。”同时,2007 年《公安机关办理刑事案件程序规定》第 15 条规定:“刑事案件由犯罪地的公安机关管辖。如果由犯罪嫌疑人居住地的公安机关管辖更为适宜的,可以由犯罪嫌疑人居住地的公安机关管辖。”鉴于少年刑事案件的特殊性、社会人格调查报告的必要性以及少年保护处遇与社区矫正的需要等原因,笔者认为,少

① 作为反映犯罪嫌疑人或被告人的人格事实的证据,社会人格调查报告当然也应该符合我国 1996 年《中华人民共和国刑事诉讼法》(以下简称《刑事诉讼法》)第 43 条所确立的全面、客观、公正的证据收集原则。

年刑事案件原则上应当属于"由居住地……管辖更为适宜的"案件。如是,外地少年社会人格调查报告的问题大体上可以迎刃而解。其具体操作层面上的问题大体如下:

其一,由犯罪地公安机关对相关案件事实(主要是在案行为事实)及证据收集完善后,先将该案移送少年犯罪嫌疑人居住地的公安机关;再由居住地公安机关进一步补充完善相关的包括社会人格调查报告在内的事实及证据,然后经由居住地检察机关向居住地人民法院提起公诉,由居住地人民法院予以审判,并由居住地执行机关予以执行,等等。

其二,居住地包括住所地(户籍所在地)和居所地(惯常生活地),当二者不一致的时候,由后者的刑事司法机关予以管辖。其中,鉴于少年案件的特点、社会人格调查报告以及监管、社区矫正的需要等因素,应当优先考虑少年的家长或监护人及其主要社会关系人的居住地,其总的原则为有利于少年司法主导价值目标的实现,即少年的最佳利益。

4. 社会人格调查报告的证据规则问题

(1)社会人格调查报告是否为刑事证据的问题

1996 年《刑事诉讼法》第 42 条第 1 款规定:"证明案件真实情况的一切事实,都是证据。"其中的"案件事实"应当包括案件的行为事实和人格事实。前者即在案行为的事实情况,即犯罪嫌疑人或被告人因此而在案的以犯罪构成要件为核心的反映行为的刑法意义上的性质的事实情况,是对其行为的主观罪过及其程度的横向考察,是关于刑事案件的片段性的事实。后者即反映行为人人格状况的事实情况,也称行为人事实,是对犯罪嫌疑人或被告人人格状况(主要是人身危险性或人格之恶性程度)的纵向维度的考察,累犯即为其典型之一。证明前者(行为事实)的证据可以被称为"行为证据";证明后者(人格事实)的证据可以被称为"人格证据"或"品格证据"。显然,社会人格调查报告所反映的案件事实即属于后者,且社会人格调查报告属于"人格证据"或"品格证据"。申言之,社会人格调查报告所证明的案件真实情况的人格事实,显然可以归属于"一切事实"的概念范畴,故而社会人格调查报告属于刑事证据的范畴。

(2)社会人格调查报告的刑事证据类别问题

既然社会人格调查报告属于刑事证据的范畴,那么社会人格调查报告具体属于何种刑事证据呢?笔者认为,该问题本身是一个错误的问题。反映在案行为事实的刑事证据和反映行为人人格事实的刑事证据(社会人格调查报告)是按照证明内容对刑事证据进行的基本分类,而七种法定刑事证据是按照证据形式(来源、载体或获取方式等)进行的分类。因此,这七种法定刑事证据中的任何一种都可能包含反映在案行为事实的刑事证据,也可能包含反映行为人人格事实的刑事证据(社会人格调查报告之刑事证据)。换言之,社会人格调查报告之刑事证据可能包含法定刑事证据的多个种类,甚至于全部种类。

(3)社会人格调查报告的质证问题

既然社会人格调查报告属于刑事证据,那么其当然应当遵从于"必须经过查证属实,才能作为定案的根据"的法定规则。[①] 基于上文关于少年司法特殊性以及社会人格调查报告之根本地位的论说,笔者认为,关于越轨少年的社会人格调查报告是反映少年刑事案件事实情况的更为重要的证据,更是"必须经过查证属实,才能作为定案的根据"。[②] 至于如何质证的问题,笔者认为,应当以少年特别保护为基本原则,即为了避免给身心稚嫩的少年造成过多的负面影响,可以设置一些特别的程序规则,例如:

其一,预备庭审程序,即在正式开庭审理之前,由少年庭法官主持、控辩双方(除少年被告人)参与,对双方的证据进行一次初步的审查和符合少年心理状况的协调。

其二,少年被告人回避制度,即对于证据分歧非常大的案件,必要时,可以令少年被告人回避庭审的质证环节。

---

① 对此,2010 年最高人民法院、最高人民检察院、公安部、国家安全部、司法部《关于规范量刑程序若干问题的意见(试行)》(已失效)第 11 条规定:"人民法院、人民检察院、侦查机关或者辩护人委托有关方面制作涉及未成年人的社会人格调查报告的,调查报告应当在法庭上宣读,并接受质证。"笔者认为,该规定实际上已经确认了社会人格调查报告的刑事证据属性以及相应的质证规则。

② 将社会人格调查报告作为"参考依据"而无须质证的做法及观念显然不仅是不合理的,还是不合法的。其问题之根本在于对少年司法基本原理、社会人格调查报告在少年司法中的根本地位以及刑事证据之人格事实层面的模糊含混认识。

其三,质证说明程序,即在质证过程中或质证前后,由少年庭法官向少年被告人进行相关的说明,以令少年被告人对庭审质证的分歧有一个正确的心理态度。

其四,在庭审质证的过程中,少年庭法官可以基于少年特别保护的基本原则,对不利于少年心理的质证内容和方式进行制止。

(二)司法适用

社会人格调查报告具有怎样的司法适用价值呢?笔者认为,社会人格调查报告可以在少年案件的定罪、量刑、行刑方面发挥重大而关键的积极作用,并系统地体现少年司法的显著特性。

1. 在定罪、量刑中的一般性的司法适用价值

如张文教授等学者所言,"认定犯罪嫌疑人、被告人是否有罪,不仅要查明有无符合刑法规定的构成要件的行为,而且要鉴定有无犯罪危险性人格。只有二者同时具备,并且法有明文规定的,才能认定为犯罪人,才能对其判处刑罚"①。笔者认为,这一观念可以在1996年《中华人民共和国刑法》(以下简称《刑法》)第13条但书和第37条免刑的规定中找到依据。换言之,1996年《刑法》第13条但书和第37条免刑的规定中隐含着相关的制度精神,即确定违法行为是否成立犯罪,需要考虑包括人身危险性(相当于"犯罪危险性人格")在内的诸多方面的情节。② 尽管我国刑法中的情节包含了行为情境因素和行为人人格因素两个方面,但在后者(犯罪危险性人格)方面,相关的情节(如初犯、偶犯、前科、一贯表现等)基本上归属于含混的"酌定情节",远未形成科学有效的制度。累犯制度也只是关于犯罪危险性人格的具有相当片面性的制度设计,即构成累犯也不一定能充分说明行为人的犯罪危险性人格,且非累犯的犯罪危险性人格也不一定小于累犯的犯罪危险性人格。"自19世纪末以来,受刑事新派和新社会防卫运动的影响,许多国家已将犯罪人格引入刑罚裁量过

① 张文、刘艳红、甘怡群:《人格刑法导论》,法律出版社2005年版,第13页。

② 笔者认为,我国刑法中的情节大体包括两个基本方面,即行为环境因素或行为情境因素(circumstances of behavior)和行为人人格(personality),而相关的译文通常将"circumstances"翻译为"情节",不够贴切。

程中。通常做法是：第一步，法官就犯罪行为的客观性和应受惩罚性（与犯罪人相联系）作出决定；第二步，法官对已被认定为'罪犯'的被告人进行人格调查，然后决定应适用的刑罚或对案件的处理决定。"①1994年《法国刑法典》第132－24条规定，"法院在法律规定的限度内，依据犯罪情节②和罪犯之人格，宣告刑罚并规定刑罚制度"。③ 西方国家普通刑事司法中的罪犯人格判前调查（criminal pre-sentence investigation）在少年司法中的对应物即少年司法之社会人格调查报告。④ 笔者认为，我国刑法确有必要借鉴相关制度，建构我国刑法中与行为人人格方面之情节相结合的社会人格调查报告制度，并将其作为定罪和量刑的一般性制度。当然，在少年司法中，其必要性更为显著，其对少年被告人罪刑的有无及轻重的影响作用更为突出。

2. 在少年案件教育程序中的司法适用价值

在少年案件教育程序中，越轨少年的社会人格调查报告具有显著的司法适用价值。"寓教于审"以及在少年案件的办理中融入对越轨少年的法治教育和自我防范教育⑤，是我国少年司法理论界与实务界的通识。少年案件的教育程序不能流于某种机械化的程式，而应当根据不同少年的人格特点"对症下药"，有针对性地采取个别化的教育措施。如果没有对少年社会人格状况的全面系统的了解，相关的教育程序就难以有的放矢和有效开展。

3. 在少年案件个别化处遇裁量中的司法适用价值

个别化处遇是少年司法理论中的重要理念，在少年司法实践中有着显著的体现。从各国少年司法理论及实践来看，个别化处遇措施通常包括：加强或改善监护条件（如我国的责令监护人严加管教，美国的送寄养家庭）、心理矫治、送特殊教育机构（如我国的工读学校、英美国家的"training school"等）、加

① ［法］马克·安塞尔：《新刑法理论》，卢建平译，天地图书公司1990年版，第70页。转引自张文、刘艳红、甘怡群：《人格刑法导论》，法律出版社2005年版，第13～14页。

② 此处的"犯罪情节"应当是指"circumstances of criminal behavior"，即犯罪行为的环境因素或情境因素。

③ 《法国刑法典》，罗结珍译，中国人民公安大学出版社1995年版。

④ See Barry C. Feld, *Juvenile Justice Administration*, 2nd ed., Thomson/Reuters, 2009, p. 334.

⑤ 对于少年保护案件中的少年被害人，也可采取一些相应的教育、引导措施。

强生存技能培养（如加强职业技能培训）、社区矫正、缓刑（观护）以及送少年监狱（如我国的少年犯管教所），等等。个别化处遇措施裁量的基本依据即在于不同越轨少年的个别化的人格特点。针对个体越轨少年的个别化的社会人格调查报告，对于少年案件的个别化处遇措施的司法适用而言，其显著价值是不言而喻的。

4. 在少年案件裁判执行中的司法适用价值

越轨少年案件裁判结果的执行包括帮教、管护、刑罚执行和人格矫治等内容，其具体执行措施和方法的采取在很大程度上是因人而异的，即因个体越轨少年的性格特质、心理健康状况、身体状况、恶习深浅、家庭成长环境以及社会成长经历等因素的不同而采取不同的具体执行措施和方法。如果没有社会人格调查报告对上述信息的全面系统的揭示、分析和评估报告，少年案件裁判结果的执行就会在很大程度上流于没有针对性的笼而统之的盲目执行，其执行效果是可想而知的。因而，在少年案件裁判的司法执行中，针对越轨少年的个别化的社会人格调查报告是具有显著价值的。

（本文原载于《预防青少年犯罪研究》2012年第2期）

第四篇 司法改革篇

- 论我国少年警务专门机构的系统建构
- 论未成年人刑事检察工作的“两卷三书”制
- 少年刑事审判“三段两议”制与少年被告人诉权保护
- 论我国少年法院的理想模式
- 我国少年法院创设问题之再研究：系统梳理、辩证分析及决策方案
- 论少年审判工作专业化改革

论我国少年警务专门机构的系统建构

摘要：少年恶性事件频发，持续引发社会公众的强烈关注。我国少年法治的不完善，是相关少年恶性事件频发的系统性原因。少年警务专门机构的系统建构是少年法治系统机制完善的重要一环，其必要性、可行性、模式选择和试点推广等基本问题需要首先明确。相关决策者理当及时决策，切实推进相关改革工作。

关键词：少年警务；专门机构；系统建构；少年法治

Systematic Construction of the Juvenile Special Police Department

Abstract: The serious juvenile cases constantly aroused the public concerning strongly. With no doubt, the unfulfillment of our juvenile law is the systematic cause. Systematic construction of the juvenile special police department should be an important part to fulfill the juvenile law system, which needs to be solved promptly. The basic issues, such as the necessity, the feasibility, the mode to choose and the pilot promotion, need to be clarified in advance. The relevant decision makers should make decision in time, and practically push forward the reform work.

Keywords: Juvenile Police; Special department; Systematic Construction; Juvenile Law System

近年来，少年违法犯罪和少年被害事件时有发生，尤其是校园暴力、性侵未成年人的恶性事件,成为社会突出问题,引发全社会的普遍关注。如何回应这些现实热点问题,如何完善相关法律制度,如何优化相关问题的社会治理策略,成为热议焦点。作为社会治理、法律实施的重要主体,公安机关应当如何采取针对性策略,是需要及时研究的一个重要问题。

笔者认为,建立少年警务专门机构是公安机关应当采取的应对措施中的关键之策。所谓少年警务专门机构,即在建制上设立如同各级公安机关的刑侦、经侦、禁毒、网安、政保、环保、法制等常设性、实体性的专门机构,专司少年违法犯罪案件、少年被害案件的依法办理以及少年权益保护问题的综合治理,以确保少年法律制度获得更为专业、全面、实效的贯彻落实。

自20世纪80年代我国少年司法制度创建以来,曾有多个地方的公安机关在少年警务专门机构创建方面进行了一些颇具价值的实践探索改革,但这些"星星之火"一直未能形成"燎原之势"。在新时代的国家发展战略背景下,我国少年警务专门机构的系统建构问题,即如何建构一整套的从中央到地方的少年警务专门机构及其制度运行体系的问题,业已成为我国少年法治系统战略①的当务之急。这需要我国高层决策者的切实研究、适时引领和大力推进。其中,我国少年警务专门机构系统建构的必要性、可行性、模式选择及试点推广等,是需要首先研究的基本问题。

一、必要性问题

"就少年警务制度而言,我国公安部门一直未能系统设立专门的少年警务机构,只有公安机关内设的'打拐办'(打击拐卖妇女儿童犯罪办公室)与此有所关联。个别地方的公安机关,如上海市长宁区、广西钦州市钦南区,曾进行了设立少年警务专门机构的改革尝试。众所周知,各级公安机关都普遍设立了诸如刑侦、经侦、禁毒、治安、网安,甚至环保、打假等专门机构,唯独没有少年警务方面的专门机构。相较而言,少年警务的特殊的重要价值及其专门机构

① 少年法治系统战略思想认为:其一,青少年群体是国家和民族的未来,应当将其权益保护及健康发展问题提到新时代国家战略的高度来予以认识及决策;其二,对此战略的贯彻实施应当采取法治方法,以保证其规范性、机制性、稳定性及长效性;其三,少年法治是一项系统工程,需要以系统思维来予以研究及决策。进一步的详尽论说,参见高维俭:《少年法治系统论纲》,载《政治与法律》2022年第10期。

设立的必要性,毫不逊色于上述的专门警务机构。笔者认为,专门的少年警务机构及其制度的设立势在必行。”①

对于少年警务专门机构的系统建构的必要性问题,从现有文献来看,无论是学术界还是实务界,都是异口同声,尽皆认为确有必要,几乎没有例外。其中的主要理由包括青少年群体的巨大数量和特别重要价值、少年警务专门机构作为少年司法及少年法治系统中的重要基础一环、相关法律的明确规定及相关政策文件的着力倡导,以及新时代国家战略发展和国家治理现代化的需要,等等。② 在此,笔者再强调以下三点。

（一）有利于回应当前社会关注热点

校园霸凌、家庭暴力、性侵少年等恶性案件,无一不牵动着公众的敏感神经。构建少年警务机构及配套制度是完善少年司法制度的重要环节。我国少年警务机构及制度的缺失是我国少年司法制度体系以及整个少年法治系统的重大缺憾。专业化、专门化的少年警务机构的建立,对完善我国少年司法保护,以及少年犯罪治理具有重要意义,其必要性及可行性不言而喻,关键只是需要有关决策者的决心。

2020 年《中华人民共和国未成年人保护法》(以下简称《未成年人保护法》)和《中华人民共和国预防未成年人犯罪法》(以下简称《预防未成年人犯罪法》)完成重大修改完善;2023 年最高人民法院、最高人民检察院、公安部、司法部《关于办理性侵害未成年人刑事案件的意见》和最高人民法院、最高人民检察院《关于办理强奸、猥亵未成年人刑事案件适用法律若干问题的解释》出台后,相关法律规范对公安机关落实少年警务工作提出了更高的、更为切实的冀望和要求,如对于校园霸凌、性侵少年案件的处理、矫治教育措施、保护处

① 高维俭:《少年法治系统论纲》,载《政治与法律》2022 年第 10 期。

② 参见姚建龙:《晚近国外少年司法改革趋向与中国之少年司法改革》,载《社会科学家》2023 年第 8 期;陈华:《公安机关未成年人保护的功能、现状及其制度构建》,载《中国人民公安大学学报(社会科学版)》2022 年第 3 期;赵希:《少年警务的理念更新与制度阐释——以〈预防未成年人犯罪法〉修订为背景》,载《预防青少年犯罪研究》2021 年第 2 期;王铁凡:《我国少年警务制度建构问题研究》,载《统计与管理》2012 年第 4 期;张昭怡:《我国未成年人警务的实践检视与制度完善研究》,中国人民公安大学 2022 年硕士学位论文。

分、分级干预、专门教育制度等。这意味着我国少年司法保护制度的发展和完善更加迫切地需要专业化的少年警务机构的加持。

(二)有利于少年警务专业化

理论界对于建立少年警务专门机构的倡议已经不是新话题了,并且已经有了不少学术研究成果。在实务界,我国有办理少年犯罪案件与预防少年犯罪的广西"钦南模式",有少年保护社会治理的"北京模式"。无论是理论研究还是实践探索,建立专门的少年警务机构的实践价值都是积极的,其中的重要价值之一即有利于提升少年警务的专业化,从而更好地保障少年司法保护的实现。

(三)有利于少年法治事业以及国家治理现代化

不断推进国家治理体系和国家治理能力现代化是我国新时代的重大国策。国家治理现代化,从某种意义上看,不仅意味着"专业的人,干专业的事"(具有现代专业知识和技能的人,干符合现代专业标准的事),还意味着"专业的队伍,干好专业的事业"(国家治理不是一两个专业的人能够干好的事业,而是需要专业队伍的协同配合),更意味着整个国家治理体系的现代化,这需要各个层面、各条战线的专业化国家治理主体之间的整体协同配合。

通过《未成年人保护法》和《预防未成年人犯罪法》的正确实施可以实现保护和促进少年健康成长的目标。少年法律保护是整个国家治理现代化的重要内容,不仅涉及少年本身的问题,还将涉及国家治理的方方面面,如家庭、学校、社区、行政、司法、社工,等等。基于全社会对少年的特殊关切之情,以"仁爱"之义推行的相关政策和改革必将赢得更多的支持。因此,以少年法治作为整个国家治理现代化的一个战略进路,是值得优先推进的。

关于少年法治系统,我国目前的大体布局是:就司法条线而言,检察机关普遍设立了专门的"少年检察"(未成年人检察部),法院普遍设立了专门的少年法庭或少年与家事法庭,司法行政部门多有专门的未成年犯管教所,而唯独公安机关基本上没有专门的少年警务机构。少年警务专门机构的系统建构十分必要和迫切,可以促进社会各层面、各条线的整体协同配合,形成国家治理现代化意义上的完整的少年司法保护专业化体系。

二、可行性问题

（一）系统成熟的警务制度体系

经过数十年的发展，尤其是改革开放、社会主义法治国家建设以来，我国警务制度体系获得了前所未有的大发展，在编制规模、队伍建设、管理机制、人才素质、执法经验、法治素养等多个方面取得了长足的进步。这实际上也为我国少年警务专门机构的系统建构提供了强有力的体系支撑。

（二）渐成体系的少年法律依据

从我国第一部专门少年法（1987年《上海市青少年保护条例》）的诞生，到1991年《未成年人保护法》、1999年《预防未成年人犯罪法》以及之后这两部专门的全国性的少年法的多次修改完善，以及2021年《中华人民共和国家庭教育促进法》和2023年《未成年人网络保护条例》，以及《中华人民共和国刑法》（以下简称《刑法》）、《中华人民共和国刑事诉讼法》（以下简称《刑事诉讼法》）、《中华人民共和国民法典》（以下简称《民法典》）和《中华人民共和国治安管理处罚法》（以下简称《治安管理处罚法》）等法律中涉及未成年人的法律规范的修改完善，我国涉及少年案件办理及权益保护的法律规范渐成体系，从而为我国少年警务专门机构的系统建构、制度运行以及整个少年法治事业发展提供了充分的法律依据。

值得特别注意的是，无论是《未成年人保护法》和《预防未成年人犯罪法》，还是早在1995年公安部颁布的《公安机关办理未成年人违法犯罪案件的规定》，都反复明确要求公安部门应当设置专门机构或指定专人负责办理未成年人违法犯罪案件。这些都是我国少年警务专门机构系统建构的明确法律依据。

（三）逐步发展的相关理论思想

通过中国知网（CNKI）全文精确检索“少年警务”一词，截至2023年，可以找到总库文献共计209篇，其中“学术期刊”类97篇、“学位论文”类56篇、“会议”类8篇、“报纸”类21篇和“中文图书”类2篇。通过这一不完全统计，我国涉及少年警务问题的理论研究比较丰富，相关的思想准备达到了相当的程度，可以满足少年警务专门机构系统建构的理论思想需要。

（四）诸多已有的实践探索经验

我国少年警务专门机构的创设改革工作曾有诸多地方的基层实践探索，积累了相当多的实践经验。在此略举几例：

其一，上海市长宁区公安分局早在1986年就创设了“少年科”，这是我国第一个专门的少年警务机构。“但遗憾的是，在不久进行的撤销预审部门的警务改革中，少年科被撤销。此后20多年的时间内，中国警务部门中均没有再出现专门的少年警务机构”①。

其二，2013年4月，广西壮族自治区钦州市钦南分局设立“青少年警务工作办公室”，后更名为“未成年人警务科”。该少年警务专门机构由一名副局长领导负责；该机构设在预审大队，专职负责未成年人案件办理、执法监督、研究制定预防未成年人犯罪的具体工作计划和规章制度，并负责与检察院、司法局等单位沟通，同时负责审核、指导未成年人犯罪案件的办理、提请逮捕和起诉、对未成年犯罪嫌疑人进行社会调查、对未成年人犯罪案件进行登记造册、对未成年人前科进行封存等工作；该机构还制定了办理未成年人违法犯罪案件的规章制度，如《钦南分局办理未成年人刑事案件的规定》《钦南分局关于未成年人与成年人共同犯罪案件分案处理暂行规定》，并建立了该机构与预审、治安、刑侦、交警和派出所等部门为主体的“六警”联动机制。②

另外，北京市海淀区于2015年7月设立的专门的未成年人预审中队、江苏省淮安市公安局于2016年11月印发文件要求市县两级公安机关组建未成年人案件专门办案组、江苏省江阴市和云南省昆明市盘龙区于2016年9月和10月分别举行的专门的少年警务培训班等③，也是我国少年警务专门机构创设的有意义的实践探索。

---

① 姚建龙：《中国少年司法的历史、现状与未来》，载《法律适用》2017年第19期。

② 参见广西钦州市公安局钦南分局：《建立“六警”联动机制搭建预防未成年人犯罪的公安职能网——钦州市公安局钦南分局预防未成年人犯罪经验材料》，“新刑事诉讼法与未成年人刑事司法一体化全国交流会”会议材料，2013年7月31日。

③ 相关实践探索经验及研究，参见冯荣炜、周宗建：《广州“南华西少年警队”运作经验》，载《广州市公安管理干部学院学报》2023年第2期；邓晓凌、李东阳：《未成年人〈警务培训〉课程初探》，载《法制博览》2022年第33期；阎子晨：《我国少年警校建设研究》，中国人民公安大学2022年硕士学位论文。

总之,上述多个地方的基层实践探索经验、相关规章制度以及相关研究为我国少年警务专门机构的未来系统建构奠定了重要的实践基础。

三、模式选择问题

根据我国相关立法,如《中华人民共和国人民警察法》《未成年人保护法》《预防未成年人犯罪法》《治安管理处罚法》《刑事诉讼法》等,结合我国少年警务的实际需要和我国警务机构的体系构架,我国少年警务专门机构的构建模式需要重点考虑外部协调和内部协调两个方面的问题。

(一)外部协调问题

外部协调问题即少年警务专门机构与少年法治相关部门之间的业务协调问题。对此,笔者的初步建议是,少年警务专门机构应当考虑内设少年刑案警务部门和校园及社区警务部门,以分别与专门的少年检察机构(未检机构)和教育行政部门、学校及社区管理等相关机构形成业务对接及协调关系。前者注重少年犯罪及被害刑事案件的依法办理,兼顾保护和预防策略;后者注重保护和预防策略,兼顾涉及案件的依法处理和转接等。同时,笔者建议,我国少年警务专门机构可以参考我国少年检察机构的构建,从中央到地方,予以系统性的设置,从而保障管理的系统化和业务的专业化,专业的人做专业的事。

(二)内部协调问题

内部协调问题即少年警务专门机构与其所在警务机构系统相关部门之间的管理协调问题。对此,笔者的初步建议是:一方面,在少年警务专门机构的建制及模式问题上,可以基本仿效现有的刑侦、经侦、禁毒等公安机关专门业务机构的模式,并保持少年警务专门机构与这些已有专门业务机构的平行建制关系;另一方面,妥善协调少年警务专门机构与已有的其他专门业务机构、法制部门、基层派出所、交巡警等机构之间的业务办理方面的配合、转接及交流等关系。对此,“钦南模式”中的“六警”联动机制提供了颇具价值的实践探索经验。

四、试点推广问题

尽管我国少年警务专门机构的系统建构业已具备了诸多的有利条件,包括警务体系基础、少年法律依据、理论思想准备和实践探索经验等,但少年警务专门机构以及少年警务制度的系统建构并非简单易行之事,而是一个复杂的系统工程，需要系统筹划、科学试点，而后方能系统建构及逐步推广。

（一）组建领导小组，选择先进地区试点

关于少年警务专门机构的系统建构问题，根据我国的实际情况，笔者建议：一方面，应当首先在公安部组建少年警务改革领导小组，加强相应的领导、研究及方案拟定工作；另一方面，应当选择少年法治的先进地区，如北京、上海、广州、深圳等地，展开相应的试点工作。这些地区也是经济文化、警务体系较为发达的地区，可以为改革试点提供更优的条件保障。

（二）适时总结经验，逐步予以建章立制

对于相关的改革试点经验，应当适时总结，逐步予以建章立制，形成规范化的章程，并在进一步的实践探索中逐步优化。同时，在此过程中，相关专业人员的训练、相关执法机制的运行等也可以获得进一步的强化，以造就一定规模的专业团队，形成相当数量及质量的规范化文件，乃至公安部层面的少年警务制度规范体系。

（三）组织培训交流，渐次开展系统推广

随着相关改革试点经验的逐步积累，少年警务专门机构以及少年警务制度逐步趋向于正轨，公安部少年警务改革领导小组以及相关改革试点地区的公安领导部门可以组织相应范围和规模的培训交流，在少年法律规范体系和少年警务规范体系的指引下，在相关法学及公安学研究教学机构的助力下，渐次开展系统推广，以令各级公安机关结合实际、逐步建立起专门的少年警务机构，从而最终形成全国范围的少年警务专门机构系统。

五、结语

系统建构专门的少年警务机构，其意义是多层面的、重大的，其重要意义毫不逊色于设立刑侦、经侦、禁毒、网安、政保、环保、法制等常设性、实体性的专门机构。我国的少年群体多达三亿以上，他们是国家和民族的未来希望和接班人。在中华民族伟大复兴的新时代战略背景下，其紧迫性更为凸显，这需要决策者的关键决心以及系统科学的建构方略。

（本文原载于《法治时代》2023年第12期）

论未成年人刑事检察工作的"两卷三书"制

摘要："两卷三书"即普通刑事卷、社会调查卷、起诉书（或不起诉决定书）、社会调查报告书和量刑建议书（或检察建议书）等未成年人刑事检察法律文书的统称。以"两卷三书"为依托而形成的未成年人刑事办案机制，其内在有着严密的逻辑结构，具有显著的创新性、系统性、规范性、实践性、合法性和科学性。"两卷三书"制更加有利于未成年人刑事检察和未成年人刑事司法的实践价值目标的实现，并有助于推进整个未成年人刑事司法的实践探索和制度革新。

关键词：未成年人刑事检察；两卷三书；办案机制；实践价值；制度革新

"Two Dossiers and Three Writs": A Framework of the Juvenile Procuratorial Work

Abstract: "Two Dossiers and Three Writs" is the joint name of the criminal dossier, the social investigation dossier, the social investigation report, the indictment or non-prosecution, the sentencing proposal or (and) the procuratorial proposal. The juvenile criminal case dealing system framed by the "Two Dossiers and Three Writs" has its rigour logic structure, which is of innovative, systematic, normative, practical and legitimate. The "Two Dossiers and Three Writs" framework is a better choice to realize the practical aims of the juvenile criminal justice, to push forward the practical exploration and institutional innovation of the juvenile criminal justice.

Keywords: Juvenile Procuratorial Work; Two Dossiers and Three Writs; Case

Dealing System; Practical Value; Institutional Innovation

未成年人刑事司法与成年人刑事司法之间存在显著的分别,即前者强调“教育为主,惩罚为辅”的原则和“教育、感化、挽救”的方针,强调其治疗性目标的实现,而后者则强调刑罚的报应品格,强调其威慑性目标的实现。在长期的实践探索、理论研究以及立法变革中,尤其是《中华人民共和国刑事诉讼法》(以下简称《刑事诉讼法》)中有关“未成年人刑事案件诉讼程序”的规定的实施,未成年人刑事司法的特殊性日益彰显。作为未成年人刑事司法的承上启下的关键环节,未成年人刑事检察的诸多制度体现着其特殊性。为了进一步系统全面地体现其特殊性,实现其特殊的价值目标,经过较长时间的实践探索和理论总结,我们主张建立未成年人刑事检察的“两卷三书”制。

所谓的“两卷三书”制,即以普通刑事卷、社会调查卷、起诉书(不起诉决定书)、社会调查报告书和量刑建议书(检察建议书)等法律文书为依托而形成的内在逻辑严密、功能系统全面的未检办案工作机制。我们认为,“两卷三书”制是未检工作的一个具有重要意义的机制创新,其完善了未成年人刑事检察的工作载体,将更加有助于规范未检办案工作乃至整个未成年人刑事司法活动,将更加有助于提升未成年人刑事案件的办理质量,将更加有助于其特殊价值目标(教育矫治和特别保护)的实现,从而对未成年人刑事检察制度以及整个未成年人刑事司法制度的完善具有重要意义。

一、“两卷三书”的基本内容及基本要义

“两卷三书”分为两种情形,即未成年人起诉案件的“两卷三书”和未成年人不起诉案件的“两卷三书”。其中,“两卷”即指记录未成年犯罪嫌疑人受指控行为事实的“普通刑事卷”和记录未成年犯罪嫌疑人人格状况的“社会调查卷”;“三书”即指“起诉书”(或“不起诉决定书”)、“社会调查报告书”和“量刑建议书”(或“检察建议书”)。起诉案件和不起诉案件的“三书”在形式、内容和功能等方面有所差异。

(一)普通刑事卷

普通刑事卷又称“刑事侦查卷”,是侦查机关移送检察机关审查起诉的基

本材料,其基本内容包括侦查机关对相关案件事实的刑法定性及其相关的证据材料。在形式、内容和功能等方面,未成年人的普通刑事卷和成年人的普通刑事卷并无二致,体现着未成年人刑事案件和成年人刑事案件的共性。普通刑事卷主要记录未成年犯罪嫌疑人的在案犯罪行为事实以及侦查机关对此的基本定性,是全面考察涉案未成年人犯罪行为社会危害性、刑事违法性和应受刑罚惩罚性的基本依据,旨在解决报应刑发动与否及其程度的问题。普通刑事卷不仅是依法查明案件事实、确保无罪的人不受刑事追究的依据所在,也是确定犯罪嫌疑人所涉罪名及其法定刑幅度的依据所在,还是制定起诉书、不起诉决定书、量刑建议书和检察建议书等,启动公诉程序以及履行法律监督职能的依据所在。在"两卷三书"制中,普通刑事卷具有基础性的地位,指引着后续诉讼活动发展的基本方向。

(二)社会调查卷

《联合国少年司法最低限度标准规则》(北京规则)第16条规定:"所有案件除涉及轻微违法行为的案件外,在主管当局做出判决前的最后处理之前,应对少年生活的背景和环境或犯罪的条件进行适当的调查,以便主管当局对案件做出明智的判决。"社会调查卷通常包括如下几方面的材料:其一,反映少年犯罪嫌疑人或被告人家庭环境及成长情况的材料,如法定代理人、亲属和少年本人的相关陈述以及户籍档案材料等;其二,反映少年犯罪嫌疑人或被告人学校表现情况的材料,如教师、同学的相关陈述,该少年的学校档案,等等;其三,反映少年犯罪嫌疑人或被告人社区表现情况的材料,如邻居、伙伴的相关陈述,等等;其四,反映少年犯罪嫌疑人或被告人个性心理状况和违法犯罪原因的材料,如心理评测报告、相关人员(包括专业人士)的分析评估等。社会调查卷中的相关材料是制作社会调查报告的基本素材。上述材料非常丰富,其相关法律文书的数量完全可以与普通刑事卷的法律文书数量相匹敌,且其能够突出地彰显未成年人刑事司法的特殊性,故而笔者主张将其独立成卷。此外,因为社会调查卷中的材料实属系统反映未成年人刑事案件特殊性的证据材料(系统反映其人身危险性和矫治可能性的人格证据或品格证据材料),故而根据刑事诉讼的一般原理,其收集和立卷工作原则上应当由侦查机关来承担,必要时可由检察机关来补充。

（三）起诉书或不起诉决定书

1. 起诉书

2012年《刑事诉讼法》第172条规定："人民检察院认为犯罪嫌疑人的犯罪事实已经查清，证据确实、充分，依法应当追究刑事责任的，应当作出起诉决定，按照审判管辖的规定，向人民法院提起公诉，并将案件材料、证据移送人民法院。"起诉书作为人民检察院对审查确认构成犯罪、依法应当追究刑事责任的被告人，按照法律规定的审判管辖层级，代表国家向同级人民法院提起公诉时所制作的法律文书，是对普通刑事卷所记录的在案行为事实的刑法定性。起诉书是对刑事侦查结论的初步确认，是启动刑事审判活动的必要依据和重要参考，在整个刑事诉讼活动中具有承上启下的重要作用。

2. 不起诉决定书

作为公诉权的重要内容，不起诉权是法律赋予检察机关的重要职权，是保证办案的法律效果和社会效果相统一的自由裁量权。不起诉决定书是检察机关依法行使不起诉权的重要载体，是终止刑事追诉程序的重要法律文书，在教育、感化、挽救涉案未成年人方面发挥着重要作用。检察机关在办理未成年人刑事案件的过程中，结合案件的具体情况，通过对涉案未成年人行为的社会危害性、其人身危险性及其矫治的现实可能性的全面评估，按照《刑事诉讼法》及司法解释的相关规定和相应刑事政策的精神，对符合相应条件的未成年犯罪嫌疑人尽量作出不起诉决定，即"能不起诉的，尽量不起诉"。对未成年犯罪嫌疑人的不起诉决定，一方面可以减小刑事诉讼对未成年犯罪嫌疑人的伤害，适时地对其予以教育、感化和挽救，并采取适当的措施修复其行为所造成的社会损害；另一方面也能有效节约诉讼资源，保证将有限的办案精力投入打击其他严重刑事犯罪的工作中。但是，不起诉决定书让未成年犯罪嫌疑人豁免于进一步的刑事责任追诉并不意味着免除被不起诉人的其他责任。在作出不起诉决定后，检察机关一方面有必要对该未成年人采取适当的教育、感化、挽救措施，即适当运用检察建议书引导、督促家庭、学校、社区、政府部门等单位共同参与到未成年人帮教、管护工作中来，并对之予以有针对性的跟踪帮教和回访工作；另一方面，检察机关还有必要以恢复性司法理念为指引，协助该未成年人修复其行为所造成的社会创伤。

（四）社会调查报告书

社会调查报告书是以社会调查卷为基础材料而得出来的关于未成年犯罪嫌疑人或被告人的人身危险性和矫治可能性等人格状况的分析评估结论的法律文书。该法律文书为未成年人刑事司法所特有，集中体现着其特殊性。社会调查报告书的全称可以表述为"未成年犯罪嫌疑人或被告人的社会人格状况调查评估报告书"。申言之，社会调查报告书通过对侦查机关所收集的关于未成年犯罪嫌疑人或被告人的家庭、学校和社区等方面的社会调查材料的全面分析，在系统阐述其违法犯罪原因及其性格特点、心理特征等人格状况的基础上，提出未成年犯罪嫌疑人的人身危险性（或再犯可能性）和矫治可能性的评估意见，从而为制定合理的、有针对性的、个别化的帮教、矫治方案提供方向指引。社会调查报告书是在未成年人刑事司法中贯彻"教育、感化、挽救"方针和"教育为主、惩罚为辅"原则的集中体现，也是对症下药地开展未成年人矫治工作的重要依据。其内容应当系统全面，其方法应当专业实证，其证据应当翔实充分，其论证应当逻辑严密，其结论应当明晰切实，从而为有效解决未成年犯罪嫌疑人或被告人的处遇问题提供系统、专业、切实、富有价值的参考。

（五）量刑建议书或检察建议书

1. 量刑建议书

"量刑是一个充满矛盾纠结和价值判断以及取舍的复杂而艰难的过程。"① 量刑建议书是人民检察院就其决定起诉的刑事案件，随同起诉书一并提交人民法院的旨在为刑事审判之量刑处遇提供重要参考的法律文书。量刑建议是人民检察院的公诉权或求刑权的重要体现。

就未成年人刑事司法而言，量刑建议书具有其显著的特殊性。未成年人刑事起诉案件的量刑建议书，一方面，要对反映未成年被告人罪行严重程度的在案行为事实予以考量；另一方面，还要对反映未成年被告人的人身危险性、

---

① 王立志：《量刑建议需注意的四个问题》，载《人民检察》2012 年第 9 期。

矫治可能性等人格事实进行评估，并在综合考虑起诉书和社会调查报告书所载明的事实、理由和结论的基础上，遵循罪刑均衡原则提出合理的、具体的刑罚裁量建议，并遵循未成年人刑事司法的特殊方针和原则（“教育、挽救、感化”的方针和“教育为主、惩罚为辅”的原则）提出合理的、有效的特殊处遇措施建议，从而为未成年人刑事审判机关的公正量刑和特殊处遇决策提供重要参考，实现其法律效果与社会效果的有机统一。故而，在未成年人刑事司法领域，量刑建议书更宜称为“量刑处遇建议书”。申言之，成年人量刑建议书倚重于反映罪行严重程度的在案行为事实的考量，强调其量刑的报应惩戒效应；而未成年人量刑处遇建议书倚重于反映未成年人人身危险性和矫治可能性等人格事实的评估，强调其量刑及处遇的教育保护效果，其特殊性显著。

2. 检察建议书

检察建议书是检察机关针对其在案件办理过程当中发现的社会治理缺漏或不当问题，向有关部门或人员发出的建议其采取弥补、改正措施的法律文书。在刑事检察实践中，检察建议有其广泛的适用空间和适用价值。其可以适用于起诉案件，也可以适用于不起诉案件。

就我国目前的未成年人刑事检察实践而言，不起诉（微罪不诉）决定的大量适用会带来一个非常突出的问题，即对被免予刑事追诉的未成年人的适当管控与帮教问题。对此，一些基层检察院在实践探索中创造了一些相关举措，如与家长或单位签订“帮教协议书”，如“两书”（“家长告知书”和“家长承诺书”）制度①。这些创新性的举措确有一定的实践效益，但其面临一个非常突出的法治疑问，即相关文书并无法律之规定，其本身不具有法律效力，按照“法无授权即禁止”的公法原则，上述创新举措因“师出无名”而难入法治轨道。司法改革不能逾越法治的轨道。

笔者认为，通过充分运用检察建议书来督促家庭、学校、社区和政府有关部门切实履行其对未成年人所担负的教育、监管职责，修补相关的社会治理缺漏，可以将上述的有一定实践效益的创新举措的实质内容纳入其中，是未成年

① 沈义、苏勇、覃俭：《“两书”规范涉案未成年人帮教》，载《检察日报》2011年12月29日，第2版。

人刑事检察工作相关问题的合理合法的解决方案。

二、“两卷三书”制的内在逻辑及显著特点

（一）内在逻辑

作为实施法律、彰显司法公正与未成年人刑事司法特殊性的法律文书，“两卷三书”有其内在的严密的逻辑结构。其内在逻辑结构如图1所示。

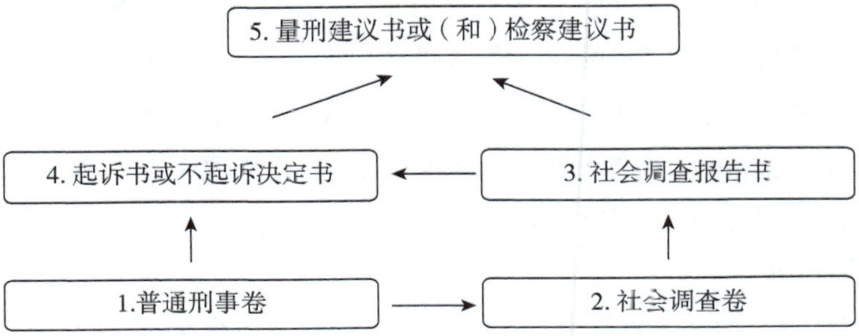

图1　“两卷三书”制的内在逻辑结构

展言之，“两卷三书”的内在逻辑可以表述为：（1）以“普通刑事卷”所记录的未成年犯罪嫌疑人在案行为事实及证据材料为逻辑起点，以其行为的社会危害性、刑事违法性和应受刑罚惩罚性来对案件予以基本定性；（2）以“社会调查卷”所收纳的反映其人身危险性和矫治可能性等人格事实的证据材料来奠定未成年人刑事司法特殊价值目标实现的基础；（3）以“社会调查报告书”系统分析未成年犯罪嫌疑人的个性人格状况、犯罪原因、人身危险性、矫治可能性以及可能的矫治方案；（4）基于上述材料，行使检察官自由裁量权，作出起诉或不起诉的决定，并制作“起诉书”或“不起诉决定书”；（5）基于上述决定或结论，制作“量刑建议书”或（和）“检察建议书”，对未成年犯罪嫌疑人或被告人的量刑、处遇、矫治、帮教、监护等事宜提出具有法律效力的建议。

这样一种内在逻辑，其一方面着眼于公正地追究未成年犯罪嫌疑人或被告人的刑事责任，对之予以适度的惩戒性教育；另一方面着眼于有效地贯彻未成年人刑事司法的特殊价值目标，即在全面系统查清未成年犯罪嫌疑人或被告人的在案行为事实和社会人格事实的基础上，为“治病救人”而寻求科学的“对症下药”的矫治措施，并对该未成年人予以特殊的保护，避免传统普通刑事

司法对其可能造成的过度伤害,促进其未来的健康成长。

(二)显著特点

1. 创新性

我国目前的未成年人刑事检察办案工作载体主要为"一卷两书"或"一卷一书",与成年人刑事检察大体相同。其中,"一卷"即刑事侦查卷(普通刑事卷);"两书"即起诉案件的起诉书和量刑建议书;"一书"即不起诉决定书。而"两卷三书"增"一卷"为"两卷"(普通刑事卷和社会调查卷),增"一书"或"两书"为"三书"(社会调查报告书、起诉书或不起诉决定书、量刑建议书或检察建议书),起到了突出未成年人刑事检察制度乃至整个未成年人刑事司法制度特殊性、完善相关制度设计的作用,其创新性显著。

2. 系统性

"系统是一切事物的存在方式之一。因此,对任何事物,小到细胞,大到社会,都可以用系统观点来考察。"①完备的系统是健全的功能的基本保障。从其上述的内在逻辑结构来看,"两卷三书"的五个基本环节在外在形式上环环相扣,在内在功能上相辅相成,共同构成了一个逻辑严密、功能完备的未成年人刑事检察工作制度体系,为全面把握未成年犯罪嫌疑人或被告人的在案行为事实和社会人格事实,为准确评估其社会危害性、人身危险性和矫治可能性,为正确适用其刑事诉讼流程,为公正的定罪量刑,为科学的处遇矫治措施的适用,提供了全面的决策依据和系统的制度保障。

3. 规范性

根据我国《刑事诉讼法》《中华人民共和国未成年人保护法》《联合国少年司法最低限度标准规则》(北京规则)等法律及有关司法解释的规定,未成年人刑事案件的办理中,有关的刑事司法机关应当通过社会调查的方式查清未成年犯罪嫌疑人或被告人的成长背景、犯罪原因、性格特点等情况,形成社会调查报告,以供定罪量刑之决策依据或参考。然而,由于相关制度设计不够规范、严密,针对未成年犯罪嫌疑人或被告人的社会调查报告往往流于形式,或

① 许国志主编:《系统科学》,上海科技教育出版社2000年版,第17页。

以一个简单的《社会调查表》草草了事，或寥寥数言，缺乏系统全面的分析评估。而“两卷三书”通过独立成卷的“社会调查卷”、正式成书的“社会调查报告书”凸显出社会调查报告制度的地位和作用，并对其具体的司法实践工作提出了更为全面、详尽的要求，从而可以起到进一步规范相关司法实践工作，并更好地实现相关法律目标的作用。

同时，从“两卷三书”上述的基本内容和逻辑结构图可见，其逻辑严密、环环相扣、井然有序、功能完备、制度明确、要求具体而全面，不仅有利于规范未成年人刑事检察工作的依法、有效开展，还有利于对相关司法结论开展事后审查和法律监督。

4. 实践性

“司法是一种技巧，是一门实践的技艺。”[①]作为未成年人刑事检察的一种制度创新，“两卷三书”制具有显著的实践性。一方面，其制度创新来源于未成年人刑事检察工作的实践经验。申言之，该制度创新是在面临相关司法实践的突出问题（如前所述的社会调查报告制度问题、刑事检察建议制度问题等）时，为寻求问题的解决而逐渐探索、总结出来的合理合法的系统方案。另一方面，该制度创新尚属新生事物，还有待于在相应的司法实践中予以进一步的充实和完善。总之，“两卷三书”的制度创新源于司法实践，服务于司法实践，并将通过相关的实践检验和经验积累来获得其制度的完善和内涵的丰富。

5. 合法性

法律制度的创新不能违背法律的刚性规定和法律的基本原则，而应当在相关法律原则精神的合理“射程”内有所作为，否则法律的稳定性和公信力就会受到损伤。反之，不予以合理的制度创新，法律制度就会僵化和滞后，无法适应法律实践的实际需要。作为未成年人刑事检察工作机制的系统创新，“两卷三书”或有其明确的法律依据，如普通刑事卷（刑事侦查卷）、起诉书或不起诉决定书、量刑建议书、检察建议书，或在其相关法律规定的合理含义范围之内，并有其法学理论的根据，如“社会调查卷”和“社会调查报告书”。总之，“两

① 徐昕：《司法过程的性质》，载《清华法学》2010年第2期。

卷三书”的制度创新具有其合法性。

6. 科学性

“两卷三书”是基于对未成年人犯罪基本规律及其刑事政策基本方略的科学认识而构建起来的一个逻辑严密、分工明确、相互衔接的检察工作制度体系。其中的“科学认识”包含了诸多社会科学学科的科学结论，如实证主义犯罪学关于犯罪原因和犯罪对策的结论，儿童发展心理学关于青春期特殊风险的理论，等等。“两卷三书”不仅在内在结构上符合刑事诉讼的基本流程，而且其价值目标也是符合现代法治的基本精神以及现代少年司法的特殊精神，有助于未成年人刑事检察机关科学地应对未成年人教育、保护、矫治和适度惩戒的难题，如“社会调查报告书”即可以通过科学实证的方法（如心理测评）来寻求合理有效的矫治策略。总而言之，“两卷三书”的制度设计基于科学认识，采用科学方法，有着系统、科学、逻辑严密的内在结构，符合未成年人刑事司法的基本规律和价值诉求，因而具有显著的科学性。

三、“两卷三书”制的实践价值

作为一种源于实践、服务于实践的制度创新，与我国目前的相关制度相比较而言，“两卷三书”制具有更为突出的实践价值，即更有利于未成年人刑事检察乃至整个未成年人刑事司法的实践价值目标的实现，并有助于推进整个未成年人刑事司法的实践探索和制度革新。

（一）更有利于凸显未成年人刑事检察乃至未成年人刑事司法制度的特殊性

未成年人具有显著的特殊性，其身心发育尚不成熟，认识能力和控制能力较弱，加上青春期的特殊风险，容易误入违法犯罪的道路，而随着其正常的社会成长，其问题常常可以获得“痊愈”。因而，未成年人刑事政策强调适度的宽宥、合理的宽缓、尽量的保护、科学的矫治，而对简单的报应惩戒予以坚决的排斥。

目前，在我国未成年人刑事检察办案工作的“一卷两书”或“一卷一书”制度中，社会调查报告只被认为是一个附带性的参考证据，往往流于寥寥几句的形式，缺乏系统深刻的分析评估；检察建议也往往被视为一个可有可无的举措,在实践中很少得以运用。在此意义上,未成年人刑事检察制度乃至未成年人刑事司法制度的特殊性没能得到充分的应有的彰显,其与成年人刑事检察制度和成年人刑事司法制度之间的差异不显著。

“两卷三书”制在充分尊重未成年人特殊性的理念背景下,为未成年人刑事检察工作特殊性的充分彰显提供了更为全面而系统的制度保障。申言之,在“一卷两书”或“一卷一书”的基础上,“两卷三书”除了凸显检察建议的重要意义,主张“检察建议书”是未成年人不起诉案件处理的必要的法律文书,还主张将“社会调查卷”独立成卷,为系统而深刻的“社会调查报告书”的制作夯实了其必要的综合性的证据基础,并主张令“社会调查报告书”成为一份与“起诉书”“量刑建议书”并行的正式法律文书,从而为社会调查报告制度的完善提供了更为切实的工具和载体。而在整个未成年人刑事司法制度中,社会调查报告制度具有突出其有别于成年人刑事司法制度的核心价值地位。① 由此可见,“两卷三书”通过凸显“社会调查卷”、“社会调查报告书”和“检察建议书”的地位和作用,并对相关具体制度予以完善,进而凸显了未成年人刑事检察制度乃至整个未成年人刑事司法制度的特殊性。

(二)更有利于规范未成年人刑事诉讼的办案流程与工作载体

“只有严格按照预先设定的规则,引导刑事诉讼有序展开,保障诉讼当事人的诉讼权利,才能保障实体正义的正当实现。”②依法创新而成的“两卷三书”制度有利于规范未成年人刑事诉讼的办案流程与工作载体。

首先,对于未成年人刑事侦查工作而言,“两卷三书”制度将“普通刑事卷”与“社会调查卷”分别立卷,这实际上是对未成年人刑事侦查机关提出了两方面的规范要求:一方面,未成年人刑事侦查机关应当查清“普通刑事卷”所要求的主要反映未成年犯罪嫌疑人行为的社会危害性的在案事实与证据;另一方面,未成年人刑事侦查机关还应当重视社会调查工作的开展,以查清“社会调

① 相关的详尽论述,参见高维俭:《少年司法之社会人格调查报告制度论要》,载《环球法律评论》2010 年第 3 期。

② 肖玮、张伯晋:《强化程序意识,筑牢刑事诉讼“防波堤”》,载《检察日报》2012 年 4 月 20 日,第 1 版。

查卷"所要求的主要反映未成年犯罪嫌疑人人身危险性和矫治可能性的人格事实与证据,以更好地实现法律规定的社会调查报告制度的目标。① 从而可见,"两卷"分立有利于规范未成年人刑事案件的侦查活动,为其提供更为充分的工作载体,促进其侦查活动的全面、深入开展。

其次,对于未成年人刑事检察工作而言,"两卷三书"的"两卷"分立、起诉与不起诉的案件分流、"三书"并行的逻辑严整的制度设计,将未成年人刑事检察制度的价值目标全面而系统地融入其中,并对其每个环节设定了明确的具体要求和目标。如此一来,其整个办案流程势必更加规范和井然有序,其侦查监督、审查起诉、出庭公诉以及延伸帮教等方面的工作也势必更加有的放矢,其工作载体也将更加规范。

最后,对于未成年人刑事审判工作而言,"两卷三书"制度在对之前的侦查、检察环节形成有序规范的同时,也相应地奠定了对未成年人刑事审判工作予以进一步规范的基础,并相应地为其提供了更为规范的工作载体。一方面,"两卷"分立有利于进一步规范其审判工作,即"两卷"分立可以为其审判工作提供更为系统全面的分门别类的事实依据与证据材料,以供其公正地判定未成年被告人的刑事责任,科学合理地确定其处遇措施或教育矫治方案。如判定是否应当对其适用缓刑,其裁量难点即在于人身危险性的判定,而其关键依据即在于社会调查卷中的相关材料以及社会调查报告书中的基本结论。另一方面,"三书"并行有利于进一步规范审判工作,即起诉书、社会调查报告书和量刑(处遇)建议书的"三书"并行可以为未成年人刑事审判工作提供更为全面、充分的参考依据,尤其是在起诉书(主要为关于社会危害性的结论)和社会调查报告书(关于人身危险性和矫治可能性的结论)的基础上所形成的量刑处遇建议书,将有望对未成年人刑事审判的定罪、量刑、处遇和教育保护工作形成更为有力的规范作用和监督效应。

(三)更有利于全面考量未成年犯罪嫌疑人或被告人的刑事责任

厘清责任、追究责任,是未成年人刑事司法的一个重要方面,也是教育、保

① 社会调查是未成年人刑事案件侦查活动的重要内容,体现着未成年人刑事案件侦查的特殊性。

护、矫治涉案未成年人的一个基本前提。刑事责任的考量有两个基本根据，即行为的社会危害性和行为人的人身危险性和矫治可能性。刑事古典学派（旧派）倚重前者；而刑事实证学派（新派）倚重后者。时至今日，两派逐渐融合，且在未成年人刑事司法领域，新派理念具有显著的优势。申言之，未成年人刑事司法应当更加倚重行为人的人身危险性和矫治可能性，以厘清和追究未成年犯罪嫌疑人或被告人的刑事责任。而"两卷三书"制度即有此义，具体而言如下：

"普通刑事卷"主要反映未成年犯罪嫌疑人或被告人行为的社会危害性，其虽然也能部分地反映行为人的人身危险性，如行为人具有自首、立功等情节，但必定流于片段，不够系统全面。而"社会调查卷"可以为查清未成年犯罪嫌疑人或被告人的人身危险性和矫治可能性提供全面而系统的证据材料，从而有利于司法机关全面考量未成年犯罪嫌疑人或被告人的刑事责任。同时，起诉书、社会调查报告书和量刑（处遇）建议书的"三书"并行也可以为未成年被告人刑事责任的全面考量提供更为充分的参考依据。

（四）更有利于科学地确定未成年犯罪嫌疑人或被告人的教育、保护和矫治策略

我国未成年人刑事司法应当坚持"教育、感化、挽救"的方针和"教育为主，惩罚为辅"的原则。该方针和原则即为未成年人刑事司法的教育、保护和矫治的主导价值目标的表达形式。其教育、保护和矫治是因人而异的，是个别化的，是需要对涉案未成年人予以系统了解的。

"两卷三书"制度一方面以"两卷"着眼于对涉及未成年犯罪嫌疑人或被告人的在案行为事实和社会人格事实的全面而系统的查清，另一方面以"三书"规制相应的办案程序，并在厘清、追究未成年犯罪嫌疑人或被告人相应刑事责任的同时，重点以"社会调查报告书"和"量刑处遇建议书"来科学地确定其教育、保护和矫治的策略。与我国目前的未成年人刑事司法的"一卷两书"或"一卷一书"相比较而言，"两卷三书"的制度设计更有利于科学地确定未成年犯罪嫌疑人或被告人的教育、保护和矫治策略。

(五)更有利于全面履行法律监督职能,完善未成年人保护机制

首先,就侦查监督方面而言,"两卷三书"之"两卷"分立,即令相关的证据材料及其所体现出来的办案过程展现得更为全面和明晰,其中的违法问题,如法定代理人未到场、社会调查材料缺失或不到位等,便可更为清晰地被反映出来,从而更有利于检察机关未检部门的侦查监督职能的履行,有利于进一步完善未成年人的保护机制。

其次,就自身监督方面而言,"两卷三书"制度为未成年人刑事检察部门设置了系统全面的办案规程和具体明确的文书要求,更有利于检察机关通过自身监督来发现和纠正其相关的违法违规行为,进一步完善未成年人的保护机制。

再次,就审判监督方面而言,"两卷三书"之"两卷"所要求的系统、全面、充分的事实与证据材料,以及以此为基础而制作的"三书"所展现的科学分析结论和合理化建议,将更有利于对未成年人刑事审判活动的监督制约,有利于进一步完善未成年人的保护机制。

最后,就执行监督(包括监所监督)方面而言,"两卷三书"所试图建构的系统的工作机制将更有利于发现刑事执行活动中的问题,如通过深入、细致的社会调查发现未成年人非监禁刑执行不到位的脱管、漏管问题,并以检察建议书的形式监督执行机构予以改正,等等。

(六)更有利于促进未检工作的适度延伸,增强犯罪预防工作的针对性

"现代刑事政策的最终目的是使犯罪人最终不再犯罪,预防再犯则是其最基本的核心思想,而注重对未成年犯的教育和挽救更是刑事政策的重中之重。"①即使"对未成年人施以刑罚从根本上来说也是为了对犯罪行为人起到特殊预防和一般预防的作用,防止其再犯,从而降低犯罪率"②。李斯特云,"最好的社会政策就是最好的刑事政策"。理性的、科学的刑事政策必然会放眼于社会政策的领域,并在其中找到支撑。刑事办案不能就案办案,未成年人刑事司

---

① 蒋石平、卢展翅:《未成年人前科消灭制度探寻》,载徐静村主编:《刑事诉讼前沿研究》第6卷,中国检察出版社2007年版。

② 黄晓亮、徐啸宇:《论我国未成年人前科消灭制度的构建》,载《法学杂志》2012年第3期。

法尤其如此。未成年人犯罪是社会和谐程度的“晴雨表”，其犯罪多有可归因于社会者，因而其问题解决（包括犯罪预防）多可诉诸社会政策的和谐化或社会问题的改善。因此，未成年人刑事检察工作应当在此基础上进行适度的延伸。

“两卷三书”的制度设计将更有利于促进未检工作的适度延伸，增强犯罪预防工作的针对性。首先，其“社会调查卷”材料的收集过程即为相关社会问题和犯罪原因的发现过程，可以为其相关社会工作的适度延伸指引方向和目标；其次，其“社会调查报告书”的制作过程即是对相关社会问题和犯罪原因的深入分析评估过程，可以为其相关社会工作的适度延伸明确具体的策略；最后，其“检察建议书”及其相应的社会帮教举措即可作为其相关社会工作的适度延伸的司法工具和具体路径。

（本文原载于《人民检察》2012 年第 18 期，系与周家富合作）

少年刑事审判“三段两议”制与少年被告人诉权保护

摘要：少年刑事审判“三段两议”制是适应刑事诉讼法的修改、辩证保护少年被告人一般诉权和特殊诉权的特殊程序设置。其由法庭审理阶段、定罪评议、法庭教育阶段、量刑评议和法庭宣判阶段依次组合而成。其在实践探索中已被初步证明是合法、合理及有效的。

关键词：“三段两议”制；少年被告人；一般诉权；特殊诉权；实践证明

The Three Phases & Two Reviews System of Juvenile Criminal Trial and the Protection of the Juvenile Defendants' Litigious Rights

Abstract: The Three Phases & Two Reviews system is a sery of special procedural settings to adapt the revises of the criminal procedural law, to protect the common litigious rights as well as the special litigious rights of the juvenile defendants. The system orderly consists of the court hearing phase, the conviction review, the court education phase, the sentence review and the judgment pronouncement phase. The system has practically been proved as legitimate and effective.

Keywords: Three Phases & Two Reviews; Juvenile Defendants; Common Litigious Rights; Special Litigious Rights; Practical Proof

诉讼程序通过对诉讼主体诉讼权利的切实保护来保障诉讼主体实体权益的公正实现。诉讼程序的公正性取决于其对诉讼主体诉讼权利保护的切实、合理程序。少年刑事审判程序也不例外。申言之,少年刑事审判程序的价值取向,很大程度上在于其对少年(以下所称“少年”指法定未成年人)被告人诉讼权利切实、合理的保护。所谓“切实保护”,即根据少年身心特点的实际状况,采取相应的诉讼权利保护规程;所谓“合理保护”,即把握好保护少年与保护社会——“双保护”的辩证统一,将少年诉讼权利的保护控制在合理的限度内。

一、少年被告人诉权的“双保护”与少年刑事审判程序的“双重性”

少年诉讼权利是较之于成年人诉讼权利而言的,二者既有区别,又有紧密联系。二者的区别缘于少年较之于成年人的不同身心特点;二者的联系缘于少年及成年人皆为有关刑事诉讼程序法所一般规定的诉讼权利人。少年诉讼权利可分为少年特殊诉权和少年一般诉权。

少年特殊诉权即指基于少年身心之特殊性而赋予少年的特享诉权,如享受指定辩护权、其法定代理人到场权、不公开接受审判权、接受法庭教育权、听取法律解释权,等等。少年身心的特殊性主要包括其认识能力的局限性、稚嫩性(或易受伤害性)、主观恶性较浅和可塑性较强等。其一,由于少年被告人认识能力的局限性,1996年《中华人民共和国刑事诉讼法》(以下简称《刑事诉讼法》)第34条赋予少年被告人享受指定辩护权,即在少年被告人及其法定代理人没有委托辩护人的情况下,人民法院应当指定承担法律援助义务的律师为其提供辩护,以免因为少年被告人认识能力的局限性而令其诉讼权利乃至实体权利受到不公正的影响。其二,由于少年被告人认识能力的局限性及身心的稚嫩性(易受伤害性),1996年《刑事诉讼法》第152条赋予少年被告人不公开接受审判权,即“十四岁以上不满十六岁未成年人犯罪的案件,一律不公开审理。十六岁以上不满十八岁未成年人犯罪的案件,一般也不公开审理”①,以

① 现行《刑事诉讼法》第285条修改为:“审判的时候被告人不满十八周岁的案件,不公开审理。但是,经未成年被告人及其法定代理人同意,未成年被告人所在学校和未成年人保护组织可以派代表到场。”

保护少年被告人,免其违法犯罪行为被公之于众,不利其今后的改过自新及健康成长。同时,该法第14条又规定,"对于不满十八岁的未成年人犯罪的案件,在讯问和审判时,可以通知①犯罪嫌疑人、被告人的法定代理人到场"。笔者认为,鉴于少年被告人认识能力的局限性及身心的稚嫩易损性,该条规定应当进一步突出对少年特殊诉权的保护,如在其中增加规定,"已满十四周岁未满十六周岁的未成年人犯罪的案件,在讯问和审判时,除法律有特别规定外,应当通知其法定代理人到场"。其三,由于少年被告人主观恶性较浅和较强的可塑性,加之少年犯罪在很大程度上有社会教育、监管的缺失性及不可主观归责性,因而社会有义务对其犯罪分担相应的责任,加强对其的教育、监管,法律则有必要确认其接受法庭教育权,即将法庭教育阶段规定为少年刑事审判的必经特殊程序。另外,听取法律解释、判决解释权即指少年被告人在整个庭审,包括宣判时,享有听取法庭对有关法律问题作浅显易懂的解释的权利,少年被告人可随时主张此特殊诉权,法庭也可主动据情作出解释。同时,法庭应当对判决的理由及从轻、减轻或免予处罚判决的立法、司法意图向少年被告人予以阐明,以利于其正确理解及对待判决,增强法律意识,从而改过自新,健康成长。该项特殊诉权亦主要源于少年被告人认识能力的局限性和较强的可塑性。笔者认为,有关法律有必要对该项特殊诉权予以正式确认,如在法庭审判时,增设法律适用、判决理由解释的特殊程序。

少年被告人的一般诉权,即指少年被告人作为刑事诉讼法所一般规定的被告人,与成年被告人同等享有的诉讼权利。其中包括:未经依法判决不被确定有罪权、了解被指控罪名及辩护权、委托辩护权、申请取保候审权、申请回避权、申请调查权、自诉案件被告人的反诉权、证据质询权、参加法庭辩论权、最后陈述权、核阅笔录权、上诉权、申诉权,等等。对此,有关论述颇丰,在此不作赘述。

从相当意义上来说,诉讼程序正是根据诉讼主体已被确认的诉讼权利而设置的。少年被告人作为刑事诉讼中的重要诉讼主体,其业已确认的诉讼权

① 现行《刑事诉讼法》第281条的相应规定为"应当通知"。

利在相应程度上主导了少年刑事审判程序的设置。申言之，其一般诉权在相应程度上主导着少年刑事审判一般程序的设置；其特殊诉权在相应程度上主导着少年刑事审判特殊程序的设置。因而，在少年刑事审判程序的设置中，有必要正确把握少年被告人一般诉权与特殊诉权之"双保护"的辩证统一，以及少年刑事审判一般程序与特殊程序的辩证统一。

二、庭审"三段两议"制及其少年被告人诉权保护的精神与规制

1996 年《刑事诉讼法》修正之后，我国少年刑事审判制度面临着一系列的重大调整。随着有关理论探讨及实践探索的深入，上海市普陀区人民法院少年刑事审判庭在实践中逐渐形成了关于少年刑事审判庭审程序的"三段两议"制。所谓"三段两议"制，即指由"法庭审理阶段→定罪评议→法庭教育阶段→量刑评议→法庭宣判阶段"所组成的少年刑事案件审判程序中的庭审程序。

1."三段两议"制——少年被告人诉权保护思想指导下的司法实践产物

"三段两议"制是基于少年法庭发展过程中积累的理论及实践经验，从多年的审判实践中探索出来的。其探索思路的"入口"即为刑事诉讼法重大修正后，少年法庭审判中的法庭教育程序如何设置的问题。

《刑事诉讼法》修正前，我国少年刑事审判实践中，法庭教育的普遍做法为：在法庭辩论结束之后，被告人最后陈述之前，基于社会调查中有关未成年被告人走上违法犯罪道路的各种家庭及社会原因的分析，找到"感化点"，进行有针对性的教育和挽救，令其认罪悔罪、改过自新。而修正后的《刑事诉讼法》第 12 条明确规定，"未经人民法院依法判决，对任何人都不得确定有罪"。此即无罪推定原则。因此，该法庭教育之做法难逃"假定有罪""有罪教育"之嫌，与无罪推定原则相悖。

如何解决这一矛盾呢？笔者认为，首先应当明确，无罪推定原则事关刑事诉讼的人权保障问题，是对被告人合法权益的保护，对少年被告人而言，即指其一般诉权的保护，理应贯彻坚持；同时，法庭教育阶段着眼于对少年被告人特殊诉权的保护，立意正确，实践也相当成功、有效，亦不应废弃。因此，解决这一矛盾的基本思路应该是如何正确把握少年被告人一般诉权与特殊诉权保护的辩证统一关系，调整法庭教育，使其达到公正合法性（不违背无罪推定原则）

与适时有效性的统一。该问题的核心就在于,将作为区别于成年人审判标志的法庭教育程序置于什么阶段进行。对此,当前主要有以下几种观点:其一,将其置于法庭审判之后,即法庭宣判之后;其二,将其置于原位,即法庭辩论结束之后,宣判之前;其三,将其置于法庭审判之中,即定罪之后、量刑之前进行。经过实践,我们认为第三种观点无论是在理论上还是在审判实践中,均反映出其合法性、合理性和有效性。

置于定罪之后,则未成年被告人已先被依法判决为有罪,此时再全面展开法庭教育——帮助其分析走上犯罪道路的主客观原因,促进其思想转变,认罪悔罪,改过自新,便不违背无罪推定原则,不违背少年被告人一般诉权保护的思想。值得一提的是,有观点认为:公诉人、辩护人和法定代理人可以在法庭依法定罪之前对少年被告人作"有罪教育",而审判人员则不能,也不宜对此作出表示,这是由于他们的不同职能决定的。笔者认为,这一观点值得商榷:其一,这不利于对少年被告人一般诉权的保护,虽然公诉人可以指控少年被告人有罪,辩护人和法定代理人可以认为少年被告人有罪,但这不等于说他们可以在法庭依法定罪之前对少年被告人作"有罪教育"。"有罪教育"即在"假定少年被告人有罪"的前提下作出的,少年被告人完全有理由根据1996年《刑事诉讼法》第12条的规定提出抗议,这在罪与非罪(包括犯罪与一般违法)的问题上尚存争议的情况下更是不妥。《刑事诉讼法》对被告人(包括少年被告人)诉权的保护应当非常严格、谨慎。其二,这不利于对少年被告人特殊诉权的保护,因为少年被告人认识能力的局限性及身心的不成熟性,其往往认识模糊,易受误导,甚者自陷有罪。因此,笔者认为,有关的诉讼参与人员皆不宜在依法定罪之前作"有罪教育"。

置于量刑之前,则是出于对未成年被告人接受教育的心理状态的考虑。如前文观点一,将法庭教育置于法庭审判之后虽不违背无罪推定原则,但此时少年被告人已完全知道审判结果,心理矛盾趋于平衡,法庭教育已难以调动促进其感化所必要的心理矛盾和特殊的情感因素,从而难以收到好的教育、感化效果。而将法庭教育置于量刑之前、定罪之后,则既合乎无罪推定原则,又可利用未成年被告人由于还不知道量刑结果,心理矛盾依然很激烈的状况,对其实行感化、教育，从而收到良好的效果。这种教育、感化的良好效果正是少年被告人特殊诉权保护的重要目的，也正是少年刑事审判特殊程序的重要价值所在。

鉴于此，少年刑事审判庭审程序中有必要设定两次评议，即法庭教育阶段前的定罪评议，以及法庭教育阶段后的量刑评议。而后，便顺理成章地设置出定罪评议之前的“法庭审理阶段”及量刑评议之后的“法庭宣判阶段”，从而形成“法庭审理阶段→定罪评议→法庭教育阶段→量刑评议→法庭宣判阶段”的少年刑事审判庭审程序“三段两议”制。

2.“三段两议”制的内容——少年被告人诉权保护的规制

（1）法庭审理阶段。该阶段由开庭、法庭调查、法庭辩论和被告人最后陈述等几个阶段组成。在该阶段中，合议庭主要围绕公诉人指控被告人的犯罪事实认真地进行调查、质证及辩论。这一阶段的做法严格按照1996年《刑事诉讼法》的规定进行，与成年人刑事审判的有关做法基本相同，以体现对少年被告人一般诉权的保护。但在该阶段中，少年被告人不仅应当享有与成年被告人同等的接受法庭关照的权利，如接受法庭关于其所享有的陈述权、申请回避权、申请解释权、申请调查权等的宣示和提醒，还应当享有接受法庭特殊关照的权利，少年法庭应适时地进行一些与少年被告人认知能力相适的“非有罪教育”，如政策宣传、法律解释、法治教育等，以提高未成年被告人的法治意识，从而实现其一般诉权与特殊诉权保护的统一。

（2）定罪评议。合议庭成员根据法庭审理的事实和证据等情况，以事实为根据，以法律为准绳，对未成年被告人是否构成犯罪及构成什么罪进行认真评议，并作出决定。这是少年一般诉权的体现。除此之外，该阶段还应当有一项重要内容，即根据不同情况，确定法庭教育的内容、方略及感化点。这是少年刑事案件审判中比定罪问题更为重要的任务，是“教育为主，惩罚为辅”原则和“教育、感化、挽救”方针的少年刑事政策的特殊精神所在，是少年特殊诉权的体现。

（3）法庭教育阶段。该阶段由宣告未成年被告人有罪及其罪名、宣读社会调查报告、教育说理及被告人对定罪和教育的认识态度陈述等几个阶段组成。

该阶段的核心任务是紧紧抓住定罪后、宣判前这一特殊阶段，结合社会调查报告，由控辩审三方为主形成“三方合力”，对未成年人进行系统性、综合性的法庭教育。庭审教育的专门阶段是对少年刑事审判“寓教于审”原则的集中贯彻，是少年刑事审判的标志性的特殊程序，是少年特殊诉权保护的集中的标志性的体现。以上所论是就少年被告人行为构成犯罪的情况而言的，但如未成年被告人行为不构成犯罪，是否应进行法庭教育？笔者认为，如未成年被告人行为构成违法或有过错，则同样应进行相应的法庭教育，如解释有关的法律与政策，分析其行为的危害性、危险性及原因，给未成年被告人以深刻教导，起到警前策后、助其健康成长及预防犯罪的作用。

(4)量刑评议。合议庭成员根据法庭认定的犯罪事实、情节、后果、被告人经法庭教育后的认罪悔罪表现及监护条件等综合情节，依照法律规定，作出对被告人的量刑及处置决定，其中包括是否适用缓刑、免刑等。该阶段的另一项重要内容即准备好下一阶段的诠释判决、认罪服法及前途教育的中心内容及方式方法等。

(5)法庭宣判阶段。该阶段由宣布判决结果、诠释判决、进行认罪服法及前途教育等几个阶段组成。该阶段的重点是合议庭在宣布对被告人所犯罪行的判决结果后，针对未成年被告人的认识能力较低，对法律的理解能力较弱的特点，对判决中涉及的主要法律条文及判决理由进行通俗易懂的解释，以使未成年被告人理解法律，增强法律意识，并避免其因不理解法律而产生的心理上的抵制、怀疑情绪，并阐明宽大处理的司法意图，从而促使其更好地认罪服法；同时还要进行必要的前途教育，以令其重新振作，改过自新。该阶段的重点工作是对未成年被告人特殊诉权保护的重要体现，是少年刑事审判的重要特殊程序。

三、“三段两议”制的延展——少年被告人诉权保护的进一步完善

“三段两议”制作为少年刑事审判之庭审程序，不是孤立存在的，而同少年刑事审判的其他工作程序有着紧密联系、不可割裂。“三段两议”制的进一步发展、科学化，有赖于其他工作程序的规范与衔接，这也是少年被告人诉权保护进一步完善的内在要求。鉴于此，在“三段两议”制施行以来近两年的实践

探索与理论研析中,我们明确了少年刑事审判之庭审程序"三段两议"制及其"两个延伸"的理念。两个延伸,即就庭前准备工作所做的"向前延伸"与就庭后帮教等工作所做的"向后延伸"。

"两个延伸"的理念虽在理论界早有提及,在实践部门早有操作,但其与"三段两议"制的衔接统一化和规范科学化则更具理论和实践意义。这主要体现在其同少年被告人一般诉权与特殊诉权的"双保护",以及少年刑事审判一般程序与特殊程序"双重性"的一致上。

值得注意的是,少年法庭在"两个延伸"工作中务必合理把握好角色定位:其一,少年法庭通过社会调查,会见少年被告人及其法定代理人,了解其心理、家庭状况、成长经历,进行庭审教育以及案件的审理工作,系统全面地了解了少年被告人的情况,同时,作为中立的裁判者,其角色是难以替代的,其理应成为"两个延伸"工作的重要参与者;其二,少年法庭作为专门的少年刑事审判机构,其工作的重心在于审判,不可舍本逐末,对"两个延伸"过于投入。故其正确的角色定位应当着眼于少年被告人诉权的"双保护",紧密结合庭审教育的中心,组织协调各方力量并居中采信事实、度量处置。

1. 庭前准备工作与少年被告人诉权保护

庭前准备工作主要是为了规范办案,全面贯彻"教育、感化、挽救"少年被告人的方针,全面掌握少年被告人的综合情况,以期寻找"感化点",有重点、有针对性地对不同少年被告人进行教育、感化和挽救,既着力保护少年被告人的特殊诉权,又同时注重保护少年被告人的一般诉权,把握好二者的辩证统一。主要方面如下:

第一,案件受理后,全面审阅卷宗材料。一方面,应依少年刑事诉讼一般程序对检察机关移送的材料进行程序性审查。另一方面,对案件中少年被告人的户籍资料应特别注意,因为少年被告人的出生年月对其定罪量刑有着决定性影响,所以如果检察机关移送的材料中未包括少年被告人户籍资料,应及时与检察机关联系,要求其提供,承办人也可打电话与少年被告人所在地派出所联系核实,并同时发函至当地公安机关要求其协助调查。

第二,制作社会调查报告,查清少年被告人的家庭状况、学校表现、生活环境、社会交往以及成长过程等信息。社会调查报告是法庭教育的重要“蓝本”。制作社会调查报告是少年刑事审判的重要特殊程序,它集中体现了对少年被告人特殊诉权的保护。

第三,第一次提审被告人,并与少年被告人家属联系。其一,案件承办人应当在案件受理后尽早第一次提审被告人,在向少年被告人送达起诉书副本时,应详细告知其检察机关指控的罪名,所涉罪名的相关刑法条款、量刑幅度及其应享有的诉讼权利。其二,与少年被告人谈话时,应询问其成长经历、简历、家庭情况,着重了解其家庭背景、性格、爱好,少年被告人身上的闪光点及导致其人生轨迹发生变化的事件或人,注意其在谈话时的神情、举止,琢磨其心理状态,适当对其思想顾虑、畏惧心理、抵触情绪进行疏导教育。其三,要求少年被告人到监房后一周内填写一份由少年法庭专门设计的“少年犯罪被告人情况调查表”,并写出自己的成长经历和对自己行为危害性的认识。其四,及时通知少年被告人的法定代理人到场谈话,首先告知检察机关指控少年被告人的罪名及有关法律,了解少年被告人的成长轨迹、性格爱好,了解家长在教育子女问题上的失误及欠缺,加以指出,并要求家长在一周内写出“对于子女教育看法”的书面材料。对外地少年被告人,则应及时发挂号信通知其家长到场谈话,并保留通知存根。其五,对少年被告人及其监护人不委托辩护人的,应及时向司法局发出为少年被告人指定辩护人的函,保护其一般诉权。

第四,第二次提审少年被告人,与其家属谈话。首先,应根据其在“少年犯罪被告人情况调查表”上所填写的内容进行提问,进一步全面了解其脾气性格、品行、爱好及心理状态等,掌握其发案后至今的思想动态,为以后的庭审教育打好基础,寻找“感化点”;其次,第二次与少年被告人家属谈话时,应认真查看其所提交的“对于子女教育看法”的材料,就少年被告人的感化、教育和挽救问题与他们交换意见,并告知其在法庭教育时应注意的事项。

第五,公诉人、辩护人及合议庭成员的协调会,即由主审法官联系公诉人、辩护人及合议庭成员,将所了解掌握的关于少年被告人的背景材料、少年被告人目前的认识态度,与社会调查报告进行比对,综合各方面的情况,寻找教育该少年被告人的“感化点”,确定各方面的教育分工,避免雷同重复。

同时,以上的工作和活动情形应当记录存卷,以备查考。

2. 庭后延伸工作与少年被告人诉权的保护

“三段两议”制的庭后延伸工作主要着眼于少年被告人特殊诉权的保护。其不等同于少年法庭的综合治理工作,后者有着更广漏的外延和更丰富多样的形式,如综合治理还包括社会法治宣传、模拟法庭等多种形式;而前者是“三段两议”制庭审工作的自然逻辑延伸,是少年被告人特殊诉权保护的内在要求。同时,笔者还认为,庭后延伸工作应当被作为少年刑事审判的特殊程序加以法律的确认。

概要来说,“三段两议”制的庭后延伸工作主要有回访帮教和缓刑自立学校两种形式。二者的内容和目的是一致的,即有针对性地组织一些合适的活动和协调工作,对罪错少年的生活、就业和心理问题提供适当的帮助,促使其健康成长,远离犯罪,从而巩固、落实庭审教育的成果。

回访帮教主要是针对被判实刑的少年犯而言的,如由少年法庭组织的每年一度的定期回访被监管少年犯,开展一些有益的活动以及会同共青团委开展与回访对象的通信联系,从他们的表现、思想上了解他们的状况,回应他们的问题,并努力做到回访帮教的规模影响性和经常细致性的良好结合。

缓刑自立学校是指以缓刑少年为对象,由少年法庭组织的以定期召集学员听讲并讨论为教学形式,以生动、有益的法律、道德、伦理知识为教学内容的特殊学校。上海市普陀区人民法院自 1991 年 12 月开办本市首家“缓刑对象自立学校”以来,已初见成效。据统计,缓刑自立学校学员的重新犯罪率为 0.17% 。同时,我们还认为,对那些被免予刑事处罚、违法处于犯罪边缘尚不构罪、假释或刑满释放初回社会的少年而言,亦可考虑吸纳为学员。

由此可见,回访帮教、缓刑自立学校等庭后延伸工作作为“三段两议”制庭审工作的自然延伸,是对庭审教育成果的巩固和落实,是对少年被告人特殊诉权保护的内在要求,有必要加以进一步的规范化、优化,并将其作为少年刑事审判工作的特殊程序固定下来。

“三段两议”制在实践中是有效的,有助于少年被告人感受深刻,甚至于终身难忘,成为其自新自立的转折点。据统计,“三段两议”制自 1998 年下半年推行以来，上诉率明显下降：1997 年全年结案 66 件，上诉 10 件，上诉率为 15%；1998 年结案 55 件，上诉 6 件，上诉率为 10.9%；1999 年结案 93 件，上诉 5 件，上诉率为 5.3%。

此外，按“三段两议”制来审判未成年人刑事案件，在原来审判程序的基础上增加了一次休庭评议，而其时间一般只有 10 分钟左右，因此，在实践中是完全可以接受的。

总而言之，“三段两议”制是密切着眼于少年被告人诉权保护的具有相当科学性的少年刑事审判程序的新模式，值得进一步研究、探讨和完善。我们殷切地期望有关部门和人士关注这种新模式，并及时地提出意见和建议。

（本文原载于《上海审判实践》2000 年第 4 期）

论我国少年法院的理想模式

摘要：在我国相应条件优越的地方，应当建立少年法院。少年法院应设有少年刑事案件审判庭、少年观护案件审判庭和少年权益保护案件审判庭，以实现其审判犯罪少年、观护虞犯少年和保护少年权益的三项基本功能。为实现少年司法的特殊价值，这三个审判庭应当具有相应的案件受理范围、审判程序和处置方式。

关键词：少年法院；少年犯罪；少年权益；虞犯少年

The Mode of Chinese Juvenile Court in Thinking

Abstract: In the relatively advanced districts, juvenile courts should be set up. There should be juvenile criminal court, juvenile probation court and juvenile rights protection court included in a juvenile court, in order to realize its functions to adjudicate juvenile offenders, potential juvenile offenders and to protect juveniles' rights. To achieve the special values of juvenile justice, the three courts should have their special jurisdictions, trial procedures and ways of dispositions

Keywords: Juvenile Courts; Juvenile Crimes; Juvenile Rights; Potential Juvenile Offenders

少年法院是综合性少年案件的专门审判机构，属于专门人民法院的范畴。建立少年法院是世界各国少年司法工作发展的一般规律，也是我国目前少年司法工作发展的必然趋势。其依据主要有以下两点：

首先，少年权益的司法保护亟待加强。《中华人民共和国未成年人保护法》(以下简称《未成年人保护法》)、《中华人民共和国预防未成年人犯罪法》(以下简称《预防未成年人犯罪法》)、《上海市青少年保护条例》等有关的重要法律虽然已经颁布实施多年,但在很大程度上尚停留于倡议性阶段,其应有的效能远未发挥出来。其重要原因之一即没有一个专门性、权威性的机构。我国原有的少年庭模式仅局限于单纯的刑事审判,相当部分的少年庭专业化水平不高,甚至有些地方的少年庭流于形式,未能发挥实质作用,等等。建立受理综合少年案件并进行专门化审理工作的少年法院,无疑有利于这些现状的改观。少年法院作为少年司法标志性机构及少年保护的司法后盾,其建立有利于引起更多的社会关注,进一步规范少年司法制度,促进少年案件办理进一步专业化,培养专家型少年法官及其他有关司法人员,更好地实现少年权益的保护等。

其次,上海拥有地势平坦、交通便捷、人口集中、经济文化比较发达、人们的法律意识较强等地理、经济、人文方面的条件。上海拥有若干有关重要专门研究机构,以及众多具有相当理论水准、热心于少年司法的理论工作者。这是少年法院成立及发展的理论保障。上海拥有 16 年的少年司法经验,培养了一批有较高业务素质、热心于少年司法工作的少年法官,形成了一系列较为完整的制度。

另外,《中华人民共和国宪法》、《刑事诉讼法》、《中华人民共和国劳动法》、《中华人民共和国婚姻法》(已失效)等中的有关条款,《联合国少年司法最低限度标准规则》(北京规则)等一系列国际法,《未成年人保护法》《上海市青少年保护条例》《预防未成年人犯罪法》等专门法律,以及相关及司法解释,大量的国际国内法律法规,为少年法院的建立提供了较为全面系统的立法保障。如果说在上海市等有条件的地方,少年法院的创建工作应该提上议事日程,那么有关理论思想的先导作用则必不可少。在此,笔者拟就少年法院创建的理想模式问题略抒己见。

一、总论

按照功能结构学说,结构是其相应功能的静态外在表现,功能是其相应结构的动态运作结果;功能决定结构,一定的功能要求一定的结构与其相适应。

因此,要探索少年法院的组织结构,首先须从考察其功能定位入手。笔者认为,上海市乃至我国少年法院的功能宜定位于以下几个方面:

1. 审判犯罪少年的功能,即审判少年犯罪案件。我国在这方面有着较为丰富的理论及实践经验,且已形成了一系列较为完整的少年刑事审判制度。其中,如"教育、保护、感化和挽救"的方针,"教育为主,惩罚为辅"的实体原则,以及"寓教于审,审教结合"的程序原则,等等。

2. 观护虞犯少年的功能,即审理处置虞犯少年案件。《预防未成年人犯罪法》第2条规定:"预防未成年人犯罪,立足于教育和保护未成年人相结合,坚持预防为主、提前干预,对未成年人的不良行为和严重不良行为及时进行分级预防、干预和矫治。"尤其是对于有严重不良行为的有相当犯罪危险倾向的少年以及因法定年龄而不予或免予刑事处罚的少年,即虞犯少年而言,其恶习较深,且形成原因复杂,好比患有较严重复杂疾病的人,并且该病具有较强的传染性,那种如同公安部门的"门诊式"的处理以及教育部门的非强制性处理等做法及效果显得不足。笔者认为,有必要责成具有犯罪学、心理学、教育学等专门知识的少年法官对这些虞犯少年进行带有强制性的"住院式"治疗,对症下药,开出系统的"治疗处方",即通过对其进行科学、系统的社会背景调查,以及依据分析所得的不良行为原因制定矫治实施方案,采取一些略带强制性的手段,协同教育部门、青少年保护部门、公安部门、居民委员会或村民委员会等社区群众组织以及社会志愿者等,对虞犯少年进行观护,将矫治实施方案予以贯彻,并适时调整或变更。

3. 保护少年权益的功能,即审判少年权益保护案件。只有使少年的家庭、学校、社会等方面各项权益得到切实有效的合理保护,才能使少年健康成长,预防其犯罪,从而有利于社会文明的进步,国家民族的发展与兴旺。这类案件的科学审理和判决可以为少年权益的保护提供强有力的司法保障,并可以此助兴少年权益保护的社会风气。由此可见,少年法院审判少年权益保护案件的社会意义深远。同时,由熟悉儿童成长社会学、儿童心理学、学校教育学、青少年犯罪学、少年权益保护等专门知识,热衷于少年保护的少年法院法官来审理这类案件,无疑是更为有效的。

至于少年法院的结构模式，大体可以作如下分解：

1. 内部结构。少年法院宜设三个核心的业务庭，即少年刑事案件审判庭、少年观护案件审判庭和少年权益保护案件审判庭。三者分别行使少年法院的上述三大功能，而其他的业务庭室及行政管理部门可参照现行基层法院予以设置。

2. 外部结构。少年法院作为一个专门特别法院，必须与地方法院体系乃至国家法院体系保持协调一致。少年法院当以基层专门法院建制，以上海市为例，根据上海市法院的组织机构体系，可以考虑在上海市第一和第二中级人民法院的各自辖区内分设上海市第一和第二少年法院，分别管辖各自辖区内的少年案件，并分别隶属于各自中级人民法院的建制。

二、相关问题

1. 人事及财务。以上海市为例，可考虑为：在人事上，少年法院院长由上海市高级人民法院或上海市各中级人民法院院长提名，由市人大常委会任免；少年法院的副院长、审判委员会委员、审判员则由少年法院院长提名，由市人大常委会任免；财务则由市财政预算统一开支。

2. 相关的重要机构体系。应当建立相对独立的少年司法“一条龙”体系，即建立统一的少年关押场所，建立相应的少年检察院，完善相应的少年矫治机构体系以及少年司法人员培训中心，等等。

（1）建立统一的少年关押场所是必要的。虽然我们坚持尽量不关押、少关押的政策，但对于某些具有相当社会危险性的少年犯罪嫌疑人或被告人，仍有必要关押。尽管有关的国际法及国内法都规定了其与成年人分管分押以及特殊处置等，但现实中，这些制度并未得到严格符合立法初衷的合理执行，而这本身就是对少年权益的严重侵害。建立统一的关押场所，建立相应的章制，由具有一定相应专门知识（如青少年犯罪学、儿童心理学、儿童教育学等）的人员管教，无疑是有利于完善少年司法体系的一个重要环节，有利于少年检察院、少年法院的提审等工作的进行。

（2）建立相应的少年检察院。作为专门的人民检察院，其功能结构及人事任免、财务开支等，可与少年法院相比照。

(3)完善相应的少年矫治机构体系。我国现有的少年矫治机构主要包括工读学校、少年教养所、少年犯管教所以及一些非专职性的社会帮教机构,如青少年保护委员会、居民委员会、村民委员会、老干部协会等。其中,专职机构的人员工作机制等有必要进一步实现专业化,并通过制定法规等方式,使其与少年司法制度的各个环节加强协调沟通。

(4)建立少年司法工作人员的培训中心。这对于少年司法工作质量的不断提高是至关重要的。少年司法工作具有很强的专业性,从业人员必须具备相当的专门知识。但从总体上说,目前少年司法工作人员的专业素养还有待于进一步提高,方能适应少年司法工作发展的需要。这些专门知识至少包括法学基本知识、青少年犯罪学、青少年法学、社会学、教育学、心理学等。上海市拥有若干专门和相关的科研机构以及众多具有相当实践经验的少年司法工作者,他们都可成为少年司法工作人员培训中心的师资。

(5)建立一个统一全面的资料信息系统和研究中心。少年司法是一个实践性较强的体系,其同样离不开信息的收集和研究。正确的决策来源于正确的认识,而正确的认识则来源于真实全面的信息及有关的分析与研究。建立一个统一全面的资料信息系统和研究中心,能促使整个少年司法体系各部门的相互交流和高效运转,并大大缩短理论与实践的距离。这不仅能使实际工作得到及时的理论指导,也能使理论工作及时获取新的实践信息,补充发展原有理论,使之科学完善,更利于实践工作。

(6)在我国,中国共产党是执政党,因而大力加强各地党委有关部门、青少年保护委员会对有关工作的组织、领导、支持和协调是极具意义的。

三、分论

(一)少年刑事案件审判庭

1. 案件受理范围

(1)已满14周岁[①]未满18周岁的未成年人刑事案件。

(2)已满18周岁未满22周岁的在校学生的刑事案件。因为这些学生涉世

① 2020年《刑法修正案(十一)》已经将未成年人刑事责任年龄的底线降低至12周岁。

不深,其身心特点具有与未成年人十分近似的不成熟性、易损性及易变性,无数实践证明以审判教育为契机,感化、挽救他们的做法十分必要,效果非常显著,否则将会在其人生的特定时期,加重其挫折感,对其造成难以弥补的损伤,而这是一种对其本人乃至社会的不负责任的做法。酌情将这类少年犯罪,尤其是恶性较浅的初犯、偶犯案件纳入少年法院的受案范围,符合《联合国少年司法最低限度标准规则》(北京规则)规则三的有关规定的精神。

(3)有以上两类少年被告人的共同犯罪案件。

(4)被害人是或者含18周岁以下少年儿童的少年保护刑事案件。

2. 审判程序

(1)我们在这方面有最高人民法院《关于审理未成年人刑事案件的若干规定》(2001年发布,已失效)等法律依据以及较丰富的实践经验。

(2)刑事诉讼法重大修改之后,少年刑事案件的审判程序应做一些必要的调整。笔者认为,"三段两议"制审判程序较为科学、合理。所谓"三段两议"制,简而言之,即指将少年刑事审判的庭审程序设置为三个阶段并两次评议,形成由"法庭审理阶段—定罪评议—法庭教育阶段—量刑评议—法庭宣判阶段"所组成的少年刑事案件的庭审普通程序,从而坚持无罪推定原则与法庭教育专门阶段设置的辩证统一,合法性与合理性的辩证统一,以及少年被告人一般诉权保护与特殊诉权保护的辩证统一。

(3)将庭审程序作向前和向后的两个延伸,即向前的庭前准备工作和向后的庭后帮教工作。前者主要是通过谈话及社会调查报告等方式,获取少年被告人的重要社会背景及成长经历等信息,为法庭教育打下基础;后者主要是通过回访考察、结对帮教、缓刑教育学校等形式,巩固庭审教育的成果,贯彻深化庭审教育中所初步形成的矫治思路,加强与专职矫治机构的信息沟通和合力矫治。

(4)少年刑事案件的审理亦应依法适用简易程序,但一般认为,不应当略去法庭教育阶段。此外,对于少年保护刑事案件,我们一方面要着眼于少年保护,对侵害少年的刑事被告人依法予以严惩;另一方面又有必要依据犯罪学被害人理论,对少年被害人进行被害人救治及教育,防止其再次被害,这也能在一定程度上预防犯罪。

3. 处置方式

(1)我国刑法中有着较为系统全面的一般性规定,也有一些特殊性规定,如绝对不适用死刑、从轻或减轻处罚等。但有关的规定还流于成人化,有必要通过修改或制定特别法,使其适合于少年犯,如取消附加刑、罚金、没收财产、剥夺政治权利对少年犯的适用,严格限制无期徒刑对少年犯的适用,对少年犯不适用累犯制度,增设少年犯刑事污点的消除制度等。

(2)开发利用管制刑的功能,建立有效的少年管制刑制度。具体来说,即以《中华人民共和国刑法》第 38 ~ 41 条的规定为基础,制定切合少年犯特点及矫治规律的规定,尤其是其中第 39 条有关活动情况报告、会客限制等的规定,有较多的可开发内容。①

(3)制定相应规定,完善少年犯缓刑制度,使之更适于少年犯罪的特点及其矫治规律,且对少年犯应坚持依法尽量多用缓刑,以利于对少年犯的教育、保护、感化和挽救。

(4)与少年主刑配套,可考虑对少年犯一并适用教育性附加刑,如社区服务令、劳动补偿等,即规定少年犯在一定时间、一定地点,从事一定带有教育性及犯罪危害弥补性的义务劳动,替代财产刑对少年的适用,但这应当以少年的行为能力及不影响其正常学习和生活为限。

(5)对犯罪情节轻微、危害不大、恶性不深的少年被告人或经审理查明的未满相应刑事责任年龄的少年被告人,可直接判决适用少年观护措施或非刑罚处置措施。

(二)少年观护案件审判庭

1. 案件受理范围

(1)因情节显著轻微、危害不大,不被认为是犯罪的少年案件。

(2)因犯罪情节轻微、不需要判处刑罚而被免予刑事处罚的少年刑事案件。

---

① 2011 年《刑法修正案(八)》增设的禁止令制度(第 38 条第 2 款)与此相关。

(3)因未达相应刑事责任年龄而不被追究刑事责任的少年案件。

(4)未满18周岁、有严重不良行为、处于犯罪危险边缘的少年案件。严重不良行为,即指严重危害社会但尚不够刑事处罚的违法行为,以及严重危害自身健康成长的不良行为,如纠集他人结伙滋事、扰乱治安,携带管制工具、屡教不改,多次拦截殴打他人或者强行索要他人财物,传播淫秽读物或音像制品等,进行淫乱或色情、卖淫活动,多次偷窃、赌博屡教不改,吸食、注射毒品,等等。学理上,这类少年被称为"虞犯少年"。少年的一般不良行为案件不宜纳入少年法院观护庭的受理范围,而更宜由教育部门、公安部门处理。实践中应当注意分清少年严重不良行为与少年一般不良行为。

2. 审判程序

(1)可参照少年刑事案件的一般性审判程序,其主要方面如社会调查报告制度、不公开审判及保密制度、庭审教育制度、庭后回访考察帮教制度,等等。实践证明,这些制度都是着眼于少年的教育、保护、感化和挽救,预防其进一步沦为罪犯的有效举措。

(2)应保持少年观护案件审判程序与少年刑事案件审判程序的性质上的区别,如少年法官在审判中可不着制服,庭审可采取更为宽松和缓却不失严肃的询问式、开导式、以法理情为内容的谈话形式,各参与方的座位应当减少距离感,体现为平等、非正式、程序不必十分严格等氛围。

(3)其诉讼的提起,可考虑由公安机关立案调查后向少年法庭提起,也可由该少年的法定代理人或近亲属、当地社区组织、该少年所在学校、受害人等向少年法院提起。

(4)少年在此应获得法律等方面的帮助与保护,以防止没有牵制所可能带来的权力滥用及对少年权益的侵害。可将提供法律等方面帮助与保护的律师或其他合适成年人称为"帮护人",以区别于辩护人。

3. 观护处置措施

观护处置措施是少年观护案件审判工作成败的关键。将这类案件纳入少年法院观护庭受理范围的初衷,在很大程度上,就是以判决的形式,为虞犯少年制定系统、科学的观护计划。为此,建立系统、科学的观护处置措施体系十分必要。我国现有的有关处置措施主要有训诫、具结悔过、赔偿损失、社会帮教、工读教育、治安处罚及收容教养等。[①] 这些原有的措施在对虞犯少年的教育矫治上起到了积极作用,也有一些成功的典范。但一方面,就这些措施本身而言,有必要改革完善,使之更为法治化;另一方面,这些措施还远不能适应建立科学体系的需要。因此,我们应当立足我国国情,在完善原有处置措施的基础上,增补新的处置措施,从而建立起我国虞犯少年处置措施的科学体系。

这些处置措施可以包括具结悔过及训导、进行劳动赔偿、接受心理治疗、参与社会服务、实行闲暇管制及责令入活动中心、责成并指导监护人管教、保护观察、令入工读学校和收容教养,等等。笔者认为,每一种处置措施都必须有一定的犯罪学(主要是犯罪原因学)科学依据,一种处置措施对应解决一种犯罪问题,如同一剂药对应治疗一种病症一样。同时,各种处置措施可以搭配、综合运用,达到综合、系统治疗的目的。

(1)具结悔过及训导,主要适用于初次、偶尔有严重不良行为或情境性严重不良行为、恶习较浅的虞犯少年,即让虞犯少年以书面的形式仔细思考其行为对社会及自己的危害,并训责和帮助少年分析其行为的社会危害性,告诫其致犯原因及进一步发展下去的犯罪危险,教授其自我防范的方法,引导其克服致犯因素,走上正轨。

(2)进行劳动赔偿、社区服务,可以适用于损坏财物、贪利类虞犯少年,即让其以自己的劳动修缮被损财物,赔偿被害者损失。此种处置措施一方面可培养其一定的劳动技能,另一方面可使其体会劳动成就感、社会对好行为的评价等,使其养成以诚实劳动获取财物的习惯心理,使其体会到财物来之不易应当珍惜,甚至于领悟更多、更深的意义。

(3)接受心理治疗,主要适用于心理障碍、心理异常等心理疾病导致严重不良行为的虞犯少年。

(4)实行闲暇管制及责令入活动中心,主要针对利用闲暇时间实施严重不

① 2020年《中华人民共和国刑法修正案(十一)》和《预防未成年人犯罪法》将工读教育制度和收容教养制度整合为专门教育制度及保护处分制度。

良行为或因闲暇无聊、无事生非的虞犯少年,即将其闲暇时间加以控制,使其无暇再犯,同时还可组织其参加其感兴趣、有意义的学习及活动。

(5)责令指导监护人管教,即责令监护人尽心尽力管教其被监护人,同时应恰当地分析指出其过去管教的不足之处,指导其学会正确的管教方法。必要时,可同时判令监护人参加管教方法的学习、培训等。

(6)保护观察,即将虞犯少年置于社会环境中,由指定工作人员观察教育。其目的是在维护少年正常生活的情况下,改变其生活作风,使之正常化。其具体方法可以是:一定时间的宵禁,与一定人员不得交往,不得进入某些公共娱乐场所,护查人员应经常与该少年接触、谈话,责成少年定期汇报其情况,与少年监护人保持联系,及时协商解决各种问题。

(7)令入工读学校、收容教养(专门学校),现行法规中对此已有较明确规定,但何者为最为适合的决定机关呢?笔者认为,以少年法院作出决定,并结合有关处置措施,配套作出观护计划决定为宜。法学界素有观点认为,对于严重、正式限制人身自由的收容教养及劳动教养,其现行的决定机关、适用条件、教养措施等制度亟待进一步法治化。对此,以少年法院作为相应的决定机关,具有现实性和必要性。

(三)少年权益保护案件审判庭

1.案件受理范围

少年权益保护案件审判庭的案件受理范围为《未成年人保护法》、《中华人民共和国义务教育法》、《中华人民共和国教育法》、《预防未成年人犯罪法》等全国性法律以及《上海市青少年保护条例》等地方性法规规定的少年权益保护类民事、行政案件。这里的少年权益案件主要有三类:其一,少年家庭类权益案件,如收养、抚养权纠纷、监护权变更等;其二,少年学校教育类权益案件,如学校不履行或不正确履行教育义务,侵犯少年受教育权、身心健康权,等等;其三,少年社会类权益案件,主要指其他单位或个人侵犯少年有关法律法规规定的社会权益的案件,以及特殊类少年(如残疾、聋哑、流浪少年儿童等)权益案件。

2. 审判程序

少年权益保护案件审判程序主要参照民事诉讼法律的规定，既可由少年儿童及其法定代理人或近亲属提起，也可由有关的社会组织(如学校、社区组织、青保部门等)提起。审判中，要充分以少年保护法律精神为指导，特别重视对少年权利的告知、解释等，保障其充分行使其诉权。必要时，可为其指定义务提供法律援助的律师，对其诉讼费用的承担可更多地、灵活地采取缓、减、免等措施，等等。

3. 案件处置

以相关民事、经济法律、《未成年人保护法》、《上海市青少年保护条例》等少年法律法规为依据，以有利于保护少年健康成长(少年最佳利益)为原则和出发点合理判决，对涉及行政管理的案件，可合理地向有关部门提出司法建议，有关部门应及时予以合理的反馈。

综上所述，如上海市等条件较为充足地方的少年法院的创建可以提上议事日程，且有必要制定一部相应的法律或法规。根据我国国情及立法现状等情况，这部法律可以称为"少年案件处理法"或"少年法院法"，宜集组织法、程序法和实体法于一体，其主要内容可大体规定为以下几个方面：(1)适用范围：少年犯罪案件、少年虞犯案件和少年权益保护案件；(2)少年法院组织机构：少年法院的地位、内部组织及管理制度等；(3)少年案件的调查及审理程序：调查内容、调查方式、庭审方式与组织、审判程序等；(4)处置措施：少年刑罚措施、少年观护措施或非刑罚措施、少年保护措施等；(5)处置的执行：执行机构、人员及职责、执行手段等；(6)其他。此外，其他与之配套的重要少年法律法规，如"少年检察院法""少年管教条例"等，有必要完善或增制，以系统升级具有中国特色的少年司法制度体系。

(本文原载于《青少年犯罪问题》2001 年第 1 期)

我国少年法院创设问题之再研究：系统梳理、辩证分析及决策方案

摘要：我国少年法院创设尚未成功，相关问题值得进一步系统深入研究。梳理总结起来，这些问题主要包括三类九项：其一，是否创设？主要包括我国少年法院创设的必要性、可行性以及试点改革三项问题。其二，如何创设？我国少年法院创设的技术操作性的系统方案问题，主要包括审级设置、案件管辖和内设庭室三项问题。其三，如何发展？创设之初的少年法院必然不够完善，那么创设之初就必然需要系统考虑其未来发展完善的策略问题。其主要涉及相应的系统实践、系统立法和系统理论三项问题。

关键词：少年法院创设；再研究；系统梳理；辩证分析；决策方案

A Re-study on the Issues of Setting-up Juvenile Courts in China: Systematic Conclusion, Dialectical Analysis and Decision-making Scheme

Abstract: The efforts to set up juvenile courts in China has not been successful yet, the related issues need to be re-studied deeply and systematically. To sum up, these issues mainly include nine items in three categories. Firstly, to set up or not? That includes the issues of necessity, feasibility and experimental reform of the juvenile courts in China. Secondly, how to set up? That is the systematic plan to set up juvenile courts in China, which mainly includes the issues of trial grade, case jurisdiction and internal courts. Thirdly, how to develop? The newly established juvenile courts would not be perfect for sure, and must need to consider its future development strategy, which includes the issues of systematic practices, legislations and theories.

Keywords: Setting-up Juvenile Courts; Re-study; Systematic Conclusion; Dialectical Analysis; Decision-making Scheme

我国少年司法的发展尽管已经历时 40 年,曾经轰轰烈烈,遍地开花,但始终没能走上"康庄大道"。究其原因,少年法院创设未果毫无疑问是一个重要的直接原因。然而,相对于其背后的深层次原因,少年法院的创设未果只是一个现象问题。这些深层次原因主要包括理论准备不足、立法供给不足和司法经验不足。当然,其中还有与这三个不足问题之间存在内在关联的相关决策者,在面临我国当前复杂多变的国内外形势和改革发展紧迫要务之际的轻重缓急的战略思维及策略抉择问题。这些深层次原因和问题值得深入系统地研究。

从 1984 年的少年刑事案件合议庭设立,到 1988 年的独立编制的少年刑事审判庭设立(上海市长宁区人民法院),到 1999 年的未成年人刑事案件指定集中管辖改革试点(上海市法院系统)以及在此前后的少年法院创设构想的提出,到 2006 年全国法院系统的未成年人案件综合审判庭改革试点,再到 2014 年的少年法院创设动议正式进入中央决策程序并最终未果,以及整个司法体制的重大改革措施落地,我国以专业化为主导的少年审判制度改革发展已经 40 年的风雨历程。这段历程也被称为"我国少年法庭工作的 40 年"。其中,设立少年法院一直被视为少年司法制度改革发展的一项标杆性的升级换代的举措,意义重大。虽然几经艰苦努力而未能成功,但少年司法界人士从未放弃这一重大目标。

少年法庭与少年法院之间存在重大的区别,主要包括:其一,少年法院比少年法庭的机构层次更高,更具独立的管理权和决策权,从而更有利于少年司法制度的深化改革。其二,少年法院比少年法庭的人事编制更为稳固,而非随时撤并调转,从而更有利于少年司法制度改革发展的持续稳定。其三,少年法院比少年法庭的人员体量更大,队伍更为集中,从而更有利于培养和积蓄少年审判专业人员,以保障少年司法制度改革发展的“第一生产力”。其四,少年法院比少年法庭的案件管辖更为量大和集中,更有利于积累审判经验,从而形成集约化的发展模式,形成更为强劲的理论发展和立法完善的推动力,等等。

我国少年法院的创设理想尚未成功,其原因是多方面的、复杂的,甚或也有偶然因素的影响,相关问题值得更为系统深入的再研究。笔者主张,应当始终致力于发挥主观能动性,并注重客观有利条件的利用、创造及整合,从理论奠基、立法促进、方案设计和技术策略等方面着手,采取及时优化调试的措施,如此坚持不懈地努力推进,必将能够达成目标。其第一步即系统全面梳理,切中主要问题;第二步即以问题为导向,展开辩证分析,力求客观中肯、系统深入,以发掘问题的实质原委;第三步即决策方案,力求决策理性、方案科学,以系统解决问题。

一、我国少年法院:是否创设

毫无疑问,是否创设的问题是我国创设少年法院问题的第一类问题及首要问题。这实为我国相关决策部门的前期改革决策问题,即基于对创设必要、创设条件和试点改革等问题的系统分析,结合我国当前的实际情况,在权衡利弊、考虑轻重缓急之后,我国相关决策部门应当及可能作出的是否创设少年法院的前期改革决策问题。

(一)创设必要问题

1.分歧意见

肯定说认为,我国创设少年法院具有现实的必要性,主要理由大体可以归纳为:(1)我国少年法庭发展已经举步维艰,不进反退,迫切需要升级换代为少年法院,以突破进一步专业化发展的瓶颈。(2)创设少年法院有助于解决少年法庭发展的现实困境,即有利于机构稳定、人员聚合、专业加强、经验积累及改革发展。(3)创设少年法院有利于促进整个少年司法体系以及少年法治系统①的完善,从而为我国数亿少年的权益保护提供更为优质高效的法治保障。

① 参见高维俭:《少年法治系统论纲》,载《政治与法律》2022年第10期。

(4)专门的少年法院是诸多国家的通例,也是我国参与的国际条约所提倡的,其设立有助于优化我国的人权保护格局,提升我国的良好国际形象,等等。①

否定说认为,我国创设少年法院并无现实的必要性。主要理由为:(1)我国少年法庭工作的发展的确面临困难,但这是我国司法改革进程中的阶段性问题,涉及相关法学理论基础、立法供给和司法实务的改革发展问题,而非简单的机构升级问题。(2)加强少年法庭的专业化建设工作,同样能够实现相应的改革发展,突破困境,并达成优质高效保护少年权益、优化人权保护格局和提升国际形象等目标。(3)简单的机构升级,将少年法庭升级为少年法院,并不能实质地解决问题,甚或会带来新的问题。(4)设立少年法院会增加国家公共预算开支,且并非紧要而不可或缺,不符合国家机构编制严格控制的政策,等等。②

2. 辩证分析

总体而言,一方面,众望所归的肯定说从少年法庭工作的现实困境着眼,指出了少年法院的优势,并进而阐述了其在少年司法体系、少年法治系统以及国际视野等层面的裨益,颇具道理;另一方面,否定说强调了专业化建设的核心作用、理论基础及立法供给的重要性、少年法院的形式性以及可能的负面问题,也不无道理。

笔者认为,有几项基本事实或常识判断可以首先确认:(1)我国少年法庭工作自20世纪末完成粗放式的蓬勃发展以来,的确已经长期面临显著困境,总体上不进反退,局部地区甚至名存实亡。(2)少年法庭工作困境的基本原因即规模小(通常三五个人、一两名法官),机构不稳定(随时面临裁撤),专业化程度不高(缺乏少年司法方面的专业化、系统化的培训),受案数量偏少或大量受

---

① 近20多年来,尤其是10年前,关于创设我国少年法院的论著非常多,仅中国知网CNKI收纳的就有近百篇之多。对于我国少年法院创设必要性的问题,这些论著几乎没有例外,都是持肯定说。参见高维俭:《论我国少年法院的理想模式》,载《青少年犯罪问题》2001年第1期;姚建龙:《少年法院研究》,华东政法大学2003年硕士学位论文;上海市高级人民法院课题组:《上海率先建立少年法院论证报告》,载《青少年犯罪问题》2010年第5期;北京市高级人民法院课题组:《完善少年审判制度相关问题研究——关于北京市设立少年法院可行性研究的调查报告》,载《法律适用》2007年第8期;张枢玙:《论少年法院》,西南政法大学2013年硕士学位论文。

② 现有的公开文献鲜见关于否定说的论述,但这并不妨碍上述的合理推测。

案与少年权益保护关系不大，等等。(3)设立少年法院不可能立即或必然全面彻底地化解少年法庭工作的现实困境，且可能带来新的有待解决的问题。(4)设立少年法院必然会引起国家机构编制以及公共预算开支增加的疑问。

3. 决策判断

肯定说和否定说似乎旗鼓相当、难分伯仲，难以抉择。然而，若作为决策者，笔者的判断是：(1)尽管设立少年法院不可能立即或必然全面彻底地化解少年法庭工作的现实困境，但设立少年法院显然可以“对症下药”于我国少年法庭工作困境的基本原因，即解决规模小、机构不稳定、受案数量偏少等问题，从而为解决专业化程度不高的核心问题营造出前所未有的有利条件。申言之，不设立少年法院，而将就现有的少年法庭，则摆脱长期以来的现实困境的希望渺茫——近20多年来的少年法庭改革努力并非不艰苦卓绝，但收效甚微，不进反退，即是实践的明证；设立少年法院，则摆脱困境的希望显著。可以说，创设少年法院只是我国推进少年司法制度改革发展的一个无可替代的良好机会，而不是必然的胜算。(2)尽管设立少年法院可能会增加国家机构编制和相应的公共预算开支，但这不能成为否定设立少年法院的正当理由，关键要看其是否值得、是否现实紧要，而我国超过3亿的少年群体数量及其显著的社会价值和国家战略价值毋庸置疑，且我国少年违法犯罪及权益保护的问题巨大，广受各界关注，不可谓不现实紧要。况且，少年法院是对诸多少年法庭的集约化、专业化的整合，并非凭空增设，相应编制和预算即便有所增加，也是有限的、合理可控的；而如果考虑到集约化、专业化所可能带来的效能提升，相应的编制和预算的增加就应当被认为是完全值得的。笔者相信，一个具有良好社会认知和国家决策意识的人定然会认为，从价值性、现实紧要性和经济性等角度来看，少年法院丝毫不亚于业已设立的知识产权法院、破产法院等专门法院。

总之，关于我国创设少年法院的必要性问题，相关的决策判断应当是价值显著、现实紧要、确有必要，且成本合理可控。徐建先生曾指出：少年法院的创设是我国少年司法制度走向健全法治化的关键一步，是一种对新的法律框架的追求和对成人司法模式的突破，是在原有框架基础上的重要飞跃，是少年司法制度发展中一个新阶段的开始。①

(二)创设条件问题

1. 分歧意见

关于我国创设少年法院的基础条件问题,即可行性问题,有肯定说和否定说的分歧。简而言之,肯定说认为,我国创设少年法院业已具备了充足的理论基础、立法依据、司法经验及专业人才队伍,等等。否定说认为,相关的理论基础尚不扎实系统,且相关理论及立法很大程度上依附于传统部门法,少年法庭的司法经验大体上也是"小刑庭""小民庭""小行政庭"的简单叠加,两部专门的少年法《中华人民共和国未成年人保护法》(以下简称《未成年人保护法》)和《中华人民共和国预防未成年人犯罪法》(以下简称《预防未成年人犯罪法》)大体流于宣言而很少被适用于司法实践,所谓的专业人才队伍非常不稳定且非常缺乏系统的专业培训,等等。

2. 辩证分析

综合上述的肯定说和否定说,笔者的辩证分析和基本结论如下:

(1)我国创设少年法院虽然具备了一定的有利条件,但业已具备的条件并不完善或并不理想,甚至有重大欠缺。首先是理论基础条件问题。我国少年法学基础理论研究虽有近四十年的积淀,但相应专业的学者寥寥无几,其系统严整的理论体系尚在形成过程中②,且相关理论的研究、教学和普及程度都相当薄弱,在法学界的受认可程度颇低。尤其是相对于知识产权法院创设时期的知识产权法学的理论基础准备而言,少年法学的理论基础准备似乎颇显不足。其次是少年立法和少年司法对传统部门法的依附问题,以及专业化不足的问题,这些都是非常显著的问题,但其根源还是在于少年法学基础理论的不足。

(2)任何事物都有一个从不完善到完善、从不成熟到成熟的逐步发展过程。创设少年法院,倘若非要等到相关条件充分具备,是不符合事物发展的客观规律的。考察域外少年法院创设的历史可见,没有哪一个国家的少年法院

---

① 参见徐建:《论我国建立少年法院的条件和必要性》,载《青少年犯罪问题》2001年第4期。

② 参见高维俭:《少年法学》,商务印书馆2021年版。

是在相关条件充分具备的情况下设立的,而是在设立后逐步完善的。我国创设少年法院的问题,可以说,已经是众望所归、人心所向、大势所趋。相关决策者不能忽视的一个关键问题是:创设少年法院无疑能为少年法学基础理论的研发、少年立法的完善、少年司法的改革探索及进步、相关专业人才队伍的优化等创设一个稳定的、强大的、具有聚合效应的研发平台和实践基地,进而促进相关专业的理论研究、学科建设、教育培训和学界认同,营造出一个良性循环互动的少年法治"生态圈"。如此,少年法院、少年司法以及少年法治的事业有望不断良性发展,直至成熟完善。

3. 决策判断

(1)鉴于我国具备了创设少年法院的诸多基本条件,可以考虑创设少年法院的决策。

(2)鉴于相关的基础条件并不完善、理想,不能贸然采取全盘的决策。

(3)鉴于创设我国少年法院系人心所向、众望所归、大势所趋,且聚合效应、良性循环互动的"生态圈"值得期待,可以先行选择基础条件较好的地方,采取审慎的试点方案,着手创设我国的少年法院,待经验积累、教训反思、试点成功,方能逐步推广。

(三)试点改革问题

试点改革即选择条件较好的地点进行试验性的改革,针对问题不断改进,无法成功则考虑放弃,成功则考虑推广。如前所论,我国是否设立少年法院的决策问题尚待改革实践的进一步检验,尽管锐意改革是我们的意向,是众望所归。试点改革的基本问题即何处试点和如何试点的问题。关于我国设立少年法院的试点改革问题,笔者的基本思路可以概括为:择善地,多预案;积经验,思教训;慎评估,再推广。

1. 择善地,多预案

"择善地"即选择各方面条件相对优越的地方进行创设少年法院的试点改革。综合考虑少年法庭工作及专业人才队伍的发展水平、人口集中程度及少年案件数量、经济发展水平及交通便利程度、文化发展水平及专业科研机构等方面因素,笔者认为,可以首先考虑在人口千万左右以上、经济及文化发展水平较高、少年法治发展基础较好的中心城市选择建立试点改革的少年法院。

“多预案”即我国创设少年法院很可能会出现多种预设方案，且都具有一定的合理性。对此，笔者认为，不宜预先决定某种方案而放弃其他合理方案，而宜多个预设方案同时投入多个试点地方，分别通过实践检验后，再予综合抉择。其中，可以考虑在一线中心城市中选择两三个点，在二线中心城市中选择两三个点，并因地制宜地制定试点方案。

2. 积经验，思教训

试点改革的基本过程即积累经验和反思教训，以期兴利除弊，逐步完善，达成试点改革目标。一方面，“积经验”即积累有益或成功的经验，以助试点改革目标的达成。另一方面，“思教训”即反思不利或失败的教训，以免再度“踩坑”并及时调整。不利或失败的教训在试点改革的过程中势必难免。无论是积累经验还是反思教训，都不能浅尝辄止，而应当刨根问底、系统拓展，并将理论与实践结合，以期提升系统的理论认知，并建章立制，助推相关立法完善以及相关法律实务工作的发展进步。

3. 慎评估，再推广

试点改革的过程及效果应当获得审慎的评估，即通过对其过程的全面系统的考察，基于对其积极方面和消极方面的客观中肯的认识，对试点改革的总体效果予以系统的、审慎的评估。为此，试点改革的中期评估不可或缺，以期肯定和拓展积极有益的经验，找准问题及症结，并以试点改革目标为导向，制定进一步的兴利除弊、整改完善的切实方案。由此便衍生出一个问题，即试点改革的期限问题。对此，笔者建议为五年期。具言之，试点改革开始满3年，启动中期评估，为期3周左右；试点改革开始满5年，启动终期评估，为期3周左右。最后，根据试点改革的总体评估结果，决定是否推广以及如何推广。同时，关于评估组的构成，笔者认为，应当由相应决策部门牵头，组织相关领域的理论专家、实务专家和人大代表成立评估组，并出具切实、系统的评估报告。评估的主要内容可以包括司法实务及办案效果、人才培养及队伍建设、制度革新及立法促进、理论结合及理论创新四大方面。至于其中的具体评估指标、权重及机制等问题,应当结合实际情况,以试点改革目标为导向,遵循少年司法的基本规律,科学合理设置。这有待于在相应的前期决策后的进一步的具体研究和落实。

二、我国少年法院:如何创设

我国目前适宜作出试点创设少年法院的决策。那么,具体的技术操作方案应当如何设计呢?笔者认为,应当秉承有利于试点改革以及未来发展的原则,并结合我国法院体系设计的逻辑构架,重点考虑审级设置、案件管辖和内设庭室三个问题。

(一)审级设置问题

关于我国少年法院的审级设置问题,学界有两种观点:其一,基层特别法院说,即参照铁路运输法院、知识产权法院等,将少年法院的审级设置为专门的基层特别法院。其二,中级特别法院说,即参照海事法院,将少年法院的审级设置为专门的中级特别法院。

目前来看,基层特别法院说为主流观点。① 其主要理由包括:(1)有铁路运输法院、知识产权法院、破产法院等诸多成例,简便易行。(2)基层人民法院负责审理大量一审案件,中级人民法院负责大量二审案件和相对少量的重大或特别的一审案件,高级人民法院主要负责审判指导工作、申诉案件以及中级法院一审案件的二审,是我国法院审级设置的大体逻辑构架。少年案件绝大部分是"小案子",故而少年法院设置为基层特别法院是适宜的。(3)倘若将少年法院设置为中级特别法院,则其大量"小案子"的上诉可能会不当干扰高级人民法院的以审判指导工作和办理二审大要案为主要职能的格局。

关于中级特别法院说,现有公开文献较少。② 其主要理由包括:(1)有海事法院的成例,也简便易行,且其蓄积专业人才的空间更大。(2)实践中,少年案

① 几乎所有关于少年法院的公开文献都是采取基层特别法院说,相关文献在此不必赘述。

② 参见张枢玙:《论少年法院》,西南政法大学2013年硕士学位论文。该文是少有的关于少年法院应设置为中级特别法院的公开文献。

件的上诉率非常低[①],尤其是在切实贯彻少年最佳利益原则(最有利于未成年人的原则)和“教育、感化、挽救”政策方针的情况下。故而,对高级人民法院审判职能格局的不当干扰问题应该不会实际发生。(3)在试点改革的“爬坡上坎”阶段,由高级人民法院直接业务对接、指导审判,符合其审判工作指导的主要职能定位,尤其是通过对一些争议大、具有典型性的个案的指导工作,可以更好地指导相关试点改革的工作推进,促进建章立制,提升相应试点改革工作的实际成效。(4)少年案件审判具有显著的特殊性,大量的少年案件看似“小案子”,但担负着查找“病因”和以科学实证方法“治病救人”的艰巨任务,并不简单[②],且其“所治之病”不仅是“少年之病”,还是其成长社会环境之“病”。尤其是在相关法律法规尚未系统健全的现实情形下,少年法院肯定会面临很多需要先行先试、突破创新、建章立制以及推进立法的问题,高级人民法院的直接指导势必更有利于相关试点改革的发展。(5)少年法庭综合审判体制改革试点工作中遇到了一个重要的矛盾问题,即其集中管辖的“涉少”案件中,大部分是离婚案件(只要涉及未成年人抚养权的问题),所以少年法庭审判工作的大部分精力放在了审判离婚案件上,这对少年法庭审判工作的专业化发展非常不利,且对大量离婚案件的当事人而言,其往往需要跨区域参加诉讼,必要性不大,且非常不便利。基层设置的少年法院势必将所有涉及子女抚养问题的离婚案件纳入管辖范围,而这势必“劳民伤财”,造成大量离婚当事人需要跨越区县参与诉讼。[③] 这有必要吗?尤其是如果考虑少年法院的逐步推广,在地域面积广大、交通不够便捷的地区,这个矛盾问题将更加突出。对此,难道采取少年法院法官奔赴各地区巡回审判的方式吗?中级特别法院审级设置的少年法院可能提供一个“承上启下”的解决方案:大量的离婚案件仍然置于普通

① 据笔者的初步调查,全国法院判决的未成年人案件的上诉率在3%左右,一些发达地区的未成年人案件的上诉率保持在1.5%左右。

② 当然,如果像对成年人案件那样一判了之,那么大部分少年案件就是地地道道的“小案子”。恐怕,业界关于少年案件大部分是“小案子”的判断,乃是基于成年人司法观念的迷糊认识,乃是没有真正落实社会人格调查报告制度以及科学矫治方案的少年司法现实重大弊病的一个真实的现象折射。

③ 据笔者调查,还有一些少年及家事案件综合审判庭将不涉及未成年人抚养权的离婚案件也纳入管辖范围,这对诉讼便利和少年审判专业化的矛盾冲击问题更是突出,值得反思。

基层法院一审管辖,若对未成年人抚养权问题的一审裁判有异议的,可诉于少年法院二审;若对未成年人抚养权问题的一审裁判没有异议的,则诉至普通中级法院二审。如此,则同时合理兼顾了少年审判专业化、未成年人权益保护、少年法院受案数量、离婚案件的诉讼便利以及高级人民法院的适宜角色等问题。

综合比较分析上述两方面观点及理由,笔者认为,两种观点都有一定道理,而前者简单,后者颇为“烧脑”。笔者是更倾向于后者。① 对于相关的决策者,笔者的建议是,不宜预先断然否定两者之一,而宜先通过试点改革予以实践检验,再予以评估和决策,或抉择其一,或两者共存,因地制宜。

(二)案件管辖问题

关于少年法院的案件管辖问题,有三个基本层面:其一,所有“涉少”案件都在考虑纳入的范围。这基本没有争议。然而,对于家事案件是否应该纳入的问题,有所争议。其二,所有“涉少”案件,尤其是大量的涉及未成年子女抚养问题的离婚案件,是否应当一律纳入,是不是有必要区别对待?譬如,在少年权益问题上区分有争议和无争议的类型,将无争议的原则上排除于少年法院的案件管辖范围?其三,基于少年司法的自身规律和特殊价值诉求,兼而考虑与内设审判庭的匹配对应问题,如何科学分类?这可能存在诸多分歧。

1. 家事案件的管辖问题

域外多有少年及家事法院的设置及实践,我国也有少年及家事综合审判庭的实践探索。然而,结合我国的实际情况,笔者并不赞成目前在我国考虑设立少年及家事法院,或者将所有家事案件都纳入少年法院的管辖范围。基本

① 笔者认为,深入细致地推敲下去,基层特别法院说还有一个突出矛盾问题值得注意,即将少年法院定位为基层特别法院看似经济实惠,实则耗费更多,并非“正解”(围棋术语,指恰如其分的正招),而是“俗手”(围棋术语,指不构成明显错误,但效益不佳)。因为此方案需要少年专业审判机构的三级设置,即基层的少年法院、中级法院的少年案件合议庭或审判庭、高级法院的少年审判工作指导小组及审判机构。这不仅会分散本来就不够充足的少年审判专业队伍,还会造成司法机关成本及当事人诉讼成本的增加,造成高级法院的少年审判工作指导小组并不实际全面了解案件审理情况却要担当相应审判指导工作职能的矛盾情状。

理由为:(1)少年法院设立的主旨在于促进少年审判工作的专业化升级,以及整个少年司法体系和少年法治系统的优化完善,从而为少年权益保护及少年健康成长提供更优质的法治保障。家事案件中,大量ㄓ案件并不涉及少年权益问题,将其纳入少年法院的管辖范围与少年法院设立的主旨不符。而且家事案件并无如同少年案件那样的特殊价值基础、特殊规律基础、特别法律依据和特别现实需要,如果将家事案件作为少年法院(少年法庭)受案不足的重要解决方案,恐怕是大可不必的,甚至是喧宾夺主的。(2)涉及少年权益问题的家事案件可以纳入少年法院的管辖范围,但如果将大量的不涉及少年权益问题的家事案件纳入少年法院的管辖范围,则势必形成对少年法院的审判专业化发展进程的冲击,文不对题,得不偿失,尤其是在少年法院设立的试点改革时期,更是非常不明智的。① 至于在少年法院的改革试点成功后,在逐步推广的过程当中,对家事案件的全面纳入,考虑少年及家事法院的模式,则或许未尝不是可以研究和探索的问题。

2. 涉及未成年子女抚养的离婚案件管辖问题

对于不涉及未成年子女抚养问题的离婚案件,一律排除在少年法院的案件管辖范围之外。对此,少年司法界大体达成共识。那么,对于涉及未成年子女抚养问题的离婚案件,是否一律纳入少年法院的管辖范围?对此,少年司法界普遍认为,凡是涉及未成年子女抚养问题的离婚案件应当一律纳入少年法院的管辖范围。其基本理由即此类案件涉及未成年人的权益保护问题,应当纳入旨在保护少年权益的少年法院的管辖范围。

然而,笔者认为,涉及未成年子女抚养问题的离婚案件不应一律纳入少年法院的管辖范围,而应当采取合理的程序分流机制。此类案件一般有两种基本情形,即离婚夫妻双方对未成年子女抚养问题没有争议和有争议。应当考虑对两者予以程序上的区别对待,即涉及未成年子女抚养问题的离婚案件,原则上一审由普通基层人民法院管辖,如对未成年子女抚养问题的一审裁判不

① 类似的观点及论述,参见姚建龙:《创设少年法院必要性研究的反思》,载《青少年犯罪问题》2004 年第 2 期。

服（有争议的）[①]，则二审由少年法院管辖；如无关于未成年子女抚养问题裁判的不服，其二审由普通中级人民法院管辖。如此，兼顾了少年法院对少年权益保护的职能、过多离婚案件对少年法院审判专业化的冲击、少年法院的适度受案数量、对父母亲权的尊重以及当事人诉讼便利和诉讼效率等问题，从而更有利于少年法院职能的专业化、高效运行及目标的实现，更有利于其和谐嵌入我国法院体系，更有利于保障相关当事人的实体权益和程序权益，更符合我国的实际情况。

3. 管辖案件的科学分类问题

少年法院管辖范围涉及少年权益的案件，可以说是相当纷繁复杂的。[②] 因此，如何进行科学分类的问题非常重要。分类是科学研究的一个基础环节，可以反映研究者关于对象的基本认知及理念基础。关于少年案件的分类问题，据笔者的观察，少年司法界大体存在两个基本立场，从而可推演出两种分类谱系：

（1）基于传统部门法律关系理论的基本立场的分类谱系

此种分类谱系，即依据传统部门法律关系的谱系逻辑，少年案件分为少年刑事案件、少年民事案件、少年行政案件和其他少年案件（执行、审判监督、公益诉讼等），是目前我国业界的主流观点。

（2）基于少年法律关系理论（少年权益）的基本立场的分类谱系

此种分类谱系，即依据少年权益的类别、少年法律政策的谱系逻辑以及少年法律关系理论，[③]少年案件分为少年越轨案件、少年保护案件和少年福利案

① 如果离婚夫妻双方对一审关于未成年子女抚养问题的裁判（包括调解协议）没有异议，为加强对未成年人的福利及保护的多方监督，应当考虑设置相应的备案制度，即将相关文书发送给少年福利部门（民政局儿童福利部门）和未成年人检察机构备案，以便这两个机构可以依法审查，并在必要时采取质询、诉讼或法律监督措施。如此，也更有利于少年法治系统的相关主体依法合理分担、配合履职，形成系统合力，而不是在设计少年法院方案时，仅考虑少年法院的作用发挥，令其“包打天下”，过度发挥其职能。毕竟，如果离婚夫妻双方对其未成年子女抚养问题没有争议，原则上应当尊重其在家庭亲权领域的私权意志，而不宜过度干预，也不必干预，不必要地增加本应用于少年法院改革要务的宝贵的司法成本。

② 参见上海市高级人民法院课题组：《上海率先建立少年法院论证报告》，载《青少年犯罪问题》2010 年第 5 期。

③ 参见高维俭：《少年法学》，商务印书馆 2021 年版，第 180 ~ 190 页。

件。其中,少年越轨案件又包括少年犯罪案件和少年虞犯案件,①其政策主旨在于预防犯罪。少年保护案件和少年福利案件又可以分为家庭类、学校类和社区类案件,其政策主旨在于预防被害和维护少年健康成长。

上述两种分类谱系实际上反映了相关论者对于少年法的基本认知立场或理念基础。前者反映了相关论者在少年法的基本认知问题上对于传统部门法学理念的"路径依赖",而对于少年法的独特规律、独立价值体系以及少年法律关系等少年法学的基本理论缺乏应有的系统认知。后者则反映了相关论者基于少年法的自身独立价值立场的系统认知。何者更为契合少年法学的基本理论,更为适宜少年法院以及少年法治的独立自主和长久发展?笔者认为,这其实不难评判。

(三)内设庭室问题

1."小刑庭+小民庭+小行政庭+其他"的主流观点及其重大不利

关于少年法院的内设庭室问题,业界的主流观点为设立少年刑事审判庭、少年民事审判庭、少年行政案件审判庭以及相关配套业务庭室(如立案庭、执行庭、审监庭、观护庭、研究室等)。② 其中,少年刑事审判庭、少年民事审判庭和少年行政案件审判庭是其主干业务庭,分别对应前文关于案件分类的少年刑事案件、少年民事案件和少年行政案件。显然,这是根深蒂固的传统部门法学理论的"路径依赖"式的影响所致的,是成年人法学理念在少年法领域的映照或翻版。这种主流观点至少存在以下两个维度的不利:

其一,理论立场或理念基础上的错位,即该观点的理念基础或理论立场是

---

① 其中,关于少年虞犯案件,域外少年司法的通例为将其纳入少年法院的管辖范围,而且是非常基本的一类。我国目前的《预防未成年人犯罪法》将其归入"严重不良行为"的范畴,置于行政决定的程序中,采取"保护处分"的措施,适用于专门教育制度。这一问题是值得理论者研究、立法者再斟酌的。另外,在逻辑上,少年案件还应当包括少年一般越轨(一般不良行为)案件,但其一般不宜纳入少年法院的管辖范围。这主要是考虑到大多数少年的越轨行为是处于青春期的少年的正常现象,势在难免,并无大碍,且会随着社会化的成长而逐渐回归正轨,故不必动用司法手段,平添不当负累,而宜采取家庭、学校和社区的持续的社会化途径予以妥善引导。

② 参见北京市高级人民法院课题组:《完善少年审判制度相关问题研究——关于北京市设立少年法院可行性研究的调查报告》,载《法律适用》2007 年第 8 期;丁寿兴、朱妙、张世欣、陈慧、陈建军:《我国部分地区试点设立少年法院之提倡——以上海地区为例》,载《预防青少年犯罪研究》2012 年第 1 期。

以成年人为模板而建构起来的传统部门法学理念，即遵循其“刑事—民事—行政”的基本构架逻辑，从而继续将本应秉承自身的独立自主、特殊价值、政策逻辑和规范体系的少年法依附于传统的三大部门法。按照如此逻辑推演下去，无论是在理论上，还是在立法上或司法上，少年法的发展都会在相应程度上受到传统部门法的抑制，而很难遵循其本应系统遵循的自身规律和特殊价值。长此以往，对少年法院、少年司法以及少年法治的长远、系统发展，必将造成基本的、深层次的、系统性的不利。“少年司法制度杂处于或者附属于成人司法制度中将带来诸多矛盾与弊端，无可避免地会破坏整个司法制度的统一性与现代化，扼杀少年司法制度的天性，妨碍少年司法制度的完善与发展，甚至危及少年司法制度的生存。”①

其二，创设少年法院的申请策略上的不利，即这种“小刑庭＋小民庭＋小行政庭”的基本构架思路会极大地减弱少年法院创设必要性的说服力。试想，如果将其作为申请创设少年法院的一项基本方案，换位至相关决策者的立场，想必会产生一种基本的疑问：既然是“小刑庭＋小民庭＋小行政庭”，就没有多大必要“另起炉灶”，相关案件由传统的刑庭、民庭和行政庭管辖也没有多大问题，采取“小儿酌减”“注重保护”的策略即可，且单设少年法庭的必要性尚且不是那么大（目前，我国少年法庭的大量撤并和名存实亡的现实就是明证），何况设立专门的少年法院呢？如此，少年司法的独立价值被削减，少年司法的独特规律被蒙蔽……数年前，少年法院创设未果，恐怕不是没有这方面的原因吧。联系一下知识产权法院创设的理论准备和申请策略，倘若其理论定位就是特殊类型的民商事问题，而不系统论证和强调其独立自主的理论体系、特殊价值和相应的科学分类问题，其能否成功创设，恐怕就很难说了。

2. 基于少年法的基本理念的内设庭室方案——“少年越轨案件审判庭＋少年福利及保护案件审判庭＋其他”

关于少年法院的内设庭室方案问题，笔者认为，可以从以下两个层面来予以推演：

---

① 姚建龙：《创设少年法院必要性研究的反思》，载《青少年犯罪问题》2004 年第 2 期。

其一,理论上可内设四个主干审判业务庭,即少年刑事案件审判庭、少年虞犯案件审判庭、少年福利案件审判庭和少年保护案件审判庭。这种内设庭室的配置方案遵循着少年法律政策的基本逻辑①,结合了上述少年案件的分类、主旨和特点。

其二,实践中宜内设两个主干审判业务庭,即结合我国相关立法及司法现状,一方面,根据我国《预防未成年人犯罪法》的立法规定,少年虞犯案件(可能予以保护处分的严重不良行为少年案件)被置于公安机关和教育行政部门的行政决定程序中,虽然其中会衍生出不服相关行政决定的行政诉讼问题,但目前这类案件的数量可能非常有限,且这类案件的司法主旨也主要在于预防犯罪,并采取"教育、感化、挽救"的方针,故而目前宜与少年刑事案件审判庭合而为一,并称"少年越轨案件审判庭",兼而考虑了"越轨"较之"刑事""犯罪"的去污名化意义。随着未来的立法革新和司法发展,可以根据实际需要,再拆分为二。另一方面,鉴于我国尚无专门的少年福利法的立法,"少年福利"与"少年保护"理论观念尚未获得明确的区分,且司法实践中的少年福利案件还为数颇少,以及少年福利案件和少年保护案件审判的主旨大体在于少年被害预防和维护少年健康成长,故而,少年福利案件审判庭宜与少年保护案件审判庭合二为一,并称"少年福利及保护案件审判庭"。同理,二者也可能随着发展而拆分为二。

关于不少论者提到的"少年观护庭",即"主要承担对未成年人进行社会调查、心理辅导、跟踪帮教、矫治回访等审判延伸工作。观护庭可以内设社会调查室、心理辅导室、回访帮教室等"②。笔者认为,这是我国少年司法制度早期研究的一个问题,其借鉴来源大抵为美国少年法院的少年观护部门(juvenile

① 笔者认为,少年法律政策的基本逻辑结构为"少年福利政策—少年保护政策—少年越轨政策",分别对应"未雨绸缪之策""遮风挡雨之策""亡羊补牢之策"。其存在两种逻辑顺位:其一,从历史发展的事实逻辑来看,先有少年越轨政策的发展,再为少年保护政策的发展以及少年福利政策的发展;其二,从价值优先的决策逻辑来看,首先为少年福利政策,其次为少年保护政策,以及少年越轨政策。进一步的详尽论说,参见高维俭:《少年法学》,商务印书馆 2021 年版,第 192 ~ 197 页。

② 丁寿兴、朱妙、张世欣、陈慧、陈建军:《我国部分地区试点设立少年法院之提倡——以上海地区为例》,载《预防青少年犯罪研究》2012 年第 1 期。

probation office,也有译文译为“少年缓刑部门”),主要负责少年越轨案件的社会(人格)调查报告以及相应的观察、保护及社区矫治工作。其制度前提是法院负责社会(人格)调查报告等方面的工作。然而在我国少年司法制度的语境中,社会(人格)调查报告的工作职能到底由谁承担一直都处于非常纷乱的局面,即几乎所有的少年司法参与主体都可能成为社会(人格)调查报告的主体。对此,笔者的基本观点为:社会(人格)调查的基本目的在于查清少年越轨案件的人格事实,而人格事实为少年越轨案件的主要事实,比在案的行为事实更为重要;社会(人格)调查报告的基本主体应当是控辩双方,即控方有职责进行,而辩方有权利进行;社会(人格)调查活动应当收集一系列的关于人格事实的证据材料,而社会(人格)调查报告是基于此作出的关于少年越轨原因及矫治方案的系统分析评估报告,是少年司法的一份核心的结论性的诉讼法律文书,法院应当是相应的居中的司法裁判者,等等。① 故此,笔者并不赞同少年法院内设少年观护庭的主张。②

至于立案庭、执行庭、审监庭以及研究室、政治部之类的庭室或部门的设置,根据实际需要,参照其他人民法院,合理配置即可,在此无须多言。

三、我国少年法院:如何发展

少年法院的建设和发展是一个持续不断的系统工程。少年法院的创设方案中应当包含其创设后的发展方案,而这却是我国诸多少年法院创设方案所忽略的一个重要方面。有道是不谋全局者不足谋一隅,不谋万世者不足谋一时。我国少年法院的创设方案不仅需要系统谋划其全局,还需要长远谋划其未来,否则必然是一个不周全的方案。其未来之长远谋划,即在其创设后,我国少年法院应当如何发展的长远策略问题。笔者认为,其中应当考虑如何系统推进相关的法律实践、立法供给和理论基础的发展三个基本问题。说到底,

---

① 进一步的详尽论说,参见高维俭:《少年司法之社会人格调查报告制度论要》,载《环球法律评论》2010 年第 3 期;高维俭:《再论少年司法之社会人格调查报告制度》,载《预防青少年犯罪研究》2012 年第 2 期。

② 笔者曾有少年法院内设“少年观护案件审判庭”的主张,但笔者所谓的“少年观护案件”实为少年虞犯案件的意思,即有犯罪之虞的、需要采取观察保护措施(保护处分)的严重不良行为少年的案件。参见高维俭:《论我国少年法院的理想模式》,载《青少年犯罪问题》2001 年第 1 期。

少年法院的设立只是一个机构形式问题，相应的理论基础、立法供给和法律实践三个基本问题才是其中的实质内容。内容决定形式，适当的形式又有利于承载其相应的内容，并促进其发展。少年法院是否创设的问题，取决于这三个基本方面的条件的具备程度；少年法院如何发展的问题，也在于这三个方面如何系统发展的问题。

（一）系统理论问题

这里的系统理论问题即少年法院相关理论基础的系统发展问题。没有系统的理论，就没有系统的立法，也就没有系统的法律实践。少年法院如何发展的问题，首要的即其理论基础如何系统发展的问题。

1. 少年法院的创设及发展需要系统的理论基础

我国少年法院的创设需要具备一定的理论基础。目前，相应的理论基础尚不够系统完善，且存在诸多模糊争议之处。这有待于相应的系统深入的理论研究，并有待于相应的立法革新、司法及执法探索的实践检验。

少年法院的系统发展所需要的理论基础不仅是少年法院及少年审判制度本身的局部理论基础，还需要整个少年司法制度、少年法治系统以及与此关联的更大范围的制度系统的理论基础作为支撑。这些理论基础即系统严整的少年法学理论体系。

2. 系统严整的少年法学理论体系需要一个长期持续的研究及实践的辩证发展过程

系统严整的少年法学理论体系的形成需要一个长期研究探索的、严谨的学术过程。我国学界致力于此的历程有 30 余年，有一些标志性的成果。① 其中，笔者的《少年法学》（商务印书馆 2021 年版）试图建构了一套系统严整的少年法学理论体系，或许具有重要参考价值，但仍然有待于通过理论研讨、专业教学和实践检验等路径，进一步充实、校正及优化，并达成业界共识，从而转化

① 参见徐建：《青少年犯罪学》，上海社会科学院出版社 1986 年版；肖建国：《中国少年法概论》，中国矿业大学出版社 1993 年版；康树华、向泽选：《青少年法学新论》，高等教育出版社 1996 年版；姚建龙：《长大成人：少年司法制度的建构》，中国人民公安大学出版社 2003 年版；张鸿巍：《少年司法通论》（第 3 版），法律出版社 2022 年版；高维俭：《少年法学》，商务印书馆 2021 年版。

为对相应立法革新及实践探索的持续不断的推进合力。

笔者认为,系统严整的少年法学理论体系建构的基本要领及思路在于:秉承少年法的独特价值和原则,遵循少年法的基本规律,结合相关的立法和法律实践,展开符合少年法律政策基本结构的系统的逻辑推演,从而建构出一套独立的理论体系,区别于传统部门法理论,并系统地摆脱其对传统部门法的理论、立法、司法及执法的依附局面,彰显其自身的特性和逻辑,为少年法治事业的持续长远发展提供一个系统完备的理论基础,系统服务于相关的立法革新和法律实务的发展完善。这是少年法院在设立之前、设立之中和设立之后都必须非常注重且不断系统提升的一个关键的基础环节。

(二)系统立法问题

这里的系统立法问题即少年法院相关立法供给的系统发展问题。我国少年立法虽经历了30余年的发展,取得了显著的成就,但仍然存在诸多缺憾或立法供给不足的问题,亟待改革完善,以形成系统、全面、优质的立法供给,促进少年法院、少年司法以及少年法治事业的系统发展。

1. 我国少年立法的历史、现状及缺憾

从1987年《上海市青少年保护条例》开始,我国少年立法经历了30多年的发展,逐步形成了以《未成年人保护法》和《预防未成年人犯罪法》为专门立法,以刑事法、民事法、行政法和社会法的特别规定为附属立法的全国性的总体立法格局,从而大致具备了少年立法体系的雏形,但远未成熟。

可以说,我国少年立法的总体现状还相当滞后,对我国少年法院、少年司法以及少年法治的发展需要而言,颇显立法供给的系统不足。其宏观的基本原因为:一方面,由于缺乏系统严整的少年法学理论体系的指导,其系统全面性和逻辑严整性很难实现,从而难免造成一些重大的系统性缺憾;另一方面,我国少年立法基本上采取的是自身发展的道路,对域外一个多世纪以来的比较成熟的少年立法经验的学习借鉴不足。

我国少年立法的不足至少包括:(1)我国没有专门的少年福利法,甚至连一个相应的地方性法规都没有。然而世界范围内,专门的少年福利法(或儿童福利法)是大多数国家的立法标配。(2)我国《未成年人保护法》虽经数次修订,仍有 132 条之多,但仍然主要停留于宣言性,且适用性非常弱,被引据于少年司法实践的案例为数不多。(3)我国《预防未成年人犯罪法》亦数经修订,有 68 条,但亦鲜有少年司法实践案例的引据,适用性颇弱,且亦多有流于宣言性的问题。但值得注意的是,该法经过 2020 年的修订,较为系统地规定了专门教育及保护处分制度,旨在重点规范和完善少年越轨分级干预的制度体系,以回应相应的社会关切和制度痛点问题。其中似有少年越轨法的功能转向的意图,具有缓解该法的功能定位模糊问题的意义。(4)我国刑事法、民事法和行政法中的附属少年法律规范,是我国少年法院、少年司法及少年法治实践中最具适用性的少年法律规范,然而其对于这三大传统部门法的依附性势必导致其无法摆脱传统部门法的基本理念、基本原则、基本制度的束缚,同时无法系统融入少年法的基本理念、基本原则和基本制度的价值及逻辑体系中,并在具体的实践中常常造成矛盾,发生抵牾。例如,相关的刑事法律制度常常在惩罚威慑和教育矫治的理念之间游离徘徊,《中华人民共和国刑法修正案(十一)》关于刑事责任年龄底线降低至 12 周岁的修法就是明证;再如,短期监禁刑、财产刑和剥夺政治权利对于未成年人的合理适用性问题;又如,我国《中华人民共和国治安管理处罚法》的修订一直在纠结于是否及如何扩大行政拘留处罚对未成年人的适用问题,即如何"一罚了之""一关了之"的问题。然而从少年法的理念来看,其问题在于如何查找"病因"、如何"治病救人"的科学的保护、教育、矫治及福利方案,而非"一罚"和"一关"的问题。

2. 我国少年立法的完善策略

关于我国少年立法的完善策略,笔者认为,有三个基本策略可供选择。

(1)科学借鉴,本土结合

梳理少年法治发达国家或地区的经验,并与我国实际情况相结合,科学借鉴。综观世界少年立法相对成熟的国家或地区,其少年立法体系大体形成了"少年越轨法 + 少年福利法"的二元模式。

结合我国少年立法的实际情况,借鉴二元模式的基本思路可以考虑为:一方面,将我国《未成年人保护法》扩展改造为"未成年人福利及保护法",其中系统增设相应的福利法律制度;另一方面,将我国《预防未成年人犯罪法》调整改造为"未成年人越轨事件处理法"。由此,我国相应的少年立法二元结构模式形成,并基本达到国际平均水平。

(2)自主发展,系统谋篇

以系统严整的少年法学理论体系为指导,结合我国的实际经验,自主发展,系统谋篇。对此,笔者的基本建议是:其一,增设"儿童福利法",弥补我国少年立法的一个基本内容缺陷;其二,完善《未成年人保护法》,尤其是健全其独立的符合其特别规范需要的法律责任制度体系;其三,改造《预防未成年人犯罪法》,令其成为未成年人越轨分级干预及防治的系统的法律规范体系。由此,具有中国特色的少年立法三元结构模式可以形成。同时,这"三法"都有必要特别注重强化其适用性,即利于其法律规范在具体的执法及司法实践中的适用,以系统、合理解决少年法律实践中的实际问题。该问题实际上是我国目前少年专门立法的"痒点"和"痛点",故此特别强调。

(3)后发优势,系统超越

在系统严整的少年法学理论体系的指引下,着眼未来发展趋向,探索少年立法的法典化,以系统超越目前的世界水平。其一,我国少年立法较为落后,可争取发挥后发优势;其二,从世界范围看,少年立法已经比较成熟,业已临近、趋向于少年立法的法典化;其三,在系统严整的少年法学理论体系的指引下,实现我国少年立法的法典化,系统超越世界发达水平,并非空谈或奢望。此为笔者最为推崇的策略,并业已付诸系统严谨的学术研究,且已有研究成果可资相应的证明。①

(三)系统实践问题

系统实践问题即少年法院相关的法律实践的系统发展问题。其中涉及少年审判制度体系、少年司法制度体系以及整个少年法治系统②的相关实践工作的不断完善及协同发展问题。

---

① 相应的详尽论说和证明,参见高维俭:《少年法学》,商务印书馆 2021 年版,第四章之"少年法的立法体系"和附件之《少年法典草案》。

② 参见高维俭:《少年法治系统论纲》,载《政治与法律》2022 年第 10 期。

1. 我国相关法律实践已经形成了初步的系统机制

经过约40年的发展,我国少年审判制度体系、少年司法制度体系以及整个少年法治系统的相关法律实践工作已经形成了初步的系统机制。如公检法司部门的“政法一条龙”和社会群团及政府相关部门的“帮教一条龙”,其中涉及诸多的特殊理念、特殊原则和特殊制度,包括国家亲权理念、未成年人最佳利益原则、未成年人特别保护原则、社会人格调查报告制度、合适成年人制度、寓教于审制度、圆桌审判制度、分级干预制度、刑罚轻缓制度、少年特别隐私权制度、特殊的监护制度以及专门教育及保护处分制度,等等。这四十年的发展成果及具体的法律实践经验是我国创设少年法院的重要的基础条件。

2. 我国相关法律实践仍有待于进一步的系统完善

由于新生事物发展的起起落落的一般规律以及我国社会发展的一些实际情况,我国少年司法的相关的法律实践屡遭重大挫折,并一直存在一些重大的系统性的缺憾,面临系统性的发展瓶颈和困境,有待于进一步的系统完善。

其中,与少年法庭工作相关的重大挫折至少包括:20世纪90年代中后期的少年法庭改革发展停滞,10年前少年法院创设未果,数年前司法体制改革过程中的少年法庭专门机构的大规模撤并以及诸多的少年法庭名存实亡,等等。其中,一些重大的系统性的缺憾至少包括:专门少年警务机构的系统缺失,大量理应归入少年司法管辖范围的严重不良行为少年案件(专门教育及保护处分案件)被立法置于行政决定程序中且相关立法颁行已经3年而至今仍未步入正轨,专业的少年社工机构的缺乏或不发达,作为少年司法核心要务及科学实证保障的社会人格调查报告制度的运作粗放或流于形式,少年法治系统相关主体之间的系统分工及衔接配合机制不畅,等等。

上述一系列错综复杂的系统性问题,都是我国少年法院设立之后需要着力研究、探索和完善的发展策略问题。这不仅有赖于相应法律实践的持续性的系统探索和锐意改革,也需要相关的立法革新及立法供给的持续配合,更需要相关的系统严整化的少年法学理论体系的持续指引,从而形成实践、立法及理论之间循环往复的辩证发展模式,持续不断地推进我国少年法院、少年司法以及少年法治的良性发展,以逐步趋于成熟和完善,成就为我国数亿少年健康成长的系统完善的法治保障体系。

四、结语

关于少年法院创设的问题，我们既要直接针对其问题本身展开切实的研究，又要不囿于其问题本身，采取系统思维，拓展并深入于相关的理论、立法及法律实践问题。少年法院创设问题的根本在于相关理论和立法的系统缺憾，而不在于少年法院创设方案或问题本身。这就好比战争胜负的根本决定因素不在于战术，而在于相关战略。

我国少年法庭40年发展变迁的历史以及举步维艰的现状，已经印证了少年法庭的机构形态及陈旧观念业已不再适应新时代少年法治改革发展的现实需要和未来期望。现实中，不少人并不赞成少年法院的创设。这种保守观念很有代表性。对于这种观念背后的理由，笔者在文中基本给予了力所能及的回应。同时，笔者也深知，在现实中，改变人们的既有观念是如此的艰难，且常常不是道理所能及的。然而，什么样的改革不是必经解放思想、改变观念以及树立信念，而后方能系统开启、科学谋划以及逐步落实的呢？少年法庭作为少年司法初创期的机构形式尚可，但其“散兵游勇”、随时调转的“队伍状态”，如何适应集约化、专业化、系统化的发展需要？在这条老路上，少年法庭已经至少两度遭遇重大挫折，且并非改革者不尽心力，而是理念格局和路径选择出了问题。如今，我们是要裹足不前，继续少年法庭的老路？还是选择少年法院的新路？

（本文原载于《中国应用法学》2024年第1期）

论少年审判工作专业化改革

摘要：少年审判工作40年的核心的成就经验，即专业化改革。进入新时期，少年审判工作既面临新的发展机遇，又面临严峻挑战。基于少年审判的历史经验、少年法学的基本原理以及少年法治的基本理念，观照现时的发展困境，紧扣专业化改革的核心要务，是少年审判工作未来系统发展的必由之路。

关键词：少年审判；专业化改革；历史经验；现实困境；未来发展

The Professionalization Reform of Juvenile Judicial Work

Abstract: Professionalization reform is the core achievement experience of the juvenile judicial work in the past forty years. Entering into the new era, the juvenile judicial work is facing new development opportunity, with harsh challenge as well. Basing on the historical experience of the juvenile judicial work, the rationales of juvenile jurisprudence and the fundamental notions of the rule of juvenile law, taking care of the present development pinch, to focus on the core point of professionalization reform, should be the must way of the future systematic development of juvenile judicial work.

Keywords: Juvenile Judicial Work; Professionalization Reform; Historical Experience; Present Pinch; Future Development

未成年人是祖国的未来、民族的希望，未成年人的健康成长事关国家前途和民族命运。党和政府历来高度关注和重视未成年人的健康成长。最高人民法院相关负责人曾多次指出,“少年审判工作只能加强,不能削弱”。少年审判是少年司法制度的核心之一,也是整个少年法治系统的重要一环。以少年审判机构改革为先导,促进和带动相关制度的发展和完善,是世界少年司法改革发展的重要经验,也是我国少年司法改革的重要特征之一。①

自1984年上海市长宁区人民法院建立第一个专门审理未成年人刑事案件的合议庭以来,少年审判栉风沐雨、砥砺奋进近40载,取得了举世瞩目的成就,积累了不少宝贵经验,创立发展了寓教于审、圆桌审判、社会调查、犯罪记录封存、心理疏导、合适成年人在场、回访帮教等一系列符合未成年人身心特点、兼具中国特色的审判制度,在预防和矫治未成年人犯罪、保护未成年人健康成长等方面发挥了重要作用。② 进入新时期,少年审判工作面临着新的发展机遇和严峻挑战。尤其是近年来,由于人民法院受理的未成年人犯罪案件数量持续下降、司法体制改革的“量化”要求以及家事审判改革等因素的影响,少年法庭的发展普遍遭遇瓶颈。

为适应新时代的要求,认真贯彻落实党中央的决策部署,总结经验,指引方略,切实加强未成年人司法保护工作,最高人民法院于2021年1月出台了《关于加强新时代未成年人审判工作的意见》(以下简称《意见》)。《意见》进一步规范了少年法庭的受案范围,明确了少年法庭组织机构和人员配备的专业化方向,并提出了构建专门的绩效考核标准等,为处于发展瓶颈期的少年审判擘画了改革蓝图,坚定了专业化的发展方向。深入解读此《意见》可见,契合少年身心特点、符合少年法治内在规律的专业化改革,是少年审判工作未来改革的核心要务。

一、专业化改革是少年法治基本理念的本质要求

少年法治基本价值理念,是指在整个少年法治体系中应当得以普遍遵循的基本准则。少年法治的基本价值理念可以包括未成年人最佳利益原则、未成年人特殊保护原则和国家亲权理念等。

---

① 参见姚建龙:《长大成人:少年司法制度的建构》,中国人民公安大学出版社2003年版,第83页。

② 参见牛凯:《少年法庭改革的发展方向》,载《人民法院报》2018年7月11日,第5版。

首先,少年审判专业化改革是未成年人最佳利益原则的本质要求。未成年人最佳利益原则是少年法的根本原则,是少年法健康有序发展的基石。[①] 未成年人最佳利益原则是指一切未成年人法律规范的制定、适用和执行,都要以未成年人的最佳利益实现为准则和目标。未成年人最佳利益原则早已为国际社会广泛认可和接受,是处理一切关乎未成年人各项事宜的首要准则。可以说,未成年人最佳利益原则有两种表现意态:其一,“慈母”般的爱,如国家对未成年人的福利、救济、扶助、保护和温情引导等;其二,“严父”般的爱,如国家对未成年人的行为规范、监督、约束、训导、惩戒甚至监禁等。[②] 少年审判的专业化改革旨在提升少年审判的专业化程度,为涉案未成年人提供专业、科学的教育帮扶和规范矫治措施,从而更好地帮助涉案未成年人正常回归家庭与社会,避免“二次伤害”,更好地保护其相关合法权益,保护和促进其健康成长。这无疑是未成年人最佳利益原则理念的本质要求。

其次,少年审判专业化改革是未成年人特殊保护的现实需要。强调根据未成年人身心发展规律给予其特殊、优先保护是少年法的基本立场,也是侵害未成年人强制报告制度等诸多特别制度设置的基本精神。鉴于未成年人的身心特殊性及其突出社会价值,国家法律应当给予未成年人超乎一般社会群体的特别保护,即采取特别的福利资源、保护措施及教育矫治方案,以符合其身心的特殊性,以适应其健康成长的特殊需要,以对应其突出的社会价值,并由此形成未成年人特殊保护原则。未成年人特殊保护原则作为少年法的基本原则,是少年法制定、适用以及执行过程中的基本精神,也是少年法保护、促进未成年人健康成长基本宗旨和未成年人最佳利益根本原则实现的基本方略。[③] 少年审判的目的不在于对涉案未成年人“一判了之”,而在于以教育、感化、挽救的理念,根据未成年人的身心特性,制定专业、科学的具体措施,从而提升对涉案未成年人的福利、保护及教育矫治的社会实效。少年审判的专业化改革

---

① 参见王贞会:《罪错未成年人司法处遇制度完善》,载《国家检察官学院学报》2020 年第 4 期。

② 参见高维俭:《少年法学》,商务印书馆 2021 年版,第 197 页。

③ 参见高维俭:《少年法学》,商务印书馆 2021 年版,第 198 页。

正是满足未成年人特殊保护现实需要的必要之举，也是国家对少年法治规律认识不断深化的结果。毋庸置疑，少年审判专业化改革的不断深化不仅有利于促进少年法治工作迈向更高水平，也是提升国家治理体系与治理能力现代化的重要举措。

最后，少年审判专业化改革也是国家亲权基本理念的重要体现。国家亲权理念又被称为“国家父母权”“国家监护”等，根据《布莱克法律词典》的释义，其本意是指国家对儿童与其他法律上无行为能力的人所享有的一般监护权。国家亲权理念是少年法的重要理论基础。[①] 有学者认为，国家亲权理论包含以下三个基本内涵：其一，国家居于未成年人最终监护人的地位，负有保护未成年人的职责，并应当积极行使这一职责；其二，强调国家亲权高于父母的亲权，即便未成年人的父母健在，但是如果其缺乏保护子女的能力以及不履行或者不适当履行监护其子女职责，国家可以超越父母的亲权而对未成年人进行强制干预和保护；其三，国家在充任未成年人“监护者”时，应当为了未成年人的利益行事，即应以未成年人的福利为本位。[②] 少年审判专业化改革之目的在于以国家之温暖与关怀，采取专业科学之手段，维护少年之福利，保护少年免于伤害，并帮助越轨少年回归正途，这无疑是国家亲权理念的一种重要的贯彻方式。

二、专业化改革是少年审判工作长期发展的宝贵历史经验

少年审判近40年的改革历程可谓波澜壮阔，跌宕起伏。从最初的少年刑事审判到综合审判以及家事审判，我国少年审判工作积累了不少宝贵经验，创立了一系列具有中国特色、适合未成年人特点的审判制度，为我国司法体制改革添上了浓墨重彩的一笔。近四十年的历史经验充分证明，专业化改革是少年审判取得长足发展的核心路径。可以说，少年审判制度的发展历史就是少年审判独立于成年人审判，并不断走向专业化的历史。

其一，不断走向专业化的少年审判工作成功教育挽救了一大批越轨少年，在维护少年权益、保护少年健康成长等方面发挥了重要作用。少年审判的发

---

① 参见张鸿巍：《儿童福利法论》，中国民主法制出版社2012年版，第88页。

② 参见姚建龙：《超越刑事司法：美国少年司法史纲》，法律出版社2009年版，第104页。

展曾长期引领着我国整个少年司法体制改革的浪潮，在预防少年犯罪、保护少年健康成长方面发挥着重要作用。近年来，全国未成年人犯罪数量呈持续下降趋势。根据最高人民法院的最新统计，我国未成年人犯罪整体呈下降趋势，2020年判处未成年人罪犯比2013年减少了2.2万人，降幅近40%。[①] 这大体可以反映出我国未成年人犯罪形势整体向好的趋势。其中，不断走向专业化的少年审判制度以及以此为核心一环的专业化的少年司法制度功不可没。

其二，不断走向专业化的少年审判工作造就了具有中国特色的少年审判制度体系和司法理念。少年审判工作在理念创新、制度创新、方法创新、专业创新和成果创新等方面取得了巨大成就，走出了一条有中国特色、时代特征、地方特点的少年审判之路[②]，创立发展了寓教于审、圆桌审判、社会调查、犯罪记录封存、心理疏导、合适成年人到场、回访帮教等一系列具有中国特色、适合未成年人特点的审判制度体系，建立了专业化的少年审判队伍，形成了相对独立的少年审判工作体系，奠定了中国少年司法制度的重要基础。这些创举生动诠释了少年审判专业化改革的成就，反映着我国少年审判专业化改革的宝贵历史经验。

其三，不断走向专业化的少年审判工作引领了中国少年司法制度改革的浪潮，推动了一系列具有中国特色的少年司法制度的不断发展。少年审判作为少年司法制度的核心一环，在很长时间内，在少年司法改革进程中发挥着“领头羊”的作用。少年审判专业化的改革实践带动了侦查、检察、羁押、管教等一系列制度的不断发展，促进了我国未成年人保护和犯罪预防的相关立法，推动了我国少年司法制度体系的不断优化。

其四，不断走向专业化的少年审判工作树立了我国少年审判良好的社会形象和国际形象。少年法庭公正严明的司法活动和亲民爱民的司法作风，在广大人民群众心目中树立了司法育人的丰碑，获得了人民群众的广泛认同。

---

① 参见王亦君：《最高法：未成年人犯罪整体呈下降趋势》，载《中国青年报》2021年9月24日，第7版。

② 参见王建平：《关于少年审判改革的三大问题》，载《人民法院报》2016年12月7日，第6版。

另外,随着少年审判专业化程度的不断深化,我国少年审判工作不断优化,并逐步成为我国人权保障领域的一大亮点,为树立我国司法保障人权的良好国际形象发挥了积极作用。①

三、少年审判专业化改革面临的现实困境

尽管我国少年审判取得了辉煌的成就,但自创设以来,其发展过程屡遭瓶颈。特别是近年来,受案件数量持续下降等因素的影响,少年审判在组织机构、受案范围、案件数量、评价体系等方面面临诸多困境。其关键在于专业化改革问题,其解决之道亦在于专业化改革的系统贯彻。

其一,专业组织机构设置不够统一,地区发展不够均衡。我国少年审判机构设置模式多达六种,包括未成年人案件合议庭、未成年人刑事案件审判庭、青少年刑事案件审判庭、未成年人案件综合审判庭、少年家事审判庭(家事少年审判庭)以及跨区域集中管辖的未成年人案件审判庭。② 特别是在《意见》出台以前,"机构外挂"现象较为突出,全国四级法院少年审判机构设置未能形成统一的自上而下的规划设计。此外,由于我国幅员辽阔,各地社会经济发展水平、人口基数不同,各地少年法庭发展差异较大。我国东部沿海发达地区相对来说更加重视少年审判的组织建设,其专业化程度也相对较高。专门的组织机构是少年审判具体工作顺利开展的必要前提,也是少年审判专业化改革的基本一环。

其二,受案标准范围不够规范,业务对接指导不够顺畅。由于少年法庭设置模式的不同,其受案范围也有明显不同。加之部分法院为了解决少年法庭案件数量不足的问题,将并非关乎少年利益的案件也纳入其中。实践中,少年法庭的受案范围五花八门,这严重削弱了少年审判的专业化诉求。特别是在《意见》出台以前,由于缺少统一的受案规范,上下级法院审判业务不能良好对应衔接,在业务指导等方面亦难免脱节,致使审判业务的多头指导或缺乏

① 参见李兵:《少年法庭工作的现状、改革与发展》,载《人民司法》2010 年第 1 期。
② 参见颜茂昆:《关于深化少年法庭改革若干问题的思考》,载《法律适用》2017 年第 19 期。

指导。①

其三,案件数量不多,机构建制受到冲击。由于近年来未成年人犯罪率整体呈下降趋势,加之附条件不起诉等制度的确立,少年法庭受理刑事案件的数量正在逐年减少。由于编制紧缩和司法体制改革"量化"的要求,少年法庭发展遭遇瓶颈,很多少年法庭遭遇了撤并危机。这种以成人司法量化标准来衡量少年审判存在必要性以及工作优劣的方法,本质上仍未摆脱成人司法的窠臼,也反映了实践中对于少年法治基本理念的忽视。当然,这其中也隐含了对少年审判专业化改革的进一步深化的内在需求。换言之,我国少年审判的专业化水平普遍不高或亟待提升,不能适应少年法治及整个司法体系改革发展的现实需要,也是我国少年法庭机构建制受到严重冲击的一个重要原因,是我国少年法院至今未能设立的一个重要原因。与此相对照,知识产权、破产和环保等领域的案件数量也并不多,但这并未阻断其专门机构的建制发展,甚至于其专门法院的建制。其中的核心要领还是专业化的问题。

其四,绩效考评不科学,庭外延伸工作缺乏保障。在相当范围内而言,庭外延伸工作是少年审判工作的特色和精髓所在。这些案外延伸工作,对于相关少年的福利权益、特殊保护以及越轨少年的教育矫治和预防等少年法治的基本问题而言,意义重大。但长期以来,少年法庭的案外延伸工作没有被纳入绩效考评的范围,很多法院的考评体系还是以办案数量为主要指标,忽视了庭外延伸工作的重要性,从而严重挫伤了少年法庭工作的积极性。② 未成年人不同于成人,少年司法亦不同于成人司法,构建专门的绩效考评机制是少年审判专业化改革的重要内容之一。科学、合理的专门考评机制将促进少年审判的良性发展。这也是此次《意见》提出构建专门的未成年人审判工作考核机制的重要原因。

其五,配套协作机制不够健全,社会支持不够得力。配套机制的专业化是少年审判专业化的重要组成部分,少年审判工作的顺利展开离不开公安机关

① 参见北京市高级人民法院少年法庭改革调研课题组:《司法改革背景下的少年法庭发展路径——基于对部分省市法院少年法庭的实地考察》,载《预防青少年犯罪研究》2019 年第 4 期。

② 参见颜茂昆:《关于深化少年法庭改革若干问题的思考》,载《法律适用》2017 年第 19 期。

和检察机关等单位的专业化配合协作,离不开发达的专业化的社会支持体系。目前,我国已经初步形成以“政法一条龙”和“社会一条龙”为主要内容的少年司法配套协作体系。一方面,就“政法一条龙”而言,由于专业化的少年警务机构的缺位,专业化程度较高的少年检察机构仍有待完善,加之配套协作机制的专业化程度较低等问题突出,保护合力有待提升;另一方面,就“社会一条龙”来说,由于资金保障、公众参与等方面的不足,体系化、规范化、常态化的社会支持体系仍未建立,专业化的社会支持长效机制仍未形成。[①]

四、专业化改革是我国少年审判工作发展瓶颈的破解之道

加强少年审判、守护未成年人健康成长是一项长期性、战略性、基础性的系统工程。在以“审判为中心”的背景下,少年审判专业化改革是我国少年司法改革的关键环节,也是我国少年法治事业发展的重中之重。此次《意见》的出台,在强化组织建设、规范受案范围、构建专门考核机制、优化配套协作等方面作了进一步规范完善,更为重要的是,其坚定了少年审判专业化的改革方向。这不仅是域外少年审判发展的成功经验,也是我国少年审判自我优化完善的现实需要。总体而言,少年审判专业化改革包括如下基本方面。

其一,价值理念的专业化。少年审判的独立价值是少年身心特殊性及其突出社会价值所决定的。然而,我国当前社会对少年审判的独立价值缺乏深刻的理念认知,究其根本,是对少年司法专门的价值理念缺乏深入的理解。少年不同于成人,少年司法亦不同于成人司法。少年司法是典型的专业化司法,即强调其司法的特殊性与专业性。因此,不能用衡量成人审判的理念和标准来评判少年审判的优劣。少年审判应当以少年最佳利益为制度基石,以保护、促进少年健康成长为根本宗旨,以少年特殊保护为基本手段,不能简单以案件数量的多寡来衡量少年审判工作的绩效,从而忽视了少年审判的特殊性和专业性的内在诉求。

其二,审判内容的专业化。较之于成年人,未成年人违法犯罪后更需要的是教育而不是惩罚。正如德国学者阿尔布莱希特所言:尽管少年也应对犯罪

① 参见黄河:《反思与前进:少年审判机构设置改革方向和路径研究》,载《北京政法职业学院学报》2018 年第 4 期。

负责,但最为根本的还是对其进行教育和使其康复,对少年的处理不是建立在其罪行或者罪行的严重程度之上,而是建立在少年犯罪者及其需要之上。① 越轨少年审判的基本目标在于以感化、教育、挽救之理念,查清个体未成年人的违法犯罪原因(全面的人格事实),以便"对症下药",采取教育矫治措施,而非予以惩处。当前,少年审判审理内容主要关注在案事实,而非案件背后的少年人格事实,从而导致保护、教育、矫治的专业化程度不够。其重要表现,即对社会人格调查报告制度的重视和落实程度严重不足,只是将其作为一种特别的附带制度,而非作为核心要务予以对待。少年审判的内容既要查清在案事实,更要关注案事实以外的人格事实。其判决结果应当着眼于越轨少年的教育矫治,以人格调查报告查清之人格事实为依据,为越轨之少年提供科学合理的矫治方案。同时,少年福利案件和少年保护案件的审判内容更是需要强调专业化,即根据相关法律的特别规定,特别注重涉案少年的福利权益和保护权益,从而与成年人案件的审判内容之间存在重要的差异。

其三,受案范围的专业化。有学者认为,少年福利制度与少年保护制度、少年司法制度并称为少年法的三项基础性制度。② 长期以来,少年审判的受案范围主要限于少年司法类案件(特别是少年刑事案件),对于少年福利和少年保护的保障力度颇显不足。值得肯定的是,此次《意见》的诸多条款从民事、行政、刑事三个方面对少年法庭的受案范围作了进一步拓展和细化,这对于规范少年法庭受案范围、保障未成年人权益有着重要意义。从纵向角度来看,少年法庭审理案件的年龄跨度应当作前延后伸的处理,进一步扩大对青少年的司法保护。《意见》第 6 条、第 7 条对被告人的年龄作了相应拓展规定③,这不仅有利于增加少年法庭的受案数量,还有利于对涉案青少年的保护。此外,笔者

---

① 参见余向阳:《少年法庭审判应做好"庭外功夫"》,载《人民法院报》2021 年 4 月 17 日,第 2 版。

② 参见宋英辉、苑宁宁:《完善我国未成年人法律体系研究》,载《国家检察官学院学报》2017 年第 4 期。

③ 《意见》第 6 条规定,"被告人实施被指控的犯罪时不满十八周岁且人民法院立案时不满二十周岁的刑事案件,应当由少年法庭审理";《意见》第 7 条规定,"人民法院立案时不满二十二周岁的在校学生犯罪案件,可以由少年法庭审理"。

建议将违反刑法规定但未达刑事责任年龄的触法少年也纳入受案范围,进一步强化对未成年人的司法保护。现今,我国对于触法少年案件采取的行政化处理方式必然导致一系列问题,建议对这些问题加以重视和研究,并考虑如何对因行政化产生的问题采取行政诉讼或公益诉讼的方式加以救济。

其四,组织机构的专业化。机构专门化是少年审判专业化的基本要求,也是少年法庭建设的基本内容。历史上,少年审判组织机构的专业化改革引领了整个少年司法制度的专业化发展。然而当前,由于专业化改革不能及时更新换代,组织机构的专业化不能及时提升,导致少年审判工作发展缓慢,甚至停滞不前。从中外少年司法制度的发展来看,少年审判组织建设是引领少年司法工作发展的一个基础环节。就整个少年司法工作发展的历史潮流而言,少年审判组织机构的专业化建设只能加强,不能削弱。《意见》第三部分明确指出,加强审判机制和组织建设,推进未成年人审判专业化发展,为少年法庭组织机构建设进一步坚定了专业化的改革方向。同时,早在十数年前就已经被纳入决策流程的少年法院的设立问题,如今也理应适时推进。

其五,审判队伍的专业化。《意见》第四部分明确指出,加强专业队伍建设,夯实未成年人审判工作基础。少年审判的特殊性要求法官队伍具有很强的专业性。因此,少年法庭的法官除具备一般法官任职资格外,还需要额外资格和接受必要培训。笔者建议,一方面,应当进一步明确少年审判人员任职资格的条件,制定统一的少年法庭法官的员额标准、任职资格,细化任职条件和审查认定办法等;另一方面,可以通过岗前培训、讲座、轮训,定期对从事少年审判的法官及司法辅助人员进行少年法学、心理学、教育学、社工学以及少年审判、调解技能、法庭教育、法治宣传等多方面的培训,确保审判团队的专业化水准,从而真正组建起专门的少年审判队伍,推动少年审判专业化进程。值得肯定的是,《意见》还立足国情、放眼世界,提出加强国际交流合作,拓展未成年人审判的国际视野,从而提升新时代未成年人审判工作水平。

其六,人才培养的专业化。专业化的人才是少年审判乃至整个少年法治事业发展的根本,缺乏专业人才作为支撑的少年审判制度乃至少年法治事业,无异于空中楼阁。我国目前研究少年法学的专家学者人数不多,相关部门及高校法学院对少年法学的学科建设、理论研究及教学实践的重视程度不够，从而导致了相关专业人才的专门培养机制的缺乏。① 我们无法想象，刑事、民事、行政等领域的审判工作能在没有相关专业化、系统化的教育培训的前提下得到较好的开展。相比较而言，少年审判人才培养专业化的紧迫性应当更强，因为少年审判工作面临着更多新问题，更需要专业化的人才培养机制作为支撑。教育部门应当注重运用少年相关部门的专业资源和工作平台，加大研究、试点投入，鼓励高校增设少年法学等相关专业课程，鼓励教学科研人员重视研究相关基础理论问题和实务改革问题，并推动相关的理论和实践的结合发展。②

其七，审判方式的专业化。所谓审判方式的专业化，是指在少年法基本宗旨及原则的理念指导下，少年审判所特有的办案方式，如寓教于审、圆桌审判、社会调查等。《意见》第10条也进一步强调了专业化审判方式对案件办理的法律效果和社会效果的重要作用。③ 当前，部分法院为了解决案件数量不足的问题而将一些与少年利益无关的案件也纳入受案范围，这对长期积累的少年审判工作方式造成了相应程度的冲击。特别是在少年审判与家事审判融合发展的过程中，如何保持相对独立，从而避免家事审判对少年审判特有的理念原则和工作方法的侵蚀，这是两者融合发展所迫切需要解决的。笔者认为，应当以专业化方向为引领，构建既融合发展但又相对独立的工作机制、工作方法，形成“和而不同”的基本发展模式，从而避免多年积累的少年审判的特色办案方式被消解。

其八，评价体系的专业化。《意见》第五部分提出，加强审判管理，推动未

---

① 参见胡云腾：《论全面依法治国背景下少年法庭的改革与发展——基于域外少年司法制度比较研究》，载《中国青年社会科学》2016年第1期。

② 值得特别注意的是，2020年最新修订的《中华人民共和国未成年人保护法》第12条明确规定：“国家鼓励和支持未成年人保护方面的科学研究，建设相关学科、设置相关专业，加强人才培养。”与此同时，2020年最新修订的《中华人民共和国预防未成年人犯罪法》第13条明确规定：“国家鼓励和支持预防未成年人犯罪相关学科建设、专业设置、人才培养及科学研究，开展国际交流与合作。”这些最新规定意义重大，体现了我国立法者对于少年法治领域的人才培养专业化改革问题的特别重视，以及对于相关问题认知的广度及深度的进展。

③ 《意见》第10条规定：“人民法院审理涉及未成年人案件，应当根据案件情况开展好社会调查、社会观护、心理疏导、法庭教育、家庭教育、司法救助、回访帮教等延伸工作，提升案件办理的法律效果和社会效果。”

成年人审判工作实现新发展。其中的重中之重便是构建专业化的评价体系。社会调查、社会观护、心理疏导、教育矫治方案会商，以及跟踪落实、监护辅助及监督、回访帮教、犯罪及被害预防等庭外延伸工作是少年审判工作的重要组成部分，甚至是关键核心部分，庭外工作的优劣往往决定着少年审判工作实际效果的好坏。少年司法是典型的专业性司法，无法通过简单的量化标准加以衡量。因此，必须制定特殊的适合于现行少年司法规律的考核评价体系。在少年审判法官业绩评价体系中，不能只强调案件数量和效率，还要注重少年权益保障、重新犯罪率等实际办案效果的评价。需重点突出庭前调查、法庭教育、心理干预、庭后回访帮教等社会性及延伸性工作，充分体现少年审判法官的实际工作量，充分调动少年审判法官的工作积极性，充分体现绩效考核的激励作用，引导和促进少年审判工作的专业化改革，以及健康、科学、全面及长效的发展。

其九，配套机制的专业化。《意见》第六部分提出，应加强协作配合，增强未成年人权益保护和犯罪预防的工作合力，其中最主要的是“政法一条龙”和“社会一条龙”的专业化问题。一方面，就“政法一条龙”来说，应当建立少年警务专门机构并完善其配套机制，进一步完善和协同少年检察机制，为“政法一条龙”专业化提供坚实的机制保障。同时，应当坚持以办案为抓手，进一步强化延伸工作，积极贯彻“双向保护”原则，进一步明确各部门分工职责，完善相应的衔接机制和配套措施，从而提升整体工作水平。另一方面，就“社会一条龙”而言，应当健全完善相应的制度机制，形成常态化、规范化、制度化的工作机制、工作方法，进一步协调教育、共青团、妇联、工会和关心下一代工作委员会等部门的分工，构建联动机制，优化保护合力。同时，积极引导社会力量参与到与少年审判相关的各项工作中来，切实提升少年法治的相关实际效益。

其十，利用好专门的学术研究平台。专门的学术研究平台有利于相关专业知识的充分交流、交锋、交融。应当重视中国预防青少年犯罪研究会在引领少年法学研究方面的重要意义，充分发挥该平台在促进相关优秀理论成果及时转化并科学指导少年法治实践的重要作用。

少年审判的实践经验及理论研究表明，专业化改革是少年审判乃至整个少年司法制度发展进步的“牛鼻子”。专业化改革不仅契合少年审判改革的内在规律,也是推进整个少年法治事业进步乃至国家治理体系与治理能力现代化的重要举措。专业化改革是破解我国少年法治困境的基本路径。未来,少年审判改革应当以专业化为引领,带动相关机制的发展,从而推动我国少年司法体制改革的不断深化。

（本文系与射扬强博士合作）